Die „Schrammeln" in ihrer Zeit

Margarethe Egger

Die „Schrammeln" in ihrer Zeit

Österreichischer Bundesverlag · Wien

Dieses Buch ist ein Österreich-Thema aus dem Bundesverlag: Teil einer Bibliothek, in der in vielen Facetten und Aspekten ein Bild Österreichs entworfen wird, wie es war und wie es ist – in Geschichte, Politik und Wirtschaft, in Kunst, Kultur und Wissenschaft; Schicksale und Geschicke eines Landes und einzelner Persönlichkeiten von den Anfängen dieses Landes bis heute.

© Österreichischer Bundesverlag Gesellschaft m. b. H., Wien 1989
Alle Rechte vorbehalten
Jede Art der Vervielfältigung, auch auszugsweise, gesetzlich verboten
Satz: Times 10/11 Punkt
Gedruckt auf Gardapat 115 g
Druck und Bindung: Wiener Verlag, Himberg bei Wien
ISBN 3-215-**07219**-X

Inhalt

Vorwort 11

Der Wiener Vorort Neulerchenfeld. Die Familie Schrammel und Anton Strohmayer 15

Neulerchenfeld 15
    Gründung · Linienwall · Verzehrsteuer · Wirtshäuser · Sauter · „Ligourianer Seufzer" und „Radetzkymarsch" · „Tannhäuser" im Thaliatheater · Das „Fassel" · Die „Hetz" · Musikantenbörse · Vogelmarkt · Lumpenball

Kaspar Schrammel 29
    Im Waldviertel · In Neulerchenfeld · Produktionsbewilligung · 50. Geburtstag, Feier beim „Goldenen Schwan" · Tod Aloisia Schrammels · Wiederverehelichung · 60jähriges Musikerjubiläum · Unfall

Konrad Schrammel 39
    Militärzeit · Verehelichung · Drehorgellizenz

Johann (Hanns) Schrammel 50
    Kindheit in Neulerchenfeld · Am Konservatorium · Erste Engagements · Militärzeit · Verehelichung

Josef Schrammel 67
    Kindheit · Ausbildung · Orientreise · In verschiedenen Ensembles beim „Heurigen" · Verehelichung · Betty Schrammel · „Die Wäscherin" · 1875 Gründung einer eigenen Gesellschaft

Anton Strohmayer 78

Das Terzett Gebrüder Schrammel und Strohmayer (1878 bis 24. Oktober 1884). Georg Dänzer 81

Gründung als „Nußdorfer Terzett". Der Aufstieg . . . 82
Beginn des Musizierens · Erste Zeitungsanzeige · Fiakerbälle · Spielstätten · Preisjodeln · Zum ersten Mal in der Inneren Stadt

Das erfolgreichste Volksmusikensemble 87
„Spezialitäten" · „Schwomma" und Johann Schmutzer · Erster Schrammel-Abend beim Weigl in Hernals · Das 60jährige Musikerjubiläum Kaspar Schrammels beim „Luchsen" · Die „Wiener Musikantenstudie" von Eduard Pötzl · Johann Strauß bei den Schrammeln in Nußdorf · Die Singhalesen · Die Zachschen Ehrengeigen · Der 25. Oktober 1884

Georg Dänzer 99
Werdegang · 1873 das „Erste Wiener National-Quartett Dänzer und Strohmayer" · Die verschiedenen Ensembles Dänzers bis 1884

Das Quartett Gebrüder Schrammel, Dänzer und Strohmayer mit dem „picksüßen Hölzl" (25. Oktober 1884 bis September 1891) 106

„Bei den Schrammeln in Nußdorf" 106
Beim „Schöll" · Das Bild von J. M. Kupfer · Die „Wienerischen Veranstaltungen"

Das Fiakerlied 112

Das „Wienerische" und die Zeitschrift „Wiener Spezialitäten" 117
Ballett „Wiener Walzer" · Die Mitarbeit Hanns Schrammels an den „Wiener Spezialitäten" · Dem Adel gewidmete Kompositionen Hanns Schrammels · Zum ersten Mal bei der „Waldschnepfe" · Haberlandtner · Bei Faschingsveranstaltungen 1886 · Demolierung des „Höchsten Heurigen" · Der „blade Binder"

Das 25jährige Musikerjubiläum der Brüder Schrammel . 128
„Wien bleibt Wien" · Julius von der Als: „Die Schrammeln" · Das Schicksal des Kupfer-Bildes · In St. Wolfgang · Der „Stabstrompeter"

Der „stumme Heurige" 134
Natursänger · Volkssänger · Singspielhallen · Hanns Schrammels Ansuchen um eine Konzession

Die Schrammeln vor den Philharmonikern 142

„Die österreichisch-ungarische Monarchie in Wort und Bild" 146
Der Heurige und die Heurigengeher · Musik in Wien

Die Besetzung der Volksmusik-Terzette und -Quartette 150
Die Schrammelschen Geigen

Im Fasching 1887 153
„Heurigen-Musik" im Schottenhof · Die „Schrammeln des X. Bezirkes" · 100. Aufführung „Wiener Walzer" · „Das is 'n Weana sein Schan"

Die „Güldene Waldschnepfe" 159

Die Harner, die Vorgänger der Schrammeln 162

Die Schrammeln – ein musikalischer Begriff 168
Frühlingsfest bei der „Waldschnepfe" · „Du alter Stephansturm" · „Musik à la Schrammel"

„Tedeum" von Konradin Kreutzer 173

Bei Kronprinz Rudolf 174

Erste Gastspiele im „Ausland" und Ereignisse in Wien 1888 187
Reise nach Budapest · Die Pilat-Geigen · In Preßburg · Faschingsveranstaltungen in Wien · Kampf der Vorstadtbühnen gegen Volkssänger und Singspielhallen · Zivilmusik gegen Militärmusik · „Die sieben Todsünden der Wiener" im Fürst-Theater · Die Schrammeln in Heiligenkreuz · Volksmusik-Ensembles beim Adel

„Alte österreichische Volksmelodien" 197
Die erste große Reise 200
Die zweite große Reise 210
Wieder in Wien 218
Die dritte und letzte große Reise 224
„Zur alten Heimat kehr' ich heim" 232
Die Land- und Forstwirtschaftliche Ausstellung. Die Singspielhallen-Konzession für Hanns Schrammel 234
    Der „leuchtende" Brunnen · Die Ausstellungsmusik · Die Singspielhallen-Konzession · Letzte Rückkehr nach Nußdorf

Von „die alten Wiener Tanz" zu den „Novitäten" . . 240
    Die „Novitäten" · Fürst Alois Liechtenstein · Die Sängerwarte · Zach-Geigen für die „Grinzinger"

Dänzers Erkrankung und sein Ausscheiden
aus dem Quartett 247

Das Quartett mit der Knöpferlharmonika (Oktober 1891 bis Juni 1893) 250

Produktionen bis Mai 1892 250
Die Wiener internationale Musik- und
Theaterausstellung 1892 254
    Zustandekommen der Ausstellung · Musikaufführungen · Die Bauten · Opernaufführungen · Pietro Mascagni

„Alt-Wien" 259
    Der „Hohe Markt" · Aquarell „Wiener Walzer" · Die „Kaisergeige" · Die Schrammeln im Regensburgerhof · Bismarck bei den Schrammeln · Johannes Brahms · Ausstellungs-Kehraus

Volkssänger und -musiker 274
„Mein Welt-Telefon" 276
Die „Wiener Schattenbilder" 279

Strohmayer verläßt das Quartett Gebrüder Schrammel . . 285

Der Tod Josef Bratfischs 286
    Seine Kunstschätze · Begräbnis

Letzte Auftritte Hanns Schrammels. Das „Quintett Dänzer und Strohmayer" verläßt Wien 289

Der Tod Hanns Schrammels 292
    Nachrufe in den Zeitungen · „Aus dem Leben" · Beerdigung · Hanns Schrammels Kunstsammlung

Das Quartett unter der Leitung Josef Schrammels (Juni 1893 bis November 1895) ... 303

Der Tod Georg Dänzers. „Alt-Wien" in Chicago ... 304
    Streik in Chicago · Heimkehr Dänzers · Begräbnis · Seidls „Erinnerungen aus Amerika"

Anton Strohmayer und sein Quartett 308

Die Versteigerung des Nachlasses von Johann Schrammel und Josef Bratfisch 310

Das moderne Volksquartett „D'Schrammeln" 316
    Daroka anstelle von Knoll · Reise nach Budapest · Erkrankung Josef Schrammels · „Das große Schrammel-Fest", Feier mit Porträtenthüllungen beim Stalehner · Konzerttournee des Ensembles

Der Tod Josef Schrammels 321
    Brief an Fürst Auersperg · Kompositionen Josef Schrammels · Leichenbegängnis · Vormundschaft über die Kinder Hanns Schrammels

Der Geigenbauer Carl Zach 326

Nachwort von Walter Deutsch 334

Anmerkungen 337

Zeittafeln 348

Literatur 355

Personenregister 359

Ein sehr persönliches

Vorwort

eines Berufsmusikers (Wiener Philharmoniker), der sich so nebenbei der Schrammelmusik verschrieben hat (laut Otto Schenk ist ja in Wien das Nebensächliche oft wichtiger als das Hauptsächliche), über die so oft gestellte Frage:

„Was ist Schrammelmusik?"

Wenn mich dies ein Nicht-Österreicher fragt, antworte ich meist überschwenglich:
– Das Herrlichste, Schönste und Berührendste auf der Welt.
Soll ich jedoch ernsthaft Auskunft geben, beginne ich so:
– Wienerisch, volkstümlich, kleines Ensemble usw. usw.
Da folgt auch schon das Erkennende:
„Ach ja, wie in den kleinen Weinlokalen am Rande Wiens, wo man den Heurigen trinkt!"
– Nein, das wirklich nicht, denn dort hört man meistens einen Verschnitt aus Berieselungsmusik mit wienerischem oder volkstümlichem bis operettenhaftem Hintergrund.
„Schrammelmusik gehört also nicht zum Heurigen?"
– Ja, natürlich, aber nicht nur, und wenn, dann nicht so . . .
Es wird also schwierig. Wie kann man in wenigen Sätzen erklären, was die Schrammeln, die Musiker, die dieser Art von Musik ihren Namen gegeben haben, wirklich für Wien bedeuteten und was von ihnen übriggeblieben ist?
Ich kenne keinen Musiker oder Komponisten, dessen Person, Charakter und Erscheinungsbild in der heutigen Zeit entstellter gesehen wird als das der Brüder Schrammel. Vielleicht ist es Schubert in dieser Beziehung auch nicht allzu gut, nämlich zu dreimäderlhausartig gegangen, aber der Unterschied besteht ja doch darin, daß die „Schubertiaden" im alten

Stil nicht mehr gepflegt werden, an jedem zweiten Heurigen aber ein Schild hängt: Ab 17 Uhr Schrammelmusik.

Glauben Sie jedoch nicht, daß es leichter ist, einem Wiener darüber etwas zu erzählen.

Prinzipiell steht da immer die Frage im Raum, warum denn soviel über die Schrammeln reden, Hauptsache, man hat einen gemütlichen Abend mit „so einer Musik", so wichtig sei ja das alles nicht. Dabei stürzt aber die Welt ein, wenn der Tafelspitz dieses Wieners kein Fettranderl hat oder der Erdäpfelschmarren im Stammbeisl plötzlich einmal mit Öl anstatt mit Schweineschmalz geröstet wird. Und die Schrammeln? Die paar „alten Musikanten", die einem da vorspielen?

Spätestens zu diesem Zeitpunkt werde ich ungemütlich.

Als die Schrammeln so alt waren wie ich, waren sie schon tot, und ich bin noch nicht einmal Mitte vierzig.

Und was das in erster Linie etwas abwertende Wort „Musikanten" betrifft:

Könnte man sich vorstellen, daß es heute ein Ensemble gibt, das so wie einst die Schrammeln vom „Chefdirigenten" der Wiener Philharmoniker (den es heute gar nicht gibt) zu einem gemeinsamen gemütlichen Abend eingeladen wird, nur Philharmoniker mit Dirigent und Schrammeln, weil „niemand besser die Lannerschen Walzer spielen kann"?

Wenn man heute wo ein Akkordeon hört, oft mühsam gespielt und natürlich mit Klaviertastatur, dazu eventuell eine Gitarre oder eine Gesangstimme, weiß man dann, daß die herrlich weich und voll tönende Knöpferlharmonika als letztes Instrument zu den Schrammeln gekommen ist, jedoch vorher die kleinste aller Klarinetten den pfiffigen, improvisierenden, „picksüßen" i-Punkt den beiden Geigen und der Gitarre aufgesetzt hat?

Und weiß man auch, daß dieses Quartett zwar sieben Jahre zusammen war, die Wiener das aber gar nicht so sehr überraschte, da die Schrammeln schon als Terzett ohne Klarinette einen großen Namen in Wien hatten?

Vieles gilt es zurechtzurücken: von der richtigen Tatsache der Abstammung des Vaters Kaspar Schrammel, eines Klarinettisten, aus dem Waldviertel bis zu dem richtigen Schluß, daß Johann und Josef Schrammel ihr Talent und ihre Entwicklung nicht allein dem Vater, sondern vor allem ihrer Mutter, einer Volkssängerin, und der unglaublich wirtshaus- und musikreichen Umgebung des alten Lerchenfelds, in dem sie aufgewachsen sind, zu verdanken haben.

Vieles gilt es zu beweisen und zu belegen: Denn bis jetzt hat die Überlieferung zwar begeistert und auch ausführlich, aber auch genauso ungenau und oft oberflächlich berichtet.

Vieles gilt es schließlich wegzulassen: Die Musik der Brüder Schrammel – ein kleiner, kostbarer Wiener Schatz – drückt mehr aus, als ganze Absätze in einem Buch an Analytischem oder Euphorischem aussagen.

Wenn man bei ihrer Musik sagen konnte: „Die Brüder Schrammel gehen mit ihren Tönen, die sie ihren Instrumenten entlocken, direkt auf unser Herz los und lassen vergessen, daß es einen Zinstag, einen Schneider und sonstige Sorgen gibt" (11. Februar 1884), und wenn der Eindruck und die Wirkung dieser Musik heute noch immer so stark sind, dann kann man sagen:

Das ist Schrammelmusik!

Wien, im Jänner 1989   Alfons Egger

Der Wiener Vorort Neulerchenfeld Die Familie Schrammel und Anton Strohmayer

Johann und Josef Schrammel wuchsen in Neulerchenfeld heran, und die einmalige, besondere Atmosphäre dieses Wiener Vororts blieb nicht ohne Wirkung auf das spätere Wirken und Schaffen der Brüder. „Als Kinder haben sich die altwienerischen Weisen ihrem Ohr und ihrer Seele eingeprägt, und wäre dies nicht der Fall gewesen, so wären gar viel lustige Weisen uns verlorengegangen[1]."

Die Besonderheit Neulerchenfelds ist nur aus seiner Gründung und der sich daraus ergebenden Entwicklung zu verstehen.

Neulerchenfeld

Im Jahr 1690 ließ der Propst von Klosterneuburg, Christoph II. Matthäi, an der Ostgrenze der Gemeinde Ottakring einige Gassen und 50 Parzellen vermessen. Diese Grundstücke wurden gegen mäßige Ratenzahlungen abgegeben, um das Erbauen von Häusern und das Anlegen von Gärten zu ermöglichen. Außerdem erhielt jeder, der ein Grundstück erwarb, die Schankgerechtigkeit – hatte doch das Stift Klosterneuburg ausgedehnte Weingärten und hoffte, hier einen Teil seines Weins absetzen zu können.

Ursprünglich wurde diese Ansiedlung als ein Teil von Ottakring betrachtet und „Unter Ottakrün" genannt. Aber schon 1703 gab es ein eigenes Grundbuch und eine eigene Pfarrgemeinde für den Ort, und den Namen Neulerchenfeld. Über die Entstehung des Namens gibt es zwei Versionen: Nach der einen soll es einmal an dieser Stelle ausgedehnte Lärchenwälder gegeben haben, die man in fruchtbare Felder umwandelte; nach der zweiten soll man zu Beginn des 18. Jahrhunderts am kaiserlichen Hof einen neuen Zeitvertreib entdeckt haben, den Lerchenfang, dem man auf diesen Feldern nachging und sie daher „Lerchenfeld" nannte.

Von großer Bedeutung für die Vororte war die Errichtung des Linienwalls, der „Lina", wie die Wiener sagten, im Jahr 1704. Die umherstreifenden Reiter Rákóczis bedrohten die Wiener Vorstädte, die in den Türkenkriegen arg gelitten hatten. Zu ihrem Schutz wurde nach den Plänen des Hofmathematikers Jakob Marinoni in nur elf Wochen ein Erdwall aufgeschüttet, der später befestigt und ausgebaut wurde. Alle Einwohner Wiens, vom Adel über die Geistlichkeit bis hinab zur Dirne, waren verpflichtet, an der Errichtung dieses 13,5 km langen Walls mitzuarbeiten oder eine Ersatzkraft zu stellen. Der Wall wurde im Halbkreis um die 34 Vorstädte angelegt, war 3,80 m hoch und ebenso breit und wurde von einem 2,85 m tiefen Graben begleitet. Der heutige Gürtel folgt ungefähr seinem Verlauf. An den wichtigsten Ausfallstraßen führten Zugbrücken über den Graben, an denen zur Zeit Maria Theresias Kapellen, dem Brückenheiligen Nepomuk geweiht, errichtet worden waren. Diese blieben auch nach Zuschüttung des Grabens erhalten.

Schon 1707 begann man an bestimmten Stellen – im Verlauf des Ausbaus und der Befestigung des Linienwalls wurden es immer mehr – von jedem, der die Stadt betrat, eine Maut einzuheben[2].

Die Entwicklung und das Leben Neulerchenfelds wurden bestimmt durch die einmalige Anhäufung von Gaststätten, die Nähe der Vorstädte – man konnte mit dem Gesellschaftswagen bis zur „Lina" fahren und war nach Überschreiten derselben am Ziel seiner Wünsche – und die niedrigen Preise, da ja die „Verzehrsteuer", die beim Überschreiten der Linie auf Lebensmittel eingehoben wurde, wegfiel. So wurde es vielen möglich, sich hier bei Speis und Trank „um wenig Geld" zu vergnügen. Für die ärmeren Schichten der Bevölkerung war Neulerchenfeld ein begehrter Wohnort und: „Im Sommer ist es nichts Seltenes, daß unter einem einzigen Dachboden 20–30 Menschen ihre nächtliche Ruhe finden", berichtet Franz Gaheis[3].

Für die Bewohner der angrenzenden Bezirke innerhalb

der Linie, Neubau und Josefstadt, waren die billigen Lebensmittel der Anreiz, diese mit allerlei Tricks bei der „Lina" „hereinzuschwärzen". Das wurde auf abenteuerlichste Weise und mit wechselndem Erfolg bewerkstelligt, und man schloß sogar Wetten auf das Glücken solcher Unternehmungen ab. Es gibt viele lustige Geschichten darüber, eine davon soll hier wiedergegeben werden[4]:

„Der Hirschhornknopfdrechsler Wegenstein aus der Blindengasse 7 war eine Spezialität des ‚Schwärzens'. Seine Buben kletterten mit leeren Schultaschen über den Gartenzaun, der auf den Linienwall hinausging, kletterten diesen an einer Stelle empor, gingen einkaufen und kamen, die Finanzer höflich grüßend, bei der Linie herein.

Eines sonntags kam seine Schwiegermutter aus dem 3. Bezirk und wollte auch billig einkaufen. Die Buben zogen wieder mit ihren Schultaschen los. Das fiel aber einem Finanzer auf, daß die Buben auch sonntags mit den Schultaschen gingen, er untersuchte diese, und nun mußten alle in die Amtsstube. Nun hatte der Herr Papa das ‚Gselchte', das nicht mehr in die Schultasche gestopft werden konnte, in seiner ‚Angströhrn' untergebracht und getraute sich daher nicht, den Zylinder abzunehmen. Der Finanzer brüllte ihn daher an, den Hut abzunehmen, da er doch in einer Amtsstube sei. Nun fiel es auf, daß er die ‚Angströhrn' so behutsam vom Kopf nahm; der Finanzer riß sie ihm aus der Hand . . . das Vergehen war offenbar."

Auf dem Stadtplan von Wien aus dem Jahr 1706 besteht Neulerchenfeld aus 25 Häusern, 1712 sind es bereits 69 und 1732 schon 150. Wie es 1803, rund hundert Jahre nach der Gründung Neulerchenfelds dort aussah, schildert Gaheis in seinem „Spaziergang nach dem Pfarrort Neulerchenfeld[5]:"

„An einem Sommersonntag Nachmittag drängt sich eine Fluth von Menschen zum Lerchenfelder Linientor hinaus. Größtenteils Handwerker und Fabrikanten, mit welchen die nächsten Vorstädte gleichsam übersät sind. Um sich durch Ortsveränderung und stärkende Getränke (durch übermäßigen Genuß wirken sie nicht stärkend) zu erholen. Zu diesem Zwecke suchen sie die Vorstadt außerhalb der Vorstädte auf. In der umliegenden Gegend erschallt Musik aus dem lebhaften Hernals, über die Wiesen nach Ottakring . . ."

155 Häuser zählt Neulerchenfeld: „Sie sind alle wohlgebaut und geben den Häusern der Vorstädte Wiens an Schönheit und Regelmäßigkeit gar nichts nach . . .
 . . . Die meisten Hausbesitzer sind wohlhabende Leute . . . die Mietleute ernähren sich im Durchschnitt von Fabriks- u. Manufaktur-Arbeiten, womit sie aus den größeren Fabriken der Vorstädte: Neubau, Schottenfeld und dergl. verlegt werden . . .
Der stärkste Nahrungszweig der Bewohner dieses Dorfes besteht aber in Wein- oder Bierschanke. Unter den 155 Häusern haben 78 das Recht, entweder Wein oder Bier zu schenken. Dazu kommt noch, daß alle Jahre 5 Häuser nach einer Verordnung Josephs II. ihren auf eigenen Grundstücken erzeugten Wein auszuschenken berechtigt sind. Also gibt es hier 83 Schenkhäuser."
Diese Schenken hatten vier bis sechs Gastzimmer, teils zur ebenen Erde, teils im ersten Stock, und waren mit „niedlichen Gärten versehen". „Im Verhältnis mit der übrigen Häuserzahl kann man Neulerchenfeld mit Recht das größte Wirtshaus des hl. römischen Reiches nennen, worin an einem einzigen schönen Sonntage bei 16 000 Menschen sich Erholung suchen."
Neulerchenfeld veränderte sich auch in den nächsten Jahrzehnten nicht. Adolf Schmidl sieht es „als ein Dorf, das eigentlich bloß aus Wirtshäusern und Gärten besteht. Hier ist das Reich, wo Bacchus mit seinem ganzen Gefolge schaltet und waltet. Die Luft dröhnt von Geschrei und Gejauchze, wenn der Kirtag oder die Weinlese nach Ottakring oder ins Lerchenfeld zum Heurigen ruft[6]."
Die Wirtshäuser machten auch die Berühmtheit des Ortes aus. „Den Prater und Neulerchenfeld mußte jeder Fremde besuchen und hatte er sich auch nur 24 Stunden in Wien aufgehalten", schrieb Josef Wimmer rückblickend am 24. November 1894 im Fremdenblatt.
In dieses Neulerchenfeld kam Kaspar Schrammel 1846 mit seinem Sohn Konrad, denn in den Gasthäusern wurde nicht nur Wein und Bier ausgeschenkt, sondern das Publikum wurde auch von den Musikanten und Volkssängern unterhalten. Es war also eine Stätte, wo sich ein Musiker Erwerb erhoffen konnte.

Ferdinand Raimund hat eine typische Figur der damaligen Zeit, wie sie in Neulerchenfeld anzutreffen war, auf der Bühne verewigt: In der „Gefesselten Phantasie" zeigt er uns im 1. Aufzug, 15. Auftritt, den Harfenisten Nachtigall, der, mit seinem Instrument von Gasthaus zu Gasthaus ziehend, zur Unterhaltung und Belustigung der Gäste aufspielt.

Nichts Schöners auf der ganzen Welt
Als wie ein Harfenist,
Wenn er nur seinen Gästen gfällt
Und allweil lustig ist.

1828 wurde bei der Aufführung im Theater in der Leopoldstadt von Nachtigall auch gesungen:

He Brüder, wollt's recht lustig sein,
Es kost euch nicht viel Geld,
Da spannts nur eure Rappen ein
Und fahrts ins Lerchenfeld.

Einer, der gern und oft um „nicht viel Geld" in Neulerchenfeld lustig sein wollte, war der Dichter Ferdinand Sauter. Von ihm stammt der Ausspruch, der noch heute in Wien als Ausdruck höchster Glückseligkeit gilt: „Verkaufts mei' G'wand, i fahr in Himmel!", die Übersetzung von Schillers „Seid umschlungen Millionen, diesen Kuß der ganzen Welt" ins Wienerische, wie ein Journalist der achtziger Jahre des vorigen Jahrhunderts schrieb.

Es ist bezeichnend, daß es nicht ein geborener Wiener war, der mit diesen Worten die Mentalität des Wieners ausdrückt, den in höchster Glückseligkeit die Todessehnsucht erfaßt; denn schöner kann es hier auf der Welt für ihn nicht mehr werden.

Sauter war Salzburger, 1804 in Werfen geboren, kam mit 21 Jahren nach Wien, und diese Stadt ließ ihn, wie so viele andere auch, nicht mehr los. Es ist das Einmalige an Wien, daß sie alles Fremde, von wo immer es auch kommen mag, in ihr aufzunehmen und wie in einem großen Kessel einzuschmelzen vermag: Das Endergebnis sind immer wieder Wiener, mit all ihren charakteristischen Eigenheiten.

Silvester 1853/54 verbrachte Sauter in der „Blauen Flasche", dem vornehmsten Lokal Neulerchenfelds. Hier hatten die Mediziner Rokitansky und Skoda ihren Stammtisch, verkehrten Burgschauspieler, machte Friedrich Schlögl seine Aufzeichnungen, und hier versammelten sich die Dorfhonoratioren. Bei dieser Silvesterfeier – es sollte seine letzte sein, denn er starb 1854 an der Cholera – schrieb Sauter die folgenden Zeilen nieder:

Zur blauen Flasche

Der Bursche wandelt froh hinaus zur Linie,
ins Trinkerland, ins lust'ge Lerchenfeld.
Da winken ihm nicht die Zeder und die Pinie,
doch frischer Labetrunk für wenig Geld.

In dieser „Blauen Flasche" erklang zum ersten Mal die revolutionäre Polka „Ligourianer Seufzer" von Johann Strauß Sohn unter dem großen Jubel seiner Zuhörer.

Johann Strauß Vater hatte mit Lanner bei der „Roten Bretze" konzertiert. Ihm waren die Lieder, die man in Neulerchenfeld sang und spielte, sicher wohlbekannt, und eines dieser Lieder, von der Volkssängerin „Tinerl" gesungen, hat er durch die Verwendung im Trio des „Radetzkymarsches" unsterblich gemacht. Eduard Strauß schreibt dazu in seinen „Erinnerungen[7]:"

„Allerdings kommt in Johann Strauß Vaters ‚Radetzkymarsch' eine populäre Wiener Weise vor. Aber diese Wiener Weise des damals so populär gewesenen ‚Tinerl-Liedes' ist im Trio nach der Schlacht bei Verona zur Glorificierung des genialen Feldherrn Grafen Radetzky komponierten Marsches lediglich deshalb verwendet worden, um der vom Armee-Oberkommando wiederholt lobend erwähnten Wiener Freiwilligen in dem Marsche musikalisch zu gedenken, welche bei ihrem Auszuge aus Wien das Lied gepfiffen und gesungen hatten und nicht etwa, weil dem Komponisten nichts anderes eingefallen ist. Dieses Tinerl-Lied aber, welches die damals sehr beliebte Volkssängerin, die ‚Lerchenfelder-Tinerl' sang, hatte, wie dies oftmals vorkommt, der Lieder-Accompagneur dieser Volkssängerin komponiert . . ."

Auch wenn man sich mit ernster Musik, mit der Oper befaßt, stößt man auf den Vorort Neulerchenfeld: Hier, vor der Linie, im Thaliatheater, wurde am 28. August 1857 zum ersten Mal in Wien – besser gesagt in einem Vorort von Wien – „Tannhäuser" von Richard Wagner mit großem Erfolg vor ausverkauftem Haus aufgeführt. Erst zwei Jahre später, 1859, gelangte das Werk in der Hofopfer zur Aufführung. Selbst Eduard Hanslick, der gestrenge Kritiker, mußte vermerken[8]: „Zwei Jahre vorher hatte ein Vorstadt-Direktor den Tannhäuser in einem bretternen Sommertheater [Thaliatheater] gegeben, trotz der bescheidenen Mittel mit sehr gutem Erfolg . . ."

Von der Aufführung an der Hofoper berichtet Hanslick weiter: „Noch etwas recht Komisches ereignete sich bei dieser Premiere. Man hatte in Wien die ‚Tannhäuser-Parodie' früher kennen gelernt als die Oper selbst. Abend für Abend stürmte das Publikum ins Carltheater, wo (mit Nestroy als Landgraf, Treumann als Tannhäuser) diese köstliche Travestie die Zuhörer erheiterte. Eine der drolligsten Scenen spielte der Komiker Knaack. Er saß als ‚Hirtenknabe' auf einem entlaubten Baume, sang oder meckerte vielmehr das Mailied und blies das Ritornell anstatt auf der Oboe, auf dem Fagott. Die Wirkung war unbeschreiblich. Als nun in der ersten Aufführung des wirklichen ‚Tannhäuser' im Operntheater der Hirtenknabe auf dem Hügel sein Mailied anstimmte, ging eine schwer zu bändigende Heiterkeit durch das ganze Haus. Alles mußte an Knaack und sein impertinentes Fagott denken. Der treffliche Stuttgarter Tenorist Grimminger, welcher den Tannhäuser sang, ging in stummem Spiel auf der Bühne hin und her und besah sich, immer unruhiger und verlegener, von oben bis unten, in der Meinung, irgend ein lächerlicher Verstoß in seiner Toilette sei die Ursache der allgemeinen Heiterkeit."

Das Thaliatheater, 1856 in einer Bauzeit von nur sechs Wochen entstanden, war ganz aus Holz, hatte drei Stockwerke, eine Länge von 50 m und eine Breite von 24 m. Es soll Raum für 3 000 Personen geboten haben und faßte somit mehr Besucher als die Mailänder Scala. Das Theater war mit 36 riesigen Glasplatten eingedeckt, die bei Schönwetter gehoben werden konnten, technische Maschinen ermöglichten die mannigfaltigsten Zauberkunststücke. Bespielt wurde das Theater bis 1869; 1870 brach man es in ebenso kurzer Zeit ab, wie es errichtet worden war[9].

Das Thaliatheater stand neben dem berühmten „Fassel", dem „. . . Pendant zu dem Heidelberger Faß, zu welchem in den fünfziger und anfangs der sechziger Jahre ‚ganz Wien' gepilgert kam, um darin – zu tanzen. Die Erbauung des ‚Fassels' hat in ihrer damaligen Zeit entschieden mehr Sensation verursacht und Bewunderung erregt, als heute die Schöpfung Eiffel's. Eine adelige Wittfrau namens von Seibert, die einstmalige Besitzerin der Schellenhof Brauerei, war auf die Idee verfallen, den Wienern ein originelles, ‚in der Welt einziges' Unterhaltungs-Etablissement zu schaffen, und weil ihr damals aus fortifikatorischen Gründen die Aufführung eines festen Baues auf den Fasselgründen nicht gestattet wurde, ging sie hin zu Meister Goberitz und ließ im Jahr 1852 auf einem Bohlenfundament ein Faß bauen . . . so geräumig, daß am Tag des ‚Anschlages' respektive Eröffnung des Fasses in demselben 110 Paare zur Quadrille antreten konnten. Mittels Öllampen wurde der weite Raum beleuchtet und das Orchester, die Kapelle des Kürrassier-Regiments, spielte über den Köpfen der Tanzenden auf einem ‚Plafond' bildenden Podium, auf welches die Musiker mit Hilfe einer Leiter (später einer hölzernen Treppe) gelangten. Zur Bereifung des Monsterfasses waren nicht weniger als 16 Zentner Eisen aufgewendet worden und war damals als etwas Ungeheuerliches davon gesprochen, die Erbauung des Fasses habe 15 000 Gulden ‚Schein' gekostet. Am ‚blauen Tischler Montag' des Jahres 1864 – einem glücklichen Zufall war es zu danken, daß dieser nicht ein ‚schwarzer Montag', eine Art Ringtheater-Katastrophe für Wien wurde – brannte am frühen Morgen, kaum daß die letzten Geigentöne verklungen, das ‚Fassel' – eine auch von allen Fremden besuchte Sehenswürdigkeit der damaligen Zeit – bis auf den letzten Span nieder, um nie wieder errichtet zu werden[10]."

Neben der Linie gab es einen Vergnügungsplatz für jung und alt mit Ringelspielen, zwei Zirkusgebäuden, einem Wachsfigurenkabinett, Schießstätten und Standeln mit Näschereien und Spielzeug.

Auch die „Hetz" – die Tierhetzen – hatte man von der

Das Thaliatheater in Neulerchenfeld. Zeichnung von Johann Kautsky.

Vorstadt Weißgerbern (heute Teil des 3. Wiener Gemeindebezirks) nach dem Brand des Hetztheaters, welches immer einen besonders zahlreichen Besucherstrom aufzuweisen hatte, nach Neulerchenfeld in das Gasthaus „Zum weißen Schwan" (Grundsteingasse 31) verlegt. Hier allerdings ließ man nicht Bären, Wölfe und andere wilde Tiere von Hunden jagen, sondern man begnügte sich damit, Pudeln aufeinanderzuhetzen.

In dieser Gaststätte fand im November 1856 die Musikantenbörse von Wien eine neue Heimstätte, nachdem sie am 31. Oktober desselben Jahres in der „Stadt Belgrad" in der Josefstadt, Auerspergstraße, aufgelöst worden war. Im „Schwan" gab es ein Adreßbuch sämtlicher Kapellmeister, aller Wirte mit Musikkonzessionen, aller Praterbudenbesitzer und auch aller freien Musiker. Von hier holten sich die Kapellmeister die Musiker für ihre Kapellen, und hier bestellten die Wirte die gewünschten Ensembles.

Eine besondere Einrichtung Neulerchenfelds war der

„Vogelmarkt", den man richtiger als Kleintiermarkt hätte bezeichnen können. Er lockte viele Besucher vor die Linie. Die Gemeindeväter aber fürchteten um die Verrohung der Schuljugend, die sich durch den Vogelfang ein Taschengeld zu erwerben trachtete. So wurde zu Beginn der achtziger Jahre ein Antrag auf Aufhebung des Vogelmarkts im Gemeinderat eingebracht. Dazu schreibt das Fremdenblatt vom 12. April 1884, daß nach längerer Debatte ein Mann aufstand und berichtete, er habe im Gasthaus das Gespräch zweier Rudolfsheimer belauscht, die schon darauf warteten, den von Neulerchenfeld vertriebenen Vogelmarkt in Rudolfsheim aufnehmen zu können, da man sich von diesem eine Belebung des Wirtsgeschäfts versprach. Daraufhin wurde der Antrag gegen alle geäußerten Bedenken zurückgenommen: Man konnte doch die Neulerchenfelder Gaststätten nicht um ihr Geschäft bringen und dieses den Rudolfsheimern überlassen!

Das Gesetz über die Sonntagsruhe bedeutete für den Vogelmarkt im Februar 1886 das Ende seines Bestehens[11].

In diesem Neulerchenfeld kamen 1850 Johann und 1852 Josef Schrammel zur Welt. Der Vorort war zu dieser Zeit ein beliebter Ausflugs- und Unterhaltungsort, in dem zu den wohlfeilen leiblichen Genüssen auch die volkstümlichen musikalischen und unterhaltenden Elemente gehörten. Das waren die ersten Eindrücke, die die Schrammelbuben später zu der nach ihnen benannten Musizierform vollenden sollten.

Eine Veranstaltung muß noch erwähnt werden, die zwischen 1873 und 1892 regelmäßig stattfand und die eine „Erfindung" Neulerchenfelds war – „der Lumpenball". Als er zum letzten Mal abgehalten wurde, gab man eine Denkschrift heraus. Darin wird seine Entstehung und sein Verlauf geschildert. Die Idee zu einem solchen Ball wurde im November 1872 im Café Seidls in Neulerchenfeld von dem Schriftsteller Otto Pfeiffer, dem Kaufmann und nachmaligen Bürgermeister von Neulerchenfeld Louis Wieninger und von Seidl selbst geboren. Man wollte eine ganz besondere, einmalige Veranstaltung ins Leben rufen, deren Reinerträgnis zur Linderung der Not der armen Kinder von Neulerchenfeld verwendet werden sollte. Und man verfiel auf den – „Lumpenball". „Lumpen, nichts als Lumpen", so lautete das Programm für den projektierten Ball, „der die ganze Lumpigkeit und

Erbärmlichkeit der Welt in heiterer Weise illustrieren sollte. Witz, Geist, Satire, Karikatur, Persiflage – aus diesen Grundelementen sollte das Bild einer tollen Faschingsnacht zusammengesetzt werden...[12]"

Die hohe Polizeibehörde hatte zwar bei der Anmeldung des Balls gegen diesen selbst, der ja humanitären Zwecken dienen sollte, nichts einzuwenden, wohl aber gegen seine Benennung: Das Wort „Lump" war anrüchig. So mußte der Ball unter dem Titel „Ball in abgetragenen Kleidern" abgehalten werden. Es gab keinerlei Ankündigungen, er wurde nur durch Mundpropaganda publik gemacht.

Ganz anders, jedoch viel phantasievoller, malte sich A. Merta 1885 die Entstehung des Lumpenballs aus und brachte seine Vorstellungen in die Form eines Gedichts, das gedruckt und an die Lumpen verteilt wurde. Die Konstitutionelle Vorstadt-Zeitung brachte es am 8. Februar 1885 auszugsweise in ihrer Ausgabe:

Damals lag im Wald, im grünen,
wo der Schwender heut' ein Schloß
Und wo jetzo Ballerinen
Sah man nackte Schwerter bloß.

Bei einem Saufgelage waren da versammelt:

Alle Edlen, viele Stunden
Ringsum aus der Ritterschaft,
Hatten sich da eingefunden,
Jubelten in wilder Kraft.

Heinz von Hernals, Max von Meidling,
Balduin von Breitensee,
Hans von Hacking, Wolf von Weidling,
Siegfried von der Sulzenhöh'.

Roland von der Rohrerhütte,
Heidemar von Hadersfeld,
Und, bekannt durch rauhe Sitte,
Junker Kurt von Lerchenfeld.

Und so lange tanzten und zechten sie mit ihren Schönen, bis „die Wämser wandelten sich zu Lumpen – zum Zylinder das Barett."

Schief am Ohre sitzend, bis man
Fast vergeht in tollem Spaß,
Bis Gestalten á la Schließmann
Dastehn im barocken Gschnas.

So entstand der welthistorisch
Erste Wiener Lumpenball
wiederkehrend jetzt notorisch
alle Jahr im Karnevall.

Der Reingewinn des Balls machte im ersten Jahr nur 150 Gulden aus, 1874 waren es schon 1350 Gulden, und der höchste Betrag wurde 1884 mit 3780 Gulden erreicht.

Nicht nur der Reingewinn, sondern auch das Ansehen des Balls wuchs. Schrieb das Neue Wiener Tagblatt am 27. Februar 1882 noch: „Alles in allem war dieser Lumpenball eine Geschmacklosigkeit ohne gleichen", so hieß es in demselben Blatt 1884: "Der Lumpenball ist bereits eine Wiener Faschings-Spezialität." Das Extrablatt hatte aber schon am 22. Februar 1881 vermerkt: „. . . Der Lumpenball . . . hat schon lange das Bürgerrecht erlangt . . . es erlustigen sich dort die schönsten Leut aus den respektabelsten Wiener Gründen . . ."

Der erste Ball wurde bei der „Bretze" abgehalten, von 1874 an in den Thaliasälen, und 1882 mußte man wegen des großen Andrangs in Schwenders Colosseum nach Rudolfsheim übersiedeln.

Auch auf die künstlerische Gestaltung der Plakate und Eintrittskarten begann man mehr und mehr Wert zu legen, 1876 und in den folgenden Jahren betraute man damit Hans Schließmann. Am 30. Jänner 1885 berichtet das Fremdenblatt, daß nach dem Plakat wie im Vorjahr eine große Nachfrage sei und „auf das Plakat vom Vorjahr . . . waren sogar Bestellungen aus Amerika und Rußland eingelangt".

Wie populär der Ball war, zeigt die Tatsache, daß sich auch das Theater des „Lumpenballs" annahm. Am 29. Jänner

1886 fand im Theater in der Josefstadt die erste Aufführung einer Faschingsposse mit Gesang in 4 Akten von Benjamin Schier mit der Musik von Paul Mestrozi unter diesem Titel statt. Nach der Kritik des Neuen Wiener Tagblatts hat das Publikum dabei Tränen gelacht. Seidl jedoch, der der Vorstellung beiwohnte, „kam aber nicht in die Lage, diesen auf der Bühne zu sehen. Der eigentliche Lumpenball ist nur von 8000 Menschen darzustellen."

Von den vielen Gruppen, die im Lauf der Jahre durch ihre Darstellungen dazu beigetragen haben, den Lumpenball zu einer Attraktion zu machen, seien nur zwei erwähnt: die „Musikkapelle" der Ottakringer Feuerwehr (1882) und die „Böhmischen Schrammeln" (1888). Von letzteren soll später berichtet werden.

Die „Musikkapelle" der Ottakringer Feuerwehr schildert das Neue Wiener Tagblatt am 27. Februar 1882 folgendermaßen: ". . . die Musiker spielten auf einer Ofenröhre, einem Trichter, einer Kaffeekanne, einem Stiefelknecht, einer Kehrichtschaufel und zwei Schweinsblasen ganz nette und verständliche Stücklein."

Das Fremdenblatt brachte eine Beschreibung in Form eines Gedichts, das ein „Dichter und Lump" über den „vielharmonischen Musikchor des Kapellmeisters Wiskocil" verfaßte:

Herr Wiskocil macht's gar nicht schlecht
Er bläst auf einem Stiefelknecht;
Indeß Przibil noch lobesamber
Musik treibt auf dem Milichamper.
Herr Krzepelek ist auch nicht faul,
Hält eine Ofenröhr'n an's Maul.
Und Jirschik, daß ich's noch erwähne,
Bringt süße Mistelschaufel-Töne.
Der Geigen Zwo, im tiefsten Baß,
Zum Teufel sagt, was ist denn das?
Das ist 'ne Blatter von dem Schweine,
Darüber hängt 'ne dicke Leine.
Das macht und kracht fort: Bum, bum, bum!
Die Musik bringt ein Vieh noch um!

Und weiter heißt es im Fremdenblatt: "Diese Musikbande war die lustigste Erscheinung des ganzen Lumpenballes. Wenn dann der Przibil nach jeder der vorzüglichen Piecen mit seinem ‚Milchamper' Bier holte und mit den übrigen Mitgliedern der Kapelle sich daran gütlich tat, dann gab es regelmäßig ein stürmisches Gelächter."

Der letzte Neulerchenfelder Lumpenball fand am 19. Februar 1892 statt. Aus diesem Anlaß wurde die Denkschrift „Zwanzig Jahre Lumpenball" herausgegeben, die selbst vom Kaiser und von fast allen Mitgliedern des Kaiserhauses sowie von sämtlichen Ministern, Hofwürdenträgern und der Aristokratie entgegengenommen wurde. Der Kaiser spendete 100 Gulden für wohltätige Zwecke[13], und die anderen folgten seinem Beispiel und leisteten namhafte Überzahlungen.

Der Gewinn aus dem Verkauf der Broschüre kam nicht nur armen Schulkindern zugute, sondern das Ballkomitée kaufte von einem großen Teil des Geldes Brot und verteilte es unter die damals sehr zahlreichen Arbeitslosen. Am 8. März 1892 stand im Wiener Tagblatt: „. . . . die Zahl der Bedürftigen, die gestern in Neulerchenfeld Brot verlangten, wird um 10 000 nicht zu hoch gegriffen sein. Mehr als die Hälfte konnte beteilt werden."

Versuche, den Lumpenball unter einem anderen Komitée fortzuführen, blieben erfolglos. Keine dieser Veranstaltungen reichte an das Original heran. Am 21. Oktober 1894 stellte das Wiener Tagblatt fest: „. . . mit dem letzten Lumpenball verschwand aus dem stabilen Faschingsprogramm der Wiener ein sehr populäres Fest . . .".

Inzwischen hatte Neulerchenfeld viel von seiner einstigen Anziehungskraft und Popularität verloren. So kam es, daß 1884 das Gasthaus „Zu den sechs Krügeln" geschlossen werden mußte, weil die Gäste ausblieben. Bis in die sechziger Jahre war es der Hauptsammelpunkt des Bürgertums der Vorstädte und Vororte gewesen. So mancher wird sich wohl wehmütig des noch aus dem Vormärz stammenden Liedes erinnert haben:

Im Lerchenfeld da sitzen wir
Tagtäglich bei dem „Schwanl"
Die „Flasche" hat das beste Bier,
Der „Stiefel" und das „Hahn'l".
Und kann den Durst, den feurigen,
Mit Bier man nicht mehr zügeln,
Dann geht man 'nab zum Heurigen,
Hinaus zu die „Sechs Krügeln"!

Am 24. November 1894 schrieb Josef Wimmer im Fremdenblatt in seinem bereits zitierten Feuilleton: „Sterben ist nichts, aber noch leben und doch schon tod sein, das ist fürchterlich." Dieser Ausspruch, meint Wimmer, gelte nicht nur für Menschen, sondern auch für Ortschaften. Eine solche verschollene Größe sei Neulerchenfeld.

Seit 1891 gab es den Vorort Neulerchenfeld nicht mehr – er war nunmehr ein Teil des 16. Wiener Gemeindebezirks des neugeschaffenen Groß-Wien.

Kaspar Schrammel

„In diesem Hause wurde am 6. 1. 1811 Kaspar Schrammel geboren. Er war mit seinen Söhnen Johann und Josef Schrammel der Schöpfer der weltbekannten Schrammelmusik. Gewidmet von der Gemeinde Hörmanns zum 150. Geburtstag 1961."

Das Haus, an dem die Gedenktafel mit dieser Inschrift angebracht ist, steht in Kainraths 44, einem Ortsteil von Hörmanns, im nördlichen Waldviertel und gehört heute zu Litschau. Das kleine Bauernhaus war ursprünglich ein Dreiseithof, der in den letzten Jahren umgebaut wurde und als solcher kaum noch zu erkennen ist. Wohnhaus und Wirtschaftsgebäude sind getrennt, und letzteres wurde ebenfalls zu einem Wohnhaus umgestaltet und eine Garage davor erbaut.

Dieses Haus hatte Johann Schrammel, der Vater Kaspars, 1804 um 900 Gulden erworben und 1810, als er Katharina Perzi aus Haugschlag heiratete, zur Hälfte an seine Ehefrau grundbücherlich überschreiben lassen. Aber noch im Geburtsjahr Kaspars wurde das Haus wieder verkauft, und zwar unter dem Einstandswert, was auf einen Notverkauf schließen läßt. Die Familie übersiedelte – allerdings nicht gleich nach dem Verkauf, denn der jüngere Sohn Lorenz wurde auch noch in Kainraths geboren – nach Schandarchen Nr. 8. Hier kamen dann noch die beiden anderen Geschwister Kaspars, Josef und Barbara, zur Welt[14]. Dieses Haus ist noch in seiner ursprünglichen, alten Form als Dreiseithof erhalten. Im Extrablatt vom 2. Oktober 1883 wird Kaspar „Sohn eines Wirtschaftspächters in Litschau" genannt, und so kann man annehmen, daß das Haus von seinen Eltern nicht käuflich erworben wurde.

In Litschau, gegenüber der Kirche, ist an dem Haus Nr. 28 eine weitere Gedenktafel angebracht, die an Kaspar Schrammel erinnert:

„In diesem Haus genoß Kaspar Schrammel, Kapellmeister, Vater des Hans und des Josef Schrammel, der Schöpfer der weltbekannten Schrammelmusik seinen Schul- u. Musik-Unterricht. Geboren wurde er in Kainraths Nr. 44, im Jahre 1811.

Errichtet v. Karl Zimmerl, Oberlehrer Litschau 1926."

Von dieser Tafel scheint nicht nur die Gemeinde Hörmanns den Irrtum übernommen zu haben, daß Kaspar Schrammel „der Schöpfer der weltbekannten Schrammelmusik" sei.

Kaspar muß Talent und Fleiß besessen haben, denn schon im Alter von zwölf Jahren wurde er in die Dorfkapelle als Klarinettist aufgenommen; am 4. Oktober 1883 feierte er bereits sein 60jähriges Musikerjubiläum.

Diese Dorfkapelle spielte bei Kirchweihfesten und Hochzeiten, aber ihren Lebensunterhalt konnten die Musiker aus dieser Tätigkeit allein nicht bestreiten, sie mußten noch einem anderen Beruf nachgehen. Das nördliche Waldviertel wurde wegen der vielen Webwaren, die man dort erzeugte, das „Bandlkramer-Landl" genannt, denn das Weberhandwerk war in dieser rauhen Gegend für einen großen Teil der Bevölkerung die Existenzgrundlage. Auch Kaspar Schrammel erlernte diesen Beruf, den schon sein Urgroßvater Mathias ausgeübt hatte.

1833 heiratete Kaspar die am 12. März 1812 geborene

Wohnhaus der Familie Schrammel in Schandarchen.

Weberstochter Josepha Irrschik; laut Trauschein war er zu dieser Zeit Weber in Rottal, wohnhaft in Litschau Nr. 8. Aus dieser Ehe stammt der am 27. Oktober 1833 geborene Sohn Konrad. Dieser verliert jedoch bald seine Mutter, denn schon am 25. April 1837 stirbt Josepha an Lungenschwindsucht (in Litschau-Vorstadt Nr. 45).

1846 wird als das Jahr genannt[15], in dem Kaspar seinen Beruf als Weber aufgegeben und mit seinem Sohn Konrad das Waldviertel verlassen hat, um sich in Neulerchenfeld niederzulassen und nur mehr den Beruf eines Musikers auszuüben. (Amtlich ist die Jahreszahl nicht feststellbar.) Konrad war wahrscheinlich der Schulpflicht entwachsen, denn ein Schulwechsel hätte vielleicht Schwierigkeiten bereitet. Kaspar Schrammel soll schon früher einmal bis nach Wien gekommen sein, aber selbst wenn dies nicht der Fall war, ist anzunehmen, daß er wußte, wie sich das Leben und Treiben in Neulerchenfeld abspielte. Hier lernte er die um 20 Jahre jüngere Volkssängerin Aloisia Ernst kennen, die Tochter des Wagenlackierers Peter Ernst und der Theresia geborene Stifter. Auch die Schwester Aloisias, Katharina, war Volkssängerin; sie war mit dem Gitarristen B. Schütz verheiratet.

Dem Liebesbund von Kaspar und Aloisia entsprossen am 22. Mai 1850 Johann (Hanns), geboren in Neulerchenfeld Nr. 119 (heute Gaullachergasse 35), und am 3. März 1852 Josef, bei dessen Geburt die Eltern bereits im gemeinsamen Haushalt in Ottakring Nr. 226 (heute Friedrich-Kaiser-Gasse 11) lebten. Am 7. September 1853 wurde in der Pfarre Neu-Ottakring aus dem Liebes- ein Ehebund.

Als Beruf der „angeblichen" Mutter wird im Taufbuch bei der Geburt Johanns „Handarbeiterin" angegeben. Der Sohn aber nennt sie in seiner Abhandlung „Der Wiener Tanz", die er der Sammlung der „Alten österreichischen Volksmelodien", 1888, voranstellte, eine der besten Volkssängerinnen.

Mit „angeblich" wurden alle ledigen Mütter bezeichnet, selbst dann, wenn sich der Vater, wie Kaspar Schrammel, zu seinem Kind bekannte und im Taufbuch auch als solcher angegeben ist. Man erinnert sich da an all die rührseligen Geschichten und Romane von Kindern aus gesellschaftlichen Kreisen, in denen es keine unehelichen Kinder zu geben hatte und diese deshalb an ein Mädchen aus niederem Stand – der ihr eigenes uneheliches Kind tot geboren oder gleich nach der Geburt gestorben war – mit einem entsprechenden Geldbetrag übergeben worden waren.

Ein halbes Jahr nach der zweiten Eheschließung seines Vaters meldete sich Konrad zum Militär; er trennte sich, wie es scheint für immer, vom Vater und dessen neugegründeter Familie.

„Amtlich" scheint Kaspar Schrammel erst 1859 auf. In diesem Jahr stellte er an die N.Ö. Statthalterei einen Antrag auf Produktionsbewilligung[16]. Der Akt ist nicht mehr vorhanden, aus ihm wäre vielleicht – wie bei ersten Ansuchen üblich – etwas über seine Lebens- und Familienverhältnisse zu ersehen gewesen. Auch die folgenden Eingaben aus den Jahren 1860, 1862 und 1865 sind nicht mehr erhalten, aus dem Jahr 1867 gibt es nur die Produktionsbewilligung[17].

Die Eltern der
Brüder Schrammel,
Kaspar und
Aloisia.

Diese Produktionsbewilligungen wurden auf sechs Monate oder ein Jahr ausgestellt und hatten alle den gleichen Wortlaut:

„Über Ihr Ansuchen wird Ihnen hiermit die Bewilligung erteilt, in den größeren Orten Niederösterreichs mit Ausnahme der in den Wiener Polizei-Rayon gehörigen, durch sechs Monate mit Musik sich produzieren zu dürfen, jedoch haben Sie in allen Fällen vorläufig von dem Herrn Bezirksvorsteher, in dessen Amtsgebiete Sie diese Lizenz auszuüben gedenken, die auf derselben ersichtlich zu machende besondere Bewilligung hiezu einzuholen und sich daselbst mit dem Erwerbssteuerscheine auszuweisen.

Die genaue Befolgung der Paß- und sonstigen polizeilichen Vorschriften, sowohl rücksichtlich Ihrer Person, als Ihrer Mitglieder, unter welchen sich unter gar keinem Vorwande schulpflichtige Kinder befinden dürfen, werden Ihnen zur besonderen Pflicht gemacht."

Aus dem Jahr 1868 ist auch das Ansuchen Kaspar Schrammels, der damals in Neulerchenfeld, Feldgasse 38, wohnte, erhalten:

Der gehorsamst gefertigte Bittsteller Musiker bittet um die Bewilligung, mit seiner Gesellschaft in den größeren Orten Niederösterreichs Musik Produktionen geben zu dürfen. Da Bittsteller mit dem nötigen Erwerbs-Steuerschein und einem bereits verloschenen hohen k. k. N. Ö. Statthalterei Dekrete versehen ist, so bittet derselbe nochmals um gnädige Gewährung seiner Bitte.
Es zeichnet sich hochachtungsvoll
Kaspar Schrammel
Besteuerter Musiker

Daraus ist ersichtlich, daß Kaspar Schrammel Leiter einer „Gesellschaft" war. Als solcher durfte er sich „Musikdirektor" nennen. Solche Gesellschaften bestanden damals aus höchstens drei bis fünf Personen. (Weitere Bewilligungen existieren nur noch aus 1869 und aus 1871.)

Über die Stätten und die Art seines Wirkens berichtete anläßlich seines 60jährigen Musikerjubiläums der bereits erwähnte Artikel im Extrablatt vom 2. Oktober 1883; die

Zeitung brachte auf der ersten Seite auch ein Bild von Kaspar Schrammel. Die Angaben über seine Tätigkeit stammen wahrscheinlich von ihm selbst oder von einem seiner Söhne: „... Weit und breit um Wien herum war der junge Schrammel der beste Ländlerbläser. Von 1850 an verlegte er den Schauplatz seiner Tätigkeit nach Wien, wo er zumeist in der Winterszeit in den Gasthäusern, respektive Schankzimmern beim ‚Römischen Kaiser', beim ‚Dachl', ‚Brettl', ‚Heiligen Geist', ‚Waldmädchen', ‚Hotel London' sich hören ließ. Seine eifrigsten Zuhörer waren die Wiener Fiaker. Auch spielte er auf den Landkirchtagen und beim Heurigen auf und die Lust und Freude, die Schrammel's musikalische Tätigkeit geweckt, kann dreist mit der fröhlich machenden Wirkung des Weines concurrieren. – Gott Bacchus konnte keinen wirksameren Propheten finden als den wackeren Schrammel ...".

Am 6. Jänner 1861 wurde für Kaspar Schrammel anläßlich seines 50. Geburtstags im Gasthaus „Zum goldenen Stuck" in Neulerchenfeld ein Benefizabend veranstaltet. Hier stellte er dem Publikum den elfjährigen Hanns und den neunjährigen Josef vor und musizierte mit ihnen zum erstenmal gemeinsam in der Öffentlichkeit; 25 Jahre später wurde dieses Ereignis von den beiden Brüdern mit einem großen Fest als Beginn ihrer Musikerlaufbahn gefeiert.

Kaspar Schrammel war ein Musiker wie viele andere auch; sein größtes Verdienst war es, seinen beiden Söhnen eine Ausbildung zuteil werden zu lassen, die weit über das hinausging, was in diesem sozialen Milieu üblich war.

Aloisia Schrammel starb am 1. November 1881. Durch die rege Anteilnahme an ihrem Leichenbegängnis sahen sich Gatte und Söhne zu einer öffentlichen Danksagung im Extrablatt vom 5. November 1881 veranlaßt. Besonderer Dank wurde darin „dem Hausbesitzer und den Wohnparteien des Trauerhauses, Neulerchenfeld, Gärtnergasse 32, für die prachtvolle Kranzspende" ausgesprochen.

Nicht einmal ganze acht Monate später, am 12. Juni 1882, heiratete Kaspar Schrammel die um 35 Jahre jüngere Korneuburgerin Magdalena Fogatsch und übersiedelte nach Langenzersdorf. Es war keine neue Bekanntschaft, vielmehr die Legalisierung eines Verhältnisses, das schon lange bestand und aus dem die 1866 geborene Tochter Anna stammte.

Ein großes Ereignis war das 60jährige Musikerjubiläum von Kaspar Schrammel, das am 4. Oktober 1883 im Galeriesaal des „Goldenen Luchsen", der erst am 22. Juli 1882 neu eröffnet worden war, stattfand. Das Extrablatt hatte wie erwähnt schon zwei Tage zuvor auf die Veranstaltung hingewiesen und ausführlich über den Jubilar berichtet. Am 7. Oktober wurde dann der Verlauf des Abends dargestellt, bei dem außer den Brüdern Schrammel und Anton Strohmayer auch andere Volkskünstler mitwirkten: „Josef Steidler, Gesangskomiker aus Danzers Orpheum, Guldan, Gebr. Brandtmeier aus Grinzing, Schönhuber Wastl, Kiesel und Frl. Marie, Manhardt, Meier und ‚Kopfabschneider', Baron Jean, Hungerl, Edi und Biedermann, Zangl, Lorenz und Fink." Für diese und „alle Herren Gönner, Bekannten und Freunde" wurde im selben Blatt eine „Danksagung" von Kaspar und seinen Söhnen veröffentlicht.

Der Höhepunkt der Feier, die sich bis in die Morgenstunden ausdehnte, war das Auftreten von Kaspar Schrammel selbst: „Zum Schlusse stieg der alte Schrammel aufs Podium und blies auf dem picksüßen Hölzel einige helle ‚Tanz' unter Juchhe und Halloh des aufgeräumten Publikums. Zwei herzige Enkelkinder überreichten dem Jubilar prächtige Bouquets und die stumme Ovation rührte nicht allein den Alten zu Tränen . . ."

Ohne Rührseligkeit geht es nun einmal in Wien bei Feiern dieser Art nicht!

Noch einmal beschäftigten sich die Zeitungen ausführlich mit Kaspar Schrammel, nur war der Anlaß diesmal kein erfreulicher. Er verunglückte am 14. Juni 1885 um ½11 Uhr nachts auf der Heimfahrt von einer Veranstaltung in Perchtoldsdorf schwer. Der Stellwagen, der zwischen Perchtoldsdorf und Liesing verkehrte, wurde in der Nähe des Bahnhofs Liesing von einem Eisenbahnzug gerammt und in der Mitte auseinandergerissen. Die Pferde und diejenigen Passagiere, die sich im vorderen Teil des Wagens befanden, kamen glimpflich davon, jedoch der hintere Wagenteil und die darin befindlichen Fahrgäste wurden arg zugerichtet. Es gab einen Toten, sieben Schwer- und fünf Leichtverletzte.

Kaspar Schrammel befand sich unter den Schwerverletzten. Sein Zustand war so bedenklich, daß ein Transport in ein

Krankenhaus unzumutbar schien. Erst nachdem Hanns den Präsidenten der Wiener Rettungsgesellschaft, Graf Lamezan, um Hilfe bat, wurde Kaspar ins Wiedner Krankenhaus gebracht. „... Sein Zustand ist hoffnungslos. Er hat eine große, klaffende Wunde am Hinterhaupt, welche einen Teil des Schädels bloßlegt und schmerzhafte Verrenkungen des rechten Schulterblattes und Handgelenkes", schrieb die Zeitung[18]. Weiters berichtet sie auch, wie Kaspar Schrammel zu dieser Veranstaltung nach Perchtoldsdorf kam: „Seit 3 Jahren ... hat der alte Schrammel über die inständigen Bitten seiner Frau und seiner braven Söhne seinem Beruf als Musiker nicht obliegen ... für die Bedürfnisse des Hauses sorgten seine Söhne und überdies verdiente der Alte die Woche über einige Gulden durch die Herstellung von Instrumenten-Blättchen für die Klarinette und Fagott. Seine Erzeugnisse erfreuten sich bei den Kollegen des größten Beifalls. Gegen Ende der vorigen Woche äußerte er sich zur Frau und seinen Söhnen, daß ihn die Musiker Urlaub, Kaspareck, Lenz und Platt aufgefordert hätten, sie sonntags nach Perchtoldsdorf ‚Zum schwarzen Adler' als Absammler zu begleiten und er habe ihnen zugesagt ..." Die Kollegen brachten seine Frau so weit, daß sie dazu ihre Einwilligung gab. Die Klarinette nahm er beim Verabschieden nicht mit, die hatte er vorher heimlich seinen Kollegen zugesteckt: Er ging nämlich bei dieser Veranstaltung nicht absammeln, sondern spielte auf seinem Instrument mit. „... Seine Lebensaugenblicke sind gezählt ...", schließt das Blatt.

Nicht hoffnungsvoller war der Bericht vom 9. Juli: Kaspar Schrammel war zwar schon in häusliche Pflege entlassen worden, „... vorgestern hat sich jedoch der Zustand des Patienten in bedenklicher Weise verschlechtert, es treten Delirien ein und die Hoffnung auf eine Genesung ist so ziemlich geschwunden".

Waren die Vorhersagen auch noch so schlecht und die Hoffnung auf eine Genesung noch so gering – Vater Schrammel überlebte! „Er wurde von den hervorragendsten Ärzten der Residenz behandelt[19]." Nach seiner Genesung wurde am 30. September 1885 für ihn ein Wohltätigkeitsfest beim „Goldenen Luchsen" veranstaltet. So wie bei seinem 60jährigen Musikerjubiläum wirkten auch hier Größen der Volkskunst

Grabstätte Kaspar Schrammels und seiner dritten Gattin, Magdalena, in Langenzersdorf.

mit: die Singspielhalle Seidl und Wiesberg, Josef Steidler mit Ausnahmebewilligung des Direktors Pertl von Danzers Orpheum, Kapellmeister Dominik Ertl, Montag und Guschelbauer; Bratfisch, Hungerl, Schönhuber, Nestl, Guldan, Hirschmann und Prinz, und Baron Jean.

Kaspar Schrammel überlebte nicht nur diesen Unfall – er überlebte auch seine beiden Söhne Hanns und Josef. Er starb am 20. Dezember 1895, wenige Tage vor seinem 85. Geburtstag, knapp einen Monat nach dem Ableben Josefs. Nur sein ältester Sohn aus erster Ehe, Konrad, erreichte annähernd das Alter seines Vaters.

Bestattet ist Kaspar Schrammel in Langenzersdorf. Im selben Grab wurden auch seine dritte Gattin, Magdalena, 1925, die Tochter Anna Pagac 1949 und die Enkelin Margaretha Pagac 1981 beigesetzt.

Konrad Schrammel

Wenn es tatsächlich das Jahr 1846 war, in dem Kaspar Schrammel mit seinem Sohn in den Wiener Vorort Neulerchenfeld kam, so war Konrad – am 27. Oktober 1833 geboren – damals 13 Jahre alt. Er soll auch die musikalische Begabung seines Vaters geerbt und schon als Kind ein guter Geiger gewesen sein[20]. Nachweisbar ist diese Aussage nicht.

Tatsache ist, daß Konrad den Beruf eines Färbers erlernt hat und am 4. März 1854 beim 14. Infanterie-Regiment für das 3. Jäger-Bataillon „zugewachsen" (so der amtliche Ausdruck) ist.

Konrad war von „kleiner Statur, hatte braune Augen, Haare und Augenbrauen und eine proportionierte Nase". So wird er bei der Assentierung, die auf acht Jahre erfolgte, beschrieben.

Das Schicksal, das Konrad Schrammel beschieden war, ist wahrlich nicht als „romantisch[21]" zu bezeichnen. 1859 wurde er in Italien bei Montebello verwundet und im Februar 1860 laut Militärgrundbuch „wegen Verkürzung des radius contractor der Beuge und Strecken des rechten Vorderarms durch einen Musketenschuß bei Montebello zum Wiener Invalidenhaus transferiert".

1861 heiratete Konrad – mit militärischer Bewilligung – Anna Volkmer „nach zweiter Art". Die Verehelichung der Armeeangehörigen war streng geregelt[22]: „Die Zahl der Verheirateten vom Feldwebel oder Wachtmeister abwärts ist der-

ALTES – SY...

Heft	H: 32 84. 16 13/17	Grundb...

Tauf- und Zuname: Konrad ...

Geburts-	Ort	Lütschau
	Bezirk	Weidhofen ...
	Kreis od. Comitat	O. M. B.
	Land	NÖ.

zugewachsen am 4. März 1854, bei m 3^t Jäger
als Gemein. a 3^t: Bandyt...
...ig: in Juni 1854 ...getreten.

Persons-Beschr...

Statur	Klein	Nase	...
Haare	braun	Mund	
Augen	"	Kinn	
Augenbrauen	"	Angesicht	...

Nachgefolg...

Charge	...ränderung	im Jahre	am	
Gemein	Transfer...	1860	21	Febr...
"	Patent	eodem dato		
"	erd: Oberfeld	1861	1	Jan...

Militärpapiere Konrad Schrammels.

		Seite		Liquidirungs-
	4/136/2 19/227/6	Heft		
urtsjahr	1833	Seite		
igion	katholisch			
nd			angewiesen	Kriegskassa / Steueramt HAUSKASSE
fession				

	bes. Merkmale	
	redet Sprachen	
	geimpft	
	misst	

Beschreibung

Gebühren — Patental-Gehalt / Medaillen-Zulage / Verwindungs-Zulage

G r

$\frac{5}{854}$ $\frac{3}{3}$

$\frac{10}{57}$ U

$\frac{9}{859}$ -UE

| | Heft | 17 |

Ca

Geburts-	Ort	Listhen
	Herrschaft	Waidhofen a/ d. Th
	Kreis oder Comitat	V. O. M.
	Land	Nieder Oest

Zugewachsen: am 4. März 1854 beim 14.

als Gem: à 3 fr Handgeld

H. G. im Jun 854 erhalten. Na

Charge	Veränderung	im Jahre	am
"	krankheit	1860	21

Seite	84 121
	Schramb
Geburts-Jahr	1833
Religion	Katholisch
Stand	ledig
Profession	Färber

t. Ayh f. 3. Jäger Bataillon

Acht Jahre assentirt

folgte

Beschreibung

... zu Salzg. f. k.k. II. Classe ... Landwehr ... 9 - 27
... Verordnung ... 1 № 2567 / 5 - 17
... am 20. Februar 1860 ... 3 - 14
... Superarbitrierung in den ...
... des Mannes Invalidenfonds mit
... einer täglichen 10 .. 8.
... 5 - 3 - 14
B. № 145 vom 24. Mai 1860 / 2 - 8 - 16

Paslowsky

4)) 11 - 20

Am 22/7 1877 neuartigen ...

Charge	Veränderung	im Jahre	am	
Gemeiner	geheirathet	1861	—	mit ...
"	mit Patent	1861	1	Februar ... August ...
"	entlassen	1866	31	...
"	verlesen	1884	1	Jänner ...
"	gestorben	1915	24/11	zu ... Dezem Jänn ...

Im December 1883 einen Iverfetzungs=
fall. Haftungsbogen unter E№ 3107 V: C. rückgefertig

Beschreibung

Anna Volkmer auf 2. Art.
lolga s. Heft. Nrdg: von 8.'
Ver.4. №. 1228,
vo August 1861 №. 1
— mit Nachsend.
fre 2. Abfertigung zu 36,
bezug des Sparamts
l. 10 x o. W.
Nieder-Österr. Patrioten
erf 100 fl C: W. E№ 3101 m 1883.
dorf laut Bestätigung
Pfarrers num 15.
115. E. № 5641 & K. N. A.
6. —

Guthaben!

Domicilirt Ort: Wetzendorf Landgemeinde
Land: N. Oe.

gestalt festgesetzt, daß unter 100 Mann bei der Infanterie nur 8, bei der Kavallerie nur 4 Verheiratete bestehen dürfen. Diese, die bestimmte Zahl nicht übersteigenden Ehen, werden Ehen der ersten Classe genannt; Ehen der zweiten Classe können zwar auch über diese Anzahl stattfinden und insbesondere den Beurlaubten bis zur Einberufung bewilligt werden; ein nach der zweiten Classe verehelichtes Weib darf sich jedoch nicht beim Regiment aufhalten, muß für den eigenen und der Kinder Unterhalt, laut obrigkeitlichen Zeugnisses, zu sorgen im Stande sein und unterliegt samt den Kindern der Civil-Gerichtsbarkeit."

Am 1. Februar 1866 erhielt Konrad das Invalidenpatent und wurde am 31. August desselben Jahres mit folgendem Vermerk aus dem Heeresverband entlassen: „. . . mit Abschied gegen Erhalt der zweijährigen Abfertigung zu 36 fl, steht im Fortbezug der Verwundungszulage täglich 10 Kreuzer". Nicht alle Soldaten erfüllten die Voraussetzungen dafür: „Jene, welche durch gute Dienstleistungen das Zeugnis des Wohlverhaltens verdienen, erhalten bei ihrer Entlassung einen ordentlichen Abschied; jene hingegen, die kein gutes Zeugnis verdienen, die von der Schanzarbeit zurück kehren oder aus der feindlichen Kriegsgefangenschaft zurück kommen, und beim Feind gedient haben, werden, wenn sie untauglich sind, mit Lauf-Paß entlassen[23]."

Konrad Schrammel wohnte zu dieser Zeit in Hetzendorf, Premlechnergasse 15.

Schon einige Monate vor seiner Entlassung wurde von ihm bei der N.Ö. Statthalterei – der dafür zuständigen Stelle – ein Ansuchen um eine Drehorgellizenz eingebracht[24]. Ein angefordertes Gutachten vom Bezirksamt Hietzing wurde der „kk nö Statthalterei in Wien mit dem ergebensten Bemerken vorgelegt, daß dem Ansuchen Conrad Schramel, trotz seiner bedrängten Lage, keine Folge zu geben sein dürfte, nachdem das Kronland Nieder-Österreich ohnehin schon von derlei Drehorgelspielern ganz überfüllt ist. kk Bez. Amt Hietzing, am 13. Juli 1866."

Trotz dieser abweisenden Stellungnahme erhielt Konrad die Drehorgellizenz für Hietzing[25]. Da von dem Akt nur mehr zwei Schreiben, und zwar vom Bürgermeisteramt Hetzendorf und vom Bezirksamt Hietzing vorhanden sind, ist nicht festzustellen, welcher Umstand die Verleihung der Lizenz erwirkt hat. Am wahrscheinlichsten war es die drückende Notlage, in der sich Konrad befand.

Ein neuerliches Ansuchen von ihm erfolgte erst wieder im Jahr 1869. Der Wohnsitz Konrads war jetzt Altmannsdorf Nr. 49, Bezirk Sechshaus nächst Wien, er war aber nach Rottal zuständig. Aufgrund dieser Zuständigkeit wurde von der N.Ö. Statthalterei eine Stellungnahme der Bezirkshauptmannschaft Waidhofen an der Thaya eingeholt, denn es ist ein Schreiben Konrads an diese Bezirkshauptmannschaft erhalten mit der Bitte „um gnädige Vermittlung einer Drehorgel-Lizenz von der k.k. nied. Österr. Statthalterei mit Ausnahme des Wiener Polizeikreises[26]":

Der untertänigst Gefertigte verabschiedete Patental-Invalid Conrad Schramel zu Rottal in Nieder-Österreich zuständig, 36 Jahre alt, Wittwer mit 4 unmündigen Kindern, diente im k.k. 3ten Feldjäger Baon, wurde in der Kriegsepoche 1859 bei Montebello im rechten Vorderarm schwer verwundet, in Folge dessen seiner Profession so wie jeder schweren Arbeit unfähig.

Derzeit sich als Drehorgelspieler ernährt und in Folge dessen für sein Patental verzichtet, jedoch mit einer Verwundungszulage von täglich zehn Kreuzern versehen.

Da derzeit der untertänigst Gefertigte einen Erwerb nicht nur in seinen zuständigkeits Bezirk suchen kann und in anderen Bezirken ohne der Bewilligung von der hohen k.k. nied. Österreichischen Statthalterei beanständet und somit in seinem Erwerb gehindert.

Daher wendet sich der untertänigst gefertigte Bittsteller an seine löbl. k.k. Bezirks-Hauptmannschaft wolle ihn aus gnädigster Berücksichtigung der angeführten Umstände bei der k.k. nied. Österreichischen Statthalterei eine Drehorgel-Lizenz für nied. Österreich mit Ausnahme der Wiener Polizei veranlassen und anher senden.

Eurer löbl. k.k. Bezirks-Hauptmannschaft
aller unterthänigster
Konrad Schramel.

Der Amtsweg war lang und schwierig. Konrad mußte laut Vermerk der Bezirkshauptmannschaft Waidhofen vom 28. Juli 1869 von den Bezirksärzten in Sechshaus ein Zeugnis über seine völlige Erwerbsunfähigkeit beibringen. Weiters wurde am 18. August die Gemeindevorstehung Haugschlag, die für Rottal zuständig war, beauftragt, „sich über die Familien, Vermögen- und Leumundsverhältnisse" des nach Rottal heimatberechtigten Konrad Schrammel „genau zu äußern". Erst am 18. Oktober meldete der Bürgermeister von Haugschlag, daß er „über Konrad Schramel keine Auskunft erteilen könne, weil ihm von demselben nichts bekannt ist".

Am 20. Oktober 1869 wandte sich der Bezirkshauptmann von Waidhofen an der Thaya an die Bezirkshauptmannschaft Sechshaus, und diese leitete den Akt endlich an die Stelle, die über Konrad Schrammel Auskunft geben konnte: an den Bürgermeister von Altmannsdorf. Dieser bescheinigte am 2. November, „daß gegen die Persönlichkeit des Konrad Schramel sowohl in politischer als auch in moralischer Beziehung kein Anstand obwalte. Was seine Familienverhältnisse betrifft, lebt er hierorts in der größten Dürftigkeit." Und abermals aufgefordert, sich noch genauer über die Familienverhältnisse des Bittstellers zu äußern, berichtet der Bürgermeister am 10. November 1869 an die Bezirkshauptmannschaft Sechshaus: „. . . daß der Familienstand in 4 Kindern, Anna 7 Jahre, Konrad 5, Aloisia 3 und Rosa 2 Monate alt, bestand; jedoch Rosa den 15. August 1869 [ihrer Mutter in den Tod nachfolgte – ist durchgestrichen (Anm d. Verf.)] gestorben ist."

Trotz dieser bedrückenden Notlage von Konrad Schrammel schrieb der Bezirkshauptmann von Sechshaus an die N. Ö. Statthalterei, daß er „bei der Überfüllung des Landes Niederösterreich und insbesonders des hiesigen Bezirkes mit Drehorgellizenzbesitzern auf die Erteilung einer solchen Lizenz . . . nicht antragen kann." Die N.Ö. Statthalterei stellte jedoch fest, daß er als Vater von drei unmündigen Kindern „zur Aufnahme in eine Versorgungsanstalt sich nicht eignet, laut des ärztlichen Zeugnisses zu jedem anderen Erwerb unfähig ist und auch gegen ihn weder in politischer noch in moralischer Beziehung ein Anstand obwaltet, so wäre demselben die erbetene Lizenz zu erteilen . . ."

Konrad Schrammel.

Ende November erhielt Konrad endlich die Bewilligung, „in den außer dem Wiener Polizeirayon gelegenen größeren Orten des Erzherzogtums Österreich unter der Enns durch sechs Monate mit einer Drehorgel sich persönlich Erwerb suchen zu dürfen . . ."

Nach diesem langen, mühevollen Amtsweg wurde dem von da an alljährlich eingebrachten Ansuchen Konrads ohne weitere Schwierigkeiten stattgegeben.

Konrad Schrammel soll mit seinem Rübezahlbart eine bekannte Straßenfigur gewesen sein[27]. Er spielte mit seiner Melzer Drehorgel auf den Straßen und in den Hinterhöfen und lebte von dem, was die Armen dem noch Ärmeren schenkten. Es war, wie aus den Akten zu ersehen, kein Einzelschicksal, sondern das Los all jener, die ihre Gesundheit dem Vaterland geopfert hatten und dann mit einer mühsam erlangten staatlichen Bettellizenz ihren Unterhalt bestreiten mußten.

Eine Milderung seiner Notlage wurde Konrad ab 1. Jänner 1884 zuteil: Ab diesem Tag verlieh ihm die Nieder-Österreichische Patriotenstiftung einen jährlichen Betrag von 100 Gulden.

Seine Kinder hatte dasselbe Schicksal getroffen wie ihn selbst: Sie verloren in zartem Alter ihre Mutter. Ob sie an einen Pflegeplatz kamen oder Konrad eine Stiefmutter für sie fand, ist nicht bekannt. Belegt ist nur, daß er am 2. August 1893 abermals heiratete; ob es aber seine zweite oder seine dritte Ehe war, geht aus dem Vermerk des Sterbebuchs der Pfarre Atzgersdorf nicht hervor.

Konrad wird nie im Zusammenhang mit seinem Vater oder seinen Halbbrüdern erwähnt. Wahrscheinlich war die Trennung von seinem Vater nicht im besten Einvernehmen erfolgt. Er selbst überlebte die Brüder und den Vater und starb erst am 29. November 1905 in Atzgersdorf, Wienergasse 19, im Alter von 72 Jahren an „Herzfleischentartung". Am 1. Dezember wurde er auf dem Friedhof in Atzgersdorf begraben[28].

Johann (Hanns) Schrammel

Hanns Schrammel wurde am 22. Mai 1850 in Neulerchenfeld Nr. 119 (heute Gaullachergasse 35) geboren. Die alten „Wiener Tanz" wurden ihm, wie natürlich auch seinem um zwei Jahre jüngeren Bruder Josef, im wahrsten Sinn des Wortes schon in der Wiege gesungen – der Vater Volksmusikant, die Mutter Volkssängerin, und Wiener Volksmelodien erklangen aus den zahlreichen Schenken und Wirtshäusern Neulerchenfelds.

Im Hernalser Bezirksmuseum liegt ein neun Seiten starkes, handgeschriebenes, leider undatiertes Manuskript auf: „Leben und Wirken der Brüder Hans und Josef Schrammel. Nach Tatsachen festgehalten von der Tochter Josefs, Frau Betty Fuchs-Schrammel". Darin gibt es unter anderem auch kurze Hinweise auf die Kindheit der beiden Brüder: „Hans war ein gesunder, übermütiger Junge, stets voll toller Streiche und bildete den Gegensatz zu seinem jüngeren Bruder, der ein überaus zartes, kränkelndes Kind, daher auch weit stiller war." Und etwas später, unter den für die beiden Brüder und

Johann Schrammel. Ölgemälde von H. Temple.

ihr Verhältnis zueinander so charakteristischen Anekdoten ist zu lesen:

„Von der Kindheit der Brüder Schrammel sind nur einige Anekdoten erinnerlich, die Vater in vergnügten Stunden erzählte.

Sie wohnten damals in Neulerchenfeld, wo die Buben auch zur Schule gingen. Da kam es denn wiederholt vor, daß der übermütige Hans bei irgend einem Haustor stürmisch an der Glocke riß und weiterging, während Pepi sich ahnungslos Zeit ließ und so vom betreffenden Hausbesorger seine Schläge abbekam.

Ein anderes Mal, es war ein 1. April, spielten die Buben im Hofe, als Hans auf einmal ganz wichtig zu Pepi sagte: ‚Geh' Pepi sag', die Mutter soll gleich zu unseren Schuhmacher kommen, wegen der Schuhe, er muß sie etwas fragen.' Pepi rennt hinauf und richtet den Auftrag atemlos aus. Die Mutter ist erstaunt darüber, denn sie weiß nichts von Schuhen, geht sofort hinunter, zur großen Verwunderung des Meisters, der auch nichts davon weiß. Mutter läuft nach Hause, erbost den vermeintlichen Übeltäter Pepi oben allein anzutreffen und in ihrer Empörung packt sie die Guitarre, auf welcher sie vor dem Weggehen gespielt hat und setzt sie dem Pepi so wuchtig auf das Köpferl, daß sie kaput ist. Pepi hat seinen Bruder nicht verraten, erst viel später hat Hans gebeichtet."

Die erste musikalische Ausbildung erhielt Hanns in der Volksschule in Neulerchenfeld[29]. Dem Lehrer fiel die Musikalität und die hübsche Stimme des Buben auf, und so wurde Hanns in den Kirchenchor aufgenommen.

Der Kirchenchor Neulerchenfelds hatte ein ganz erstaunliches Niveau. Er wurde von 1784 an drei Generationen hindurch von den Oberlehrern und Chordirigenten Peyerl geleitet, die mit diesem Chor die größten Werke der Kirchenmusik wie Haydns „Schöpfung" oder „Die vier Jahreszeiten" zur Aufführung brachten. Der letzte Chordirektor, Franz Peyerl (1830–1874), wurde wegen der guten Leistungen seines Chors zum ausübenden Mitglied der Gesellschaft der Musikfreunde ernannt und erhielt vom Kaiser die goldene Salvatormedaille und das goldene Verdienstkreuz[30].

Hier also lernte Hanns auch die ernste Musik kennen. „Die musikalische Begabung, welche sich schon in frühem Kindesalter zeigte, förderte der Vater, indem er sie [Hanns und Josef; Anm. d. Verf.] einem tüchtigen Violinlehrer anvertraute . . ."[31] Dieser tüchtige Violinlehrer war der Primgeiger des Carltheaters, Ernst Melzer. Zu ihm schickte Kaspar

Schrammel den achtjährigen Hanns und später auch Josef. Daß beide gelehrige Schüler waren, beweist ihr erstes öffentliches Auftreten 1861.

Wann immer die Zeitgenossen der Brüder Schrammel in Zeitungsartikeln sich mit ihnen beschäftigten, findet man stets den Hinweis, daß sie von diesem Tag an von ihrem Vater in die Gaststätten zum Spielen mitgenommen wurden, und auch B. Fuchs-Schrammel schreibt, daß „die Buben schon mit neun beziehungsweise elf Jahren mit dem Vater in verschiedenen Gasthäusern aufspielen und damit verdienen helfen" mußten; denn: „Die Eltern unserer Schrammeln waren ganz arme Musikerleute, welche schwer ums tägliche Brot kämpfen mußten."

Man nahm also die polizeiliche Vorschrift, daß sich unter den Mitgliedern der Musiker „unter gar keinem Vorwande schulpflichtige Kinder befinden dürfen", auf die bei Erteilung der Produktionsbewilligung ausdrücklich hingewiesen wurde, nicht sehr genau.

Im Unterrichtsjahr 1862/63 begann Hanns sein Studium am Konservatorium – in der damaligen Zeit eine Ungeheuerlichkeit für den Sohn eines Volksmusikers!

Immer wieder ist zu lesen, daß Hanns Schrammel ein Lieblingsschüler Hellmesbergers gewesen sei und das Konservatorium „preisgekrönt" verlassen habe.

So wollten eben die Schrammel-Verehrer ihren „Schani" sehen! Ein Schüler von Hellmesberger gewesen zu sein, muß auch in den breiteren Volksschichten als besonderes Gütezeichen gegolten haben, wird doch im Fremdenblatt im Mai 1874 eine „Ungarische National-Musik", mit ihrem Leiter L. Munci als „Schüler von Hellmesberger" beim „Höchsten Heurigen" in Hernals angekündigt.

Auch das Wort „preisgekrönt" wurde gerne verwendet: bei Sängern und Jodlern, die bei einem damals so beliebten „Preisjodeln" als Sieger hervorgegangen waren, aber auch bei Musikensembles, die bei irgendeinem Fest einen „Preis" errungen hatten.

In Wirklichkeit nahm das Studium von Hanns Schrammel jedoch einen etwas anderen Verlauf.

Die Schüler des Konservatoriums wurden von ihren Lehrern jeden Monat in Fleiß, Fortschritt und Benehmen beur-

Nummer.	Name, Alter, Geburtsort, Heimat des Schülers.	Vater, Versorger, Wohnung des Schülers.	Wie viel Jahreskurse hat er zurückgelegt?	Hauptgegenstand.	Nebengeg
193	Name: *Schramel Jof.* Alter: *12 J. b. alt* Geburtsort: *Wien* Heimat des Schülers: Zahlt an Unterrichtsgeld: *zahlt*	Vater: *Anton Musiker* Versorger: Wohnung: *Neulerchenfeld 113*	I	Gesang	Viol

Zeugnisse Hanns Schrammels vom Konservatorium.

Stand des Unterrichts

Monat	Lehrgegenstand.	Schulgeld.	Versäumte Schulstunden.	Fleiß.	Fortschritt.	Benehmen.	Anmerkung.
...er	Gesang / Violine			gen / lob	gen / vorz	vorz / lob	
...nber	Gesang / Violine			gen / vorz	gen / vorz	lob / lob	aus d. Gesangstfül. entlaß.
...ber	Gesang / Violine			vorz	vorz	lob	
...r	Gesang / Violine			vorz	vorz	lob	
...ar	Violine			lob	lob	lob	
	Violine			lob	vorz	lob	
	Violine			vorz	vorz	lob	
	Violine			lob	vorz	lob	
	Violine			lob	vorz	lob	
	Violine			lob	vorz	tadellos	Der vorzüglichste zunächst

Nummer.	Name, Alter, Geburtsort, Heimat des Schülers.	Vater, Versorger, Wohnung des Schülers.	Wie viel Jahreskurse hat er zurückgelegt?	Hauptgegenstand.	Nebeng
287	Name: Schraml Johann Alter: 14. Geburtsort: Weiberhauft Heimat des Schülers: N.Ö Zahlt an Unterrichtsgeld: 2 fl an d. F. U. bestätigt	Vater: Burger Musiker Versorger: Wohnung: Weibarsen feld ab. Gassen H№ 113	3.	Violin (Häusler)	

Stand des Unterrichts

Monat	Lehrgegenstand.	Schulgeld.	Versäumte Schulstunden.	Fleiß.	Fortschritt.	Benehmen.	Anmerkung.
ber	Violin			l	g	s.	
mber	Violin			l	g	s	
aber	Violin			l	l	s	
er	Violin		1	g	l	s	
ar	Violin		1	g	l	s	
	Violin		–	l	l	s	
	Violin		–	l	l	s	
	Violin		3	~	~	~	krank
	Violin		1	g	g	s	krank genügend Mittenburg
				Ohne Ausübung			nicht genügend Mittenburg

Nummer	Name, Alter, Geburtsort, Heimat des Schülers	Vater, Versorger, Wohnung des Schülers.	Wie viel Jahreskurse hat er zurückgelegt?	Hauptgegenstand	Nebengeg...
344	Name: Schraml Johann Alter: 15 Jahre Geburtsort: Neulerchenfeld bei Wien Heimat des Schülers: N. Ö. Zahlt an Unterrichtsgeld: Ist halb befreit ist an den Zöglingsübungen betheiligt.	Vater: Karl Musiker Versorger: ~ Wohnung: Neulerchenfeld, Obere Gasse N:º 113	4	Violin (Hofer)	

	Stand des Unterrichts					Anmerkung
onat	Lehrgegenstand	Schul-geld	Ver-säumte Schul-stunden	Fleiß	Fort-schritt	Benehmen
er	Violin		–	l	v	v	
nber	Violin		1	l	v	v	
nber	Violin		1	l	l	v	
er	Violin		1	l	l	v	
ar	Violin		1	l	l	v	
	Violin		1	l	v	v	
	Violin		–	l	v	v	
	Violin		2	l	v	v	
	Violin						ausgeschloßen

teilt, und diese Klassifikationen wurden auf Studienbögen, die jeweils für ein ganzes Unterrrichtsjahr angelegt waren, vermerkt.

Hanns begann sein Studium am Konservatorium nicht mit „Violine" als Hauptfach, sondern – mit „Gesang". Das kann als Bestätigung für seine schöne Stimme und seine Mitwirkung beim Neulerchenfelder Kirchenchor angesehen werden. Allerdings dauerte der Unterricht in diesem Fach nur zwei Monate, wurde dann gänzlich abgesetzt, und das ursprüngliche Nebenfach „Violine" rückte zum Hauptfach auf.

Der Geigenlehrer Hanns Schrammels war in den ersten zwei Unterrichtsjahren Prof. Georg Hellmesberger. Das ist nicht aus den Studienbögen ersichtlich, sondern aus dem Jahresbericht des Konservatoriums, in dem die jeweils „Vorzüglichsten" und die „Diesen zunächststehenden Schüler" der Lehrer genannt werden; unter den letzteren befand sich Hanns Schrammel.

Im Studienjahr 1862/63 wurde der Fleiß Hanns Schrammels viermal mit „vorzüglich" und sechsmal mit „lobenswert" beurteilt, der Fortschritt beim Violinstudium neunmal mit „vorzüglich" und nur einmal mit „lobenswert".

Etwas weniger gut sah es 1863/64 aus: Der Fleiß war nur „lobenswert", der Fortschritt aber immerhin noch siebenmal „vorzüglich" und dreimal „lobenswert".

Im Studienjahr 1864/65 wurde, wie aus dem Studienbogen ersichtlich, Prof. Carl Heißler Hanns Schrammels Geigenlehrer.

Hanns war nun 14 Jahre alt, der Schulpflicht entwachsen, und somit standen dem „Geldverdienen" keinerlei Hindernisse mehr im Weg. Verdienen wurde wichtiger als Fortbildung, wie aus dem Studienbogen hervorgeht: Neben Krankmeldungen gab es auch versäumte Stunden, die Beurteilung in Fleiß und Fortschritt war dementsprechend nur je fünfmal „lobenswert" und je dreimal „genügend". Das ganze Studienjahr wurde vom Direktor des Konservatoriums, Hellmesberger, mit „genügend" beurteilt und von ihm noch „Orchesterübungen nicht genügend" hinzugefügt.

Auch im Studienjahr 1865/66 ist Hanns noch unter den Schülern des Konservatoriums zu finden, er wird aber im Juni ausgeschlossen. Dem Bericht der Direktionssitzung vom

12. Juni 1866 ist nicht zu entnehmen, aus welchen Gründen der Ausschluß erfolgte. Zwar ist der Name Johann Schrammel vermerkt, also wurde der Fall auch behandelt, aber durchgestrichen und mit keinerlei Anmerkung versehen.

Johann Schrammel soll 1865 bereits im Harmonietheater unter Barbieri, Barich und Fr. Roth erste Geige gespielt haben, dann in die Kapelle Fahrbach sen. gekommen sein, der diese damals gerade zusammenstellte; 1866 soll er dem Orchester des Theaters in der Josefstadt angehört haben[32]. Dieses Engagement in der Josefstadt soll ihm Hellmesberger selbst vermittelt haben[33], womit auch der in der Direktionssitzung unbegründete Ausschluß zu erklären wäre.

Hanns war sein ganzes Leben lang stolz darauf, Schüler des Konservatoriums gewesen zu sein, und er wies auch bei entscheidenden Gelegenheiten darauf hin: so 1886 in seinem Ansuchen an die N.Ö. Statthalterei um Erteilung einer „Concession zur Ausübung des Musikgeschäftes unter Heranziehung von Sängern, Pfeiffern, Jodlern und Sängerinnen anständigen und ehrlichen Charakters, wenn dieselben auch keine Lizenz besitzen", worin es heißt: „. . . Die Vorbildung, die er am Conservatorium unter der Leitung bewährter Meister genossen", und im Oktober 1888 führt er in seiner Bitte an den Kaiser, dieser möge seine musikalische Arbeit „Alte österreichische Volksmelodien" der allergnädigsten Annahme würdigen, an: „. . . und ohne unbescheiden zu sein mich als absolvierten Frequentanten des Wiener Konservatoriums den einzigen Volksmusiker nennen darf, dessen Kompositionen sich der allgemeinen Beliebtheit sowohl im In- als auch im Auslande erfreuen".

Der Besuch des Konservatoriums mag auch bewirkt haben, daß das Interesse Hanns Schrammels an den alten Volksmelodien über eine gute Wiedergabe hinausging, daß er ihren Wert erkannt hat und sie vor dem Vergessenwerden bewahren wollte.

Mailler[34] erzählt, Hanns habe den Vorschlag seines Bruders Josef, ein Heurigenterzett zu gründen, vorerst mit den Worten zurückgewiesen: „Ein Heurigenmusikant – dazu hat mich der Vater nicht ins Konservatorium geschickt." Mag diese Episode vielleicht auch erfunden sein, treffend für ihn ist sie sicher.

Abrichtigung 1866

Heft		**Gru**
Tauf- u. Zuname		Johann
Geburts-	Ort	Neulerchenfeld
	Bezirk	Braun Chmnrt
	Kreis- oder Komitat	N.O. M.M.
	Land	N. Österreich
Zugewachsen		1. Dezember 1866 für das...

Persons

Statur	mittel	Nase	
Haare	blond	Mund	
Augen	braun	Kinn	
Augenbrauen	blond	Angesicht	

Nach

Charge	Veränderung	im Jahre	am	
Gmr.	transferiert	1868	11	März zum...
v. Cpl. behalten		1868	18	März aus dem...

Wien, vor 1865

Militärpapiere Hanns Schrammels.

Abgangsheft 16 Seite 165

| | | Seite | 135 |

...rammel

...urtsjahr | 1850
...gion | katholisch
...nd | ledig
...fession | Muselmann

... Spengerer Regt als Spengerer à 3.50
... Kapuvaschka verstudirt, freiwillig

...eibung

...	bes. Merkmale	braun
...	redet Sprachen	deutsch
...	geimpft	ja
...	mißt	5' 7"

...gte

Beschreibung

...

Charge	Veränderung	im Jahre	am	
Futera	Übergestellt	1868	31	Dezember
		reo 13/2 18		Winter
Corporal	befördert	1870	2	Mai
	avanformist	1872	2/12	
	Lostertige			
	Vdrounsk			
Reserve Corporal	l. f. Reksl trulaffen	1875	26/12 6/10	in der Dez 872 mit Abschn

Beschreibung

[...]nisch des neuen [Wehrgesetzes]
[...]mit vom 3/12. 1868 verpflichtet
[...], 1 Jahr in der Linie, [...]
[...]hrer n. 2 Jahren Landwehr

[...]gs Rsl. 26/5 1870. —
[...] des 49 Infanterie Regiments
[...]istigkeit
[...] Dezember 1872

[UNGS COMMISSION / NGS BEZIRKS DES / ÄNTERIE REGIMENTS]

Rsl. 16/10. 875
(16. Oktober 875.)

Was den Sechzehnjährigen dazu bewogen hat, sich freiwillig zum Militär zu melden, darüber kann man nur Vermutungen anstellen: Vielleicht war es die Abenteuerlust der Jugend, Unzufriedenheit mit seiner Stelle in der Josefstadt, der unrühmliche Abgang vom Konservatorium, der ihm die Hoffnung auf ein Engagement im allerersten Orchester genommen hat oder etwa familiäre Unstimmigkeiten, denn im Juni 1866 wurde seine Halbschwester Anna geboren.

Am 1. Dezember 1866 wurde Hanns für das k.k. 2. Dragoner-Regiment auf „8 Linien und 2 Reservejahre" assentiert[35]. Nach der Beschreibung seiner Militärpapiere war er von mittlerer Statur, mit blondem Haar, braunen Augen, blonden Augenbrauen, großer Nase, kleinem Mund, spitzem Kinn und länglichem Gesicht.

Über ein Jahr gehörte er dieser Einheit an. Am 11. März 1868 wird er „zum k.k. 32ten Infanterie-Regiment im beiderseitigem Einverständnis" transferiert. Dieses Infanterie-Regiment nannte man die „Ungarischen Deutschmeister". Schon eine Woche später, am 18. März, wird er „Vice-Corporal beteilt mit der Führerauszeichnung", das heißt, er wurde mit Aufgaben betraut, die für gewöhnlich von einer höheren Charge ausgeführt wurden. Solche „Beteilungen" waren etwas ganz Ungewöhnliches und kamen sehr selten vor. Hanns Schrammel führt in seiner bereits erwähnten Bitte an den Kaiser an, er habe „von 1866 bis 1870 teils als Eskadronstrompeter, teils als Musikfeldwebel" gedient. Er erreichte aber in seiner militärischen Laufbahn nur den Dienstgrad eines Korporals, und zwar am 2. Mai 1870. Es ist in diesem Ansuchen das einzige Mal, daß Hanns Schrammel seine Tätigkeit als Musiker beim Militär erwähnt. Das Trompetenblasen hat er bestimmt erst im Militärdienst erlernt, im zivilen Leben hat er es nie mehr ausgeübt.

Ab 31. Dezember 1872 wird er von Ofen aus in die Reserve des 49. Infanterie-Regiments versetzt.

Inzwischen hatte Hanns Schrammel am 17. November 1872 die Wirtschafterin (laut Trauschein) Rosalia Weichselberger (geboren 22. März 1852) geheiratet; ihre gemeinsame Wohnadresse war Wichtelgasse 6.

Am 6. Oktober 1875 wird Hanns als Korporal vom Militär „mit Abschied im Subarbitrirungswege" entlassen, das heißt, er wurde bei einer militärärztlichen Untersuchung nicht mehr für tauglich befunden. Anton Strohmayer erzählt im Neuigkeits-Weltblatt vom 24. Mai 1931, daß Hanns nach seiner Entlassung vom Militär bis 1873 mit ihm gemeinsam in einem Quartett gespielt hat.

Im Fremdenblatt wird am 26. Februar 1873 ein Fiaker-Wohltätigkeitsball angekündigt, bei dem das „beliebte Wiener National Quartett Dänzer, Strohmayer, Schramel, Turnofsky und der Tambour Ableitinger im Gemütlichen" spielt.

Warum das Quartett nach kurzer Zeit auseinanderging, führt Strohmayer nicht an; wahrscheinlich hatte Hanns eine Stelle in der Salonkapelle Margold bekommen, bei der er bis zur Gründung des Terzetts 1878 blieb[36].

Josef Schrammel

Josef wurde am 3. März 1852 in Ottakring Nr. 226 (heute Friedrich-Kaiser-Gasse 11) geboren. Die Eltern hatten zwar eine Lebensgemeinschaft aufgenommen, diese aber erst eineinhalb Jahre später legalisiert.

Auf die unterschiedliche Wesensart der beiden Brüder, die über ihre Kindheit hinaus bestand – Hanns vital und übermütig, Josef kränkelnd und still –, wurde schon hingewiesen; auch in ihrer äußeren Erscheinung waren sie gegensätzlich: Hanns blond und kräftig, Josef dunkel und zart. Beiden gemeinsam aber war die musikalische Begabung.

Melzer war auch Josefs Violinlehrer, und daß der Bub sehr begabt war, ist daraus zu ersehen, daß er bereits im Alter von neun Jahren mit dem Vater und dem um zwei Jahre älteren Bruder in den Gaststätten spielen konnte und damit auch zum Lebensunterhalt beitrug.

Im Studienjahr 1865/66, dem letzten von Hanns am Konservatorium, ist auch Josef als Schüler von Prof. Hellmesberger dort zu finden. Aber nicht lange: nur von Oktober bis Februar. Am 3. März war Josef 14 Jahre alt, und vielleicht war es jene Entwicklungsphase, von der seine Tochter schreibt: „. . . Er zeigte zeitweise gar keine Lust zum Geigenüben und es kam so weit, daß ihn Großvater zu einem Buchbinder in die Lehre schickte. Eine Radikalkur! Dort

Nummer	Name, Alter, Geburtsort, Heimat des Schülers	Vater, Versorger, Wohnung des Schülers.	Wie viel Jahreskurse hat er zurückgelegt?	Hauptgegenstand	Nebengeg.
345	Name: *Schramel Josef* Alter: 13 Jahre Geburtsort: Ottakring Heimat des Schülers: *in Wien* Zahlt an Unterrichtsgeld: 4 fl.	Vater: K. Sch. Musiker Versorger: — Wohnung: Neulerchenfeld, obere Gasse 113		Violin (Hellmes.)	

Zeugnis Josef Schrammels vom Konservatorium.

	Stand des Unterrichts					Anmerkung
nat	Lehrgegenstand	Schul-geld	Ver-säumte Schul-stunden	Fleiß	Fort-schritt	Benehmen	
r	Violin		–	l	s	l	
ber	Violin		–	l	s	l	
ber	Violin		3	l	s	l	
	Violin		1	l	s	l	
r	Violin		–	l	s	l	
	Violin						ist nicht erschienen
	Violin						s
	Violin						
	Violin						

waren sechs kleine Kinder, die er zu beaufsichtigen und die Kleinsten herumzuschleppen hatte. Von etwas lernen war keine Rede. Acht Tage hat er es mitgemacht. Dann fiel er seinem Vater zu Füßen und bat, ihn wieder nach Hause zu nehmen, er werde von jetzt an fleißig üben . . ."

Wo immer auch Josef seine weitere Ausbildung erhalten hat – er war ein hervorragender Geiger. „Von Kennern und Kunstverständigen wurde das Geigenspiel Pepis vielfach höher geschätzt als das seines Bruders", schrieb das Extrablatt am 26. November 1895. Josef spielte im Terzett und im Quartett die erste Geige, was oft, wegen der dominierenden Persönlichkeit von Hanns, diesem zugesprochen wurde.

Am 5. Dezember 1868 war das Gesetz über die allgemeine Wehrpflicht in Kraft getreten, aber Josef war für den Militärdienst nicht tauglich. So war es ihm möglich, mit Onkel und Tante Schütz (die Schwester seiner Mutter) eine Tournee in den Orient zu unternehmen.

Nach seinen „Reiseerinnerungen[37]" fuhr er am 9. Dezember 1869 mit Onkel und Tante und seiner Cousine Lina Eicherle von Meidling ab; nach achttägiger Reise kamen sie in Smyrna an, wo sie im Kaffee Pauli ihre Produktionen aufnahmen.

Die Musik gefiel den Gästen gut, nur Lina, deren Gesang vom Publikum abgelehnt wurde, durfte nach dem zweiten Tag nicht mehr auftreten. Sie mußte nach Wien zurückkehren; Tante Schütz hatte in Smyrna einen Kapitän so lange bestürmt, „bis er versprach, Lina bis Wien kostenlos reisen zu lassen".

Im Lauf der weiteren Tournee, auf der sie in Konstantinopel, Galata, Cattige, Beirut, Alexandria, Kairo, Ismailia, Port Said und auf der Rückkreise in Triest und Pola spielten, schlossen sie sich mit Musikern und Sängerinnen zusammen, so daß ihr Ensemble schließlich aus acht Personen bestand. Das Publikum wollte bei den Produktionen vor allem Mädchen sehen, und so war man bestrebt, mit der gleichen Anzahl von Männern und Frauen aufzutreten.

Nur zwei Ereignisse besonderer Art seien hier aus den „Reiseerinnerungen" angeführt: „Mittwoch den 4. Mai kam Herr Seriva und forderte mich auf, mit ihm vor dem Sultan zu spielen. . . Als wir unsere 12 Mann ins Palais kamen, führten

Josef Schrammel mit Onkel und Tante Schütz.

uns mehrere schwarze Diener in ein herrliches Zimmer und kündeten uns an, daß sofort etwas Eßbares kommen würde. In kaum einer Viertelstunde wurde uns in echt türkischer Art serviert. Alle, übrigens erlesene, Speisen mußten wir mit den

Fingern nehmen, ohne Besteck, hernach kam türkischer Kaffee, dann wurden wir in einen schönen Garten geführt, wo sich 300 türkische Frauen an unserem Spiele ergötzten.

Wir spielten 4½ Stunden, worauf uns der erste Diener des Sultans ausbezahlte und wurden dann wieder durch die schauerlich geheimen Gänge zurückgeführt . . ."

Eine ebenso ungewöhnliche Spielstätte gab es für das Ensemble, als in Konstantinopel wegen eines Großbrands der Verdienst schlechter wurde: „Da nahmen wir ein Geschäft und zwar eine türkische Beschneidung. Wir fuhren mit dem Lloyd Schiff ‚Trebisanda' nach den Dardanellen, wo das Fest abgehalten wurde. Es wurden 60 Knaben von 5–11 Jahren beschnitten. Der 6. war der Sohn des Paschas, 8 Jahre alt, dieses Knaben wegen wurde eigentlich das Fest gefeiert. Das Fest dauerte 8 Tage . . ."

Am 11. Mai 1871, nach 17 Monaten und zwei Tagen, kam Josef mit Onkel und Tante Schütz wieder gesund in Wien an.

Wenn es heute auch unglaublich erscheint, daß man im Orient Interesse und Verständnis für diese Art von Wiener Musik hatte, so legt ein Brief vom 30. Juni 1892 aus Teheran jedoch Zeugnis dafür ab:

Lieber Herr Schrammel
. . . Als ich Ihnen bei meinem Abschied von Wien schrieb, ich werde mir ein Verdienst und ein Vergnügen daraus machen, Ihre Musik hier im Herzen von Asien einzuführen, da wußte ich noch nicht, daß Sie hier kein Fremder mehr sind – man kennt und schätzt Sie und Ihre Musik auch hier und die neuen Sachen, die ich hier vorführte, (Dankbarkeit, Der Schwalbe Gruß, Friede auf der Welt, etc.) haben riesigen Erfolg gehabt.

Mit bestem Gruß an Sie und Ihren Bruder sowie an Ihre lieben Künstler
     bin ich Ihr Sie hochschätzender
         Offenheimer

Nach seiner Rückkehr von der Reise spielte Josef beim Heurigen, und zwar ab 1871 zwei Jahre mit Billinger, Eichele und Casparek in Dornbach, drei Jahre mit Dänzer, Eichele, Rouland und Casparek in Hernals beim Weigl und beim Ruß und 1876 in Nußdorf mit Mayer und Söllner bei allen Hauern[38].

1874 bestand das „Erste Wiener National Quintett" aus den Musikern Eichele, Dänzer, J. Schrammel, F. Draschkowitz (nicht Casparek) und J. Rouland[39]. Demnach scheint Josef, nach Hannsens Übertritt zur Salonkapelle Margold, dessen Stelle im Ensemble eingenommen zu haben.

Am 11. Juni 1874 heiratet Josef die hübsche neunzehnjährige Barbara (Betty) Prohaska (geboren 4. Februar 1855).

Über sie ist als Volkssängerin nur wenig bekannt. Im August und September 1874 tritt sie mit der Gesellschaft Gurofsky in Zobels Bierhalle auf. Im Fremdenblatt ist zu lesen: „Auftreten der beiden Fräuleins Betty Schrammel und Adele, genannt die beiden Schmalzblümchen".

Es gab zu dieser Zeit auch ein Musikensemble, das sich „Die ersten Wiener Schmalzbrüder" nannte[40]. Erst im Juli 1882 ist der Name Betty Schrammel wieder in einer Zeitung, nämlich dem Extrablatt, zu lesen, und zwar ist sie zu dieser Zeit Mitglied der Volkssängergesellschaft A. Vogl. Diese Gesellschaft tritt auch in den folgenden Monaten (bis November) beim „Luchsen" in Neulerchenfeld auf: mit den „beiden Liedersängerinnen Luise Vogl und Betty Schramel".

Über ein am 23. Februar 1883 beim „Luchsen" abgehaltenes Jubiläumsfest, bei dem u. a. die „Duettistinnen Frl. Schramel und Zimmermann" mitwirkten, gab es folgende Kritik im Extrablatt: „. . . geradezu epidemisch werden in jüngster Zeit die jüdischen Lieder und Possen, die von Volkssängern leidenschaftlich kultiviert werden . . ." Davon hoben sich wohltuend „die trefflichen Sängerinnen Frl. Zimmermann und Frau Schrammel, die im netten steirischen Kostüm auf die Bühne traten und ihre hellen Jodler ertönen ließen. . .", ab.

Am 16. September 1884 wird bei der „Bretze" eine Veranstaltung unter dem Motto „Echt wienerisch" abgehalten. Der größte Teil des Abends wird von der Volkssängergesellschaft „Mirzl und Dreher" bestritten, der als neues Mitglied Betty Schrammel angehört[41]. Bei dieser Veranstaltung wirkt auch das Terzett Gebrüder Schrammel und Strohmayer mit.

Im Dezember 1886 ist Betty wieder in der Gesellschaft Vogl[42]. Im April 1888 wechselt sie zur Gesellschaft „Haders und Hauser", die im Rahmen ihrer 1000. Vorstellung ein Frühlingsfest in Tökes' „Neue Welt" in Hernals feiert, „im Verein mit den beiden Damen Betti Schrammel und Kathi Schäfer und Klaviermeister Riedl". Auch bei dieser Veranstaltung sind die „Schrammeln" dabei.

So gab es Unterhaltungsabende, bei denen sowohl Betty Schrammel als auch „die Schrammeln" mitwirkten, aber nie trat sie mit den Schrammeln selbst auf. Wahrscheinlich hatte ihr Können nicht das Niveau, daß ein solches Auftreten möglich gewesen wäre, gehörten doch auch die Volkssängergesellschaften, bei denen sie mitwirkte, außer „Mirzl und Dreher", nicht zu den allerersten.

Betty Schrammel hat sich aber nicht nur als Duettsängerin produziert, als die sie in den oben erwähnten Anzeigen angekündigt wird, sondern sie hat auch solistische Einlagen gegeben, die sie sogar selbst verfaßte, wie dies damals bei vielen Volkssängern üblich war.

In der Wiener Stadtbibliothek[43] liegt ein von Betty Schrammel verfaßter Text aus 1877, den sie „Intermezzo" genannt hat und der den Titel „Wäscherin" trägt. In dieser Zeit gehörte sie der Gesellschaft Uhl an. Alles, was von Volkssängergesellschaften zur Aufführung gebracht wurde, ob Lieder oder Prosa, mußte durch die Zensur gehen und von dieser genehmigt werden.

Dieses „Intermezzo" beginnt mit einem Entreelied, in dem sich die Auftretende als flottes Wäscherkind vom Lichtental vorstellt. Dann folgt ein Prosateil, in dem sie ihren Stand beschreibt, dessen Wahlspruch lautet: „Nur allweil fidel und recht lustig", und „lauft a dann und wann was übers Leberl, was uns in Hamur nimmt, dauerts gar net lang."

Nicht beliebt sind die Wäschermädel bei den noblen Damen in der Stadt, die aus lauter Langeweile und „Fadeß so gelb sind wie eine alte Wäsche". Ihnen sind die Wäschermädel auch zuwenig gebildet, in Wirklichkeit aber beneiden sie diese nur um ihre gute Gesichtsfarbe und den „guten Hamur".

Anders sieht es mit den noblen Herren aus, die sich gerne mit den Wäschermädeln unterhalten wollen, aber nur heimlich, damit die „Nobless" nicht darunter leidet. Wird aber so ein junger Herr „z'hamlich" (zu heimlich), so sagen die Wäscherinnen, „was willst denn du unbrauchbares, auszuzelts

Josef Schrammel und seine Gattin Barbara.

21 Zigarl, verduft". Sollte dieser der Aufforderung nicht nachkommen, so bekommt er noch eine „auf's zarte Pratzerl, daß erm d'Finger aufschwelln und daß erm d'Waschblau aus de Augen außarinnt".

Von den Lichtentalern heißt es, sie sind „a kecke Bagasch", aber sie brauchen sich nicht zu genieren, denn hier in Lichtental ist es, „wo d'Welt auf d'Welt kommen is". Und das kam so: „ . . . wia unser Herrgott d'Welt erschaffen hat, war er in der Höh' und wia er gsagt hat, es werde Licht, so wars Licht und er hat ins Tal abigschaut, nämlich ins Lichtental, und da san mir daham."

Auf der Ringstraße rauschen ein paar „Gäns" wie die „Pfauen" daher, und wenn ein Wäschermädel vorbeikommt, halten sie sich die Nase zu, weil ihnen der Seifengeruch, der das Mädel umgibt, unangenehm ist. Darüber ärgert sich die Auftretende jedoch nicht, denn sie hat ohnehin genug Ärger mit ihrem Franzl, dem „wechen" (wehen) „Edelknaben" (Deutschmeister), mit dem sie sich zerstritten und den sie auf unbestimmte Zeit beurlaubt hat. Aber sie liebt die Männer, denn der Herrgott hat doch die Männer erschaffen, damit die „Madln mit sö a Freud habn". Unangenehm ist es nur, wenn einem eine andere den Mann wegnimmt, „außa es is a guate Freundin, no da sagt ma halt, waßt, an de gradn Täg da ghört er mei und an de ungradn, do leich i dirn halt".

Aber ein Lichtentaler Kind kränkt sich um kein Mannsbild!

Nun folgt eine Schilderung des Wäschermädelballs, auf dem sie auch ihren Franzl erwartet: „ . . . morgen is in Lerchenfeld bei der Bretzn a Wäschermadl-Ball, den die alte Erhartin gibt, do hutscht si wieder die ganze Hotwole von Lichtental ins Lerchenfeld, wer net kommt, wird in die Acht erklärt. Bei der Tür sitzt die alte Erhartin mit der Glockn. Zuerst kummt d'Musi, nachher kummen so a 50 junge Madln, alle von der Wäsch, drauf kommt ani mit an ellenlangen Schlepp, der mas schon ankennt, daß ka schlechts Obers sondern a guate Milli is, den Beschluß machen dann etliche Wurzn, die mit hoher Erlaubnis zu uns du sagen derfn."

Nach dieser Prosa folgt das Schlußlied, in dem die Eigenschaften und Vorzüge des Wäschermädels noch einmal zusammengefaßt werden und das mit den Worten endet:

Wir Wäschermadln san wir d'Radln
Liabn a Gaudi recht a lauti
San ma grandi wern ma hanti
Haun glei tapfer drein.

Ist das Bild des Wäschermädels in diesem „Intermezzo" auch überzeichnet, was ja die gewollte lustige Wirkung hervorruft, die Grundzüge sind jedoch, wie bei jeder Karikatur, wahr.

In der Vorstadt Lichtental waren die Wäschermädel „daham". Sie wurden in Wien als besondere Spezies angesehen, ähnlich wie die Fiaker, sie waren sozusagen das weibliche Gegenstück dazu. Auch die im Fasching veranstalteten Wäschermädelbälle standen den „Fiakerbällen" an Popularität und Beliebtheit nicht nach.

Lichtental war auch eine jener 13 Wiener Vorstädte, aus denen sich die „Edelknaben" rekrutierten. Diese Bezeichnung geht auf Josef II. zurück, der eine besondere Vorliebe für das Regiment der Deutschmeister hatte, die deshalb zuerst „des Kaisers Edelknaben", bald aber nur mehr kurz „Edelknaben" genannt wurden. Sie waren „berühmt" für ihre Leichtlebigkeit, ihre Vorliebe, die Nächte „durchzudrahn", und so nannten die Wiener die dunklen Ringe unter den Augen, die eine solche „Drahrerei" hinterläßt, „Deutschmeister".

1875 gründete Josef eine eigene Gesellschaft; er suchte bei der Niederösterreichischen Statthalterei um eine Produktionsbewilligung an[44]. Die Polizeidirektion hatte in ihrem dazu erstellten Gutachten nichts einzuwenden:

„Bittsteller zu Ottakring geboren, nach Neulerchenfeld zuständig, 23 Jahre alt, katholisch, verheiratet, Musiker, besitzt eine Musiklizenz für den Bezirk Hernals und beabsichtigt nun mit 5–6 Gesellschaftern sich auch in den größeren Orten Niederösterreichs zu produzieren. Über sein Verhalten liegt nichts Nachteiliges vor und da er eine genügende musikalische Befähigung nachweist, obwaltet gegen die Gewährung seines Gesuches hierorts kein Anstand."

Am 18. Juni 1875 wurde Josef mit der üblichen Floskel die Produktionsbewilligung erteilt. (Er wohnte damals in Hernals, Sterngasse 24, Tür 7, heute Haslingergasse.) Weitere

Ansuchen erfolgten 1878, im Gründungsjahr des Terzetts, dann 1880, 1881, 1883 und 1888. Als Besitzer eines Gewerbescheins zur „Ausübung des Musikgewerbes" war man berechtigt, dieses „auch außerhalb seines Standortes auszüben, jedoch nur auf Bestellung[45]". Ein alljährliches Ansuchen war daher nicht nötig.

Wer Josefs „Gesellschafter" von 1875 bis 1878 waren, ist nicht zu belegen, auch nicht, wie Josef sein Ensemble genannt hat. Sein Name scheint in den Musikgruppen nicht auf, und die Ensemblemitglieder eines „Heurigen Terzetts" oder „Wiener Terzetts" werden nicht genannt[46]. Betty Fuchs-Schrammel schreibt, daß er mit zwei Partnern beim Heurigen spielte und sein täglicher Verdienst an manchen Abenden 10 bis 15 Gulden betrug, während Hanns in der Salonkapelle Margold nur eine Gage von täglich 3 Gulden bezog, weshalb Josef 1878 „den Bruder beredete, mit ihm und dem erstklassigen Gitarristen Anton Strohmayer ein Terzett zu gründen".

Anton Strohmayer

Dieser „erstklassige Gitarrist" Anton Strohmayer wurde am 25. Jänner 1848 in Lichtental Nr. 60 (laut Taufbuch der Pfarre Lichtental) geboren.

Gitarreunterricht erhielt er von seinem Vater Alois (1822–1890). Dieser, Musiker wie der Vater der Schrammel-Brüder, war auch in Lichtental zur Welt gekommen.

Für uns ist heute Lichtental nicht mehr die Vorstadt der Wäschermädel und der Deutschmeister – die sind schon ferne Vergangenheit –, für uns ist es die Vorstadt, in der Franz Schubert gelebt und gewirkt hat. Der Ahnherr Anton Strohmayers war hier Schulmeister und Organist und der unmittelbare Vorgesetzte von Franz Schubert gewesen[47]. Die Mutter Anton Strohmayers, Franziska Köfler, stammte aus Klagenfurt.

Anton Strohmayer wurde schon als Bub, so wie Hanns und Josef Schrammel, von seinem Vater in die Gaststätten zum „Aufspielen" mitgenommen. Mailler läßt Strohmayer selbst berichten[48]: „Mein Vater hat schon als Bub komponiert, Walzer, Polkas, Märsche. Ich hab' sie oft genug spielen müs-

Anton Strohmayer.

sen, denn schon mit 12 Jahren, vom Jahr sechzig an, hat er mich mitgenommen in alle Wirtshäuser. Ganz genau weiß ich noch, wie der berühmte Komiker Wenzel Scholz nach dem Leichenbegängnis Nestroys zu uns in die ‚Bieglerin' gekommen ist, damit wir ihn ein bißchen aufheitern."

Das erstemal soll er mit seinem Vater beim „Grünen Jäger" im Prater gespielt haben, später hat auch Dänzer mit ihnen bei der „Frankin" in Währing musiziert[49]. Auch mit Schrammel sen., mit Hanns und mit Josef, so erzählt Strohmayer im Neuigkeits-Weltblatt[50], hat er schon 1862 beim Herzig in Hernals gespielt. Nach 1866 spielte er mit Dänzer und Turnofsky in einem Ensemble, dem 1873 kurze Zeit auch Hanns Schrammel angehörte.

Das „Wiener National Quartett", das 1873 aus Dänzer, Strohmayer, Schrammel und Turnofsky sowie dem Tambour Ableitinger bestand[51], hatte als „Wiener National Quintett" 1874 Eichele, Dänzer, J. Schrammel, F. Draschkowitz und J. Rouland als Mitglieder[52]. Strohmayer und Turnofsky gehörten dem Ensemble nicht mehr an, und an die Stelle von Hanns Schrammel war sein Bruder Josef getreten.

Erst wieder im September 1877 findet man den Namen Strohmayer im „Ersten Wiener National Quintett" gemeinsam mit Dänzer, Paudler, Rouland und Messerschmidt. Ob es aber Anton Strohmayer, war, ist nicht feststellbar, denn auch in den kommenden Jahren, als Anton Strohmayer im „Schrammel Terzett" spielte, gab es ein „National Quartett" oder auch „Quintett" „Dänzer und Strohmayer"[53]. Wahrscheinlich war es sein Vater Alois, der mit Dänzer musizierte, denn als sich im November 1883 beim „Grünen Tor" ein neues Terzett, das „Harmonische Kleeblatt" mit Dänzer, Raab und Deckmayer, vorstellte[54], gab es im Dezember das „National Terzett Strohmayer und Sohn" (am 31. Dezember beim „Schwender"; nannte sich auch später „Salon Terzett").

Anton Strohmayer war nicht nur der beste Gitarrespieler seiner Zeit, er konnte auch Geige spielen und das „picksüße Hölzl" blasen. Bekannt und berühmt wurde er jedoch als Begleiter der „Zaubergeigen" der Brüder Schrammel, indem er auf der doppelhalsigen Gitarre nicht nur für den soliden Baß sorgte, sondern zu dem wienerischen Geigenton die dazugehörige wienerische Begleitung brachte, und zwar in so unvergleichlicher Weise, daß Johann Strauß zu der Bemerkung veranlaßt wurde: „Das Heberte möcht' ich meinem Sekondgeiger eingeben[55]."

Das Terzett Gebrüder Schrammel und Strohmayer (1878 bis 24. Oktober 1884)
Georg Dänzer

In den Unterhaltungsanzeigen des Jahres 1878 findet man noch nicht das Terzett „Gebrüder Schrammel und Strohmayer", wohl aber das „Wiener National Konzert" oder die „Wiener National Kapelle", auch „National Quintett" „Dänzer und Strohmayer". Auch die Namen anderer Musikgruppen enthielten das Wort „National", womit sie zum Ausdruck bringen wollten, daß sie die Wiener Volksmusik – sowohl die überlieferten „Wiener Tanz" als auch die Musik ihrer Zeit – spielten.

Zu den bekanntesten Ensembles gehörten u. a. „Katzenberger und Frau", „Debiasi" und die „Butschetty". Große Mode wurden die „Alt-polnischen Judenquartette" und „-sextette", die in den Vergnügungsensembles auftraten, zuerst in den großen wie „Universum" und „Orpheum", später auch in den kleineren. „. . . geradezu epidemisch werden in jüngster Zeit die jüdischen Lieder und Possen, die von den Volkssängern leidenschaftlich kultiviert werden . . .", schrieb das Extrablatt am 23. Februar 1883.

Sehr beliebt und daher auch sehr gut besucht waren die Militärmusikkapellen. Das Wiener Publikum kam zu den Konzerten, um die Musik zu hören, sehr zum Leidwesen der Wirte, die sich darüber beklagten, daß das Interesse an Speis und Trank erst in großem Abstand folgte.

Als im Juli 1878 die Besetzung Bosniens und der Herzegowina durch Österreich erfolgte, mußten im August von den elf Militärkapellen, die in Wien stationiert waren, fünf die Stadt verlassen[1].

Gründung als „Nußdorfer Terzett"
Der Aufstieg

Die meisten Zeitgenossen der Schrammeln stimmen in ihren Angaben darin überein, daß das Terzctt in Nußdorf beim Heurigen zu spielen begonnen hat. Nach Eduard Merkt[2] hingegen war die erste Station der Stalehner in Hernals; dann spielten sie auch beim Gschwandner und beim Grünbeck, „je nachdem einer oder der andere der vorbenannten Hauer an die Reihe kam, seine Fechsung durch das Ausstecken eines grünen Buschens anzuzeigen".

Rudolf Alexander Moißl[3] und Kurt Dieman[4] verlegen, ohne Angabe der Quellen, den Beginn des Musizierens der Schrammeln zum Strasser nach Pötzleinsdorf.

Wo immer auch die Brüder Schrammel und Strohmayer nach der Gründung des Terzetts gespielt haben mögen – Tatsache ist, daß sie sich „Nußdorfer Terzett" nannten, unter diesem Namen bekannt wurden, und daß vom Vorort Nußdorf aus der Klang der Schrammelschen Geigen sich die Herzen der Wiener eroberte.

Es dauerte natürlich einige Zeit, bis ihre Namen auch in den Zeitungen zu lesen waren, denn bei welchen Heurigen sie in Nußdorf spielten, das wußten die Wiener, das sprach sich herum, das mußte nicht in der Zeitung stehen. Erst als sie auch bei Veranstaltungen mitwirkten, die in den Zeitungen angezeigt wurden, scheinen ihre Namen auf, und zwar im Lauf der Jahre immer öfter und bei immer größeren und bedeutenderen volkstümlichen Unterhaltungen. Diese Anzeigen und die über diese Unterhaltungen erschienenen Kritiken sind die einzigen Quellen, die über das Bekanntwerden und den Aufstieg des Terzetts von den „Nußdorfern" zu den „Schrammeln" Auskunft geben.

Die erste Anzeige über ein Auftreten der Brüder Schrammel findet man im Extrablatt vom 18. November 1879. Es wurde eine Wohltätigkeitssoiree „Für die armen Kleinen" im Gasthaus „Zum Mondschein" in Rudolfsheim angekündigt, bei der außer den Brüdern Schrammel „Kriebaum, die Gebr. Harner, Krischke und Mayer, Frl. Kraus und Frl. Montag" mitwirkten, lauter Namen, die den Liebhabern der volkstümlichen Musik damals wohlbekannt waren und die Veranstalter von solchen Wohltätigkeitssoireen auf einen hohen Reinertrag hoffen ließen.

Eine der beliebtesten Faschingsunterhaltungen in Wien waren die Fiakerbälle am Aschermittwoch. 1880 fand der „große" Fiakerball beim „Grünen Tor" in der Josefstadt statt, wo sich auch zum größten Teil die „Fiaker Spezialitäten" einfanden. Hier produzierten sich im „Gemütlichen die im Laufe der Zeit etwas melancholisch gewordenen ‚Bandmacher' mit echtesten ‚Werner-Liedern'[5]".

Was das „Gemütliche" war und wie es dort bei Fiaker-Unterhaltungen zuging, können wir einer Schilderung der Vorstadtzeitung vom 11. Februar 1883 entnehmen: „Unter ‚Gemütlichen' versteht man, wie jeder weiß, einen von Rauch und Dunst erfüllten Raum, in dem halbe, ganze und Doppelliter in der erstaunlich kürzesten Zeit hinter die Binde gegossen werden und Champagnerpfropfen kleine Luftreisen antreten, in dem gepascht, gesungen, gepfiffen, geschnalzt, gejodelt und Wiener Musik gemacht wird, die letztere von dem Quintett Dänzer und Angerer oder dem feschen Terzett Gebr. Schrammel . . ."

Der „kleine" Fiakerball wurde beim Dreher auf der Landstraße (heutiger Name des 3. Wiener Gemeindebezirks) abgehalten, bei dem „das beliebte Quartett Schraml" im „Gemütlichen" angekündigt wurde, wie auch bei dem im selben Etablissement etwas später[6] abgehaltenen Kellnerkränzchen. Das „Quartett" ist entweder eine Fehlanzeige oder nur eine vorübergehende Vergrößerung des Terzetts. Letzteres ist eher unwahrscheinlich, da ja vier Musiker gut aufeinander eingespielt sein müssen, gleichgültig ob sie mit oder ohne Notenmaterial musizieren.

Am 27. September 1880 fand in den Thaliasälen in Neulerchenfeld das Michaeli-Weinlesefest statt[7]. Schließt man von der Druckgröße und -stärke eines Namens bei Unterhaltungsanzeigen auf seine Bekannt- und Beliebtheit – der Name soll ja ins Auge springen und den Leser zum Besuch der Veranstaltung veranlassen –, so war das Nußdorfer Terzett zwei Jahre nach seiner Gründung bereits eines der bekanntesten und beliebtesten Ensembles.

1881 waren es außer dem Wäschermädelball in den Thaliasälen[8], bei dem das Terzett „in der Waschkuchl" musizierte, und dem Fiakerball beim Dreher (wieder als Quartett angekündigt[9]) nur einige große Veranstaltungen, bei denen die Brüder Schrammel und Anton Strohmayer mitwirkten. Die „Spezialität" des Ensembles waren die alten Wiener Tänze, und dort, wo man diese Tänze hören wollte, durften daher diese drei Musikanten nicht fehlen, denn sie waren „vielleicht die einzige, kleinere Musikgesellschaft, die echte Wienerische Musik macht[10]".

So war es beim Mandl in Hernals, Hauptstraße 24, der im August 1881 ein „Fest beim Heurigen unter Mitwirkung des beliebten Terzetts Schrammel" veranstaltete[11], und im Oktober sollte ein Fest zeigen, wie gemütlich das Leben vor 60 Jahren in Alt-Wien war: „. . . es werden Vorträge von drei Paar der besten Jodler Wiens, des Musik Terzetts der Herrn Gebr. Schrammel, so wie Zither, Harfe und Leier in demselben Genre, wie in der guten alten Zeit zur Aufführung gebracht . . .[12]"

Im Dritten Kaffeehaus, in Anton Ronachers Grand-Etablissement, im Prater gab es im September ein Galafest mit Ball[13], bei dem im Indischen Salon, wohin man das „Gemütliche" verlegt hatte, „Original Wiener Tänze, vorgetragen von J. Schrammel[14]" zu hören waren.

Am 1. November 1881 starb die Mutter der beiden Brüder, Aloisia Schrammel. Die schon erwähnte Danksagung für die zahlreiche Teilnahme am Leichenbegängnis, die am 5. November im Extrablatt erschien, zeugt von der Popularität der Brüder Schrammel. Es war – vielleicht – auch ein Anlaß, die Leser wieder einmal auf den Namen „Schrammel" aufmerksam zu machen.

Im Dezember 1881 stand ganz Wien unter dem furchtbaren Eindruck des Ringtheaterbrands. Einem gütigen Geschick ist es zu danken, daß sich Josef Schrammel nicht unter den Opfern befand. Seine Tochter Betty Fuchs-Schrammel schreibt darüber: „Für die Aufführung von Hoffmanns Erzählungen von Jaques Offenbach am Tage des Ringtheaterbrandes [8. Dezember, Anm. d. Verf.] hatte er sich schon am Vortage die Karte gelöst. Als er nachmittags im Kaffeehaus saß, wurden die Schrammeln jedoch für den Abend engagiert und so entging Vater einem furchtbaren Ende. Wir wußten zu Hause von dem Geschäft nichts und vermuteten ihn im

Ringtheater. Die Aufregung war unbeschreiblich. Da traf gegen 9 Uhr ein Dienstmann mit der beruhigenden Nachricht ein."

Am 3. Dezember 1881 waren die Sträußelsäle eröffnet worden, in denen zuerst das Quartett Dänzer und Angerer, später Katzenberger und vom 23. Dezember 1881 bis zum 4. Jänner 1882 auch das Terzett Gebrüder Schrammel musizierte.

1882 mehren sich die Anzeigen über die Mitwirkung des Nußdorfer Terzetts bei verschiedenen Veranstaltungen. Man nannte es jetzt auch nur „Terzett Gebr. Schrammel" oder auch „Gebr. Schrammel und Strohmayer".

Wie im vergangenen Jahr spielten sie beim Wäschermädelball in den Thaliasälen und beim Fiakerball beim Dreher auf der Landstraße.

Am 23. Februar 1882 gab es beim Schwender eine Fiakersoiree, zu der Bratfisch und Moriz Martin einluden; im Florasaal musizierten das „National Quartett Dänzer und Angerer", im Gemütlichen das „fesche Terzett Gebr. Schrammel". Es ist das erstemal, daß Dänzer und die Brüder Schrammel, jeder mit seinem Ensemble, bei derselben Veranstaltung als Mitwirkende genannt werden.

Dänzer war schon bekannt, als die Brüder Schrammel erst ihr Terzett gründeten und ihre Zuhörer begannen, auf sie aufmerksam zu werden. Dieses gemeinsame Auftreten läßt den Schluß zu, daß die beiden Ensembles bereits gleich populär und beliebt waren.

Von da an kam es öfter vor, daß die beiden Musikgruppen Schrammel und Strohmayer sowie Dänzer und Strohmayer – denn so hieß das Quartett ab April 1882 – bei derselben Veranstaltung mitwirkten. Die Experten waren sich auch darüber einig, daß es nur diese zwei Ensembles waren, die die Sänger und Jodler bei dem zu dieser Zeit so beliebt gewordenen „Preisjodeln" begleiten konnten.

Das „Preisjodeln" war 1865 vom Cafetier Seidl, dem „Erfinder" des Lumpenballs, zum erstenmal in der „Bretze" in Neulerchenfeld veranstaltet worden. Es waren meist Fiaker, die zu einem solchen Wettbewerb antraten. So einen „höchsten Duliäh", wie ihn die Wiener nannten, den das „Wiener Quartett Dänzer und Strohmayer" begleitete, schildert das Extrablatt am 28. Oktober 1882: „. . . Der Gerufene stellt sich auf's Brettl, er singt leise den ersten Ton, der Gitarrespieler hat ihn im selben Moment, Harmonika und Violine stimmen ein, und dann erst setzt der Dänzer, der würdige Nachfolger des Gruber Franzl sein ‚Picksüßes' an. Das gibt eine Musik, als ob ein Chor von Engeln die Wiener anstrudeln wollte . . ."

Auch die Vorstadt-Zeitung berichtet über dieses „Preisjodeln", das am 26. Oktober beim „Luchsen" in Neulerchenfeld stattfand. Diese neue „Spezialität" erfreue sich großer Beliebtheit und lasse jeden Saal „bummvoll" werden. Die dabei Auftretenden sind „zumeist Fiaker, Herren und Kutscher, . . . die . . . frisch vom Kutschbock ‚auf's Brettl' gesprungen waren. Hier oben gebärdeten sich sämtliche ohne jede Spur von Lampenfieber. Mit einer Sicherheit, wie sie alten Zunftschauspielern und -sängern nicht immer zur Verfügung steht, absolvierten sie ihre drei ‚Tanz' . . ., verneigten sie sich mit Anstand und gingen . . ."

Nach einem Artikel des Extrablatts vom 9. Dezember 1882 unter dem Titel „Wiener Musikanten" hat Dänzer „sein Heim im Sommer beim Wambacher in Dornbach, gegenwärtig beim Wagner in Ottakring aufgeschlagen, wo der Dienstag und Freitag voll und ganz der echten Wiener Lustbarkeit gewidmet sind".

Die Brüder Schrammel „musizieren Dienstag in dem weinseligen Nußdorf, wohin alles, was in der Residenz noch den unverfälschten ‚Weaner Schan' liebt, in den kecksten Zeugln wallt, um einen Abend in ungezwungener Gemütlichkeit zuzubringen". Großen Anklang beim Publikum finden, nach Darstellung der Zeitung, die echt wienerischen Kompositionen der Brüder Schrammel: „. . . man muß nur sehen, wie die Zuhörer Beifall klatschen, wie sie jubeln . . ." Laut Extrablatt gibt es zu dieser Zeit nur drei bekannte Ensembles, die Wiener Musik pflegen: Dänzer und Strohmayer, Schmalhofer und Krenn und „nicht zuletzt die Gebr. Schrammel".

Wie es beim Heurigen anno 1882 vor der Linie aussah, schildert die Vorstadt-Zeitung vom 29. Oktober: „. . . Gsteckt voll an jedem Samstag und Sonntag Abend und wenn es nur halbwegs unter der Woche etwas zu hören gibt, auch an jedem beliebigen anderen Abend . . . Die Gesellschaft rekrutiert sich aus allen Bezirken, man findet da sehr gut bürgerliche, auch ein wenig aristokratische Elemente . . . Eine beachtenswerte Wahrnehmung drängt sich beim Besuch dieser Lokale auf: Man findet eine ganz unglaubliche Anzahl von fetten und wohlgerundeten Frauen darin . . ."

Von Ende November 1882 an waren die Schrammeln nicht nur mehr in den „weinseligen" Vororten zu hören – am 29. November erschien im Fremdenblatt folgende Anzeige von „L. Graf's Restauration, Schottenring 9": „Zum ersten Mal in der Inneren Stadt die berühmten Gebrüder Schrammel und Strohmayer." Hiermit begannen die „besseren" Lokale der Inneren Stadt ihnen ihre Säle zu öffnen; es war ein Schritt weiter auf dem Weg in die Salons des höchsten Adels.

So waren nach knapp vier Jahren ihres Zusammenspiels die Brüder Schrammel und Strohmayer mit Abstand das beste Volksmusikensemble.

Das erfolgreichste Volksmusikensemble

Der rasche Aufstieg des Terzetts lag nicht allein an dem einmalig schönen Spiel dieser drei Musiker – sie kamen mit ihrem Repertoire, den alten Wiener Weisen, den Wünschen und Sehnsüchten ihrer Zuhörer entgegen. Denn wie das Extrablatt am 11. Jänner 1883 anläßlich eines Spezialitäten-Fests beim Schwender – bei dem Dänzer und Strohmayer in der Bauernstube, die Brüder Schrammel und Strohmayer im Rudolfsaal spielten – schreibt, „der aufmerksame Beobachter unseres Volkslebens . . . wird wohl zugeben müssen, daß gerade in der Gegenwart der Kultus altwienerischen Vergnügens wächst – und vielleicht sogar überhand nimmt. Der Grund hiefür liegt vielleicht in dem sich allen aufdrängenden Bewußtsein, daß die Zukunft keinen Raum mehr für diese Spezialitäten haben wird, da das Wien ohne Linienwälle auch den Vororten den Spezialcharakter nehmen wird, der einst im Wien der Basteien dem ‚Grund' aufgedrückt war . . ."

„Spezialitäten" – das war ein Lieblingswort jener Zeit. Es waren aber nicht kulinarische Genüsse gemeint, wenn man von einem „Spezialitäten-Fest" oder „-Abend" sprach, sondern Besonderheiten der Unterhaltung. Als „Spezialität" zu gelten – das war wohl der Wunsch aller, die sich vor Publikum produzierten.

„Schwender hat noch einen Rest der alten Urwüchsigkeit erhalten", stellt das Fremdenblatt am 14. Jänner 1883 fest. Wenig Gefallen findet das Blatt an dem Programm, das die Musikbanden boten, nämlich moderne Literatur von Strauß bis Wagner: „Letzterer wurde sogar sehr stark verzapft, mitunter in einer Weise, welche den Ohren manches zu denken gab – der Pilgerchor aus Tannhäuser war der Gegenstand einer recht abträglichen Behandlung, und Girardi, der auch draußen war, rief seufzend aus: ‚Wenn der Wagner das geahnt hätte, hätt' er gleich lieber den Parzival g'schriebn.'"

Beim Fiakerball beim Dreher und bei der Fiakersoiree beim Schwender war im „Gemütlichen" auch 1883 das „fesche Terzett Schrammel" anzutreffen. Am 8. März gab es beim Ruß in Hernals einen „Schwomma-Abend" zur Erinnerung an Schwomma und Schmutzer, wo man „100 Partien alte Schwommatanz von Schwomma und Schmutzer, ausgeführt von d'Schrammel und Strohmayer und Terzett Pertl" hören konnte[15].

„Schwomma", dessen bürgerlicher Name Josef Weidinger war, und Johann Schmutzer, beide Volksmusikanten im besten Sinn, haben nicht nur die alte Volksmusik überliefert, sondern sie auch mit Kompositionen bereichert, die so gut waren, daß sie sogar gedruckt wurden. Auch Hanns Schrammel hat von ihnen Stücke in seine 1888 erschienene Sammlung „Alte österreichische Volksmelodien" aufgenommen. Diese Sammlung besteht nach Hanns Schrammel aus drei „Heften", denen er die Abhandlung „Der Wiener Tanz" voranstellt. Darin nennt er „Schwomma", der Wäscher und später Gastwirt war, als einen der besten Sänger seiner Zeit. Im II. Heft erwähnt er ihn in der Vorbemerkung zu den Tänzen von Josef Sperl in dessen Ensemble als Musiker gemeinsam mit Strohmayer sen. und dem Gitarristen Kral. Zwei Tänze von „Schwomma" bringt Hanns Schrammel in Heft I: „Wiener Singtänze" und „Solo-Tanz".

Hans Hauenstein[16] gibt an, daß Weidinger ein Terzett führte und meist von ihm selbst komponierte Lieder und Tanzweisen spielte, Eduard Merkt[17] berichtet vom „Schwomma-Pepi", daß er Zithervirtuose, Sänger und Jodler war, seine selbstkomponierten Tänze meisterhaft spielte und jodelte und bis 1876 in seinem Beruf wirkte.

Von den Kompositionen Johann Schmutzers bringt Hanns Schrammel in Heft I seiner Volksmelodien-Sammlung „Echte Wiener Tanz" und „Jäger-Tanz", in Heft II zwei „Tänze".

Über Schmutzer selbst schreibt er in der Vorbemerkung zu „Echte Wiener Tanz": „Johann Schmutzer war der beliebteste Volksmusiker unter dem Wiener Bürgertum, seine Tätigkeit war von den 30er Jahren bis Ende der 50er Jahre. Seine Gesellschaft bestand durchaus aus guten Leistern [Leute, die gute Leistungen erbrachten, Anm. d. Verf.], Dietz Violinist (Conservatorist), Babouk damals der beste Gitarrespieler und Schmutzers Frau eine ausgezeichnete Sängerin für steirische Lieder und Jodler. Später lebte Schmutzer von Zither Lektionen und starb 1873 an der Cholera. Schmutzer spielte in seiner Kapelle die zweite Violine, abwechselnd die Gitarre. Als Lehrer für die Gitarre war er berühmt, alle besten Gitarrespieler der damaligen Zeit waren seine Schüler. Die Produktionen des Johann Schmutzer fanden immer nur in Gasthäusern statt, wo die bessere Bürgerwelt zusammen kam. Sie hatten einen concertanten Anstrich, weil man nicht wie anderswo lärmte oder plauschte, sondern während der Produktion andächtig zuhörte. Die von ihm komponierten Tanz sind in Fachkreisen als die besten anerkannt."

„100 alte Schwommatanz" – die Anzahl der Tänze mag uns übertrieben erscheinen, aber auch über das Repertoire der Musikanten dieser Zeit äußert sich Hanns Schrammel im Vorwort seiner Volksmusiksammlung: „Die Musikanten und Sänger vom Anfang dieses Jahrhunderts bis ungefähr 1860 (so weit erstreckt sich die Zeit meiner Sammlung) waren ganz respektable *Leister;* – manche davon sogar so gut, daß man annehmen kann, solche Leute gibt es nicht mehr. Es liegt in der Natur der Sache, daß diese Leute in ihrem Fache großartig waren, ihr Programm bestand auch nur aus Tanz und steirischen Liedern, sie spielten es mit so viel Geschick, sangen unvergleichlich und hatten ein so reiches Programm, daß man sagen kann, manche dieser Leute wären im Stande gewesen, tagelang vorzutragen, ohne auch nur eine Nummer repetieren zu müssen."

Immer häufiger war es im Lauf des Jahres das Nußdorfer

Terzett, das die Preisjodler begleitete, immer seltener das Quartett Dänzer und Strohmayer.

Man sprach von den Brüdern Schrammel und Strohmayer von dem „in Wien einzig dastehenden Terzett[18]", den „Perlen der Wiener Volksmusiker[19]".

Beim Weigl in Hernals, wo meist Dänzer gespielt hatte, fand am 21. Juli 1883 der erste „Schrammel-Abend" statt. „Der große Saal war dicht gefüllt", berichtet das Extrablatt am 25. Juli darüber und gibt der Hoffnung Ausdruck, daß dieser so erfolgreiche Abend „allwöchentlich eine Fortsetzung findet". Zum erstenmal ist auch von den Mitwirkenden eines Schrammel-Abends die Rede: „. . . An den Gebr. Schrammel hängt eine Menge von heutigen und fröhlichen Gestalten aus dem jungen Alt-Wien: Marie Walter mit Kiesel, Anzinger Toni und Baron Schani . . ."

„Baron Schani" oder auch „Jean", wie er später genannt wurde, war Kunstpfeifer und in den folgenden Jahren ein sehr erfolgreicher Mitwirkender bei den Schrammel-Produktionen, bei denen das Auftreten von Sängern, Jodlern und Pfeifern zum fixen Bestandteil wurde. „Baron Jean" war Fiaker, er fuhr beim Unternehmer Riedl in Hernals mit dem Zeugl Nr. 230.

Ein bedeutender Tag für das Terzett wurde der 4. Oktober 1883, an dem die Brüder das 60jährige Musikerjubiläum ihres Vaters beim „Luchsen" in Neulerchenfeld feierten. Noch nie zuvor war in den Zeitungen so ausführlich und eingehend über das Terzett geschrieben worden. Die Schilderung dieses Abends im Extrablatt am 7. Oktober 1883 war vorwiegend eine Lobeshymne auf die drei Musiker. Zuerst wird der bummvolle, von Rauch erfüllte Saal geschildert, das eifrige Bemühen der Kellner, den Bestellungen der ungeduldig wartenden Gäste nachzukommen und dann: „. . . Da wird mit einem Fiedelbogen auf den Resonanzboden einer Geige dreimal geklopft. Drei Zauberschläge. In einem Nu ist der Lärm verstummt, eine heilige Ruhe herrscht in dem Saal, der plötzlich in eine Kirche umgewandelt zu sein scheint und aller Augen sind nach dem Podium gerichtet, auf welchem drei Männer sitzen. Zwei legen den Bogen auf die Saiten, der dritte hat die Finger auf den dicken Leib der Gitarre gelegt, das sind die Schrammeln. Da gibt es keine Claque, keine bezahlten Applaus-Fabrikanten, keine befreundeten Stimmungs-Erzeuger, da gibt es nur Verehrer und – Fanatiker; ja es gibt förmlich Schrammel-Fanatiker, die ernstlich bös werden können, wenn jemand während der Produktion mit dem Sessel rückt oder ein lautes Wort spricht. Und wir begreifen es. So süß, so innig, so rein im Ton spielt niemand die lieben Volksmelodien als diese drei Leute, es ist der anheimelnde Wiener Dialekt der in Noten gesetzt aus den ‚Winseln' der Schrammel'schen Brüder und der ‚Klampfen' Strohmayers zu uns spricht."

Die „drei Zauberschläge", von denen hier die Rede ist, mit denen Hanns Schrammel ein essendes, trinkendes und sich unterhaltendes Publikum in aufmerksam lauschende Zuhörer zu verwandeln vermochte – die hatte schon einer vor ihm geführt: Johann Schmutzer. „. . . Wenn Johann Schmutzer . . . bei der Produktion durch Klopfen auf seine Geige das Publikum auf einen Vortrag aufmerksam machte, war es momentan so ruhig im Lokal, wie in einer Kirche. Und wehe demjenigen, welcher sich erlaubt hätte, diese Ruhe zu stören, er wäre sicher hinausexpediert worden . . ." So schreibt Schrammel selbst in einer Abhandlung „Der Wiener Tanz", die erst nach seinem Tod am 22. Oktober 1893 im Extrablatt veröffentlicht wurde. Sie ist ausführlicher als das unter demselben Titel erschienene Vorwort der Volksmusiksammlung, und ebenso sind es die Erläuterungen, die zu einzelnen Stücken gebracht werden, wenn auch inhaltlich gleich.

Wenn das Extrablatt voll des überschwenglichen Lobes über die Brüder Schrammel und Strohmayer war, so ist das nicht allzu verwunderlich, denn diese Zeitung befaßte sich viel mit Volks- und volkstümlicher Musik.

Ganz anders dagegen das Neue Wiener Tagblatt, in dem nur selten Berichte über diese Art von Musik zu finden sind. Um so mehr Gewicht hat daher der lange Artikel, den Eduard Pötzl, der Mitarbeiter dieses Blattes, anläßlich der Feier beim „Luchsen" verfaßte und der am 7. Oktober 1883 erschien: „Die Brüder Schrammel (Wiener Musikanten-Studie)":

„In den Kreisen der Wiener wird seit einiger Zeit viel vom Geigenpaar Schrammel gesprochen", beginnt Pötzl seine Studie und fährt dann fort, daß nicht alle Wiener sich „für eine solche neue Erscheinung interessieren . . . da die höheren

Gesellschaftsklassen fast ausnahmslos an den eigentlichen wienerischen Vergnügungen keinen Gefallen finden oder dieselben gar nicht kennen". Es sind die einfachen Leute, „gleichviel in welcher Lebensstellung sie sich befinden", die „nächst der deutschen Muttersprache auch noch der Großmuttersprache, des Wiener Dialekts mächtig sind – diese alle brachten dem Auftreten des sogenannten Nußdorfer Terzetts . . . lebhafte Teilnahme entgegen . . ."

Den Aufstieg des Terzetts stellt Pötzl in ganz einfacher, aber eindrucksvoller Weise dar: Die lebhafte Teilnahme steigerte sich, „je öfter die bis dahin ganz unbekannten Geiger den Heurigengästen von Nußdorf aufspielten. Die anfängliche Empfehlung: ‚Du, in Nußdorf spün a paar Neuche, die mußt Dir anhör'n, die verstengang's', ist bereits übergegangen in den begeisterten Vorwurf: ‚Was? Die Schrammel hast no net g'hört? Na, laß Di hamgeigna!'

Die Schrammel sind heute auf der Höhe der Situation und wo immer sie mit ihren Geigen erscheinen, wird Garten oder Saal so bummvoll, daß die Wirte ihre Freude daran haben. Sie sind nicht die Einzigen, die in Wien die Geige zu führen wissen . . . Dennoch gelten die Schrammel als eine Besonderheit ersten Ranges und verdienen diesen Ruf auch, denn sie sind – was anderes!"

Und Pötzl legt dar, was die Schrammeln von den anderen Musikern unterscheidet: „Die Schrammel machen keine gewöhnliche Heurigenmusik; sie sind die Klassiker der ‚Weaner Tanz', die Virtuosen des Wiener Liedes, die Meister der Winsel. Der Übermut, die Frohnatur, die oft umwölkte Schwärmerei und bald wieder herausjauchzende Hellsinnigkeit des Wiener Gemütes, wie es sich in seinen Liedern und Tänzen ausspricht, wird in den ursprünglichen frischen Farben unter den Geigenstrichen dieser Musiker tonlebendig und erwecken in dem Zuhörer die süßesten Stimmungen. Nichts Musikantenhaftes – nämlich nichts von Bratlmusikanten – haben die Drei an sich . . ."

Pötzl erzählt dann von den Kindheitserinnerungen und Jugendträumen, die die so meisterhaft dargebotenen alten Weisen im Zuhörer wachrufen. Dann setzt er fort: „Die wienerische Schönheit so mancher Tänze kommt erst so recht zur Geltung, wenn die Brüder Schrammel sie nach ihrer liebenswürdigen Manier auf die Geige nehmen. Viele Lieder, deren sich bereits die ruchlosen Werkel bemächtigt haben und die von ihnen fast zu Tode gedreht worden sind, feiern ihre Auferstehung bei den Gebrüder Schrammel . . .

Mit einem Wort, die Brüder Schrammel besitzen die Gabe, ihr unverfälschtes Wiener Blut den Geigen mitzuteilen und es durch diese ausseufzen, ausjubeln und austanzen zu lassen in einer Weise, die jeden Wiener rühren, entzücken, hinreißen muß . . ."

Am Schluß seiner Ausführungen geht Pötzl auf die Feier beim „Luchsen" ein: „. . . da führten ihre Geigen noch eine solche Muttersprache, daß sich ein alter Wiener nicht anders Luft machen konnte, als indem er laut zu juchzen und zu paschen anfing, obschon es im ganzen Saale sonst andachtsvoll still war. Da dieser paschte, so paschten noch einige mit, was jedoch von den übrigen sehr scharf angesehen ward; denn dergleichen paßt nach ihrer Überzeugung nur zur gewöhnlicher Heurigenmusik. Die Schrammel aber sind – was anderes."

Das „Wienerische" war im wahrsten Sinn des Worts ihre „Muttersprache", die Sprache ihrer Mutter, der Volkssängerin, sowohl in verbaler, als auch in musikalischer Hinsicht. Niemand sonst hat schönere, phantasie- und gefühlvollere Worte für das Musizieren der Brüder Schrammel gefunden als Eduard Pötzl in dieser „Wiener Musikanten-Studie". Man kann aber auch sagen, nie mehr in späteren Jahren haben die Schrammeln die rein konzertante alte Wiener Volksmusik, ohne Sänger, Jodler, Dudler und Pfeifer, so gepflegt wie in den ersten Jahren ihres Bestehens als Nußdorfer Terzett. Das hat sie von den anderen Musikgruppen unterschieden und ihren Ruhm begründet.

Nach der Feier beim „Luchsen" suchte Pötzl auch die persönliche Bekanntschaft der Brüder Schrammel. Vom 9. Oktober 1883 ist ein Brief von Pötzl an Hanns Schrammel erhalten, in dem er diesem mitteilt, daß er ihn gerne kennenlernen möchte: „Lassen Sie mich daher gefälligst wissen, wo Sie an einem der nächsten Tage spielen; ich würde Sie daher bitten, einen Tisch für uns reserviert zu halten. Mit herzlichem Gruß Ihr aufrichtiger Schätzer Pötzl." Und er blieb den Schrammeln wirklich ein „aufrichtiger Schätzer".

Daß die Schrammeln von den Nußdorfer Weinschenken aus so populär werden konnten, verdanken sie nicht zuletzt dem besonderen musikalischen Verständnis des einfachen Wiener Publikums, das das Einmalige des Ensembles erkannte, von ihm erzählte und es ihm dadurch ermöglichte, den Aufstieg bis zur höchsten musikalischen und gesellschaftlichen Anerkennung zu schaffen.

Am 21. Jänner 1884 erhielt Josef Schrammel von dem Bildhauer Viktor Tilgner, dem Schöpfer des Mozart-Denkmals, folgendes Telegramm[20]:

Ich komme mit Johann Strauß und unseren Frauen am Freitag, den 23. dieses zu Ihrer Produktion nach Nußdorf. Arrangieren Sie gütigst interessantes Pfeifen und Jodeln und telegraphieren Sie mir gleich die Adresse in Nußdorf.

Prof. Tilgner, III. Heugasse 1

Ein Besuch des Walzerkönigs, des zu dieser Zeit weltbekannten und berühmtesten Vertreters der „Wiener Musik", war für das Terzett eine ganz besondere Auszeichnung, denn Strauß besuchte selten Theater, Konzerte oder Opernvorstellungen, um, wie er sagte, in seinen Kompositionen nicht – vielleicht unbewußt – gehörte Melodien zu verwenden[21]. Wahrscheinlich wollte auch er einmal die Brüder Schrammel hören, von denen es hieß, daß sie mit den Tönen, die sie ihren Instrumenten entlocken, direkt auf das Herz ihrer Zuhörer losgingen und diese vergessen ließen, „daß es einen Zinstag, einen Schneider und sonstige Sorgen gibt[22]".

Die Schrammelschen Geigen, von Strohmayer meisterhaft begleitet, verfehlten auch bei Johann Strauß ihre Wirkung nicht: Er blieb nicht nur statt der geplanten einen Stunde sechs, sondern veranstaltete in der Folge auch Schrammel-Konzerte in seinem eigenen Haus. Ein solches „Schrammel-Konzert" vor prominenten Publikum zeigt ein Gemälde von Theodor Zasche: Es musiziert das Schrammel-Quartett mit Hanns – an der falschen Stelle als erster Geiger – und Josef Schrammel, Dänzer und Strohmayer. Unter den zahlreichen Gästen befinden sich Johannes Brahms, der Maler Hans Makart, die damals berühmte Carmen-Sängerin Pauline Lucca und Alexander Girardi.

Seine Meinung über die „Schrammeln" legte Johann Strauß auch schriftlich dar:

Herrn Schrammel, Musikdirektor.
Erkläre hiemit mit Vergnügen und Überzeugung, daß die musikalische Leitung der Gesellschaft in der Ausführung und im Vortrag im wahren Sinn des Wortes von künstlerischer Bedeutung ist und Jedermann, der für die getreue musikalische Wiedergabe des Wiener Humors, der poetischen Eigentümlichkeit des Wiener Volksmusikgenres Sinn besitzt, auf das Wärmste zu empfehlen ist.
Wien, 4. März   Johann Strauß

Dieses Gutachten dürfte Hanns Schrammel entweder dem Gesuch an die N.Ö. Statthalterei um eine Konzession „zum Auftreten mit Natursängern, Pfeifern und Jodlern" oder dem Gesuch um die Singspielhallen-Konzession beigelegt haben.

Der Zirkus Hagenbeck stellte von 22. Juni bis Ende Juli 1884 in der Rotunde 40 Singhalesen, die Eingeborenen der Insel Ceylon, nebst 20 Arbeitselefanten aus. Diese Ausstellung fand großes Interesse, sie wurde auch vom höchsten Adel, den Erzherzogen und sogar vom Kaiser selbst besucht. Da kam der Cafetier Seidl auf die Idee, diese „Wilden" im Rahmen eines Fests zugunsten des Neulerchenfelder Kinder-Unterstützungsvereins zum Weigl nach Hernals einzuladen.
Wie es dort zuging, schildert Pötzl im Neuen Wiener Tagblatt am 16. Juli unter der Überschrift: „Die Wilden beim Weigl": „. . . zum Empfang der im Fiaker anrückenden Singhalesen hatte die Hernalser Jugend ein Ehrenspalier vor Weigl's Etablissement gebildet und es sich nicht nehmen lassen, den wildesten Gästen, die dort jemals eingekehrt, ein Hurrah nach dem andern zuzuschreien. Die Insulaner dankten durch ein verbindliches Zähnefletschen und wiederholt scharfe Aaahs, die von einigen Eingeborenen der Heurigen-Insel Hernals für den Ausdruck der Bewunderung genommen wurden, denn man hörte die Bemerkung: „Na ja, es is ja ka Wunder, wann's ganz paff sein, zum Heurigen kummen's ja net alle Tag.'
. . . Bedauerlicher Weise fanden die fremden Herrn aus

Foto des Schrammelquartetts (Vorderseite) mit einer Widmung für Johann Strauß (Rückseite) aus dem Jahre 1884.

Dem liebenswürdigen Meister
Johann Strauß
zur freundlichen Erinnerung
von

Fotografisches Atelier A. HUBER
WIEN
I. Stadt, Goldschmidgasse 4.
IV. Margarethenstrasse 36.

Die Platte bleibt 3 Jahre reserviert.

HM
I. Nr.
186.375

Joh. Schrammel   Jos. Schrammel

Georg Dänzer

Dirig: Strohmayer

Ceylon keinen rechten Geschmack am ‚Heurigen', sondern zogen das Bier vor – eine Tatsache, welche nicht allein besorgen läßt, daß diese Wilden allen weitgehenden Zivilisationsversuchen unzugänglich sein werden, sondern die auch ein höchst dunkler Punkt in der Erscheinung dieser interessanten Mitmenschen ist, woraus sie sich natürlich nichts machen, da sie im Ganzen Dunkelmänner der ärgsten Sorte sind. . . . nun wurde die Tafel aufgehoben und die Singhalesen rüsteten sich zur Heimkehr. Hiebei machten wir abermals zwei betrübliche Wahrnehmungen, die jede Hoffnung auf eine auch nur oberflächliche Verwienerung der Singhalesen vernichteten: Erstens verläßt man zu so früher Stunde den Heurigen noch nicht und zweitens wanderten die Wilden vollständig unbewegt an den Brüdern Schrammel, die auf den neuen Zach'schen Ehrengeigen die süßesten Weisen spielten . . . vorbei."

Die „Zachschen Ehrengeigen" – damit sind jene Geigen gemeint, die der Instrumentenmacher der Wiener Philharmoniker, Carl Zach, den Brüdern Schrammeln verehrt hat. Es sind Kopien von Stradivari-Geigen, in deren Schnecken die Köpfe von Johann und Josef Schrammel geschnitzt sind. Nach der Aussage Strohmayers[23] hat sie Carl Zach den Brüdern Schrammel anläßlich seines 24. Geburtstags übergeben. Es dürfte aber der 25. gewesen sein, denn Pötzl schreibt von „Neuen" Zachschen Geigen, und Carl Zach wurde am 30. März 1859 geboren. Diese Geigen wurden nie zuvor erwähnt. Wann, wo und in welchem Rahmen oder bei welcher Feier diese Geigen an Hanns und Josef Schrammel übergeben wurden, darüber gibt es keine Berichte.

Am 25. Oktober 1884 stellte sich anläßlich einer Benefizsoiree für den Volkssänger Leopold Blasser bei der „Bretze" in Neulerchenfeld die neue Musikantenfirma „Gebr. Schrammel, Dänzer und Strohmayer" vor[24]: Zu den zwei Geigen und der Gitarre kam die Klarinette hinzu. Das Klangbild wurde reicher, die musikalischen Möglichkeiten größer.

Man muß jedoch mit Verwunderung feststellen, daß die Vergrößerung der „Schrammeln" vom Terzett zum Quartett keinerlei Beachtung in der Presse fand. Der Beitritt Dänzers wurde keineswegs bejubelt, wie man es vielleicht erwarten würde, ja er wurde nicht einmal besonders hervorgehoben oder erwähnt.

Die von Carl Zach für Hanns und Josef Schrammel gebauten Geigen.

Der Klang der zwei Geigen – das waren für die Wiener nicht nur die Brüder Schrammel, das waren „die Schrammeln" schlechthin, die vom Klang der anderen Instrumente begleitet und getragen wurden.

Dem Quartett gelang es, ein größeres Publikum auch außerhalb Wiens und sogar Österreichs zu erobern und Eingang in die Palais des höchsten Adels zu finden.

Georg Dänzer

Zu den besten Geigern und dem besten Gitarristen der Wiener Volksmusik kam am 25. Oktober 1884 Georg Dänzer, der zu seiner Zeit beste Klarinettist und unbestrittene Meister des „picksüßen Hölzls", wie die kleine G-Klarinette liebevoll von den Wienern genannt wurde. Dänzer war aber auch ein virtuoser „Posthörndl"-Bläser.

Georg Dänzer wurde am 21. März 1848 in Hernals als unehelicher Sohn der Elisabeth Dänzer geboren. Im Taufbuch ist der Name des Vaters nicht vermerkt; die Zeitschrift „Wiener Spezialitäten" vom 1. August 1886 nennt den in diesem Jahr noch lebenden Leibagenten des Polizeirats Felsental als den Vater von Georg Dänzer.

Über das Leben und den Werdegang Dänzers gibt es nur wenige Berichte. Einer davon stammt von Julius von der Als, der anläßlich des 25jährigen Musikerjubiläums der Schrammeln einen kurzen Lebenslauf von ihm bringt[25]. Demnach waren die Klarinettenlehrer Dänzers die Volksmusiker Bertl, „der heute noch bei den Knöpfler'schen bläst", und Stelzmüller. Das Können, das sie ihm vermitteln konnten, genügte aber den Ansprüchen Dänzers nicht, er nahm noch Privatunterricht bei Prof. Klein, einem Lehrer am Konservatorium. So wie die Brüder Schrammel und Strohmayer trat auch er schon als Bub öffentlich auf, und zwar 1860, also mit zwölf Jahren, beim Gschwandner in Hernals gemeinsam mit seinem Lehrer Bertl. Später soll er mit Debiasy auf Reisen gegangen sein und dann bei Heurigen in Währing und in Hernals gespielt haben. Nachweisbar und zu belegen sind diese Angaben nicht. Seine Zeitgenossen sahen ihn als „würdigen" Nachfolger des Gruber Franzl[26], den Johann Schrammel den „gewiss populärsten Klarinettenbläser seiner Zeit" nennt, der einen geradezu legendären Ruf besaß.

Wo, wann und zum Teil mit wem Dänzer spielte – zum Teil deshalb, weil nicht immer alle Ensemblemitglieder angegeben sind –, ist nur den Zeitungsanzeigen und Kritiken zu entnehmen. Vor allem die Kritiken können in dieser Hinsicht als verläßlich angesehen werden.

Die erste große Anzeige über Dänzer findet man im Fremdenblatt vom 21. Februar 1873. An diesem Tag fand in den Thaliasälen in Neulerchenfeld ein Masken- und Kostümball statt, bei dem die Regimentskapelle Graf Gondrecourt unter der persönlichen Leitung von Kapellmeister Carl Michael Ziehrer musizierte und im „Gemütlichen" – fett gedruckt und mit Handhinweisen versehen – Dänzer und Strohmayer, das „Erste Wiener National-Quartett" angekün-

Georg Dänzer.

digt wurde. Dänzer muß somit schon einen Namen gehabt haben und mit seinem Ensemble, nach der Aufmachung der Anzeige zu schließen, für viele ein Anreiz gewesen sein, die Veranstaltung zu besuchen.

Einige Tage später, am 26. Februar 1873, fand in Zobels Bierhalle in Fünfhaus ein Fiaker-Wohltätigkeitsball statt, bei dem im „Gemütlichen" wieder Dänzer mit seinen Kollegen spielte. Diesmal werden in der Anzeige im Fremdenblatt die Mitglieder des „beliebten Wiener National-Quartetts" genannt: „Dänzer, Strohmayer, Schrammel, Turnofsky und der Tambour Ableitinger".

Auch noch im November und Dezember 1874[27] wurde ein J. Schrammel als Mitglied des Ensembles genannt; zu dieser Zeit war es ein Quintett, nannte sich „Wiener National-Quintett" und bestand aus Eichele und Dänzer (deren Namen ganz groß gedruckt wurden), weiters aus „J. Schrammel, F. Draschkovits u. Rouland". Strohmayer war zu dieser Zeit nicht mehr dabei.

Hier stellt sich nun die Frage, ob Alois Strohmayer, der

Vater, oder Anton, der Sohn, dem Ensemble angehört hatte. Diese Frage kann für die Jahre bis 1878 nicht eindeutig beantwortet werden, denn erst ab dieser Zeit spielte Anton Strohmayer mit den Brüdern Schrammel; von da ab war es fraglos Alois Strohmayer, der jeweils mit Dänzer musizierte.

Nicht nur die Ensemblemitglieder, mit denen Dänzer spielte, sondern auch der Name des Ensembles selbst wechselten ständig: Es nannte sich „Wiener National Quintett" oder „Quartett", je nachdem in welcher Besetzung es gerade spielte, aber auch „Wiener National-Concert", „Wiener National-Kapelle", „Wiener National-Musik" und auch „National Musik-Kapelle".

Mit Eichele, der wahrscheinlich im November 1874 in das Ensemble gekommen war, blieb Dänzer bis September 1877 beisammen. Meist hieß es in den Ankündigungen nur „Wiener National-Quintett Eichele und Dänzer" und das wahrscheinlich vor allem deshalb, weil die übrigen Mitglieder nicht immer dieselben waren. Einmal werden als Mitwirkende noch „Draschkovits, Paudler und Rouland" genannt, aber im September 1877, vor dem Ausscheiden Eicheles, sind es Rouland, Turnofsky und Messerschmidt, die dem Ensemble angehören.

Mit Eichele schied auch Turnofsky aus, und es kamen wieder Strohmayer und Paudler.

Ende September 1877 bestand das Quintett also aus Dänzer, Strohmayer, Paudler, Rouland und Messerschmidt, doch die Zusammenarbeit war nur von kurzer Dauer. Schon im Juli 1878 ist Rouland Mitglied des Quintetts Gemperle und Kumpa. Erst am 31. Dezember 1878 werden im Fremdenblatt wieder einmal alle Musiker angeführt: Dänzer, Strohmayer, Paudler, Angerer und Reisinger.

1879 hieß es in den Anzeigen nur mehr „National Quintett Dänzer und Strohmayer", die Namen der übrigen Mitglieder der Musikgruppe werden nicht genannt.

Ab 1880 spielten sie als Quartett, das mit Sicherheit bis April 1881 bestand. Am 5. Mai gibt es im Fremdenblatt eine Anzeige von einem „Terzett" Dänzer und Strohmayer, das aber auch keinen langen Bestand hatte, denn im Fremdenblatt vom 16. Oktober 1881 wird im „Gemütlichen" der Thaliasäle das „erste große Auftreten des von ihrer Reise zurückgekehrten Salon-Quartetts Dänzer, Angerer, Dauschek und Eisenkolb" angekündigt. Es gibt aber keinerlei Berichte, wohin ihre Reise gegangen war und wo sie aufgetreten sind.

Von nun an hieß es in den Anzeigen „Quintett" oder Quartett" Dänzer und Angerer. Das Ensemble muß sehr gut und auch bekannt gewesen sein, denn man engagierte es bei der Eröffnung der Sträußelsäle am 3. Dezember 1881 für das „Gemütliche". Dort hat ja auch das „Terzett Gebr. Schrammel und Strohmayer" vom 23. Dezember 1881 bis zum 4. Jänner 1882 musiziert.

Im April 1882, als sich das „National-Quartett" wieder in den Sträußelsälen produzierte, hieß es nicht mehr Dänzer und Angerer, sondern wieder einmal Dänzer und Strohmayer.

Im Februar 1882 hatten Dänzer und Angerer und das Terzett Gebrüder Schrammel und Strohmayer zum ersten Mal bei derselben Veranstaltung mitgewirkt, und zwar bei der Fiakersoiree beim Schwender, wo Dänzer und Angerer im Florasaal, das Terzett Gebrüder Schrammel im „Gemütlichen" spielten.

Im Extrablatt erschien am 13. November 1882 – anläßlich eines Preisjodelns beim „Luchsen" – unter der Überschrift „Unsere Jodler und ihre Musikanten" ein Bild der Kapelle Dänzer und Strohmayer in der Besetzung: Geige, Harmonika, Gitarre und Klarinette und darüber „eine kleine Galerie der auserlesensten Jodler und Jodlerinnen" (Prinz, Doll, Frl. Saurer, Anzinger Tonerl, Wendelin Lenz, Edi und Xandl). Der Geiger und der Harmonikaspieler werden namentlich nicht genannt. Nur Dänzer wird hervorgehoben: er „bläst das ‚picksüße Hölz'l' mit unglaublicher Virtuosität".

Man könnte jetzt annehmen, daß Dänzer, nach dieser großartigen Aufmachung im Extrablatt, endlich die Musiker gefunden hatte, mit denen er weiterhin seinen Ruhm und seine Popularität festigen und ausbauen konnte. Dem war aber nicht so.

Was war es, das Dänzer trieb, seine Mitspieler immer wieder zu wechseln? Konnte er sich schwer in eine Gemeinschaft einfügen, in der er zwar aufgrund seines Könnens der erste war, in der aber doch jeder seinen Teil zum Gelingen beizutragen hatte? War er unverträglich? Wollte er als „Star" behandelt werden?

Wir wissen es nicht. Es gibt nichts, woraus man irgendwel-

Georg Dänzer mit seinem Quartett. Erste Seite des Extrablatts vom 13. November 1882.

che Schlüsse ziehen könnte. Es gibt keine Briefe oder irgendwelche Aufzeichnungen von Dänzer, die ihn uns als Mensch nahebringen könnten. Wir wissen nur, daß er von seinen

Zeitgenossen als der unbestritten beste Klarinettenbläser angesehen wurde. Auch über Anerkennung seitens der Presse konnte er nicht klagen. So hieß es über einen „Wiener Abend" im Maria-Theresien-Stüberl beim Weigl in Hernals am 6. April 1883 im Extrablatt: „. . . Selten noch mag der Erstere [Dänzer] seinem ‚picksüßen Hölz'l' und seinem Posthorn sanftere und zartere Töne entlockt haben. In der Behandlung der beiden Instrumente ist Dänzer ein längst anerkannter Meister, Vortrag und Ausdruck reichen weit über das Virtuose hinaus . . ."

Bemerkenswert ist, daß hier Dänzer auch als Meister des Posthorns angesprochen wird; die Berichte über dieses Instrument sind sehr spärlich.

Über denselben Abend schreibt das Fremdenblatt am 6. April 1883: „. . . wenn das Quartett Dänzer und Strohmayer seine ‚Wiener Tanz' zum besten gibt, überkommt jeden Zuhörer das unsagbare Gefühl, als ob alle Seligkeit der Liebe zu dieser vielteuren Wienerstadt im Herzen laut aufpocht. – Diese Wiener Musik ist eitel Elektrizität . . ."

Trotz dieser Erfolge ging das Quartett noch im selben Jahr, 1883, auseinander.

Am 8. November 1883 stellte der „König des ‚picksüßen Hölzl's'" beim „Grünen Tor" sein neues „National-Terzett", genannt das „Harmonische Kleeblatt" vor[28]: Dänzer – Klarinette, Raab – Klavier und Deckmayer – Harmonium Fluite[29].

Auch hier hielt es Dänzer nicht allzulange, denn am 10. September 1884 bestand das „Harmonische Kleeblatt" bereits aus Deckmayer, Raab und Kittel.

Am 25. Oktober schließlich wurde Dänzer Mitglied der „Neuen Musikanten-Firma Gebr. Schrammel, Dänzer und Strohmayer".

Sieben Jahre – eine ungeheuer lange Zeit für Dänzer – spielten diese vier Volksmusiker mit dem größten Erfolg, den jemals ein Ensemble dieser Art erringen konnte, zusammen.

Das Quartett Gebrüder Schrammel, Dänzer und Strohmayer mit dem „picksüßen Hölzl"
(25. Oktober 1884 bis September 1891)

„Bei den Schrammeln in Nußdorf"

Die regelmäßigen Produktionen des neuen Quartetts fanden dort statt, von wo der Erfolg des Terzetts seinen Ausgang genommen hatte: in Nußdorf. Ab 9. November 1884 spielten sie täglich in der Heurigenschank von Franz Schöll, Kirchengasse 4[1]. Das Extrablatt brachte am 28. Dezember 1884 auf seiner Titelseite Bilder vom Heurigen „Schüll" und in einem Feuilleton eine ausführliche Schilderung eines Nachmittags in Nußdorf. Darin wird die Gaststube beschrieben, in der zwar nur Platz für 150 Personen ist, in der sich aber 200 befinden. Und weiter heißt es: „. . . die Geigen der Schrammel, das ‚picksüße Hölzl' des Dänzer, die Guitarre Strohmayers haben uns die Füße rein verhext und sie bewegen sich fortwährend nach dem Takt, solange das vielbewunderte Quartett seine Weisen ertönen läßt. Und kaum ist die Musik verstummt, da beeilt sich alles rasch anzuschaffen . . ., denn es wäre ja Sünde, die Produktionen durch Gläserklirren und Messergeklapper zu stören. Aha! Schon klopft der Schani auf den Rücken seiner Geige und da wird eine Lerchenstimme laut . . . Marie Walter (genannt auch die Patti der Volkssängerinnen), die Königin der Jodlerinnen . . .

Bratfisch . . . nimmt die Klarinette des Dänzer Schurl in den Mund und die Leute hoffen, einen Virtuosen zu hören. Mit einem Selbstbewußtsein à la Bülow setzt er sich auf den Schoß des Dänzer und bläst die Klarinette, indes die Hände Dänzers die Klappen bewegen und die eigentliche Melodie schaffen . . .

Eine Heurigenszene mit dem Schrammelquartett. Gemälde von Johann Michael Kupfer.

Ein Tischaufheben oder Bestecken gibts in Nußdorf nicht; wenn die ‚Gawliers' kommen, so wissen sie ganz genau, daß sie neben einen behäbigen Hausherrn vom Altlerchenfelder Grund, neben einen fidelen Fiaker oder einen Deutschmeister zu sitzen kommen . . ."

Der „Heurige" hob in Wien alle Standesunterschiede auf; ob Adeliger oder Deutschmeister, Hausherr oder Fiaker – beim „Heurigen" waren sie alle nur begeisterte Zuhörer der Schrammeln und der in ihrem Gefolge auftretenden Sänger, Jodler und Pfeifer.

Der „Heurige in Nußdorf" blieb kein lokales Ereignis, er wandelte sich zu einem Begriff, so wie es der Name der Brüder Schrammel für eine bestimmte Art der Wiener Musik wurde.

„Eine Nacht in Nußdorf" oder „Ein Abend in Nußdorf" wurde das Motto von Veranstaltungen in den verschiedenen

Etablissements und Lokalen, wie z. B. im „Eldorado[2]", im Hotel und Casino Ober-St. Veit[3] oder beim „Goldenen Widder" in der Taborstraße[4]. Die Singspielhalle C. Drexler führte eine Posse von Wiesberg mit dem Titel „Beim Heurigen in Nußdorf" auf[5].

J. M. Kupfer malte das Bild „Bei den Schrammeln in Nußdorf". Ein Zeitgenosse schrieb u. a. zu Kupfers Bild[6]:

„Noch nie wohl ist ein Bild mit größerer Naturgetreue gemalt worden, wie dieses Bild Kupfer's. Da ist alles ‚historische Treue', jeder Stein ist wirklich zu sehen, jede Person, jeder Tisch und jeder Baum existieren in der Wirklichkeit, und es wird daher nicht wenige geben, welche den Situationsplatz des Kupfer'schen Bildes, den Garten des Heurigen Wallner, Kahlenbergerstraße 8, sofort erkannt haben werden. Der Bürger, der Sänger, der Deutschmeister, der Fiaker, alle sind sie lebende, und als prächtig bekannte ‚Exemplare', alle sind sie dem Künstler beim Heurigen draußen, in der Sonnenbeleuchtung gesessen, und nur auf diese Weise konnte der Farbenton so getroffen, die Anordnung so gelungen erscheinen, wie sie uns auf dem Gemälde, dessen Skizze wir heute bringen, entzücken.

Die Schrammeln sitzen an ihrem kleinen Tische, sie spielen eben zu dem harben Lied, das der Bratfisch, der witzige Wiener Fiaker, seinen „Schmalranftler" hoch in die Höhe haltend, singt. Um den Tisch vor dem ‚Gattern' sieht man eine lustige Gesellschaft beisammen: Der dicke Seidl, der populäre Kaffeesieder von Neulerchenfeld, sitzt da, neben ihm sein Freund Wieninger, der Fiaker Hungerl macht zu seinem Kollegen, dem Kunstpfeifer Baron Jean, der den Ellenbogen auf der Lehne seines Sessels gestützt hat, lachend einen Witz, und als Dame der Gesellschaft fungiert die herzige Kraus Loisl, die mit ihrer weichen Stimme so lieb dudeln kann, daß ihr jeder gleich ein Busserl auf ihre Lippen ‚aufpappen' möchte. Hinten, beim Gattern, neben dem Stadtherrn, der seine Linke auf die Schulter des Herrn Wieninger gestützt hat, steht, mit seinem schiefen Kapperl auf dem Kopf, der alte Greiner, der älteste Hauer von Nußdorf, und neben diesem, mit dem Bleistift hinterm Ohr, der Heurigenkellner ‚Veigl', der ein gar fescher Kerl ist und bei allen größeren Hauern serviert.

Und erst der andere Tisch, welch köstliche drei Gestalten machen sich an diesem breit. Der Deutschmeister in der Extramontour, der mit überschlagenen Beinen dasitzt, das Glas in der Rechten haltend, während die Linke die Virginier zwischen den Zähnen herumdreht, dieses vergnügt lächelnde Gesicht, diese hellen Augen, diese Haltung sind wahrhaft genial wiedergegeben und zeugen bestens von der charakteristischen Kraft des Künstlers. Was muß wohl das elegante Hausherrnsöhnchen, von dem wir nur den Rücken und den schief aufgesetzten Zylinderhut sehen, dem Deutschmeister erzählen? Gewiß so ein Don Juan-Stückl, wie's eben nur ein Hausherrnsohn von der Starhemberggasse anstellen kann, denn der dicke Schuster-Franz, der augenscheinlich was aufgeschnappt hat, lacht verständnisinnig dazu, und das hat schon was zu bedeuten . . . Ganz allein auf seiner Winkelbank, den Kopf in die Hand gestützt, sitzt der arme ‚Weana Schackerl' und ist traurig darüber, daß er heute ‚so wenig G'schäften' macht, und von den Leuten ihm nicht jeder zehn Karten zum Ziehen auf sein Früchtenbouquet abkaufen will, die er allerdings sehr geschmackvoll zusammenzustellen versteht. Er wird heut schon lustiger werden, dieser Schnipfer! Auf einmal werden so ein paar Wurzen kommen, der Schakkerl wird über sie herfallen und ihnen sein ‚Edle Herzen!' vormachen, verdienen, und dann wird er schon wissen, was er mit dem Geld zu tun hat . . .

An der Steinmauer, die auf der rechten Seite des Beschauers sichtbar ist, lehnt eine elegante Männergestalt, an die sich ein junges, schönes Mädchen schmiegt. Diese beiden Gestalten scheinen auf den ersten Blick gar nicht in den Rahmen des Bildes zu passen, insbesondere der junge Herr nicht, der so ganz teilnahmslos mit den Händen in der Tasche dasteht. Und doch ist diese Gestalt hier trefflich angebracht, sie vertritt hier das blasierte Städtertum, das die Freude der anderen wohl begreift, aber nicht mitmacht. Kein moderner Meister hätte, davon sind viele Sachverständige überzeugt, den jungen Herrn besser malen können und diese Figur allein stempelt das Bild zu einem malerischen Ereignis . . ."

Die „Schrammeln" waren seit November 1883 das einzige Ensemble, das die so beliebten Jodler-Wettkämpfe begleitete. Nur noch „Dänzer und Strohmayer" hatten außer den

„Schrammeln" den richtigen „Schan" (Genre) gehabt, die Jodler zu begleiten[7]. Sie waren aber Ende Oktober 1883 auseinandergegangen.

Unmittelbar nach dem ersten Auftreten des Quartetts spielte es am 6. November 1884 bei einem „Internationalen Preisjodler-Wettkampf", den der Fiaker Bratfisch beim „Luchsen" in Neulerchenfeld veranstaltete, und am 27. November bei einem Jodler-Wettkampf beim Gerold am Schottenring. Als „Glanzpunkt des Programms" wurden bei den Spezialitäten-Festen" die Produktionen des Quartetts angekündigt[8].

Es gab aber auch ein Publikum, das die rein konzertanten Darbietungen der „Alten Wiener Tanz" liebte und schätzte. So wurde bei der „Blauen Flasche" in Neulerchenfeld, dem vornehmsten Lokal dieses Vororts, in dem Künstler und Wissenschaftler verkehrten, die Silvesternacht 1884 mit einem „Konzert" des „Quartetts Gebr. Schrammel, Dänzer und Strohmayer" gefeiert. Die Brüder Schrammel und Strohmayer, diese drei Musiker waren für die Wiener eine Einheit, anfänglich das „Nußdorfer Terzett", später einfach „die Schrammeln". Der Eintritt Dänzers in das Ensemble änderte – außer den Bereich des musikalischen Klangbilds – nichts, sie blieben, was sie für ihre Verehrer waren: „die Schrammeln".

Es gab kein „wienerisches" Fest ohne „Schrammeln" und keinen „wienerischen" Ball, bei dem sie nicht im „Gemütlichen" aufspielten: so bei den schon lange nicht mehr in Lichtental abgehaltenen Wäschermädelbällen, von denen es immer mehrere gab, sowohl beim „Luchsen" in Neulerchenfeld als auch beim Weigl in Hernals. Sie spielten beim Kostümfest der Gesellschaft der Musikfreunde, beim Fiakerball und der Fiakersoiree. Auch beim Lumpenball, der am 6. Februar 1885 beim Schwender stattfand, war das Quartett dabei. Um auf die große Arbeitslosigkeit hinzuweisen, trat bei dem Lumpenball, der immer die Zeitereignisse karikierte und persiflierte, der „Klub der Arbeitsuchenden" auf, der sich bemühte, „die soziale Frage nach Arbeit zu lösen, indem er durch weise Enthaltsamkeit von Beschäftigung die Nachfrage nach Arbeit steigert".

Fiakerbälle gab es 1885 gleich vier, obschon die Genossenschaft nur einen einzigen wollte, um mit dem daraus erzielten Gewinn ihre bedürftigen Mitglieder unterstützen zu können.

Die Genossenschaft der Fiaker hielt ihren Ball in den Blumensälen ab, bei dem das Schrammel-Quartett (zum erstenmal beim Genossenschaftsball) im „Gemütlichen" musizierte. Das Neue Wiener Tagblatt schrieb am 20. Februar über diesen Ball:

„... ‚des is ja heut a Eliteball, net a Fiakerball!'... diesen Eindruck empfing für den ersten Augenblick wohl jeder Besucher ... des in den Blumensälen abgehaltenen Genossenschafts-Balles der Wiener Fiaker.

... daß der Fiakerball seinen herkömmlichen Charakter nicht einbüßt, wurde der Schwerpunkt des Festes in das unterirdische ‚Gemütliche' verlegt, wo es eine schöne dicke, heiße, rauchige Luft gab, wie sie nun einmal unerläßlich für die richtige ‚harmonische' Stimmung, für die Geigen der Schrammel ... ist.

... Da saßen um den Tisch der Brüder Schrammel, Dänzer und Strohmayer die allerprächtigsten Fiakertypen herum ... der Fiaker Bratfisch bestritt bis zum Eintreffen anderer Sänger das Gesangliche mit seinen bekannten kecken Liedern ..."

Und das Extrablatt berichtete: „... Und legten dann die Brüder Schrammel den Bogen an die Fiedel, und griff der Strohmayer in die Saiten seiner Guitarre und setzte der Dänzer das ‚picksüße Hölzl' an die Lippen, dann ging ein wohliges Summen durch die Menge und die Köpfe wiegten sich im Takte – stürmisches Bravo übertönte die Schlußakkorde jeder Nummer ..."

Die anderen Fiakerbälle wurden in Fünfhaus im Etablissement Vogelsang (Veranstalter Grohmann), beim Dreher, wo in den vergangenen Jahren das Terzett Gebrüder Schrammel stets gespielt hatte (Veranstalter Tschipani und Pinagl) und beim „Grünen Tor" (Veranstalter „Laut Jean" und „Maurer Michl") abgehalten.

Das Fiakerlied

Ein bedeutender Tag für die Wiener Fiaker, die treuesten Freunde, Verehrer und Begleiter der Schrammeln, war der 24. Mai 1885. An diesem Tag wurde ihr „Weihegesang"[9], das Fiakerlied, von Girardi aus der Taufe gehoben.

Am 24. und 25. Mai fand in der Rotunde ein Wohltätigkeitsfest der Wiener Rettungsgesellschaft statt und zugleich das 100jährige Jubiläum der Wiener Fiaker. Zu diesem Anlaß hatte ihnen Gustav Pick ein Lied geschrieben, das noch heute, nach 100 Jahren, nichts von seiner Popularität eingebüßt hat, obwohl es diesen Berufsstand, mit seinen damaligen Aufgaben, schon lange nicht mehr gibt.

Über Gustav Pick und die Entstehung des Fiakerlieds schreibt Max Graf, Professor für Musikgeschichte und Musikästhetik an der Akademie Wien[10]: „Pick, von dem sowohl der Text wie die Musik des ‚Fiakerliedes' stammt, kam, wie so viele andere echte Wiener, aus Ungarn in die Kaiserstadt. [Pick stammte aus Rechnitz, damals im Komitat Ödenburg, heute zum Burgenland gehörig, Anm. d. Verf.] Er hatte Freude an dem vergnügten Leben in Wien und liebte es, in einem Fiaker zu fahren. Wo er das Geld für solche Ausflüge finden würde, machte ihm nicht große Sorge, solange er Freunde hatte. Aus dem Rhythmus der trabenden Fiakerpferde, die mit zierlichem Hufschlag die Fahrbahn erklingen ließen, entwickelte er das Lied, in dem ein Fiakerkutscher seine Kunst beschreibt. Die trabenden Rhythmen verwandelten sich in einen Walzer, wenn der Fiakerkutscher die Worte singt: ‚Ein Kutscher kann ein jeder werden, aber Fahrn das könnens nur in Wean'. Pick war die Melodie bei einer seiner Fiakerfahrten eingefallen. Aber wie festhalten, da er selbst keine Noten kannte? Kurz entschlossen pfiff er die Melodie einem Musiker vor und dieser schrieb das Lied nieder . . ."

Die erste Niederschrift des Fiakerlieds hatte nach Alfred Pick, dem Sohn Gustav Picks, Dr. Ronsburg angefertigt. Graf Wilczek, den eine enge Freundschaft mit Pick verband, nennt Seebarn als Entstehungsort des Fiakerlieds, als Pick bei ihm dort zu Gast war[11]. Alfred Pick hingegen[12] schildert die Entstehung des Liedes folgendermaßen:

„In unserer Wohnung in der Krugerstraße ist auch das Fiakerlied entstanden. Lange hat mein Vater daran gearbeitet und immer wieder daran geändert und gebessert. Schließlich kam die Generalprobe in unserer Wohnung und mein Vater trug das Lied vor einem stengen Sachverständigenkollegium vor. Es waren erschienen: Die Fiaker Hirschmann (genannt ‚Der Rote mit der Fliege'), Bratfisch, der Rohrer Schorschl (einstmals als Fiaker und auch als Ringkämpfer berühmt; führte meinen Onkel Siegmund), der ‚Baron Jean'; Rohrer brachte auch einen ganz unscheinbaren Mann mit, den er als seinen Friseur bezeichnete, es war der berühmte Brady; ferner waren anwesend: Girardi, Baron Mundy, Graf Rudolf Kinsky, Canon, etc. Das Lied fand geteilte Aufnahme. Girardi prognostizierte ihm keine besondere Lebensdauer; als er dies sagte, kniete sich Mundy vor allen Leuten hin und betete ganz ernst und laut, daß Gott Girardi erleuchten möge, denn das Lied sei ganz großartig. Am 24. Mai 1885 sang es Girardi zum erstenmal in einem Seitentrakt der Rotunde, begleitet von dem Hausorchester des Baron Nathaniel Rothschild unter der Leitung des Kapellmeisters Rab . . . der Erfolg war kolossal!"

Weil Girardi, der volkstümlichste Schauspieler Wiens, das Lied sang, kamen zehnmal mehr Leute, als der Saal fassen konnte, und man war sogar bereit, für den Eintritt 10 Gulden zu bezahlen.

Max Graf schildert auch, wie Girardi das Lied präsentierte: „. . . als Fiaker gekleidet . . . saß er auf dem Kutschbock eines Fiakers und fuhr so in die Mitte der Rotunde. Als er hier anlangte, brachte er mit einem Ruck des Zügels die Pferde zum Stehen, erhob sich von seinem Bock, schwenkte seinen Hut zum Gruß und sang das neue Lied. Wie ein Feuer fegte es durch die Stadt.

Es wurde die Ballade eines glücklichen Alt-Wien, wo das Dasein sich so leicht und sorgenfrei gelebt hatte, wie in einem Märchen und die Menschen ‚so leicht und luftig wie der Wind' gewesen waren. So wurde der Fiakerkutscher für die Wiener die symbolische Figur des goldenen Zeitalters . . ."

Girardi selbst war nach dem Vortrag so ergriffen, daß er keine Strophe wiederholen konnte.

Nur noch einen gab es in Wien, der, wie Girardi, das Lied

zur Zufriedenheit der Wiener vortragen konnte: den Fiaker Bratfisch[13].

Das Lied wurde nicht nur ein Erfolg, es wurde sogar – zur Plage. Im September 1886 wurde ein Korpsbefehl erlassen, nach dem das Fiakerlied von den Militärkapellen nicht mehr gespielt werden durfte[14]. Speziell das 84. Infanterie-Regiment intonierte es jedesmal beim Marsch über den Graben.

Der Gepflogenheit der Zeit entsprechend, Zeitereignisse auf der Bühne darzustellen, brachte das Theater in der Josefstadt das Stück „Tausender und Guldenzettel" (Allegorisches Zeitgemälde mit Gesang und Tableau in 5 Abteilungen nebst einem Vorspiel von Wimmer und Seitz, Musik von Karl Kleiber), in dem Blasel ein Couplet zu singen hatte, „in welchem er die Leiden eines Menschen darstellt, der gezwungen ist, das Fiakerlied von allen erdenklichen Hausinstrumenten, darunter auch das Werkel, anzuhören[15]".

Man engagierte für diese Szene einen tschechischen Werkelmann, der schon zu Beginn seines Engagements das Fiakerlied nicht gern spielen wollte – hatte er doch auch drei „Oupern" auf seiner Walze – und daher vor jedem Auftritt der Inspizient das Werkel genauestens kontrollierte.

Eines Tages, als in der Hofloge Angehörige des Kaiserhauses saßen, kam es zu einem Zwischenfall. Der Werkelmann wußte von dem hohen Besuch, und als nun die Szene kam, wo er das Fiakerlied spielen sollte, ertönte aus dem Werkel – das Trompetenlied „Es ist im Leben häßlich eingerichtet". Blasel extemporierte – das Lied brach jämmerlich ab –, ein Bühnenarbeiter war auf den Werkelmann hingestürzt, hatte ihn bei der Gurgel gepackt, der Inspizient schnell das Werkel verstellt – nun erklang endlich das Fiakerlied, das Spiel konnte weitergehen.

Der Werkelmann hatte, nachdem der Inspizient das Werkel besichtigt hatte, rasch die Walze verstellt. Warum? Er rechtfertigte sich: „Bitt ich Ihne, Sie sultens Ihne schamen mit Ihnere Fiakerlied. Ich hab mir denkt, wann su huche Herrschaften in Theater sein, da spiel ich kan ordinäre Fiakerlied, da spiel ich – Ouper!"

Das Fiakerlied kam sogar in die Türkei! Wie – das war im Neuen Wiener Tagblatt am 14. Jänner 1887 unter dem Titel „Das türkische Fiakerlied" zu lesen:

„Es war einmal ein frommgläubiger Moslem und der hieß Suleiman Zahradnik. Den Familiennamen hatte er von seinen braven, dermalen noch in Leitomischl residierenden Herren Eltern geerbt, den Vornamen Suleiman jedoch sich zugelegt, als er einst in Stambul in einem vorgerückten Stadium von – Begeisterung den Gedanken zur Ausführung brachte, den alten böhmischen Giaur [Ungläubiger, türkisch, ist auch ein Schimpfwort, Anm. d. Verf.] auszuziehen, um Mohammedaner zu werden. Es ging ihm nämlich in der Hauptstadt des Osmanenreiches, weil er, der Erbe der musikalischen Fertigkeiten seines Papas, Klarinette blies, hundeschlecht und dies umso mehr, als er auch die historische Vorliebe für gebranntes Gewässer – ein kritisches Merkmal derer von Zahradnik – geerbt hatte. Kaum Moslem geworden, war er ein gemachter Mann. Der Sultan, der von dem Religionswechsel gehört, versetzte ihn unter seine Hofkapelle und freute sich baß, wenn ihm der Leitomischler Mohammedaner das zauberisch schöne ‚Hej slovane' vorblies . . ."

Er kam in Ungnade, weil sein Repertoire zu klein war und ihn der Großscheich „verzündete", daß er den Schnäpsen zuspreche und auch die ganze Hofkapelle demoralisiere: „Die ganze Bande parlierte czechisch, daß es eine Art hatte . . ."

Suleiman wollte wieder zu Gnaden kommen, holte sich Rat und erhielt die Antwort, er solle etwas Neues spielen. Er konnte aber nicht komponieren. In seiner Not schrieb er an sein Geschwisterkind nach Wien um das neueste Lied und erhielt postwendend von diesem – das Fiakerlied. Das spielte er seinem Ratgeber vor, der in Verzückung geriet und nur bedauerte, daß dieses schöne Lied keinen Text habe, denn sonst würde es ein türkisches Volkslied werden. Also übersetzte Suleiman das Lied ins Türkische. Nun bat er, „sein" Werk dem Sultan vorspielen zu dürfen, und ein berühmter Bariton sang den Text. Am nächsten Morgen hatte Suleiman Zahradnik den – Medischidje fünfter Klasse!

1891 kamen zum Genossenschaftsball der Fiaker zwei Gäste aus Dresden als Vertreter des dortigen Fuhrwerks. Als nun Bratfisch auftrat, um den „Weihegesang" der Fiaker zum besten zu geben, erschien neben ihm einer der Gäste, Herr Kutschke, in der Uniform eines Berliner Droschkenkutschers, und demonstrierte, daß man auch in Berlin das Fiakerlied kannte: Nach jeder Strophe, die Bratfisch sang, sang Kutschke nach der Melodie des Fiakerlieds eine Strophe seines Droschkenlieds. Eine Strophe sei hier wiedergegeben[16]:

Da macht man von die Wiener
Fiaker eenen Fez,
Das hat mir als Berliner
Jeärgert mächtig stets.
Ooch ich bin Droschkenkutscher,
Halt mein Gewerbe hoch,
Führ ich ooch nich' zwee Rappen,
Mein Schimmel, der macht's ooch!
Na wat de Wiener schreiben,
Det wird ooch hier jemacht,
Die ganze olle Fahrerei,
Ist hier wie dort man einerlei,
Och wir Berliner fahren,
Daß alles man so kracht,
Doch hat uns keen Mensch noch nich
Een Droschkenlied jemacht.
Das ging mir neulich durch den Sinn,
Ich setzte mir zum Schreiben hin,
Na, da seh'n Se, een Kutscher, gebor'n in Berlin,
Im Fahren und Dichten is er auf'n Kiehn,
Sein Blut ist bald dicke, sein Blut is bald dünn,
Na, det liegt im Berliner so drin!

Daß auch die „Kutscher" aus dem Nachbarland zu singen verstanden, das hatten die Wiener schon im November 1884 feststellen können. Heinrich Bötel, ein ehemaliger Confortabler Kutscher (Einspänner) aus Hamburg, sang am 7. November an der Wiener Staatsoper den Manrico in Verdis „Troubadour" „mit einem hohen C in der Stretta, wie es glänzender, freier und klangvoller niemals vorher gehört worden sein dürfte", stellte die Kritik fest[17]. Er war in Hamburg von einem Gewaltigen der Oper gehört worden, als er auf seinem Kutschbock saß und sang. Dieser fragte ihn, ob er bereit wäre, sich zum Opernsänger ausbilden zu lassen. Er willigte nur unter der Bedingung ein, daß er dann genausoviel verdiene wie jetzt als Kutscher.

Das „Wienerische" und die Zeitschrift „Wiener Spezialitäten"

„Die Schrammeln haben es verstanden, sich den Wienern in das Herz zu geigen, wo sie erscheinen, da ist ihnen auch reichster Beifall gewiß . . ."[18] Berichterstatter und Kritiker beschrieben ihre Produktionen in Superlativen. Sie waren für die Wiener der Inbegriff des „Wienerischen", das nach ihrer Meinung in Gefahr war, das sie bewahren und erhalten wollten. Hinter all den lauten, manchmal allzu lauten Lobeshymnen auf Wien und die Wiener stand die Angst, alles Altgewohnte und Liebgewonnene zu verlieren: „. . . Der Weigl, der Stalehner, der Gschwandtner in Hernals, der ‚Luchs' und die ‚Bretz' in Neulerchenfeld . . . sind mehr denn gewöhnliche Wirtshäuser, wie man sie überall und überall findet, sie sind Bollwerke gegen die zunehmende Entnationalisierung und Entwienerung Wiens; es weht eine angenehme weiche und wohlige Atmosphäre draußen vor der Linie, wo das eigentliche Wien einst aufgehört hat und wo es de facto heute erst beginnt . . . In den letzten Jahren hat sich Wien wieder daran erinnert, daß man das Wienerische, das in der ganzen Welt so viel Anwert findet, und bei uns plötzlich im Kurs stark gefallen war, doch nicht ganz verschwinden lassen soll . . . wo es etwas Wienerisches zu sehen und zu hören gibt, da laufen die Leute in hellen Scharen hin. Die Schrammeln, unsere Volksmusikanten, spielen unserer Aristokratie auf, Girardi singt unter dem Beifall des Publikums wienerische Lieder und das Wienertum ist sogar auf der Hofbühne in der Gestalt des Balletts ‚Wiener Walzer' erschienen, das unter einem Jubel, wie man ihn sonst in den Opernhäusern selten hört, vor übervollem Hause gegeben wird . . ."[19]

Die Erstaufführung dieses Balletts fand am 16. Jänner 1885 statt; es erschien auch ein gedrucktes, acht Seiten umfassendes Programm: „,Wiener Walzer'. Ballett-Divertissement, illustriert in drei Bildern von Louis Frappart und Franz Gaul. Die Musik zusammengestellt von Josef Bayer. Für das k.k. Hofoperntheater in Wien[20]."

Nach einem kurzen Vorwort über die Entstehung des Wiener Walzers, der Angabe der auftretenden Personen und dem Musikprogramm erfolgt eine Inhaltsangabe der drei

Bilder „Am Spittelberg", „Im Apollo-Saale" und „Im Prater", in denen „in fragmentarischer Weise die Entwicklungsgeschichte des Wiener-Walzers" dargestellt wird. Laut Musikprogramm kommen im dritten Bild folgende Walzer von Johann Strauß Sohn zur Aufführung: „Fledermaus-Walzer", „Wiener Blut", „An der schönen, blauen Donau" und „Vindobona". Dieser letzte Walzer ist aber keineswegs von Johann Strauß Sohn, sondern der „Vindobona-Walzer" von Josef Schrammel[21]. Zum erstenmal erklang eine Schrammel-Komposition in der Hofoper; bei der 100. Aufführung des Balletts sollte auch der „Schrammel-Marsch" von Hanns Schrammel zu hören sein.

Die Idee, die Geschichte des „Wiener Walzers" in Bildern vorzuführen, stammte kurioserweise nicht von einem Wiener, sondern von dem Rheinländer Fürst Metternich und dem Franzosen Baron Bourgoing. Bei einem exklusiven Gesellschaftsabend wurde diese Idee in die Realität umgesetzt.

Von Generalintendant Baron Hofmann wurden alle Autorenrechte und das Inventar erworben, Gaul und Frappart bearbeiteten das Ballett für die Bühne[22]. Noch 1905 wurde das Ballett aufgeführt[23].

Zur Erhaltung des Wienertums wurde im August 1885 der „Verein der Urwiener" gegründet[24]. Der Obmann des Vereins war Ferdinand Posch, Kaffeesieder aus der Roßau.

Am 1. November 1885 erschien von ihm ein Bild in den „Wiener Spezialitäten", der ersten Nummer eines neu erscheinenden Blattes. „Eine wienerische Zeitung. Unter Mitwirkung hervorragender Schriftsteller, Journalisten, Maler und Zeichner redigiert von Julius Löwy." (Löwy war Schriftsteller und Redakteur des Extrablatts.)

Unter dem Bild von Ferdinand Posch war u. a. zu lesen: „... Wenn wir heute den lieben Freund Posch in diesen der Pflege des echten Wienertums gewidmeten Blättern im Bild bringen, so geschieht dies nur aus dem Grunde, weil der Mann die Seele eines Vereines ist, der dieselben Zwecke anstrebt, wie die ‚Wiener Spezialitäten', des Vereins der ‚Urwiener' ..."

„Die ‚Wiener Spezialitäten' wurden gegründet", heißt es auf der Titelseite des Blatts, weil nach unserer besten Überzeugung ein Bedürfnis nach einem Organ vorhanden ist,

Musik-Programm.

I. Bild:

„Die Schleicherer".	von Schöbl.	1765.
„Die G'strampften"	„ Schanner.	1788.

Zwischenmusik.

„Die Romantiker".	von Josef Lanner.	1840.
„Die Werber".	„ Josef Lanner.	1833.
„Deutsche Tänze"	„ Franz Schubert.	1814.
„Die Schönbrunner".	„ Josef Lanner.	1842.
„Die Florisdorfer"*.	„ Ludw. Morelli.	1840.
„Abendsterne"	„ Josef Lanner.	1841.

II. Bild:

(Polonaise.)
(Gavotte.)

„Pas des deux" (Musik aus Lanner'schen Motiven).		
„Aufforderung zum Tanz"	von C. M. v. Weber.	1819.
„Altdeutscher Polster-Tanz"	„ Joh. Strauß (Vater).	1827.
„Bruder Lustig".	„ Joh. Strauß (Vater).	1842.

Zwischenmusik.

„Lorlei-Rhein-Klänge".	von Joh. Strauß (Vater).	1842.
„Wiener Blut"		1873.
„G'schichten aus dem Wienerwald"	von Joh. Strauß (Sohn).	1868.
„Neu-Wien"		1872.
„Wein, Weib und Gesang"		1869.

III. Bild:

„Fledermaus-Walzer"		1874.
„Wiener Blut"		1873.
„An der schönen blauen Donau"	von Joh. Strauß (Sohn).	1867.
„Vindobona"		1867.

(Csàrdas.)
(Polka.)

„1884" Walzer	von Joh. Strauß (Sohn).	

*) Die angeführten Jahreszahlen beziehen sich auf die erste Aufführungszeit der betreffenden Nummer.

Musikprogramm eines in der Hofoper aufgeführten Balletts vom 16. Jänner 1885.

welches abgewandt von der hohen Politik den intimen Angelegenheiten unserer Vaterstadt Wien allein folgt. Indem wir den Kampf um die großen politischen Ideale des Verfassungsstaates in bewährten Händen wissen, drängt es uns, einzutreten für die Sprache, für das Lied, für die Sitte und für die Eigenart des Wiener Volkes . . . Wir wollen die Lobredner unserer schönen Vaterstadt sein . . ."

Einer, den man auch zur Mitarbeit heranzog und der den musikalischen Teil des Blatts zu betreuen hatte, war Hanns Schrammel. In der ersten Nummer erschien ein von ihm redigierter Artikel: „Wean'rische Tanz". Darin wird die Frage aufgeworfen, was ein „Wean'rischer Tanz" ist: „. . . Man kann nur schwer sagen, was er ist. Er ist, vielleicht wird uns auch ein Nichtwiener jetzt verstehn, das Kind unter den Musikanten; ungekünstelt und natürlich, ist er unberechenbar, wie eben ein Kind. Jetzt jauchzt er in hochaufsteigenden Noten, dann schlägt er ausgelassene Triller, schlägt auf einmal einen Purzelbaum und schmollt dann wieder im tiefen Baß, um endlich zu weinen, so elegisch, daß man es fühlt, wie die Augen feucht werden. Und vor wenigen Sekunden hat uns das liebe Kind ‚Wean'rischer Tanz' lachen gemacht, wir haben in die Hände geklatscht und die Füße wollten nicht stille stehen . . . Die ‚Tanz' sind unsere Nationalmusik und sie leben heute noch im Volk, ohne daß man weiß, wer sie zuerst gesungen hat, ohne daß sie im Stich erschienen sind; . . . aus den 30er Jahren bis heute sind uns sehr viele Personen bekannt, welche ‚Wean'rische Tanz' komponiert haben . . . die nicht vergessen werden dürfen. . . Und daß die besten dieser ‚wean'rischen Tanz' nicht vergessen werden, dafür werden die ‚Wiener Spezialitäten' sorgen . . . Melodien, die halbvergessen, nur mehr den Alten im Ohre klingen . . . werden wir festhalten und sammeln; und wenn das Jahr um ist, wird ein Band der ‚Wiener Spezialitäten' einen wahren Schatz von köstlichen Wiener National-Melodien enthalten . . ."

Nun – dieses Versprechen wurde nicht eingehalten!

Im November und Dezember 1885 erschienen insgesamt vier Tänze (alle veröffentlichten Musikstücke waren für Klavier gesetzt), und zwar der „Schnittlings-Tanz" von Turnofsky (am 1. November), die „D-Moll-Tänze" von Alois Strohmayer (am 10. November), die „Preis-Tänze", redigiert von Hanns Schrammel (am 1. Dezember) und die „Pertl-Tänze", mitgeteilt von Franz Gründl (am 20. Dezember).

1886 brachte man im ganzen acht Musikstücke, wovon nur drei „alte Tanz" waren: „D'Hambacher-Tanz" (am 28. März), die Franz Gründl aufgezeichnet hatte, die von Josef Schrammel mitgeteilten Tänze „Hopsdodero" (am 20. Juni) und einen „Schwomma-Tanz" (am 1. August).

Hanns Schrammel komponierte für die Zeitschrift eine Polka française, „Der erste Tanz" (am 1. Februar), und außerdem wurde sein Marsch „Wien bleibt Wien" zugleich mit dem Couplet von Ferdinand Fink, „Wann d'Schrammel'n an Tanz dazua spiel'n" (am 15. August), gebracht. Weitere Musiknummern waren noch das Couplet „Aber plauschen's derweil no nix aus!" von Richard Leukauf (28. Februar) und ein noch ungedrucktes Notenmanuskript von Adolf Müller sen., „Ruhig und still", ein Lied aus dem Volksstück „Ein alter Wiener" von Ludwig Anzengruber.

Wo blieb der „Schatz von köstlichen Wiener National-Melodien"?

Man kann hier, im Hinblick auf die drei Jahre später (1888) erfolgte Veröffentlichung der Sammlung „Alte österreichische Volksmelodien" von Hanns Schrammel, nur eine Vermutung anstellen: Hanns Schrammels liebstes musikalisches Kind, der „Wiener Tanz", war ihm so sehr ans Herz gewachsen, daß er ihm ein besseres Los bereiten wollte, als in einer Zeitschrift veröffentlicht zu werden, in der er über kurz oder lang doch vergessen sein würde. Er wollte ihn – das Kind aus dem Volk, das jetzt auch in den adeligen Palästen heimisch geworden war – auf eine gewisse Art „geadelt" sehen; das aber konnte nur durch den Kaiser geschehen, wenn dieser eine ihm gewidmete Sammlung solcher Wiener Tänze seiner „allergnädigsten Annahme" würdig fand.

Den „Wiener Spezialitäten" war kein langes Leben beschieden – 1887 erschienen sie nicht mehr.

Carl Rolleder versuchte am 1. Juni 1889 die Zeitschrift wieder zum Leben zu erwecken – vergeblich. Es erschienen nur acht Nummern des Wochenblatts. Eine Besonderheit darf es aber trotz seines so kurzen Erscheinens für sich in Anspruch nehmen: Es war das einzige Blatt, das schlecht, ja geradezu gehässig, über die Schrammeln schrieb.

„Die Schrammeln, unsere Volksmusiker, spielen der Aristokratie auf", hieß es im Extrablatt am 9. Februar 1885; und das taten sie nicht nur bei den Fiaker- und Wäschermädelbällen, sondern sie wurden auch in die Salons der Adeligen geladen oder von ihnen in die vornehmsten Lokale wie z. B. zum Sacher zum „Aufspielen" bestellt. Sie musizierten nicht nur für die Aristokratie, Hanns Schrammel komponierte auch für sie. Vom 30. Mai 1885 ist uns ein sehr nettes Dankschreiben der Fürstin Eugenie Esterházy erhalten:

Lieber Herr Schrammel!
Die mir von Ihnen gewidmete schöne Komposition nehme ich mit dem größten Vergnügen an und ich sage Ihnen dafür recht vielen Dank. Natürlicherweise habe ich die Walzer gleich durchgespielt und finde sie alle recht schön und wohlklingend.
Es wird mir sehr lieb sein, wenn Sie diese Walzer in Ihr Repertoire aufnehmen, nur knüpfe ich daran die Hoffnung, daß sich in nächster Zeit noch die Gelegenheit dazu finden möge, dieselben von Ihnen vorgetragen zu hören. Seien Sie versichert, daß ich über Ihre Widmung besonders erfreut war, und empfangen Sie noch, lieber Herr Schrammel, die Wiederholung meines besten Dankes.
Ihre ganz ergebene
Eugenie Fürstin Esterházy.

Man nahm also die Widmungen der Kompositionen Hanns Schrammels nicht „huldvoll", sondern „mit dem größten Vergnügen" an. Solche Widmungen wurden in den kommenden Jahren immer zahlreicher. In einem Brief des Fürsten Alfred Windischgrätz vom 4. August 1889 heißt es: „. . . Die Antwort auf Ihre an mich gerichtete Frage lautet also dahin, daß ich mich geschmeichelt fühle, wenn ein Schrammel-Walzer meinen Namen trägt . . ."
Dieser Brief stammt allerdings bereits aus einer Zeit, in der Schrammel-Kompositionen, dem Kronprinzen Rudolf und der Kronprinzessin Stephanie gewidmet, von diesen auch angenommen worden waren. Deshalb fühlte sich der Adel „geschmeichelt", wenn auch ihm ein von Schrammel komponiertes Musikstück zugeeignet wurde.
Diese Widmungen waren einerseits ein Dank Hanns Schrammels für das Interesse, das man seinem Ensemble

Hanns Schrammel mit seinem Quartett.

entgegenbrachte, andererseits war es aber für ihn auch ein Verdienst, denn meist ging es nicht ohne Belohnung von seiten der Angesprochenen ab. Hanns Schrammel war nicht nur ein guter Musiker, er war auch ein guter Geschäftsmann. Er verstand es, wie wir heute sagen würden, sich und sein Ensemble „zu verkaufen".

Die guten und, wie man dem Brief der Fürstin Esterházy entnehmen kann, geradezu freundschaftlichen Beziehungen Hanns Schrammels zu den adeligen Kreisen, die bereits 1885 bestanden, kamen auch seinem am 14. Juni verunglückten Vater zugute. Durch die Verbindungen seines Sohnes wurde er von den besten Ärzten behandelt und erhielt die sorgfältigste Pflege.

Als bemerkenswertes Datum des Jahres 1885 kann der 14. Dezember angesehen werden. An diesem Tag spielte das Nußdorfer Quartett zum erstenmal bei der „Güldenen Waldschnepfe" in Dornbach, im Rahmen eines „Elite-Spezialitäten-Abends" für wohltätige Zwecke, bei dem unter den Veranstaltern an erster Stelle der Cafetier Franz Seidl aus Neulerchenfeld genannt wurde.

Die Vorstadt-Zeitung (18. Dezember) berichtet von einem „glänzenden Verlauf", einem „distinguierten Publikum, darunter mehrere Mitglieder der französischen Botschaft in Wien" und: „Das Publikum wurde nicht müde, die melodiösen Weisen des Nußdorfer Quartetts . . . zu hören."

Ausführlicher schrieben die „Wiener Spezialitäten" am 20. Dezember 1885 über die Veranstaltung, die von 8 Uhr abends bis 8 Uhr früh dauerte:

„. . . Als wir um 8 Uhr abends vor der ‚güldenen Waldschnepfe' eintrafen, staute sich hier eine Wagenburg . . . Die Arrangeure hatten nicht ‚gepflanzt', als sie eine Unterhaltung in Aussicht stellten, wie sie seit Haberlandtner's Zeiten, der trotz seiner Pechbeschäftigung eine glückliche Hand in derlei Sachen hatte, in Wien geboten wurde . . .

Kopf an Kopf ein gemischtes Publikum. Neben dem behäbigen Spießbürger saß der stets elegante Wiener Fiaker, fesch beinand wie sein glänzend schimmerndes ‚Zeugl'. An einem anderen Tische junge Aristokraten aus dem ‚Auslande', nämlich aus Ungarn, die gekommen waren, um sich unverfälschtes Wienertum anzuschauen und nicht zu vergessen, ein Kranz der reizendsten Wiener Frauen. ‚Elite-Spezialitätenabend', so stand auf dem Programm zu lesen . . . Fröstelte man auch anfänglich im Saale, so wurde es gleich wärmer um's Herz, als die Brüder Schrammel über ihre Zaubergeigen strichen, Dänzer sein ‚picksüßes Hölzl' blies und Strohmayer die Guitarre spielte. Es hieße Pauken in ein Wagner'sches Orchester tragen, wollten wir an dieser Stelle nochmals das Lob des Nußdorfer Quartetts singen . . ."

Ein Name läßt bei dieser Schilderung aufhorchen: Haberlandtner. Franz Haberlandtner war Pechfabrikant; er starb 1876, kaum 50 Jahre alt, lebte aber in der Erinnerung der Wiener als Veranstalter gemütlicher wienerischer Unterhaltungsabende bis weit in die neunziger Jahre.

Zu den Unterhaltungsabenden zog er Natursänger heran wie Bratfisch, Laut-Schan, Maurer-Michel. Die ersten Abende fanden in den fünfziger Jahren in Dornbach beim Sabini statt, später bei der „Frankin" in Währing in der

Feldgasse, dann in Hernals und in Alt-Ottakring, wo der alte Volkssänger Eckhart am 18. Juni 1874 ein „Heurigenlokal" (Hauptstraße 143) eröffnet hatte. Hier entdeckte Haberlandtner die Marie Walter – die „Kiesel-Marie" –, die in diesem Lokal Kellnerin war. Auch die Mannsfeld, berühmt-berüchtigt durch ihre zotigen Lieder, die von ihrem Lebensgefährten Mannsfeld stammten, dessen Namen sie trug, von ihr brillant vorgetragen, soll ihm ihre Entdeckung verdanken.

Die letzten echten Haberlandtner-Abende fanden 1876 bei den Harnern Am Tabor statt[25].

Haberlandtner war auch noch aus einem anderen Grund bekannt: Er war Präsident des „Tier-Vereins". Die Mitglieder dieses Vereins, durchwegs Wiener, hatten jeder den Namen eines „Viechs", mit dem sie sich anredeten: „Aff", „Esel", „Krokodil" usw. Haberlandtner selbst, der an der Spitze des Vereins stand, war der „Löwe".

Für die Wiener waren die Haberlandtner-Abende der Inbegriff der gemütlichen „guten alten Zeit".

Es dauerte fast noch weitere eineinhalb Jahre, bis es draußen in Dornbach wieder so einen gemütlichen Abend mit den Schrammeln gab wie den 14. Dezember 1885.

Wenn die Schrammeln auch bei vielen Veranstaltungen mitwirkten, ihre musikalische Heimstatt blieb weiterhin Nußdorf.

Als ab März 1885 das Neue Wiener Tagblatt eine Zeitlang nach dem Theaterprogramm auch das Programm der „Wiener Singspielhallen und Volkssänger" brachte, stand an erster Stelle: Brüder Schrammel (Geiger): Nußdorf, Herrengasse 11; später auch Kirchengasse 4.

Sonst gab es nur vereinzelt Anzeigen: So für Juni, wo sie täglich außer Samstag und Montag beim Brunner in der Kahlenbergerstraße 35 spielten[26], und im Juli produzierten sie sich außer Montag und Donnerstag beim Josef Muth in der Kahlenbergerstraße 30[27].

Vielbeschäftigt und vielgerühmt war das Quartett wieder im Fasching 1886, in dem es bei den bekannten Bällen im „Gemütlichen" für gute Stimmung sorgte.

Beim Masken- und Kostümfest in den Musikvereinssälen herrschte „bei den Schrammeln, welche in einem der kleinen Seitensäle ihre lustigen Weisen erklingen ließen, ein geradezu lebensgefährliches Gedränge[28]", und beim Lumpenball „strudelten sie zum Entzücken aller Anwesenden fest darauf los[29]".

Der Fiakerball in den Blumensälen war nicht nur eine besondere Unterhaltung, er war geradezu eine Demonstration für das „Wienerische": „. . . Auf der Estrade unsere Volks-Philharmoniker, die Schrammeln mit Dänzer und Strohmayer, die reiche Ehren ernteten, um sie herum sang der Bratfisch das Fiakerlied und Schmitter, der Momentdichter, seine lustige Parodie vom Confortabler . . ."

Es war wie bei der Strophe vom Fiakerlied:

Jed's Jahr am Aschermittwoch
Ham mir, Fiaka, Ball,
Da wird ganz urndli' aufg'schütt'
Und doch gibt's kan Skandal.
Viel Grafen und viel Kutscher,
Dö sitzen schön beisamm,
Weil's halt im ganzen Fasching nur
Den an „Eliteball" ham.

Die jungen Leut' die tanzen,
Mir Alten mir schaun zua,
Mir ham halt unser Freud an dö:
Der „Laut Schan" dudelt „Duliäh",
Die Schrammeln rebelns owa, der Bratfisch singt dazua,
Und unser Ball, der ist erst aus,
Wenn d'Sunn scheint in der Fruah.

Vom Adel waren diesmal anwesend: Alfred und Heinrich Liechtenstein, Prinz Solms, Prinz Schaumburg, die Grafen Sternberg, Gatterburg, Wurmbrand, Kálnocky, Wilczek jun., die Fürsten Engelbert und Eduard Auersperg, Windischgrätz, Schönborn, Medem, Baron Twikel, Herr von Dumba, Schrötter, Graf Trauttmansdorff, die Grafen Esterházy, Szápary und Széchény.

Um 7 Uhr früh durften die Schrammeln noch nicht aufhören. „Und als die letzte Saite der Fiedel riß, als Dänzer kein ‚Ambozour' [Ansatz] mehr hatte und der Strohmayer sich die Finger wund gegriffen hatte, dann erst war der schöne Ball zu Ende, der mehr als ein gewöhnliches Karnevalsfest ist . . ."

Der Fiaker war für die Wiener mehr als ein fröhlicher Zeitgenosse, er war die Symbolfigur für die „gute, alte gemütliche Zeit": „... die Wiener haben gezeigt, daß sie an ihrem alten, gemütlichen Wien hängen ... wir leiden es nicht, daß man uns auch noch die Fiaker demoliert ... wir wollen sie haben und behalten in unserer Stadt und nicht eher, als der Gemeinderat beschließt, den alten Steffel abzutragen und die Donau die Rotenturmstraße aufwärts rinnt, nicht eher darf mit der Demolierung der Wiener Fiaker begonnen werden ...[30]"

Viel war schon demoliert worden, vieles sollte noch demoliert werden, so auch der Weigl, „Der Höchste Heurige" in Hernals. Das war der Anlaß für eine große Abschiedsfeier am 28. April 1886, bei der es nach der Schilderung der „Wiener Spezialitäten" vom 2. Mai viel Rührseligkeit und viele verhaltene und auch geweinte Tränen gab. Der Weigl war für die Wiener, wie auch schon das Extrablatt am 23. März 1885 schrieb, „mehr als ein gewöhnliches Vergnügungs-Etablissement, er war ein Damm gegen die fortschreitende Entwienerung Wiens, gegen die Internationalisierung, das heißt ‚Entnationalisierung'." Zu dieser Feier hatte sich eine tausendköpfige Menge eingefunden, von der die prominentesten Gäste der Hernalser Bürgermeister Helbling, der soeben von einer Tournee aus Berlin zurückgekehrte Alexander Girardi, der Präsident der „Concordia" Schembera, der Maler und Karikaturist Juch und Seidl und Wieninger aus Neulerchenfeld waren.

„Weigl hatte am 26. Februar 1871 seine Schank eröffnet – und wie ein Zauberwort wirkte das von ihm erfundene ‚Der Höchste Heurige' auf die Wiener[31]". Dieses Schlagwort war Weigl eingefallen, als ein Inseratenagent zu ihm kam und ihn um einen Auftrag bat. Das Wort „höchste" ging in den Sprachschatz der Wiener ein, so gab es einen „Höchsten Duliäh", eine „Höchste Gaude" (vergnügliche Unterhaltung), und es wurden auch „D'Höchsten Tanz" von einem Unbekannten komponiert.

Bald nach der Eröffnung des Lokals führte Weigl Soireen ein, bei denen bekannte und beliebte Volkssänger auftraten. Einer dieser Volkssänger war Jakob Binder, in Wien nur „blader Binder" genannt. Zu seiner Zeit gab es in Wien ein allgemein bekanntes Plakat, auf dem Binder, mit einer Röhre (Zylinder) unter dem Arm, laufend dargestellt wurde und auf dem stand:

„Wo rennen's denn hin, Binder, mit Ihnerer Röhr'n?" – „Zum Weigl, um meine Landsleut anz'plärr'n!"

Binder, der auch der „Lichtentaler Lablache" genannt wurde, weil er über eine Baßstimme verfügte wie der berühmte Sänger, war nicht immer Volkssänger gewesen. Er war auch auf Opernbühnen gestanden und besonders erfolgreich als Van Bett in „Zar und Zimmermann" gewesen. Kurioser noch wie sein Leben und seine musikalische Laufbahn war aber das, was nach seinem Tod, 1881, mit seinem großen, kräftigen Körper geschah: Man übergab diesen nicht der Erde – er wurde „ausgebanlt", um als Skelett im pathologisch-anatomischen Institut ausgestellt zu werden[32].

Bei der Abschiedsfeier hatte Weigl für seine Gäste auch eine Überraschung vorbereitet: Er hatte Bertl, den Lehrer Dänzers, den letzten der Klarinettenvirtuosen aus der Zeit Stelzmüller–Gruber, mit dessen Kameraden eingeladen. Bertl hatte 15 Jahre zuvor bei der Eröffnung der Schank gespielt, er sollte auch bei deren Schließung dabei sein, denn ab Mai gab es den „Höchsten Heurigen" in Hernals nicht mehr. Weigl übersiedelte nach Meidling, er wurde Geschäftsführer im „Dreher-Park".

Dort feierten die Schrammeln – eigentlich die „Gebr. Schrammel", eingedenk ihres ersten Auftretens beim „Goldenen Stuck" in Neulerchenfeld im Jahr 1861 – am 14. August 1886 ihr 25jähriges Musikerjubiläum.

Das 25jährige Musikerjubiläum der Brüder Schrammel

Dieses Fest wurde unter dem Titel „Wien bleibt Wien" gefeiert. „Das Fest an sich hat ein entschieden wienerisches Gepräge", schreibt das Neue Wiener Tagblatt am 22. Juli 1886, „wenn man auch seine Beziehung zu diesem ,Titel' nicht enträtseln kann . . . Man braucht einem Wiener nicht davon zu erzählen, was die Gebr. Schrammel im Verein mit Dänzer und Strohmayer Treffliches in ‚wienerischer' Musik geleistet haben und noch leisten; die Beziehung dieser Tatsache zu dem Fortbestande Wiens bleibt aber dunkel . . ."

Hanns Schrammel hatte für diese Feier einen Marsch komponiert, dem er den Titel „Wien bleibt Wien" gab, und diesen als Motto für die Veranstaltung gewählt. „Wien bleibt Wien" – das konnte wohl heißen: solche Unterhaltungen, solche Musik findet man in keiner anderen Stadt. Es konnte aber auch als Zuspruch und Trost für die Zeitgenossen genommen werden: Mögen auch die Stadtmauern gefallen sein, der Linienwall bald dasselbe Schicksal erleiden, die Zuwanderungen der anderen Nationen anhalten – Wien wird seine Eigenart bewahren.

In diesem Marsch hat Hanns Schrammel das Lied „s'Herz von an echten Weana" im Trio verwendet. Dieses ist im Dreivierteltakt komponiert, und Carl Lorens hat den Text dazu geschrieben.

Die Texte, die oft zu den wirklich schönen Melodien geschrieben wurden, waren meist nicht gerade glücklich gewählt. So war es auch bei dieser Komposition von Hanns Schrammel. Als Marschmelodie, unbelastet von jedem Text, ist sie uns bis heute wohlbekannt.

Eduard Pötzl kritisiert am 7. Juni 1886 im Neuen Wiener Tagblatt die Texte der von Selbstlob auf Wien und die Wiener triefenden Wiener Lieder im allgemeinen und schreibt über das Lied von Hanns Schrammel im besonderen:

„Beim Himmel, es reißt jeden vernünftigen Wiener in allen Gliedern, wenn er beispielsweise nachstehenden Vers gedankenlos herabplärren hört:

's Herz von an echt'n Weana
Da kann ma no was lerna

Kann mir vielleicht jemand erklären, was das bedeuten soll? Schon die Satzfügung ‚– 's Herz von an echten Weana – da kann ma no' was lerna!' Man sieht förmlich, wie der schamlose Dichter die Worte einfach über die Melodienwalze gestreckt hat, gleichgültig, ob sie einen Sinn geben oder nicht, bloß um den Rhythmus und den schönen Reim Weana – lerna herauszukriegen. Was soll man denn ‚da' eigentlich lernen können? Und gar ‚no'was lerna!' Das heißt wohl, so viel als: Alles übrige haben wir schon gelernt; wenn es überhaupt noch was zu lernen gibt, so ist das Herz des echten Weaners die einzige Quelle, aus der noch bemerkenswerte Kenntnisse zu schöpfen wären . . ."

„Wien bleibt Wien" wurde auch für den Titel einer Posse verwendet (von Anthony und Lindau), die am 1. Oktober 1887 im Theater in der Josefstadt erstaufgeführt wurde. Darin bleibt Herr Sumsenbacher aus Linz, der sich von seinem Aufenthalt in Wien einige Abenteuer erhofft, auch dann bei seiner im Titel des Stückes ausgedrückten Meinung, als diese einen etwas anderen Verlauf nehmen, als er erwartet hatte.

Das Jubiläum am 14. August 1886 im Garten beim „Dreher" war ein großes Fest. Nicht nur Hanns Schrammel hatte dafür den Marsch „Wien bleibt Wien" komponiert, auch der Kapellmeister Ferdinand Fink jun. hatte zu dem Couplet „Wann d'Schrammeln an Tanz dazua spiel'n" die Musik geschrieben, das Edmund Guschelbauer mit großem Erfolg sang und dessen Text er wahrscheinlich auch selbst verfaßt hatte. Es spielte die Regiments-Kapelle Nr. 4, die Hoch- und Deutschmeister unter Ziehrer und die Kapelle Philipp Fahrbach jun., es ließ der „Neulerchenfelder Männer-Gesangs-Verein" seine Stimmen erschallen und „. . . endlich kamen die Schrammeln d'ran und in dem Moment, da Johann mit dem Bogen das Zeichen gab, trat lautlose Stille in dem fröhlichen Gewimmel der Tausende von Hörern ein . . . sie spielten neue und alte, langsam-wehmütige und stürmisch-lustige Wiener Weisen . . . und als sie geendet, scholl ihnen ein wahrer Beifallssturm entgegen. ‚Bravo Schrammeln!' und immer wieder ‚Hoch die Schrammeln!'. . . Das Quartett mußte immer noch eins zugeben. Endlich ließ man es abtreten, Ziehrers Kapelle begann den Jubiläums-Marsch Johann's ‚Wien bleibt Wien' und von neuem erreichte die Stimmung des Publikums eine wahre Begeisterung . . .[33]"

Erstaunlich ist die Programmfolge: Nach den lauten Klängen zweier Musikkapellen und einem vielstimmigen Männerchor – zwei Geigen, eine Gitarre und eine G-Klarinette! Nur vier Instrumente, die, so sollte man meinen, dem Publikum nach der vorherigen Klangfülle und -stärke eher dürftig erscheinen sollten. Das war aber keineswegs der Fall! Es drängte sich in dem großen Park etwas näher an das Quartett heran und lauschte begeistert seinen Produktionen.

„Was sind uns die Schrammeln?" fragten die „Wiener Spezialitäten[34]". Und sie antworteten: „. . . Als Kinder haben sich die altwienerischen Weisen ihrem Ohr und ihrer Seele eingeprägt und wäre dies nicht der Fall gewesen, so wären gar viele lustige Weisen . . . verloren gegangen. . . So sind uns die Schrammeln ein ‚lebendes Archiv' für die tönenden Schätze vergangener Zeiten . . ."

Julius von der Als nahm das Jubiläum zum Anlaß, sich am 14. August 1886 im Extrablatt in dem Artikel „Die Schrammeln, ein freundliches Wort zu ihrem heutigen Jubiläum", mit dem Quartett auseinanderzusetzen, seine Wirkung und Bedeutung für die Volksmusik und die Volksmusiker zu erläutern, und er brachte auch von jedem einzelnen Musiker einen kurzen Lebenslauf.

„Vordem hatten wir ja auch unsere Heurigenmusik!" stellt er fest und fragt weiter: „Also, worin besteht das Verdienst dieser Schrammeln?" Und er führt dazu aus: „Die Schrammeln haben, ganz abgesehen von ihrer sonstigen Meisterschaft in der Behandlung der Instrumente, dafür, daß sie allzeit nur Gutes boten und das Beste bieten wollen, veredelnd auf den Geschmack der großen Masse eingewirkt und da sie bestimmend sind für eine Menge von Sängern und Dudlern, so mußten auch diese, falls sie in der nutzbringenden Nähe der Schrammeln bleiben wollten, notgedrungen auch Besseres leisten und so haben ganz unbewußt für diejenigen, die mittaten, aber zielbewußt von den Schrammeln inauguriert, das Volksvergnügen bessere, feinere Formen angenommen. Es hat sich abgeschliffen und so manche Rohheit ist verschwunden, ohne daß die Herzlichkeit, die Gemütlichkeit und die Urwüchsigkeit irgendwie gelitten hat.

Das ist das Verdienst der ‚Schrammeln' und auf die Gefahr hin, daß diese so bescheidenen und braven Leute einmal hochmütig werden, muß man es offen sagen, *daß der Name dieses Quartetts von heute in der Geschichte Wiens für alle Zeiten genannt werden wird, wenn man von Wiener Volksmusik spricht . . ."*

Ein geradezu prophetischer Ausspruch, durch den auch

die Antwort auf die Frage des Neuen Wiener Tagblatts vom 22. Juli nach dem Zusammenhang zwischen der musikalischen Leistung der Schrammeln und dem Fortbestand Wiens – eines kleinen, charakteristischen Teils von Wien, der Wiener Volksmusik – gegeben ist.

Nach Als haben die Schrammeln nicht nur auf musikalischem, sondern auch auf sozialem Gebiet eine Umstellung bewirkt: „Was aber die Hauptsache sein mag, das ist die würdige Stellung, welche die Schrammeln der Wiener Volksmusik in der Gesellschaft erobert haben. Die Wiener Heurigen-Musikanten sind heute keine Bettelmusikanten mehr, im Salon werden sie gerne gehört und in den Palais unserer Aristokratie gibt es heute kein intimes Fest mehr, ohne daß man sich ‚die Schrammeln' einladet. Wer die Schrammeln nicht bekommen kann, muß dann mit anderen Musikern vorlieb nehmen . . ."

Die Kollegen sollten daher die Schrammeln nicht beneiden, sondern ihnen danken für die anständige soziale Position, die sie ihnen geschaffen haben.

Die Jubiläumsfeier im Dreher-Park war auch der geeignetste und schönste Rahmen für die Ausstellung des Bildes „Bei den Schrammeln in Nußdorf" von J. M. Kupfer. Das „Schicksal" des Bildes, das man fast versucht ist, ein „wienerisches" zu nennen, sei vorweggenommen: Es wurde im Künstlerhaus ausgestellt[35] und von dem Bild, das große Bewunderung fand, erschienen auch Heliogravuren[36].

Am 30. März 1887 schreibt das Neue Wiener Tagblatt unter dem Titel: „Bei den Schrammeln": „Das Kupfer'sche Gemälde aus der Sphäre des Heurigen, das in der letztjährigen Ausstellung so vorteilhaft beurteilt wurde, ist seit gestern im Schaufenster der Kunsthandlung von Deutsch in der Operngasse öffentlich ausgestellt und bewährt auch dort seine Anziehungskraft in einer fast die Passage störenden Weise. Leider scheint das Bild, das eine echt wienerische Szenerie in glücklichster, realistischer Wiedergabe bietet, in Wien selbst keinen Käufer zu finden, denn in acht Tagen wird es nach München zur Ausstellung wandern, um dort gesehen und – vielleicht auch gekauft zu werden."

Und das Bild fand in Wien tatsächlich keinen Käufer! Man bewunderte es, man lobte es – aber man kaufte es nicht.

Am 25. Oktober 1887 berichtete das Neue Wiener Tagblatt, daß das bekannte Bild von J. M. Kupfer in Bayern von dem Sammler Stieber in Roth am Sand um 4000 Mark, also zirka 2500 Gulden, erworben wurde.

Keiner der vielen finanziell gutgestellten Schrammel-Verehrer hatte es für notwendig befunden, dieses Zeitdokument für Wien zu erhalten. Man konnte ja die Schrammeln in natura beim Heurigen sehen!

In diesem Jahr gab es noch ein großes Schrammel-Fest, das aber nicht beim Heurigen in Wien abgehalten wurde[37]. Im August wurde das Quartett von einigen Sommergästen und dem Hotelier Draßl nach St. Wolfgang eingeladen. Es fanden an zwei Abenden auf der Seeterrasse des Hotels Draßl Konzerte vor „einem distinguierten Publikum" statt, die „in glänzender Weise" verliefen, und es gab auch Konzerte auf dem Dampfer „Kaiser Franz Josef" bei dessen Seerundfahrten. Die Polka „Am Wolfgangsee" von Johann Schrammel erinnert an diese Tage.

Arthur Schnitzler, der zu dieser Zeit in Ischl weilte und einer Bekannten nach Reichenau tagebuchartige Aufzeichnungen in Versform sandte, schrieb dieser u. a.[38]:

Der erste, der mich begrüßte,
Dieweil im Café ich saß,
Ein Mann war's mit falschem Barte –
Von Alfred Pick ein Spaß.

Heut' büßt er seine Witze
Und tut, was ihn nicht freut:
In Wolfgang geigen die Schrammeln –
Und er – weilt in Bayreuth.

Für Josef Schrammel gab es 1886 einen persönlichen Erfolg. Am 2. Oktober wurde im Theater in der Josefstadt die lustige Posse „Der Stabstrompeter" von Mannstädt und Anthony, die in Berlin bereits 200mal über die Bühne gegangen und für Wien von Karl Lindau bearbeitet worden war, aufgeführt[39]. Am Schluß des zweiten Akts wurde der „Nußdorfer Walzer" von Josef Schrammel als Quartett gesungen und erhielt stürmischen Beifall. Auch Kapellmeister Krenn hatte mit seiner Musiknummer „Wanderungen durch das musikalische Wien" großen Erfolg, und so hieß es in der Kritik: „Wenn diese Posse sonst nichts enthielte als diese beiden Musikeinlagen, so würden dieselben genügen, um das Haus auf Wochen hinaus zu füllen!"

Und so war es auch. Am 11. Jänner 1887 gab es laut Fremdenblatt die 100. Aufführung en suite, ein Erfolg, den bis dahin nur fünf Stücke in der Josefstadt und eines im Carltheater erlebt hatten.

Der „stumme Heurige"

Der „stumme Heurige" – unter dieser Überschrift brachte das Extrablatt am 22. Oktober 1886 den sich für die Schrammeln so nachteilig auswirkenden Polizeierlaß vom 15. Oktober 1886, wonach das Singen der „wilden Sänger" beim Heurigen im Polizeirayon Wien verboten wurde. Wie es zu diesem Polizeierlaß gekommen war, ist einem Polizeibericht vom 18. Mai 1887 an das k.k. Statthalterei-Präsidium zu entnehmen[40]:

„Die Hinausgabe des erwähnten Cirkular-Dekretes ist auf eine Anregung des allgemeinen Wiener Volkssänger-Vereins zurückzuführen. Der genannte Verein hat nämlich in einer anher gerichteten motivierten Eingabe die dringende Bitte gestellt, Übelstände zu beseitigen, durch welche der Erwerb der lizensierten Volkssänger insbesondere der Erwerb der besteuerten Volkssängerführer auf das Empfindlichste geschädigt werde.

In der erwähnten Eingabe wird nun insbesondere auf Musikgesellschaften hingewiesen, welche ihre Konzession dadurch überschreiten, daß sie Sänger engagieren und mit denselben Produktionen veranstalten. Diese sogenannten ‚wilden Sänger' geben sich, wie der Volkssänger-Verein in seiner Eingabe sagt, den inspizierenden Organen der Behörde gegenüber als Gäste aus, welche zu ihrem Vergnügen singen, während sie doch angeblich von den Musikern fix bezahlt werden, oder mit diesen die Einnahmen teilen . . . Nachdem überdies nach den Wahrnehmungen des Volkssänger-Vereins diese Produktionen bei der Behörde nicht angezeigt werden, so unterbleibe die Überwachung derselben in der Regel. Es ist einleuchtend, daß im Bestätigungsfalle dieser Beschwerde eine konsequente Nichtbeachtung der behördlichen Vorschriften vorliegt und zugleich die lizenzierten und besteuerten Volkssänger einen empfindlichen Schaden leiden . . . die wiederholten Amtshandlungen haben ergeben, daß die fragliche Beschwerde tatsächlich begründet ist . . ."

Als „wilde Sänger" wurden die sogenannten „Natursänger" bezeichnet, die das Singen nicht hauptberuflich ausübten, sondern sich meist aus dem Fiakerstand rekrutierten und zu den ständigen Begleitern der Schrammeln geworden waren.

C. Lorens, selbst Sänger, Komponist und Volksdichter (so schrieb er etwa den Text für Hanns Schrammels „s'Herz von an echten Weana"), sicherlich ein Kenner der Gegebenheiten, veröffentlichte zehn Jahre später, am 7. Juli 1895, im Extrablatt den Artikel „Der Natursänger", in dem er den Wandel vom „Natursänger" zum „wilden Sänger" aus seiner Sicht darstellte: Früher waren die „Bratlmusikanten", die der Volksmund so nannte, weil sie zu Braten und Wein aufspielten, beim Heurigen zu hören. Hatte der genossene Wein seine Wirkung getan und die Gäste in gute Stimmung versetzt, begann der eine oder andere zu singen und wurde dabei von den Musikanten begleitet.

„. . . Als sich später die Volksmusiker an bestimmten Tagen in Nußdorf seßhaft machten, war immer, besonders bei den ‚Schrammeln' große Hetz. Alles, was nur halbwegs singen konnte, fand sich zusammen; dort fand man alle, den Bratfisch, die unverwüstliche Königin aller Jodlerinnen, d'Kiesel Marie, den Schuster Franz, Hungerl, Brady, Fiaker Schönhuber, der Rothe und viele andere. Da wurde gejodelt und gepfiffen, daß einem oft Hören und Sehen verging. An derlei Abenden sah man nicht nur unsere Bürger samt Gattinnen, sondern auch Aristokraten an einem Tisch beisammen sitzen, ja oft aus einem Glas trinken . . . Es gab aber auch Tage, an denen in Nußdorf nicht gesungen wurde, denn nicht jede Gesellschaft, welche zum Heurigen kam, hatte einen sangeskundigen Menschen in ihrer Mitte.

An solchen Tagen war es dann draußen recht ‚fad', wie

der Wiener sagt, denn die Musik allein konnte das Publikum, welches schon an den Gesang beim Heurigen gewöhnt war, nicht in die rechte Stimmung bringen.

Da kam Johann Schrammel auf die Idee, gewisse Sänger, die an sich keine Kapitalisten waren, aber doch Gold in der Kehle hatten, durch kleine Geldentschädigungen für Wagen und Nachtmahl zu verpflichten, sich regelmäßig beim Heurigen einzufinden. Ich werde nicht irren, die ersten so Verpflichteten waren Goldan, Dollfranzl, Wederlbua, der Rothe, der Baron Schan und wie sie alle geheißen haben mögen mit ihren Kose- und Spitznamen.

Dieselben verdienten mit ihrem Gesang sehr viel Geld; sie führten nämlich das sogenannte ‚Keilen' ein, d. h. sie sprachen die Gäste unter irgendeinem Vorwand um ein Honorar an, das ihnen sehr gerne gegeben wurde. Ich sah manchen Zehner, auch Fünfziger in den Taschen der Sänger verschwinden. Daß unter solchen Umständen die Musiker dabei zu kurz kamen, ist leicht erklärlich.

Da war es wieder der findige Johann Schrammel, der stets seinen Vorteil zu wahren wußte. Er assoziierte sich mit einigen Sängern und Pfeifern und teilte mit ihnen die Einnahmen. Natürlich mußten dieselben geloben, alles Geld ehrlich ihm, dem Capo, abzuliefern, dafür hatten sie aber das Privilegium, daß die Musiker keinen anderen Sänger und nur sie mit ihren Instrumenten begleiteten. So machte Schrammel aus dem wirklichen Natursänger einen Berufssänger . . .“

Es bleibe dahingestellt, ob es wirklich erst der „findige Johann Schrammel" war, der die „Natursänger", die Fiaker, gegen Entgelt mit seinem Ensemble auftreten ließ, oder ob das nicht vielleicht schon vor ihm praktiziert worden war, z. B. bei den Haberlandtner-Abenden oder den so beliebten gemütlichen Abenden bei den Harnern Am Tabor, und er diese Gepflogenheit nur wieder aufgegriffen hat.

1895, als Carl Lorens diesen Artikel schrieb, bezeichnete man als „Natursänger" den Sänger, der sich mit einem Quartett oder Terzett produzierte. 1886 dagegen wollte man unter „Natursänger" jenen Sänger verstanden wissen, der das Singen nicht hauptberuflich ausübt und der – und das vor allem – kein Entgelt dafür bekommt. Hauptberuflich waren ja die Sänger, Pfeifer und Jodler, die bei den Schrammeln auftraten, ohnehin meist Fiaker. Sie genossen alle Vorteile der Natursänger: Ihre Texte waren keiner Zensur unterworfen, sie zahlten keine Steuern und konnten sich bis zur Schließung des Lokals produzieren.

Jeder Volkssänger mußte zur Ausübung seines Berufs eine Konzession erwerben, die alljährlich zu verlängern war. Volkssänger-Gesellschaften durften aus höchstens fünf Personen bestehen, ihre Produktionen waren der Zensur unterworfen und durften nur bis 11 Uhr nachts dauern. Die Sänger mußten in schwarzer Kleidung auftreten, sie durften sich nicht kostümieren und auch keine szenischen Apparate verwenden; überdies waren sie steuerpflichtig.

Diese Verordnung stammte aus dem Jahr 1851[41], und erst 1885 gab es auf die wiederholten Eingaben des 1882 gegründeten Volkssänger-Vereins Zugeständnisse: Ab Jänner 1885 wurden die Produktionen bis 12 Uhr nachts bewilligt, und ab 15. Dezember 1885 war eine sechste Person erlaubt, das heißt, der Klavierspieler wurde nicht mehr zur Gesellschaft gerechnet.

Ab November 1886 war es dem Volkssänger auch gestattet, ein Theater mit einer spanischen Wand aus imprägniertem Stoff zu benützen, doch durfte dieselbe weder Schnüre besitzen noch auf Schienen ruhen[42].

Das Wunschziel der Volkssänger war, mit den Singspielhallen gleichgestellt zu werden, denn diese hatten seit jeher eine Produktionsbewilligung bis 12 Uhr nachts, sie konnten eine unbeschränkte Anzahl von Personen beschäftigen, die selbst keine Konzession benötigten, durften sich verkleiden und Kulissen verwenden.

„Natursänger" traten beim Heurigen auf (daraus ist auch der von Lorens angegebene Bedeutungswandel zu erklären), Volkssänger-Gesellschaften und Singspielhallen in Gasthäusern und Etablissements. Deutlich kommt das auch bei der Ankündigung eines Wohlfahrtsfests zum Ausdruck, das beim Stalehner abgehalten wurde; die Ankündigung lautete[43]: 1. Teil im Wirtshaus: Lieblinge vom Brettl. 2. Teil beim Heurigen: Schrammeln, Natursänger, Pfeifer und Jodler.

Sehr bald bekamen die Schrammeln die Auswirkungen des Erlasses vom 15. Oktober 1886 zu spüren. So hieß es am 18. November 1886 im Extrablatt: „Bekanntlich waren bereits die Schrammeln das erste Opfer dieses Erlasses, indem sie mit einer Strafe von 25 fl belegt wurden. Außer den Musikanten wurden mehrere Sänger beim Heurigen mit 10 fl bestraft."

Unter diesen Bestraften waren auch die Fiaker Hirschmann, Hungerl (recte Carl Mayerhofer), Bratfisch, Tschipani und „Baron Schan".

Das Vorgehen des Obmanns Ecker vom Volkssänger-Verein, der den Erlaß erwirkt hatte, war selbst unter den Volkssängern nicht unumstritten. So distanzierte sich auch Wiesberg, der früher dieses Amt innegehabt hatte, davon.

Der Vorstand der Fiaker, Holzer, und der „Leiter der Schrammelkapelle[44]" sprachen beim Polizeipräsidenten Krauß vor, ebenso die Gemeindevertreter von Nußdorf, Sievering und Grinzing, in welchen Vororten die Heurigen besonders unter den Auswirkungen des Singverbots für die Fiaker zu leiden hatten. Das Extrablatt vom 21. November 1886 wollte sogar wissen: „Haben doch sogar unsere einzigen Schrammeln . . . schon den Vorsatz gefaßt, aus dem Polizei-Rayon Wien auszuwandern, falls das Singen beim Heurigen nicht gestattet werden sollte."

Hanns Schrammel wollte diesem unleidlichen Zustand ein Ende bereiten und richtete daher am 29. Dezember 1886 folgendes Ansuchen an die N.Ö. Statthalterei[45]: „Die hohe k.k. Statthalterei geruhe dem in tiefster Ergebenheit Gefertigten die Conzession zur Ausübung des Musikgeschäftes unter Heranziehung von Sängern, Pfeifern, Jodlern und Sängerinnen anständigen und ehrlichen Charakters, wenn dieselben auch keine Lizenz besitzen, zu verleihen."

Was dieses Schreiben so interessant macht, sind die Ausführungen Hanns Schrammels über das Ansehen der „Schrammeln" – aus denen Selbstbewußtsein und auch Stolz über das Erreichte spricht –, die Gepflogenheiten der Heurigenbesucher und seine persönlichen und familiären Verhältnisse: Er weist darauf hin, „daß der Name ‚Schrammel' in Wien seine gewisse Bedeutung hat und zwar eine, wie er sich schmeicheln darf, ehrende Bedeutung. Er ist typisch geworden für die frohe Volksmusik, welche das Publikum in Wien alle Zeit erfreut hat und es ist nur dem Pflichteifer und der . . . für die Sache, der sich der ergebenst Gefertigte befleißigt, zu danken, daß dies so kam . . ."

Er erwähnt seine „makellose Dienstzeit" beim Militär und legt dann seine Familienverhältnisse dar: Von seinen sieben Kindern, damals zwischen einem und 14 Jahre alt, litten zwei an Rachitis und bedürften daher einer kostspieligen Pflege, außerdem habe er für seinen seit dem Eisenbahnunfall dahinsiechenden Vater zu sorgen. Unter „unsäglichen Mühen" sei es ihm dennoch gelungen, seinen Pflichten gegenüber der Familie und den Eltern nachzukommen. Da habe ihn ein schwerer Schlag getroffen: die Polizeiverordnung, die auf Beschwerden der Volkssänger hin erlassen wurde. Diese Beschwerden seien jedoch, was seine Person betreffe, grundlos. „Während in der Stadt nun diese Natursänger mit ihrem Anhange Gelegenheit und Ausflüchte genug finden, um sich zu produzieren, war mit der Verordnung dem frohen Leben und Treiben beim Heurigen ein rasches Ende gemacht. Es mag hier wohl am Platz sein, einer hohen k.k. Statthalterei zur gütigen Erwägung zu unterbreiten, daß dieses Leben beim Heurigen durchaus nichts gegen die Sittlichkeit oder die Moral Verstoßendes hatte. Kam auch hier und da die ganze Derbheit und Ungeschlachtheit der volkstümlichen Art, sich zu unterhalten zum Ausdrucke, so konnte nie etwas Anstößiges daran gefunden werden, nie wurde eine Klage über jene Art von Unterhaltungen laut, welche bei den ‚Schrammeln' gang und gäbe war.

Nicht nur der Wiener Bürger mit Weib und Kind ging gern nach alter Sitte Dienstag und Freitag, am Sonn- und Feiertag hinaus nach Nußdorf, um dort einige Stündchen zu verbringen, auch der Fremde, der das Wiener Volksleben kennen wollte, der reiche Mann, der sonst selten Gelegenheit hat, das unverfälschte wienerische Treiben zu sehen, er war alle Zeit in den schattigen Gärten, oder in den traulichen Stuben der Hauer in Nußdorf zu finden.

In dem Momente jedoch, da das Singen und die sonstigen Produktionen selbst von Gästen, die sich selbst unterhalten, indem sie andere unterhalten, verboten wurde, da war selbstverständlich diesem frohen Stück Wien ein jähes Ende bereitet. Die Musik allein, so sehr sie auch den Gästen gefallen mochte, konnte nicht mehr in dem Maße die Aufmerksamkeit des Publikums fesseln und das Interesse desselben wachrufen, wie vordem. Nach und nach verloren sich die Gäste . . ."

Dadurch gingen auch die Einnahmen des Quartetts zurück, und die anständige Erhaltung ihrer zahlreichen Familien sei nicht mehr gewährleistet. Ebenso hart treffe die Verordnung die „steuerzahlenden Gewerbsleute", die Hauer.

Er suche einen Ausweg aus dieser Lage und sehe diesen in der Verleihung der von ihm eingangs erbetenen Konzession, die er selbst als „außergewöhnlich" bezeichnet. „Aber außergewöhnliche Ursachen müssen selbstverständlich außergewöhnliche Wirkungen haben . . ."

Durch ein Hämorrhoidalleiden „sei es ihm nicht möglich, einem anderen Beruf vorzustehen" – keinen anderen Beruf ausüben zu können, das war eine der Voraussetzungen zur Erlassung einer Konzession zur Ausübung des Musikgeschäfts.

Der bereits erwähnte Polizeibericht vom 18. Mai 1887, aus dem schon einiges über das Zustandekommen des Polizeidekrets vom 15. Oktober 1886 zitiert wurde, nimmt zum Ansuchen Hanns Schrammels folgende Stellung: „Der Genannte ist Mitglied des unter Leitung seines Bruders Josef Schrammel stehenden Musiker-Quartettes und fand in dieser Eigenschaft bisher ein anständiges Auskommen.

Die Produktionen dieses Quartettes erfreuten sich im Publikum einer gewissen Beliebtheit und verdankten dieselbe hauptsächlich dem Umstande, daß die ‚Schrammeln' jedes Lied mit größter Präzision und mit charakteristischem Wiener Chic zu begleiten wissen.

Diese jahrelang ungestört betriebenen Produktionen erlitten in Folge des Circular-Dekretes vom 15. Oktober 1886 . . . plötzlich eine Unterbrechung und versiegte naturgemäß die Einnahmequelle der ‚Schrammeln'."

Eine „willfahrende Erledigung" des Gesuchs würde jedoch ein Präjudiz schaffen, durch das die mit dem Dekret vom 15. Oktober 1886 verfügten Anordnungen zu Fall kämen. Obwohl mit Rücksicht auf die Familie des Bittstellers und das „bekannte volkstümliche und allgemein beliebte Wirken der Gesellschaft . . . ein mit den bestehenden Vorschriften vereinbarer Modus zur Ermöglichung der Fortführung der erwähnten Produktionen einer Erwägung sicher wert wäre", sei dieser Antrag abzuweisen, weil diese Bewilligung, wie sie Schrammel selbst nennt, eine „außergewöhnliche" wäre. Es erscheint „als eine Anomalie, daß Schrammel befugt sein sollte, nicht lizensierte Sänger zu engagieren, während der Volkssängerführer mit seiner streng vorgezeichneten Anzahl von Mitgliedern gehalten ist, nur mit ordnungsmäßigen Lizenzen versehene Kräfte zu engagieren.

Desgleichen erscheint es widersinnig, daß die den Gesang begleitenden Musiker als die eigentlichen Konzessionsinhaber und die Sänger als deren engagierte Mitglieder zu betrachten wären. Endlich ist auch der Umstand zu bedenken, daß Bittsteller nicht von einer bestimmten Anzahl von Sängern, Sängerinnen, Jodlern und Pfeifern spricht und auf diese Art eine ganz ausnahmsweise Begünstigung für sich in Anspruch nimmt, eine Begünstigung, welche nur Singspielhallen-Konzessionären zugestanden wird . . ."

Am 25. Juli 1887 erging an Hanns Schrammel ein abschlägiger Bescheid, laut dem aus Rücksicht auf die bestehenden Vorschriften seinem Ansuchen nicht stattgegeben werden konnte. Dennoch: Selbst die hohe Polizeibehörde mußte in ihrem Bericht die Feststellung treffen, „daß die ‚Schrammeln' jedes Lied mit größter Präzision und mit charakteristischem Wiener Chic zu begleiten wissen" und daß es mit Rücksicht auf das „bekannte volkstümliche und allgemein beliebte Wirken der Gesellschaft . . . ein mit den bestehenden Vorschriften vereinbarer Modus zur Ermöglichung der Fortführung der erwähnten Produktionen einer Erwägung wert wäre". Auch sie konnte dem Quartett die Anerkennung nicht versagen.

Der Kampf gegen Vorschriften und Behörden endete erst 1890: In diesem Jahr erhielt Hanns Schrammel eine Singspielhallen-Konzession. Bis dahin wurden nur bei Wohltätigkeits-Veranstaltungen Ausnahmen gemacht, wie etwa beim Preisjodel-Wettkampf beim „Luchsen" in Neulerchenfeld im Dezember 1886[46], bei dem alle Natursänger, Pfeifer und Jodler ungestraft auftreten konnten.

Die Schrammeln vor den Philharmonikern

Bald nach dem Erlaß vom 15. Oktober 1886, der für die Schrammeln erhebliche materielle Einbußen zur Folge hatte, wurde dem Quartett durch den Hofkapellmeister und Dirigenten der Wiener Philharmoniker, Hans Richter, die höchste musikalische Anerkennung zuteil. Zur Feier seines 100. philharmonischen Konzerts lud Richter die Mitglieder des Orchesters zu einem gemütlichen Beisammensein ein, bei dem die Lannerschen Walzer, von den Schrammeln gespielt, erklingen sollten. Der Brief vom 16. Dezember 1886 lautete:

Werthe Freunde und Genossen!
Aus der Zeitung erfahre ich, daß Sie mein hundertstes philharm. Concert-Dirigieren besonders feiern wollen. Es ist meine größte Freude und mein Stolz, daß Sie meine Leistung zu würdigen wissen; aber um ein „Jubiläum" zu feiern, dazu fühle ich mich noch zu jung, trotzdem mein Scheitel schon manche bedenkliche Generalpause aufweist. Wenn es mir vergönnt sein sollte, das 200te philharm. Concert zu dirigieren, dann „feiern" Sie in Gottesnamen zu; dann bin ich alt genug, um an solchen Eitelkeiten ein verzeihliches Behagen zu finden. Also: bitte den Sonntag wie einen gewöhnlichen Concerttag zu betrachten, d. h. mit vollstem Eifer bei der Sache sein, aber sonst keine Geschichten zu machen. – Gerne aber ergreife ich die Gelegenheit, wieder einmal gemütlich mit Ihnen beisammen zu sein; nach so viel ernster und oft auch harter Arbeit kann nur allen wahre Heiterkeit nützen. Darum wollen wir uns Sonntag – ganz unter uns! – an dem bestimmten Orte zusammenfinden: dort sollen Sie von den famosen Schrammeln die unvergleichlichen Lanner'schen Walzer vorzüglich aufgeführt hören. Besseres kann ich Ihnen nicht bieten.
Mit freundschaftlichen Gruße

Ihr
Hans Richter

Wie glänzend, anerkennend und überschwenglich alle bisher erschienenen Zeitungsberichte und Kritiken auch waren – sie reichen an Bedeutung und Aussage nicht an die Worte des kompetentesten Fachmanns heran: „Besseres kann ich Ihnen nicht bieten." Wie schön, wie perfekt müssen die Schrammeln gespielt haben, daß es für die Philharmoniker und ihren Dirigenten nicht nur anzuhören war, sondern das Zuhören ein Vergnügen! Es klang ihnen sicher derselbe einmalige Wiener Geigenton entgegen, den zu hören sie im Orchester gewohnt waren, der diesem Klangkörper eigen ist und ihn vor allen anderen Orchestern der Welt auszeichnet. Dieser berühmte Wiener Streicherklang hängt nicht von der Qualität der Instrumente ab, „das hat schon vor vielen Jahren Wilhelm Furtwängler festgestellt, indem er unsere Instrumente einem anderen Orchester lieh, das mit ihnen keineswegs ‚philharmonischen' Klang zu produzieren imstande war", schreibt der Philharmoniker Otto Strasser in seinem Buch „Sechse is'[47]". Es ist die „Wiener Geigerschule", welche sich von Josef Böhm und Joseph Hellmesberger herleitet, die diesen Klang schafft. „Was den Wiener Geiger auszeichnet, sein warmer, ausdrucksvoller Ton und seine natürliche Phrasierung, verdankt er dieser Schule[48]."

Durch diese „Wiener Geigerschule" war ja auch Hanns Schrammel gegangen, und einige seiner ehemaligen Studienkollegen befanden sich jetzt unter seinen Zuhörern. Wie unterschiedlich auch das Programm des Orchesters und des Quartetts war – gleich war sicher die vollkommene Ausführung.

Vor dem höchsten Adel haben auch andere Volksmusikensembles gespielt – vor den Philharmonikern zu spielen, das haben nur die Schrammeln geschafft. Man muß bedenken: Es waren ja „nur" Heurigenmusikanten, die die Wiener Volksmusik in so vollkommener Weise spielten, daß sie vor höchster musikalischer Kritik bestehen konnten.

Daß Hans Richter die Schrammeln gut gekannt hat, steht außer Zweifel; daß er ihr Spiel nicht nur geschätzt, sondern geliebt hat, läßt sich aus einer Visitenkarte, die „Frau Hans Richter, geb. von Szitányi" an Schrammel gerichtet hat, schließen. Sie schrieb darauf[49]:

Geehrter Herr!
Morgen, Sonntag, den 4. April, feiern wir den Geburtstag meines Mannes und als schönste Überraschung denke ich mir,

ihm den Genuß zu verschaffen, Ihrem wunderbaren Spiele zu lauschen. Darum frage ich an, ob die Herren um Viertel nach 3 Uhr hier sein könnten? Und ich bitte auch, Ihre Bedingung zu schreiben. Achtungsvoll

Leider ist die Visitenkarte mit keiner Jahreszahl versehen, und so läßt sich nicht feststellen, ob das „Geburtstags-Ständchen" vor oder nach der philharmonischen Feier abgehalten wurde.

Die philharmonische Feier fand am 19. Dezember 1886 bei der „Goldenen Birne" in Mariahilf statt. Hanns Schrammel richtete an Hans Richter am 23. Dezember 1886 folgendes Dankschreiben:

Sehr geehrter Herr Hof-Kapellmeister!
Bezüglich des ehrenvollen Rufes, welchen Sie an uns ergehen ließen, erlauben wir uns den innigsten und wärmsten Dank auszudrücken. Ferner bitten wir Sie schönstens sämtlichen Herrn Philharmonikern für das freundliche Entgegenkommen, sowie für gütige, rücksichtsvolle Aufnahme unserer bescheidenen Leistung, ebenfalls unseren tiefgefühltesten Dank aussprechen zu wollen. Auch bitten wir um gütige Nachsicht, wenn wir bei unserer Produktion etwas befangen waren, und den Grund darin zu suchen, daß es für uns gewiß keine Kleinigkeit war, vor dem anerkannt besten Orchester der Welt zu produzieren. Nur die Überzeugung, daß Sie hochgeehrter Herr Hofkapellmeister ein Verehrer echt wienerischer Weisen sind, und Ihr Geschmack auch von den Herren Philharmonikern geteilt wird, hat uns die Kraft und den Muth gegeben, vor diesen berühmten Herren Künstlern und deren so hochgeschätzten Dirigenten spielen zu können.

Indem wir uns noch erlauben, Sie hochverehrter Herr Hofkapellmeister um Ihre fernere Gewogenheit zu bitten, zeichnen wir uns in tiefster Verehrung, ergebenste
Johann und Josef Schrammel
Dänzer und Strohmaier

Daß es für die Schrammeln „keine Kleinigkeit war", vor einem solchen musikalischen Forum zu spielen – wer könnte ihnen das nicht nachfühlen! Für diesen „ehrenvollen Abend" wollte sich Hanns Schrammel mit einem Marsch, dem „Wiener Künstler Marsch", bedanken; am 16. Jänner 1890 richtete er an den Schriftführer der Wiener Philharmoniker folgendes Schreiben:

> Sehr geehrter Herr v. Weidinger!
> Eingedenk des für unser Quartett so ehrenvollen Abends im Dezember 1886 bei der goldenen Birne in Mariahilf, habe ich einen Marsch geschrieben und beabsichtige, denselben folgenden Titel zu geben.
> „Wiener Künstler Marsch" componiert und der Wiener Philharmonischen Gesellschaft verehrungsvollst gewidmet.
> Indem ich Sie hiermit auf das freundlichste ersuche, in der nächsten Sitzung, dieses von mir so hochverehrten Körper's, für mich die gütige Erlaubnis bezüglich des Titels zu erwirken und mir das Resultat möglichst bald mitzuteilen, ersuche ich Sie, diese meine Bitte gütigst berücksichtigen zu wollen.
> Gestützt darauf, daß viele Herren der Philharmonischen Gesellschaft meine Studien Collegen und Freunde sind, außerdem mir nur darum zu thun ist, auf diese Weise der Philharmonischen Gesellschaft, in der uneigennützigsten Absicht einen Beweis meiner unbegrenzten Verehrung zu geben wiederhole ich meine Bitte, auf das freundlichste in der angenehmen Hoffnung, daß ich durch diese gütige Erlaubnis beehrt werde und zeichne mich als der Sie hochschätzende
> Hanns Schrammel

Dem Wunsch Hanns Schrammels wurde entsprochen, die Widmung angenommen, nur mit einer kleinen Abänderung: Nicht der „Wiener Philharmonischen Gesellschaft", sondern den „Wiener Philharmonikern" sollte der Marsch gewidmet werden.

Hans Richter hatte sicher nicht daran gedacht, daß sich durch sein Schreiben an die Wiener Philharmoniker, das am 18. Dezember 1886 im Fremdenblatt veröffentlicht worden war[50], berühmte Zeitgenossen zurückgesetzt und beleidigt fühlen könnten.

Bei Eduard Strauß war dies jedoch der Fall. Als er den Brief in der Zeitung gelesen hatte, schrieb er sofort seinem Bruder Johann[51]:

Wien Samstag

Lieber Jean!

Lies den Brief Richter's heute an die Philharmoniker! Bei dem Repertoire der Schrammel spielen Lannerische Walzer *gar keine* Rolle. – Sie spielen ja zumeist „Vierzeilige" und ab und zu Strauß' Tänze. Warum also Richter gerade mit Emphase die Lannerischen Walzer erwähnt, und sie *„unvergleichlich"* nennt und absichtlich den Namen Strauß verschweigt ist eine verblümte Animosität gegen unseren Namen, welche mir aber in diesen Kreisen herrschend nicht fremd! Ab und zu vergißt der gewesene Hornist Richter nicht *wer* er war[52]! Und die 27 einst gewesenen Dienst-Untergebenen von mir huldigen dieser Straußen-Beißerei!

Ich habe Dich schon oft aufmerksam machen wollen, daß Dein Besuch dieser Konzerte immer von hämischen Bemerkungen von dieser Gilde begleitet war. Ich bitte Dich, eingedenk des Briefes Richter's zu sein – für den es also keinen Strauß'schen Walzer gibt – (er weiß – sagt er – nichts „Besseres" zu bieten – das ist alles in der Blume gesprochen) u. weder morgen noch künftig hin die Konzerte dieser Leute zu besuchen. Von anderer Seite wird Richter schon über das Taktlose seines Schreibens belehrt werden!

Bitte Adele diesen Brief lesen zu lassen. Sie wird wohl dem zustimmen. Ich weiß daß heute *Viele* in *Wien* mit einigem Frappement den Brief *Richter's lesen werden!* Mit herzlichen Gruß

Dein Eduard

„Die österreichisch-ungarische Monarchie in Wort und Bild"

1886 erschien der erste Band eines großen und zu seiner Zeit berühmten Werks, zu dem bedeutende Künstler und Wissenschaftler als Mitarbeiter herangezogen wurden: „Die österreichisch-ungarische Monarchie in Wort und Bild". Das Werk war „Auf Anregung und unter Mitwirkung Seiner kaiserlichen und königlichen Hoheit des durchlauchtigsten Kronprinzen Erzherzog Rudolf" entstanden.

Der erste Band beschäftigt sich mit Wien. Kronprinz Rudolf selbst verfaßte einen kurzen Artikel über die landschaftliche Lage Wiens; weitere Beiträge stammen u. a. von Friedrich Schlögl („Wiener Volksleben[53]") und von Eduard Hanslick („Die Musik in Wien[54]").

Friedrich Schlögl, ein äußerst strenger und distanzierter Kritiker des Wiener Volkslebens, beschreibt u. a. nicht gerade liebevoll den „Heurigen" und die „Heurigengeher", die „eine eigene Sippe und Species formieren und zu allen Zeiten ewig nur dort mit voller Sicherheit zu treffen sind, wo ‚Gott Vater den Arm herausstreckt' – nämlich in den vorortlichen Weinschänken. Damit ist denn auch die unliebsame, aber unausweichliche Denunciation angebracht, daß die ‚Heurigen-Cultusgemeinde' Wiens eine vielverbreitete ist, daß Alt und Jung und – was das Bedauerliche – beiderlei Geschlechter zu ihren Anhängern gehören und bei der überwiegenden Mehrzahl der Besucher dieser Tabernen und fliegenden Buschenschänken die Stillung des Durstes durch jungen Rebensaft nicht als Hauptsache und eigentliche Tendenz angenommen werden kann, dagegen die an diesen Orten besonders eingebürgerte ‚Hetze', die ‚Grand-Remasuri', die daselbst immer zu finden, der massive ‚Urulk', der ‚laute Ton' und der übrige spectakelhafteste ‚Jux' die Magneten sind, welche das zur Lustigkeit stets aufgelegte Völkchen in die bekannten Reviere des ‚Gerebelten' und ‚Schmeckerten' locken . . ."

Und wenn Schlögl auch in den folgenden Zeilen den Wirbel und Trubel beim „Heurigen" nicht gerade als einladend schildert, so muß er dennoch bekennen: „Die wienerische Verehrung des ‚Heurigen' ist ein alter und keineswegs platterdings zu verdammender Gebrauch, denn er hat auch seine originellen, lustigen und angenehmen Seiten." Diese jedoch führt er nicht weiter aus.

Ein Bild von Hans Schließmann, „Beim Heurigen", illustriert die Ausführungen Schlögls. Darauf sind im Vordergrund die „Schrammeln", um einen Tisch sitzend, zu sehen, von ihnen wendet sich Johann Schrammel, die markanteste Persönlichkeit des Quartetts, voll dem Betrachter zu, rechts sitzt Josef Schrammel, links Dänzer und mit dem Rücken zum Beschauer, ins Heurigenpublikum blickend, Strohmayer. So ist das Quartett – untrennbar mit dem Heurigen verbunden –, wenn auch nicht namentlich genannt, so doch im Bild im Kronprinzen-Werk festgehalten.

Eduard Hanslick, der zu seiner Zeit bekannteste und am meisten gefürchtete Musikkritiker (Richard Wagner hat ihn in den „Meistersingern" in der Gestalt Beckmessers dargestellt), der über „Die Musik in Wien" vom Mittelalter bis zu seiner Zeit schreibt, geht auch auf die Voraussetzungen ein, die diese Musik erst möglich machen:

„Die prächtige Oper und die vollkommensten Konzertin-

stitute, ein kunstsinniger Hof und Dilettantenkreis, sie allein schaffen nimmermehr ein so reich und ursprünglich quellendes musikalisches Leben, wie es das der Wiener seit Menschengedenken ist. Im Volke selbst, in seinem Temperament, seiner Gemütsart, seinen Anlagen muß der Grundton vibrieren, aus welchem die musikalischen Kunstschöpfungen wie harmonische Obertöne sich erzeugen und ausklingen. Das Volk im engeren Sinne, das nicht selbst musizierende, war in Wien jederzeit ein bis zum Enthusiasmus empfängliches Auditorium . . . Wichtig für die unteren Klassen war es seit jeher, daß man in Wien nicht erst Opern und Konzerte zu besuchen brauchte, um gute Musik zu hören. Vorerst empfängt das

„Beim Heurigen". Zeichnung von Hans Schließmann, 1884.

Volk in den zahlreichen Kirchen ernste und erhebende Musikeindrücke [wie ja auch Johann Schrammel im Neulerchenfelder Kirchenchor, Anm. d. Verf.] . . . Dann besitzt Wien seit alter Zeit drei wichtige Elemente populärer Musik, die für das eigenartige Musiktalent der Österreicher sprechen – Elemente, ohne welche eine Schilderung des Wiener Musiklebens gewiß unvollständig bliebe. Das sind die Militärmusik, die Tanzmusik und schließlich die Volkssänger . . ."

Die Volkssänger kommen bei Hanslick gar nicht so schlecht weg. Er hebt ihren urwüchsigen Humor, ihre Schlagfertigkeit, ihre scharf rhythmisierten Melodien hervor. Ihre Couplets, „oft ohne jegliche musikalische Vorbildung gemacht und vorgetragen, verraten . . . ein Kapital naturwüchsigen, im Volke angesammelten Talents. Es bleibt eine Tatsache, daß keine Hauptstadt der Welt eine den Wiener Volkssängern vergleichbare, an Talent und Popularität ebenbürtige Erscheinung besitzt".

Die Besetzung der Volksmusik-Terzette und -Quartette

Einen Einblick in die Besetzungen der Terzette und Quartette, wie sie zur Zeit der Schrammeln üblich waren, gibt uns Rudolf Kritsch, ein Gründungsmitglied von Ziehrers „Deutscher Musik-Zeitung", in dem 1886 erschienenen „Schematismus der Wiener Musik-Capellen und Kunstkräfte zur Mitwirkung für Concerte und Vereine". Das schmale Bändchen ist mit einem Vorwort vom Oktober 1885 versehen, in dem Kritsch u. a. schreibt: „ In 32 Rubriken eingeteilt bringt dieses Sammelwerk die bisher gewonnenen Adressen jener einzelnen Künstler aller Instrumental- und Vocalbranchen, welche teils seit Jahren vom p. t. Publikum gekannt und geachtet sind, teils als frische Bewerber um dessen Gunst in neuerer Zeit auftraten . . ."

Von den darin angeführten zehn Terzetten spielen sieben in der Besetzung Violine, Akkordeon und Gitarre; so u. a. Butschetty und Strohmayer, das „Grinzinger Terzett" Tauschek und das Terzett Carl Mayer, das sich „Nußdorfer Terzett" (die Schrammeln waren ja bereits ein Quartett) nennt. Von den übrigen drei Gruppen ist bei einer nur „Musiker und Sänger" (Leidenfrost) angegeben, F. Leitgeb spielt mit „1 Streich-Viola, 2 Schlag-Zithern und 1 Guitarre und August Mayer mit 1 Streich-Zither, 1 Schlag-Zither, 1 Mundaccordeon und 1 Guitarre".

Keines der Terzette hatte die Besetzung wie die Brüder Schrammel und Strohmayer: zwei Geigen und eine Gitarre. Von den Quartetten sind 16 Ensembles genannt, von denen 13 mit Schlagwerk musizieren. Violine, Akkordeon, Gitarre und Schlagwerk sind die üblichen Instrumente, zu denen bei drei Musikgruppen noch zusätzlich die Flöte angeführt wird, nur ein einziges Quartett spielt mit der Besetzung Klarinette, Akkordeon, Gitarre und Schlagzeug. Zwei Quartette spielen mit den gleichen Instrumenten wie später auch die Schrammeln: zwei Geigen, eine Gitarre und ein Akkordeon.

Die Schrammeln sind unter den Quartetten nicht genannt; es scheinen hier, mit nur wenigen Ausnahmen, wie z. B. „Die Wiener Bandmacher" (Quartett Leopold Herberger, 1 Violine, 1 Akkordeon, 1 Gitarre und Schlagwerk) wenig bekannte Namen auf. Man findet auch den Namen B. Schütz (Ottakring, Friedmanngasse 52), wahrscheinlich Verwandte der Mutter der Brüder Schrammel, deren Schwester Katharina mit dem Gitarristen Schütz verheiratet war, mit denen Josef Schrammel die Reise in den Orient unternommen hatte. Dieses Quartett unterscheidet sich in seiner Besetzung wesentlich von den anderen: zwei Zithern, eine Violine, eine Gitarre und eine Mandoline. Auch als Wiener Lieder- und Duettsänger bieten sie sich an.

Eine ganz andere, in diesem Schematismus nicht aufscheinende Zusammenstellung eines Heurigen-Quartettes zeigt ein Bild im Extrablatt am 3. Jänner 1887: Geige, Klarinette, Zither, Gitarre. Dasselbe Blatt bringt am 30. Jänner ein Bild von einer Faschingsunterhaltung „vor der Linie", bei der zu den Klängen von Geige, Klarinette und Gitarre getanzt wird.

Keines dieser Ensembles, ob Terzett oder Quartett, hatte eine Besetzung wie das Schrammel-Terzett oder -Quartett. So war der Name „Schrammel" nicht nur typisch „für frohe Volksmusik", sondern auch für die „Besetzung", so wie wir heute noch von einer „Schrammel-Besetzung" sprechen. Dieser neue, ganz ungewohnte Klang eines Terzetts mit zwei meisterhaft gespielten Geigen bezauberte alle, die es hörten, und als sich zu ihnen das „picksüße Hölzl" gesellte, waren sie wieder das einzige Quartett dieser Art.

Es fehlte nicht an Lob für die Gitarre und die kleine Klarinette, aber vor allem waren es die Geigen, auf die die Wiener hörten: „Für die Unterhaltung sorgten die süßen Geigen der Schrammel, unterstützt von Dänzer und Strohmayer", schrieb das Neue Wiener Tagblatt am 21. Jänner 1885 über den Wäschermädelball beim „Luchsen". Die gleiche Wertschätzung der Schrammelschen Geigen kommt auch in einer Geschichte zum Ausdruck, die – wahr oder erfunden – das Extrablatt am 3. April 1887 unter der Rubrik „Was gibt es Neues" mit dem Titel „Das Schinakel ‚Lohengrins'" bringt:

„Eine Dame bestellte bei einem Korbwarenflechter einen Kahn aus Geflecht, vor dem ein Schwan liegen soll; den Kahn will sie mit Blumen füllen und der Darstellerin der Elsa schicken. Als man ihr das Boot mit dem Schwan brachte, war sie entsetzt: Das war ein gewöhnliches ‚Schinakel' und kein Kahn. Darauf entstand mit dem Korbflechter folgendes Gespräch: ‚Verstehen Sie nichts von Musik, lieben Sie Musik nicht?' ‚Musik? Ich bin ein ganzer Narr drauf, ich pfeif' Ihnen den ganzen Zigeunerbaron'. . . ‚Also gehen Sie nie in die Oper?' ‚Na, das is mir viel zu fad. I hätt amal gehen können, aber da wars so schön, i bin lieber aussi auf Nußdorf. Glaubens, die Schrammeln spieln kane Opern net? Das san a paar eiserne Leut! Und die Tanz! Der neuche Marsch, [Wien bleibt Wien] . . . da muß aner 's Marschieren lernen. Nach dem ruckt ja der Weaner Landsturm aus!' Darauf lädt die Dame den Korbflechter ein, mit ihr die Oper zu besuchen, um den Kahn des Lohengrin zu sehen. Nach einigen Tagen bringt er ihr auch den Kahn, der diesmal zu ihrer vollsten Zufriedenheit geflochten war. Sie fragt ihn, wie es ihm in der Oper gefallen habe: ‚Sie werden schon entschuldigen, es war alles prachtvoll und großartig, da laßt si nix sagen, aber wissens, mir is grad so vorkommen, als war i in an fremden Land. I hab nix verstanden, – und nachher – geigen tan die Schrammeln do viel besser!"

Die Schrammelschen Geigen – sie waren für ihre Verehrer ohne Konkurrenz!

Im Fasching 1887

Die zahlreichen Bälle des Faschings 1887, zu denen man die Schrammeln wieder für das „Gemütliche" engagiert hatte, deckten nur einen kleinen Teil des Verdienstentgangs, der ihnen aus dem Sing- und Pfeifverbot für die Fiaker beim Heurigen erwachsen war.

Da sich die Fiaker nicht beim Heurigen produzieren durften, war es um so sensationeller, wenn einer von ihnen seine Kunst zur Freude der Passanten und armer Bettlermusikanten auf der Straße hören ließ. „‚Heurigen Musik' im Schottenhof", unter diesem Titel brachte das Wiener Tagblatt am 20. Jänner 1887 folgenden Bericht:

„Vor der Weinschänke im Schottenhof konzertierten zwei Blinde mit Harmonika und Guitarre. Der Fiaker ‚616', der dort auf eine ‚Fuhr' wartete, nahm sich der blinden Musikanten an: ‚Alsdann jetzt spielt's amal an harben Tanz in ‚Nußdorfer Schaner' – dekretierte er vom Kutschbock herab. Alsbald erklangen die Melodien eines echten, unverfälschten ‚Schrammel-Walzers' und trotz des Verbotes, welches nicht lizensierten Natursängern und dilettierenden Kunstpfeifern ewiges Stillschweigen bei öffentlichen Musik-Produktionen auferlegt, fiel der ‚616' mit einem bravourösen Pfeif-Akkompagnement ein, welches die Passanten des Schottenhofes fesselte und zu lauten Beifallskundgebungen Anlaß gab."

Daß die zwei Blinden hierauf mit einer besonders reichlichen Geldspende bedacht wurden, das versteht sich wohl von selbst.

Die Schrammeln spielten vom 8. Jänner bis zum 12. März (solange erschienen die Anzeigen im Neuen Wiener Tagblatt) jeden Mittwoch und Samstag bei den Maskenbällen in den Sofiensälen „im neuen Saal". Auch bei den Wäschermädelbällen und beim Fiakerball in den Blumensälen waren sie, wie in den vergangenen Jahren, wieder dabei. Vom Fiakerball in den Blumensälen gab es in allen Zeitungen die traditionell ausführlichen Berichte und eine Aufzählung aller dort anwesenden Fürsten, Grafen und Barone, deren Anwesenheit nur durch die „echte Wiener Art" möglich war, nämlich „daß die Schranken zwischen dem Erlaubten und Unerlaubten streng gewahrt blieben"[55]. „. . . die ersten Kavaliere des Reiches saßen an den Tischen im Souterrain, wo die Schrammeln, die ‚Philharmoniker des kleinen Wiens', ohne die man sich einen Fiakerball doch nicht denken kann, musizierten . . .[56]"

Beim „Lumpenball" am 11. März spielten 1887 nicht die „echten" Schrammeln, hier trat das „Concurrenz-Quartett der Gebrüder Wokurka, Nechledil und Zahradnik, genannt die ‚Schrammeln des X. Bezirkes'", auf.

Daß die „Schrammeln des X. Bezirkes", als Parodie auf die „echten", nur „Böhm" sein konnten, verstand sich damals von selbst. Der 10. Bezirk, Favoriten, war schon 1874 wegen der starken Verbauung vor der Linie eingemeindet worden. Am Rande dieses Bezirks waren große Ziegelbrennereien, die durch die Stadterweiterung und die damit verbundene Bautätigkeit einen ungeheuren Aufschwung genommen hatten. Die Arbeiter dieser Betriebe waren zum größten Teil aus Böhmen zugewandert, die Wiener nannten sie die „Ziegel-Böhm". Die Bevölkerung des Bezirks bestand aus mehr Zugewanderten als Einheimischen, und so wurde ein Bewohner von Favoriten automatisch als „Böhm" angesehen. Noch heute gibt es auf dem Laaerberg den „Böhmischen Prater".

In der Denkschrift „Zwanzig Jahre Lumpenball[57]" kamen die „Schrammeln des X. Bezirkes" auch zu Wort. Das Motto

Violin' und Bombardon
Gibte mitsam schöne Ton,
Türkische und Kralinett
Paßte z'sammen a ganz nett!

gibt die Besetzung ihres Quartetts an: Violine, Bombardon (tiefe Tuba), Türkische (Schlagwerk) und Klarinette, die nach ihrer Meinung „a ganz nett" zusammenpaßten. Das Wiener Tagblatt vom 13. März 1887 fand das keinesfalls: „. . . ein czechisches ‚Schrammelquartett' spielte eine entsetzliche Musik auf", berichtete es seinen Lesern.

Ein Vergleich mit den „Schrammeln" und das Singverbot für die Fiaker waren der Inhalt der weiteren parodistischen Ausführungen des „Concurrenz-Quartetts":

„Wer sans denn eigentlich den Schrammeln? Musikanten! Taki Musikanten san me a. Wann me a nit geigens beim

Nußdorf, wo kummens Strizzel, alte Drahre und su weiter beisamm: mi bleib'n me am Favuriten, wu ham me Beifälligkeiten ganzen Menge!

Kecken Wiener-Tanz spiel'n me freilich nit, a potum a Rédova, was sans behmische Fiakelied, den spielt me aber schon so am wunderschönsten, daß bleibte Alles im Wasser von laute Wanen!

Mi hab'n me a Jodeln und Naturg'sungens, da muß sich den Mistvieh, Bratfischl, Hungerleider und wie haßens den kecken Wiener-Früchtling alle, verstecken. Weil aber habens zu schön singen, hatte den Publicum verbuten den G'sungen!

Den ware su: Sänger hab'n sich produzir'n, Leut warns fidel und habens paschen wie narrisch, später habens an schreckliche Zorn kriegte, daß könnens nit a su schön g'sungen und habens an große Krawall machens. Sänger habens schrie'n: ‚Maul beisam haltens' d'rauf hab'ns Gästen Bierkrügel werfen auf Schädel musikalische, potum is' kummen großen Graft, hatte den Rettungsgesellschaften paar Tag Blessürte hamtragen, drunter a an Publikum!

Jetzt wann machens den Sänger blos Maul auf, schreite schon Leut auf alle Seiten: ‚Stad sein oder –!'

Na Gscheidtere gibte nach, sans halt schön stad, singens Jeder in der Still und gengens blos absammeln.

Aber Hetz' is do, bald werd'ns Leut statt beim Nußdorf, kummens auf zehnte Bezirk zu
      Gebrüder Wokurka, Nechledil und Zahradnik
           den fesche ‚Schrammeln'."

Einen Tag vor dem Lumpenball, am 10. März 1887, war ein großes Ereignis über die Bühne der Wiener Hofoper gegangen: Die 100. Aufführung des Balletts „Wiener Walzer". Das Wiener Tagblatt brachte am 11. März in der Rubrik „Theater, Kunst, Literatur" einen ausführlichen Bericht unter dem Titel „Ein wienerisches Jubiläum": „Ein Ereignis, auf welches der Wiener Lokalpatriotismus in späteren Tagen nicht ohne Stolz zurückblicken wird, hat sich gestern nach 9 Uhr abends in der Hofoper vollzogen: Das kleine Ballett ‚Wiener Walzer' ist zum hundertsten Male aufgeführt worden. Kein musikalischer Genius hat zuwege gebracht, was der Wiener Tanzmusik von Strauß und Lanner gelungen, kein

Dichter hat erfunden, was die Wiener so sehr auf- und angeregt hätte, wie das Abbild ihres eigenen Treibens im Prater. Wenn ‚Don Juan', wenn ‚Fidelio' oder ‚Lohengrin' ihre hundertste Aufführung gefeiert haben, so bedurften sie dazu mehrerer Jahrzehnte; der gestrige Jubilar aber ist ein Gelbschnabel, der erst am 16. Jänner 1885 das Licht der Rampe erblickt hat . . .

Anfangs hatte die Novität nicht gerade einen glänzenden Erfolg; die Theaterleute witterten nicht die aura popularis, die darin wehte. Aber nach dem ersten halben Dutzend Aufführungen zeigte sich die unberechenbare Anziehungskraft des wienerischen Balletts.

In hellen Haufen kamen die Leute aus den Vorstädten und Vororten ins Opernhaus gezogen, die nie zuvor ihren Fuß in diesen Musentempel gesetzt hatten. Im Parkett und selbst in den Logen sah man Gestalten, welche kein Habitué kannte, nicht einmal der diensthabende Polizeikommissär . . .

Im Praterbild war gestern ein ‚Preiswalzer' eingelegt; Herr Frappert fungierte als Preisrichter, blieb aber nicht hors concours (außer Wettbewerb), sondern wagte ein Tänzchen und gewann den Preis in Gestalt eines braungebratenen, mit Blumen dekorierten Spanferkels, das ihm feierlich überreicht wurde. Unter den ‚Klängen des Schrammel-Marsches' defilierte hierauf die Gesellschaft an dem preisgekrönten Jubilar vorüber . . ."

Man hatte zur Feier der 100. Aufführung nicht nur einen „Preiswalzer" eingelegt, man brachte auch Edmund Guschelbauer im Praterbild auf die Bühne. Er wurde von einem Tänzer des Hofopernballetts dargestellt. Aus diesem Anlaß zwängte sich Guschelbauer in einen Frack, zog weiße Handschuhe an, nahm eine weiße Krawatte und wartete auf einem Parkettplatz geduldig auf „seinen Auftritt", bei dem auch der „Drahrer-Marsch" gespielt wurde[58]; er genoß diese Szene geradezu als persönliche Huldigung.

Daß diese Jubiläumsvorstellung mit dem „Schrammel-Marsch" – wie man den Marsch „Wien bleibt Wien" nannte – ihren Abschluß fand, zeigt die große Wertschätzung, die man der Komposition entgegenbrachte; sie war den herrlichen Melodien von Strauß und Lanner ebenbürtig.

Der Marsch wurde weit über Wien, ja sogar über Europa

hinaus bis nach Amerika bekannt. Der Manager John Hembsch schrieb am 18. August 1888 aus New York, daß er dort im Thalia Theater einen großen Erfolg mit „Wien bleibt Wien" gehabt habe, „. . . und meine Freude hierüber veranlassen mich, Ihnen davon Mitteilung zu machen, wie sehr Ihre gemütvolle Musik in fernen Lande über den ‚großen Lacken' die langweiligen Amerikanerinnen in Schwung zu bringen vermag".

In London hingegen gefiel der Marsch überhaupt nicht, wie aus einem Schreiben des Verlags Hawkes & Son vom 9. August 1890 hervorgeht. Am 2. Oktober 1890 teilten sie Johann Schrammel mit, daß sie einen anderen Marsch vorziehen und diesem den Namen „Wien blcibt Wien" geben werden.

Der „Schlager" des Faschings 1887 war Carl Schmitters „Das is 'n Weana sein Schan" mit der Musik von Theodor Schild. Schmitter, einer der besten Stegreifdichter und Sänger seiner Zeit, soll dieses Heurigenlied bei der „Blauen Flasche" in Neulerchenfeld bei einem Beinfleisch mit Semmelkren auf die Rückseite des Speisezettels „hing'haut" haben[59]. Es wurde sehr rasch populär und von jedermann gesungen. Der Pfiff vor dcm Refrain gab dem Lied eine originelle Wendung und machte es interessant.

Was ist denn dem „Weana sein Schan"?, fragte das Extrablatt. Es ist vor allem die Liebe – und der Wein. Hat der Wiener das Mädel seiner Wahl erobert, führt er es zum Heurigen. Ein gutes Mundwerk gehört ebenso zum „Weana Schan" wie eine rechte „Schäler" (Schale), das heißt, er muß gut angezogen sein. Auch die Virginier unter dem gewichsten Schnurrbart darf nicht fehlen, denn: „Steck ma uns ane ins G'sicht, damit der Kopf was gleichschaut!"; und schließlich gehört auch noch die Liebe zum Fahren mit einem feschen Zeugl zum „Weana Schan".

Schmitter hat das folgendermaßen gereimt:

A Maderl recht pfiffig und fein,
A Winsel, a guats Glaserl Wein,
A Schäler, recht gschmackig und fesch,
A Göscherl, recht schliffig und resch,

A Virginier, wenns a oft schlecht brennt,
A Zeugel, wos Roß recht harb rennt,
Und fahr'n über Stock, über Stan –
Das is 'n Weana sein Schan.

Dem Couplet erging es so wie dem „Fiakerlied": Es wurde zu populär und deshalb für die Militärkapellen mit Spielverbot belegt[60].

Die Melodie dieses Lieds war eine sehr freie Bearbeitung des Walzers „Freut Euch des Lebens" von Johann Strauß Vater. Eine lustige Gesellschaft, die sich in Salmannsdorf in einer Restauration zusammenfand, reimte aus diesem Grund eine neue Strophe:

Die Musi zum Weana sein Schan
I' glaub', i' waß net allan
Halb Wean wird wohl wiss'n ganz g'wiß,
Daß 's a Walzer vom Strauß Schani is'.
G'sagt wird zu die ganzen Kapell'n
Tut's an anderes Stückel jetzt wähl'n.
So verbiatens 'n Schani sein Schan,
So was gibt's a in Wean nur allan.

Das Couplet fand in Berlin einen Bearbeiter, der ihm den „zündenden" Titel gab: „Das ist dem Berliner sein Fall"; und so wie der „Schrammel-Marsch" wurde die Melodie auch über den „großen Lacken" bekannt. Allerdings gab es dort keinen „Schan", sondern „verschiedene Styles". Unter diesem Titel fand das Neue Wiener Tagblatt vom 1. Juli 1888 in einem deutsch-amerikanischen Blatt folgende Strophen:

Beim Essen das Haupt stets bedeckt,
Den Daumen ins Armloch gesteckt,
Beim Lesen die Beine auf'n Tisch,
An der „Bar" steh'n beim Cocktail Gemisch,
Braucht sechzigmal „Damm" in der Stund'
Hat Kautabak immer im Mund
Spuckt sicher auf ¾ Meil' –
Das is 'n Yankee sein Style!

Gestalt schrecklich mager und lang,
Die Bart-Kotletts rot, steifer Gang,
Verschluckt und versetzt dann die „H"s,
Und spricht statt „Yes" konsequent „Yaas",
Der Anzug karriert – Lord und Graf:
Ißt Rostbeaf und trinkt „alf hand alf",
Gähnt fortwährend aus langer Weil' –
Das ist des Hinglishmans Style.

Mit dem Ende der Faschingsveranstaltungen wurde es für die Schrammeln immer dringlicher, sich um einen Ort umzusehen, wo sie ihre bekannten und beliebten Produktionen wieder aufnehmen konnten. In Nußdorf, der „Wiege ihres Ruhmes", waren ja, wegen des Singverbots für die Natursänger, ihre Auftritte nicht mehr möglich[61]. Sie glaubten nun in Dornbach, bei der „Güldenen Waldschnepfe", einen Ersatz für den Nußdorfer Heurigen gefunden zu haben.

Die „Güldene Waldschnepfe"

Die „Güldene Waldschnepfe" war am 1. Juni 1884 als „altdeutsches Wirtshaus" unter dem Motto – das heute noch an dem Haus angebracht ist – eröffnet worden:

Solid die güld'ne Waldschnepf ist
Kehr lieber Gast nur ein,
Ob Fürst du, Bürger, Bauer bist,
Du wirst zufrieden sein.

Das Wirtshaus stand im Eigentum von Julius Schuster, der Direktor bei Baron Nathaniel von Rothschild war, und wurde an den Wirt F. Weißenberger verpachtet. Das Haus selbst wurde folgendermaßen beschrieben[62]: „Das Gebäude, ein Unikum in seiner Art, ist im altdeutschen Style, nach den Plänen der Architekten Avanzo und Lange, von dem Stadtbaumeister Herrn Heinrich Glaser erbaut. Im Erdgeschoß befindet sich ein elegantes Café, hübsche Spiel- und Speisezimmer, eine Kegelbahn und die Küche. Im ersten Stockwerk ein großer Saal mit prachtvollen, aus geschmiedetem Eisen gefertigte Luster, 4 Speisezimmer und ganz separat von diesen das ‚Rothschild-Zimmer‘."

Das „Altdeutsche Wirtshaus" dürfte nicht allzusehr floriert haben, denn schon ein Jahr später, am 1. Juni 1885, wurde es laut Fremdenblatt von Franz Hudler, einem früheren Oberkellner im Hotel Sacher, übernommen. Dieser läßt hier schon bald nach der Übernahme (am 25. Juli 1885) Singspielhallen- und Volkssänger auftreten. Auch die Schrammeln wirkten am 14. Dezember 1885 bei einem „Elite-Spezialitäten-Abend" mit, der für wohltätige Zwecke veranstaltet worden war.

Zu Beginn des Jahres 1887 wurde das Haus „Zur güldenen Waldschnepfe" zu einem echten „Heurigen Etablissement" umgestaltet und am Ostersonntag, dem 10. April, mit den Schrammeln eröffnet. Sehr bald aber mußten diese feststellen, daß das Singverbot auch für Dornbach galt. Als „der zufällig anwesende Fiaker Bratfisch, ein in weiten Kreisen angebeteter ‚Natursänger'" sich zum Singen verleiten ließ, wurde dies von der Polizei verboten und Hanns Schrammel am 14. April auf das Ottakringer Polizeikommissariat vorgeladen. Am 19. April konnte das Wiener Tagblatt jedoch Erfreuliches berichten: „. . . wie wir nun erfahren, hat das Schrammel'sche Quartett dem Ottakringer Polizeikommissar ein Gesuch um Aufhebung dieses Verbotes unterbreitet, welches dahin erledigt wurde, daß das Singen, vielmehr Begleiten der Musiker beim Heurigen nur den Fiakern gestattet werde, während denjenigen Sängern, Dudlern und Pfeifern, welche dies erwerbsmäßig ausüben, das Singen und Jodeln verboten bleibt."

So „begleiteten", das heißt pfiffen und sangen in Dornbach – aber eben *nur* in Dornbach – wieder alle jene Fiaker bei den Schrammeln, die es auch vor dem Polizeierlaß getan hatten. Der Polizeikommissar von Ottakring fand es also keinesfalls „widersinnig", daß die Fiaker die Schrammeln und nicht die Schrammeln die Fiaker bei ihren Produktionen begleiteten. Er kannte sicherlich die Situation und wußte, daß die erste Stelle in der Gunst des Publikums die Schrammeln einnahmen und dann erst die Sänger, Pfeifer und Jodler kamen.

Die „Waldschnepfe" war überaus gut besucht, die Schrammeln spielten dort am Dienstag, Donnerstag, Freitag und Sonntag, und der Andrang war so groß, daß oft nicht alle, die die Schrammeln hören und den „Alsecker" (der Wein, der dort in der Umgebung an den Hängen wuchs) verkosten wollten, Einlaß fanden[63]. Das „Altdeutsche Wirtshaus" hatte sich zu einem „Heurigen" gewandelt, bei dem es, wie dort üblich, keine Standesunterschiede gab und wo der Adel ebenso anzutreffen war wie der Bürger; allmählich wurde die Zahl der adeligen Besucher sogar immer größer. Der Eigentümer, Schuster, hatte sicherlich die Leitung des Etablissements selbst übernommen, denn als am 30. April 1887 Girardi mit dem jungen Prinzen Hohenlohe und Persönlichkeiten der Wiener Gesellschaft die „Waldschnepfe" besuchte, hieß es am 1. Mai in der Vorstadt-Zeitung: „Direktor Schuster machte den Herrn die Honeurs..."

Die Zeitungen, vor allem das Extrablatt und das Neue Wiener Tagblatt, konnten diese neue Wirkungsstätte der Schrammeln nicht genug rühmen. „Die gute alte Zeit mit ihrem Frohsinn und ihrer Gemütlichkeit schien wieder erstanden zu sein in den Tagen, da bei der ‚güldenen Waldschnepfe' in Dornbach der Alsecker so reichlich floß und die Schrammeln mit ihren Zaubergeigen die Menschen dazu verleiteten, alle Sorge und Pein des Lebens zu vergessen und sich ganz und voll dem Vergnügen hinzugeben...", hieß es im Extrablatt am 24. April 1887.

Unter dem Titel „Die Schrammeln bei der ‚Waldschnepfe'" schrieb das Neue Wiener Tagblatt am 25. Mai 1887: „Seitdem das alte ‚Harner-Gasthaus' bei der Taborlinie nicht mehr besteht, ist das Hauptquartier jener spezifisch wienerischen Gemütlichkeit, welcher der Wein ohne musikalische Beigabe und die Musik ohne Wein nicht mundet, nach Nußdorf verlegt worden. Den Nußdorfer Heurigenschänken ist aber jetzt eine gefährliche Konkurrenz erwachsen. In dem prächtigen Saale des früheren Restaurants ‚Zur güldenen Waldschnepfe'... wird ein herrlicher ‚Alsecker' geschenkt ... der gute Tropfen hat seine eigene Würze: Das Schrammel-Quartett wiegt einem dabei in süße Träumereien, es spielt seine bestrickendsten ‚Wiener Tanz' auf und eine ganze Anzahl von nicht zünftigen Gesangskünstlern schart sich um die Schrammeln und wetteifern in originellen Zutaten zu den musikalischen Genüssen: der ‚Hungerl' und der ‚Baron Jean' singen, der Fiaker Hirschmann und der Friseur Brady aus der Wipplingerstraße jodeln und pfeifen, ein kühles Lüftchen vom Walde her strömt durch den geräumigen Saal und seit den ‚Harnern' hat es in Wiens Umgebung keine gemütlicheren Abende gegeben, als bei der ‚Waldschnepfe' in Dornbach . . ."

Die Harner, die Vorgänger der Schrammeln

Wer waren diese „Harner" gewesen, in deren Gasthaus Am Tabor (im 2. Wiener Gemeindebezirk) es so gemütlich wienerische Abende gegeben hatte, daß es bis zu den Schrammel-Abenden bei der „Waldschnepfe" nichts gab, was mit ihnen verglichen werden konnte?

Es gibt nur Zeitungsberichte, die uns über die Harner genauer informieren. Das Extrablatt brachte am 7. Februar 1878, im Gründungsjahr des Schrammel-Terzetts, auf der Titelseite ein Bild: „Beim Harner am Tabor", und führte dazu aus:

„Zuerst hatten nur wenige Auserlesene eine Ahnung von der Existenz dieser Wiener Spezialität. Da draußen vor der Taborlinie – so ging die Sage – wo die letzten Häuser und die ersten Böhm stehn, da gibt es ein Gasthaus, dessen Wirt der beste Walzerspieler von Wien ist.

Nun zählt bekanntlich fast jede Familie in Wien neben einem geborenen Lewinsky einen ‚famosen Walzerspieler', der in seinem Kreise für den besten der Welt gehalten wird.

Es erschienen also zunächst Klavierdilettanten, um zu hören und den Nimbus des musikalischen Wirts zu zerstören. Allein sie kamen, hörten und wurden besiegt.

Denn, wie der ‚junge Harner' Walzer spielt, das ist durch kein kritisches Formelwort wiederzugeben. Wir tun am besten, eine Äußerung des ältesten Stammgastes, des jovialen Herrn H. zu zitieren, der in einem Moment des Enthusiasmus ausrief: ‚Die toten Schneeschaufler am Zentralfriedhof, wann's de Tanz hören, müssen's auftau'n.'

Unser Bild stellt einen Freitag Abend bei Harner vor. Der ‚junge Harner' ist der am Klavier rechts Sitzende. Ihm sekundiert Herr Schmidtgruber, von Beruf Fleischhauer, aber seit Jahren auf die Begleitung ‚vollständig eingeschossen', obwohl er das Pianospielen niemals zunftmäßig erlernt hat.

Die Pausen zwischen den einzelnen Walzern der Unzertrennlichen werden durch humoristische Vorträge unverfälschter Lokalfärbung ausgefüllt. Die Herrn Schwarzmayer und Hübl, zwei Freunde des Hauses, lassen sich von Zeit zu Zeit durch die begeisterten Zurufe des für den engen Raum fast zu zahlreich versammelten Publikums zum Vortrag der gewissen Lieblingsstückerln pressen. Zwei renommierte Jodler tragen mit dazu bei, uns in dem Glauben zu bestärken, daß ‚der Weaner net untergeht'. Und bei dem Glauben – ‚bei dem bleib'n mer!'"

Mit der Taborlinie, vor der „die letzten Häuser und die ersten Böhm stehn", hatte es eine eigene Bewandtnis. Alle, die von Böhmen und Mähren nach Wien zuwanderten, um hier Arbeit und Verdienst zu finden, kamen über die Taborlinie. Wie das Extrablatt am 1. Juli 1887 schrieb, trachteten auch die Bauern dieser Region für ihre Söhne eine Lehrstelle in Wien zu finden, denn den väterlichen Hof konnte ja nur einer übernehmen. „Sie lagerten (meist vor Pfingsten) vor den Linienschranken und warteten auf die aus Wien herauskommenden Professionisten, welche hier gegen Bezahlung eines Guldens einen Lehrjungen ‚einhandelten'."

Einer, der auch schon bei den Harnern vor der Taborlinie für wienerische, gemütliche Stimmung gesorgt hatte, war Bratfisch gewesen. Am 25. Oktober 1879 schrieb das Extrablatt von einer Wohltätigkeits-Soiree, die im Harner-Gasthaus stattgefunden hatte: „. . . das zahlreiche, distinguierte Publikum zollte den Vorträgen der Brüder Harner, des Fiakers Bratfisch und den Herrn Krischke und Maier reichlichen Beifall . . ."

Wie populär die Harner-Abende waren, die immer an einem Freitag stattfanden, läßt sich aus einem Artikel von Friedrich Schlögl, „Allweil fidel", mit dem Untertitel „Ein Wiener Volksbild", ersehen[64]. Darin wettert Schlögl gegen Verschwendung und Leichtsinn und die „Vergnüglinge" aus den Volkskreisen: „. . . der Vater glaubt ihn (den Sohn) im

Geschäft, er schüttelt den Kopf, aber da erinnert man ihn, daß heute Freitag ist, wo die ‚Harner Buab'n' sich hören lassen und daß es also ‚evident' ist, daß der Karl ‚vor die Taborlinie' gefahren. Dort beginnt die Geschichte erst spät abends . . ."

Die Bezeichnung „Harner Buam" oder auch „Harner Brüder" – die sie keineswegs waren – wurden von dem Namen des Gasthauses „Harner" auf die beiden Klavierspieler übertragen. Der „junge Harner", Wilhelm, war mit dem Namen Harner so verbunden, daß dieser selbst auf seinem Partezettel stand, als er am 11. April 1891 starb; „seltsam und fremdartig" stand daneben „recte Fuchs"[65].

Noch einmal, und zwar am 20. Oktober 1880, brachte das Extrablatt die Harner groß heraus. Unter dem Titel „Eine Wiener Spezialität" erschien ein Bild von den Harnern mit den Fiakerbrüdern Schönhuber und dazu folgende Ausführung: „Der Wiener Humor ist wie der im grünen Walde sprudelnde Quell, an dessen Rande der schlichte Wandersbursch sowohl, wie der hochgeborene Jägersmann sich laben, und solch eine von Hoch und Nieder gleich stark besuchte idyllische Quelle des Wiener Humors rieselt bei den ‚Harnerbrüdern', die als Gastwirte am Tabor einen Ruf genießen, der noch über den idealen Verzehrsteuer-Rayon hinausreicht, den ein hoher Finanzbeamter bis in die Nähe des Schneebergs zu ziehen gedenkt. – Die Harner und ihre ‚Tanz' sind in den besten Kreisen der Residenz bekannt; diese ‚Vierhänder' bilden nicht selten den pikantesten Programmpunkt in unseren aristokratischen Salons und häufig genug findet man in dem bescheidenen Gasthause am Tabor Mitglieder der vornehmsten Welt, die ihren Abend dort verbringen, indem sie den Harnern zuhören. Um solche Zeit legen sich die Harner noch die eine und die andere echt Wienerische Spezialität bei, und zwar bilden eine ganz besondere ‚Zugkraft' die beiden Fiaker Nr. 778 und 552; es sind das die Brüder Schönhuber, die als Salonjodler ihresgleichen suchen . . ."

Man kann sich des Eindrucks nicht erwehren, daß das Extrablatt mit dieser Veröffentlichung Werbung für die Harner betreiben wollte, weil der Besuch ihrer Gaststätte zu wünschen übrigließ, denn schon einen Monat später, im November, gehen die Harner mit ihren Darbietungen zum

„Beim Harner Am Tabor". Illustration im Extrablatt vom 7. Februar 1878 mit dem Text: „Zuerst hatten nur wenige Auserlesene eine Ahnung von der Existenz dieser Wiener Spezialität ... dessen Wirt der beste Walzerspieler von Wien ist ..."

erstenmal „außer Haus". Sie treten mit anderen Künstlern im Hotel „Lamm" in der Praterstraße auf[66].

Die Wiener gingen, so scheint es, nicht mehr so zahlreich vor die Taborlinie – der süße Klang zweier Geigen mit Gitarrebegleitung wurde dem des Klaviers vorgezogen – sie fuhren zu den „Neuchen" „nach Nußdorf 'naus".

Die Harner und die Brüder Schrammel mit Strohmayer – sie hatten das gleiche Publikum, die Liebhaber der alten Volksmusik. Je populärer die Schrammeln wurden, je größer ihre Anhängerschaft, um so geringer wurde die der Harner. Das führte schließlich dazu, daß die Harner ihre Lokalitäten Am Tabor 122 im September 1881 aufgaben.

Es ist ein eigenartiger Zufall, daß in der ersten Anzeige, in der der Name der Gebrüder Schrammel unter den Mitwirkenden aufscheint, am 18. November 1879 im Extrablatt, auch die Harner genannt werden; es ist das einzige bekannte gemeinsame Auftreten bei einer Veranstaltung (Wohltätigkeitsfest im Gasthaus „Zum Mondschein" in Rudolfsheim).

Das Harner-Gasthaus wurde von P. Philipska (vormals in der Restauration Heinrichhof) übernommen. Trotz der Aufgabe der Lokalitäten wurden die Harner-Freitage weder aufgegeben noch vergessen. Sie wurden im Etablissement Ronacher (Stadt, Schottenbastei 3) fortgeführt. Dazu schrieb das Extrablatt am 26. Oktober 1881:

„*Die ‚Harner' beim Ronacher*
Mit Vergnügen erinnert sich gewiss noch mancher Freund echt wienerischer Gemütlichkeit der angenehmen Stunden, die er oft an Freitagabenden in der kleinen, rauchgeschwärzten Extrastube von Harner's Gasthaus vor der Taborlinie zubrachte. Bei diesen Abend-Unterhaltungen urwüchsiger Art gab es vor dem unscheinbaren Wirtshause stets eine Wagenauffahrt, wie vor dem Palais eines Bank-Krösus, wenn dort Soiree ist.

Die Harner, . . . weit und breit als eine Spezialität echt wienerischen Genres bekannt, ließen da ihre prickelnden Walzer hören und die Spitzen der Aristokratie und Finanzwelt, die Größen der Bühne verschmähten es nicht, das entlegene und mehr als einfach ausgestattete Lokal aufzusuchen.

Seit einiger Zeit ist das nun alles aus und gar. Herr Wilhelm Harner hat sich schon seit Monaten vom Wirtshaus zurückgezogen und nun gibt es vor der Taborlinie keine Harner mehr. Leergebrannt ist die Stätte und keine Auffahrt von Equipagen mehr; stumpfnasige Wenzelsöhne sitzen, auf ihrer Wanderung nach Wien dort einkehrend, an den Tischen, wo sonst eine gewählte Gesellschaft lustiger Musik lauschte . . .

In dem reizend ausgestatteten Sportzimmer des Etablissements Ronacher wird schon diesen Freitag, ohne jede besondere Ankündigung die Soiree der Harner wieder beginnen und auch regelmäßig, allwöchentlich an diesem Tag stattfinden . . ."

Nach den Zeitungsanzeigen wurden diese Harner-Freitage bis März 1883 abgehalten.

Die Harner schlossen sich mit dem Imitator Löwy und dem Sänger Schwarzmayer zu einer „Spezialitätengesellschaft" zusammen und traten als solche in verschiedenen

Lokalen auf. Im August 1882 unternahmen sie auch eine Tournee ins Salzkammergut.

Am 29. Dezember 1883 konnten sie laut Vorstadt-Zeitung beim „Goldenen Kreuz" in Mariahilf ihren 100. Spezialitätenabend abhalten. Dann wurde es still um die Harner. Noch zweimal beschäftigen sich die Zeitungen mit den Harnern: 1888, als im Zuge der Donauregulierung die Nordbahnstraße ausgebaut wurde und deshalb einige Häuser demoliert werden mußten, und 1891, als Wilhelm Harner, recte Fuchs, starb.

Die Annahme des Neuen Wiener Tagblatts vom 13. Juli 1888, daß das „Rehböckl", das demoliert wurde, die Wirkungsstätte der Harner gewesen war, wurde einige Tage später dahingehend richtiggestellt, daß die Harner nie im „Rehböckl" gespielt haben, sondern im Bachmaier-Haus. Sein genauer Standort wurde nicht angegeben.

Am 11. April 1891 starb Wilhelm Harner, 46 Jahre alt, in seiner Wohnung in der Praterstraße 37. Er hatte sich vollständig zurückgezogen, und „er hat lange gelitten . . . er hätte sich ein besseres Sterben verdient", schreibt das Extrablatt am 12. April 1891.

Wenig glaubwürdig und zum Teil unrichtig sind die Ausführungen des Neuen Wiener Tagblatts vom selben Datum und aus demselben traurigen Anlaß. Demnach sollen die Harner auch in Paris vor Napoleon und Kaiserin Eugenie gespielt haben, 1883 zu einer musikalischen Produktion bei der Erzherzogin Marie Valerie beigezogen worden sein und eine erfolgreiche Tournee durch Österreich und Deutschland unternommen haben, nach der sie die Freitagssoireen aufgaben.

Waren die Harner selbst nach 1883 nicht mehr zu hören, Musik „à la Harner" wurde noch viele Jahre angeboten. So etwa 1886 im Café Americain in der Favoritenstraße 28[67], 1890 gab es beim „Eisvogel" im Prater „Musikalische Abendunterhaltungen" und 1890 im „Eldorado" „Wiener Gemütliches à la Harner".

Die Art des Harnerschen Klavierspiels praktizierten nach Eduard Pötzl[68] auch die Klavierspieler der Volkssänger: „. . . Der gute Klavierspieler hingegen behandelt die Noten mit souveräner Verachtung. Er hat sie nur bei der Liederbegleitung vor sich und da hauptsächlich wegen der textlichen Schlagworte. Alles übrige klappert er auswendig und meist mit einer verblüffenden Fingerfertigkeit herunter. Diese Art von Klavierspielern bildet eine eigene Schule; sie erinnern stark an die Manier der Brüder Harner . . . Es ist eine gewisse urwienerisch leichte, tändelnde, rhythmisch tänzelnde, musikalisch mundartliche Weise, das Pianoforte zu behandeln . . ."

Die Harner selbst, musikalisch ungebildet, spielten nicht nach Noten, ja sie sollen gar keine gekannt haben; sie nannten sich deshalb auch „Clavier-Naturalisten". Diesem Umstand ist es wahrscheinlich zuzuschreiben, daß sie völlig in Vergessenheit geraten sind, daß niemand mehr von ihnen etwas weiß, weil kein einziger der vielen „Tänze", die sie ihrem Publikum darboten, niedergeschrieben wurde. Außer in den erwähnten Zeitungsartikeln werden sie noch in Hans Pemmers „Alt-Wiener Gast- und Vergnügungsstätten" und in Sigmund Wilheims „Wiener Wandelbilder" erwähnt.

Den Zeitgenossen der Schrammeln galten sie als deren Vorgänger: „In dem Marmorsaal meines Vaters ging viel vor . . . Dann wieder spielten die damals berühmten Harner, die Vorgänger der Schrammel . . .", schreibt Alfred Pick, der Sohn Gustav Picks[69]. Einladungen in die Häuser der Adeligen zum Aufspielen, beliebte gemütliche Wiener Abende mit singenden Fiakern – das gab es für Volksmusiker schon vor den Schrammeln.

Wie sehr man die Gemütlichkeit der Harner-Abende schätzte, ist daraus ersichtlich, daß man erst 1887 die Schrammel-Abende bei der „Waldschnepfe" mit ihnen vergleichbar fand.

Die Schrammeln – ein musikalischer Begriff

Im Juni 1887 wurde von den Fiakern der große Erfolg des Frühlingsfestes, das von der Fürstin Pauline Metternich veranstaltet worden war und bei dem auch die Fiaker mitgewirkt hatten, bei der „Waldschnepfe" gefeiert. „Segn's, so heiter ist das Leben in Wien," unter diesem Titel berichtete das Extrablatt am 24. Juni darüber. Immer wieder wurde vor allem das „gemischte" Publikum hervorgehoben: „. . . Man kann sich kaum einen interessanteren Anblick denken, als solch einen lauen Abend bei der ‚Waldschnepfe'. Da ist das Volk in seinen charakteristischen Gestalten vertreten und unter den Typen der Fiaker, der Dudler, der Pfeifer, sieht man das behäbige Gesicht des Kleinbürgers, das der Patricier, den Fabrikanten mit Kind und Kegel, hier einen Aristokraten, daneben den weißen Kopf und die freundlichen Augen des ersten unserer forensischen Redner . . ."

Von der „unvergleichlichen Musik" der Schrammeln gab es immer die gleichen, überschwenglichen Worte: „. . . Wenn die Schrammeln auf ihre Geigen klopfen, da hört das Summen und Surren auf, es wurde mäuserlstill und nun setzten die Brüder ihre Bogen an die Fiedeln, der Stromaier griff in die Saiten seiner Gitarre, der Dänzer blies keck in's ‚Picksüße', das gab eine Harmonie, die einem die himmlische Seligkeit neben der irdischen vergessen läßt . . ."

Auch die Schrammeln hatten bei dem Frühlingsfest mitgewirkt und dafür von der Fürstin Pauline Metternich ein Dankschreiben erhalten[70]:

Hochverehrter Herr!
Sie haben unserer Bitte, das von uns veranstaltete Frühlingsfest, dessen Reinerträgnis den Arbeitern und dem Kleingewerbe zu Gute kommen soll, in so hochherziger und entgegenkommender Weise willfahrt, daß wir nicht Worte genug finden, um Ihnen unseren innigsten und aufrichtigsten Dank aussprechen zu können.

Gestatten Sie daher, daß wir Ihnen im Geiste die Hand drücken und Sie bitten, uns und den humanitären Institutionen, zu deren Gunsten das Fest veranstaltet wurde, auch in Zukunft Ihre Sympathien zu erhalten.

Hochachtungsvoll
für das Frühlings-Fest-Comite:
Die Präsidentin
Pauline Metternich

Bei dem Fiakerfest in der „Waldschnepfe" sangen der Schuster-Franz, der Hirschmann, Pinagl und Palmetzhofer,

„Baron Schani" pfiff, und Brady, der Friseur aus der Weihburggasse, trug das Lied „Du alter Stephansturm" vor. Dieses Lied stammte aus der Operette „Der liebe Augustin", die am 15. Jänner 1887 zum erstenmal im k.k. Theater an der Wien aufgeführt worden war. Das Libretto hatte Hugo Klein verfaßt, die Musik Johann Brandl komponiert[71]. Girardi spielte und sang den lieben Augustin, und als geradezu sensationell wurden die Leistungen Girardis beim Vortrag des Liedes „O du lieber Augustin" und beim Lied vom Stephansturm angesehen. Vom Lied auf den Stephansturm wurde „die Strophe auf das deutsche Wien mit demonstrativem Applaus aufgenommen[72]". Diese Strophe lautet:

Du alter Stephansturm, duliäh!
Zur deutschen Wacht auch ferner sorgend steh'!
Ob man auch Türme baue da und dort,
Du bleibst des alten Reiches alter Hort!
Ob man auch Glocken läut' in Süd und Nord,
Der deutsche Glockenton, er klinget fort!
Du alter Spezi, alter Wetterturm,
Du ragst empor in Freude und in Sturm!
Nimm heut die Grüße Deiner Kinder hin –
Ein Hoch dem Wächter uns'res deutschen Wien.

„Das Publikum jubelte, jauchzte dem Künstler zu, brach in Hochrufe aus und veranlaßte in stürmischer Weise die Wiederholung der Strophe . . ."

Der Grund für das Verhalten des Publikums war die Angst vor der Slawisierung Wiens. Unter Innenminister Graf Taaffe, dem Jugendgespielen und Freund Kaiser Franz Josephs, hatte eine starke Zuwanderung von Slawen, die von ihm in jeder Weise gefördert wurden, eingesetzt. „Im Gewerbe breitet sich das slavische Element immer mehr aus. Früher germanisierten sich die Slaven, jetzt bleiben sie bei Ihrer Nationalität[73]."

Außer den Abenden bei der „Waldschnepfe" gab es nur wenige Veranstaltungen, bei denen die Schrammeln sich produzierten. Eine, die Anfang Juli in Kaltenleutgeben hätte stattfinden sollen, mußte wegen einer schweren Erkrankung von Hanns Schrammel abgesagt werden[74]. Für die Abende bei der „Waldschnepfe" hatte man einen Ersatz gefunden, dort fanden die Schrammel-Abende weiterhin statt.

Es war das erstemal, daß über den Gesundheitszustand Hanns Schrammels in den Zeitungen geschrieben wurde. Allzulange dauerte seine Erkrankung nicht, denn am 31. Juli 1887 berichtete das Extrablatt von einem Triumph, den das Quartett gemeinsam mit „Baron Schan, Xandl und Schuster Franz" in Ischl im Kurhaus gefeiert hatte. Wegen des großen Erfolges hatte das Konzert am nächsten Tag wiederholt werden müssen.

Wo die Schrammeln musizierten, gab es immer zahlreiche Gäste. So auch am 27. Juli bei einer Veranstaltung in Hütteldorf, die zugunsten des Verschönerungsvereins stattfand, bei der sich unter den über 2000 Gästen auch Fürst Arenberg und der belgische Gesandte Yong befanden.

Allmählich begann der Familienname Schrammel ein Begriff für eine bestimmte Art von Musik zu werden.

Zum erstenmal bot das Spezialitäten-Quartett Gebrüder Dietrich beim „Roten Stadl" in Breitenfurt „Musik à la Schrammel"[75]. Es dauerte aber noch einige Jahre – vom Lumpenball abgesehen –, bis sich Quartette ganz einfach „Pester Schrammeln" (1893) oder „Heß-" und „Dreier-Schrammeln" (1894, nach der Militärmusik) nannten.

„Außerordentliche Erfolge" errangen Anfang August die Schrammeln auch in Baden[76], und diese Erfolge, die ihnen überall zuteil wurden, wo sie spielten, dürfte Neider und Mißgünstige zu übler Nachrede veranlaßt haben, denen das Extrablatt am 25. August 1887 entgegnete:

„. . . Die Schrammeln sind eben mit Recht oben auf und welchen Ruf dieses Wiener Quartett besitzt, sieht man am deutlichsten bei den Soireen derselben auf den veschiedenen Landsitzen. Das Publikum drängt sich in Massen zu diesen Produktionen und zahlt gerne die hohen Eintrittspreise, die der Wirt verlangt, von dem jedoch die Schrammeln am wenigsten haben, da sie stets gegen ein fixes Honorar engagiert sind. Dies zur Richtschnur für jene vorlauten Schreier, die ohne Kenntnis der tatsächlichen Verhältnisse sich über die 50 Kreuzer bis 1 Gulden Eintrittspreis in der Umgebung so lästerlich ‚das Maul zerreißen', um auf gut Wienerisch zu sprechen . . ."

Schrammel-Produktionen gab es im August u. a. auch in Hietzing, Hauptstraße 26, in der Tucher'schen Restauration, wo am 3. September die beiden Brüder Schrammel zugunsten ihres Vaters Kaspar einen Festabend veranstalteten und das Quartett abwechselnd mit einer Militärkapelle konzertierte.

Am 13. Oktober 1887 wurde im neuen Wiener Tagblatt bekanntgegeben, daß sich „die Schrammeln jetzt ausschließlich in der ‚Waldschnepfe' zu Dornbach und zwar jeden Dienstag, Donnerstag, Freitag und Sonntag von 5 Uhr nachmittag an produzieren".

In dem bereits früher erwähnten Artikel des Extrablatts vom 25. August hatte es geheißen: „Die althergebrachten Heurigentage, der Dienstag und der Freitag, reichen schon seit langem nicht mehr aus, um den vielen Freunden eines echt wienerischen Vergnügens Raum zu bieten, die sich draußen bei der ‚güldenen Waldschnepfe' in Dornbach bei der wundertätigen Schrammel'schen Musik, bei dem köstlichen Alsecker und bei den Liedern Xandl's, Hirschmanns und des Friseurs Brady in der Weihburggasse 16, zusammenfinden . . . Am Dienstag und Freitag wird's, wie erwähnt, bei der ‚Waldschnepfe' in Dornbach schon zu eng und so haben die Schrammeln den Donnerstag als Wiener Bürgerabend bestimmt . . ."

Nie zuvor hatte man bei einem Heurigen in Nußdorf oder irgendeinem anderen Vorort einen „Bürgerabend bestimmt"! Man muß sich daher die Frage stellen, ob die „Waldschnepfe" – zwar umgebaut zu einem Heurigen - wirklich das war, was man allgemein darunter verstand oder ob es, wie wir heute sagen würden, ein Nobelheuriger war. Die Ausstattung des Lokals übertraf ja bei weitem die eines gewöhnlichen Heurigen und nicht nur das, auch das Publikum war ein anderes.

Eine Bestätigung dieser Annahme findet man im Wiener Tagblatt vom 18. Juni 1893 unter dem Titel „Der Lanner von Nußdorf": „. . . Den Höhepunkt seiner Beliebtheit erlangte das Quartett, als es in dem neu errichteten Lokale in Dornbach ‚Zur güldenen Waldschnepfe' konzertierte und diese Konzerte zum Stelldichein der Wiener Aristokratie und all jener Personen wurde, die sich mehr oder weniger befugt zur ‚Gesellschaft' zählten."

„Tedeum" von Konradin Kreutzer

Sammlerfleiß, Aufmerksamkeit und Verständnis, nicht nur für die Volksmusik, ermöglichten Hanns Schrammel einen außerordentlichen Fund: ein „Tedeum" von Konradin Kreutzer. Wie es dazu kam, das kann man im Extrablatt vom 14. September 1887 nachlesen:

„Ein entdecktes Tonstück Konradin Kreutzers – Der Musiker Johann Schrammel, Hernals, Bergsteiggasse 11, ist seit langem ein eifriger Sammler alter Noten. Der berühmte Volksmusiker Schrammel, der so glücklich war, sich weit über das Niveau der früheren Heurigen-Musikanten zu erheben, weiß es nämlich aus eigener Erfahrung, wie viel herrliche Melodien und Lieder, wie viel herrliche Gesänge für uns verloren gehen, wenn so ein armer, unbekannter kleiner Musiker, der sich ‚beim Schwan' seine Secundgeiger, seine Harmonika Spieler sucht, stirbt. Unter diesen kleinen Musikanten besitzen wir so manch bedeutendes Talent, die Terzetten und Quartetten sind bekanntlich die Urform der Wiener National-Musik, und erst Lanner hat zum ersten Mal im Prater ein vollständiges Streichorchester spielen lassen.

Der Sammlerfleiß Schrammels ist draußen bekannt, und wo irgendwo alte Noten zum Vorschein kommen, trägt man sie zum ‚Schani' in die Bergsteiggasse, der schon einen reichen Schatz von halbvergessenen Wiener Melodien sorgsam hütet.

Vor einigen Tagen kam nun ein altes Mütterchen, das schon in die 90 sein mochte, zu Herrn Johann Schrammel und sagte ihm, ihr Sohn hätte eine Menge alter Noten, die er gerne verkaufen würde. ‚Bringens es her, Mutterl, ich werds nachsehen und schaun, ob ichs brauchen kann.'

Schon des anderen Tags brachte ihm der Sohn, gleichfalls bereits ein Graukopf, einen ganzen Stoß Noten, den der Musiker oberflächlich durchblätterte und da er manche Unica darin fand, kaufte.

Nun gings an Sichten.

Wer beschreibt das Staunen Schrammels, als er unter dem Wuste von vergilbten Papieren ein Tedeum von Konradin Kreutzer findet, von der Hand des Komponisten selbst geschrieben.

Das Umschlagblatt birgt reiche Zierrath in Gold und bunter Schrift und ist das Musikwerk dem Kaiser Ferdinand alleruntertänigst gelegentlich dessen Krönung zum König von Ungarn als Ferdinand V. gewidmet.

Das Tedeum dürfte auch damals in Preßburg zur Aufführung gelangt sein. Auch die Art, wie das wertvolle Werk in die Hände des Verkäufers gelangte, ist bereits aufgeklärt.

Derselbe war weiland dem Hofstaate des Kaisers Ferdinand als Diener zugeteilt und weilte in Prag. Nach dem Tode der Kaiserin Maria Anna wurde der Hofstaat am Hradschin aufgelöst und es scheinen sich die Diener allerlei Gerümpel und Maculatur etc. geteilt zu haben, das in verstecken Winkeln aufgehäuft war und für wertlos erachtet wurde.

Der betreffende Diener kam in den Besitz von Noten, deren Zahl bedeutend größer war als diejenigen, die er dem Musiker Schrammel verkauft hat. Er hat den größten Teil schon bei Greißlern und Gemischtwarenhändlern als Enveloppe-Papier abgegeben. Nun hörte er davon, daß Schrammel Noten besser bezahle als der Käsehändler und schickte seine Mutter zu ihm.

Durch diesen Zufall wurde das Werk Kreutzers vor dem Untergang gerettet."

Bei Kronprinz Rudolf

Ende Oktober 1887 fanden um Schloß Ivanka bei Preßburg Jagden statt[77]. Die Besitzerin des Schlosses, Fürstin Arenstein, hatte für den 26. Oktober zur Unterhaltung ihrer Gäste das Schrammel-Quartett mit Xandl und Hirschmann eingeladen. „Die Schrammeln vor dem Erzherzog Friedrich", so lautete die Schlagzeile, unter der die Zeitungen von dem gesellschaftlichen Ereignis berichteten. Erzherzog Friedrich, der sich in Preßburg aufhielt, war der Einladung der Fürstin gefolgt, wie auch Bela und Hans Palffy, Fery und Ernst Esterházy, Graf Stephan Palffy, Oberst-Zeremonienmeister Graf Koloman Hunyady, dessen Sohn Karl Graf Hunyady, Graf Herberstein und mehrere andere Adelige der Umgebung.

Es war das erstemal, daß sich das Quartett – offiziell – vor einem Angehörigen des Kaiserhauses produzierte.

Eine noch viel bedeutendere Einladung erging im November an das Quartett. Johann Schrammel bekam Anfang November vom Militärkapellmeister Carl Michael Ziehrer folgenden Brief[78]:

Geehrter Herr Schrammel!
Bei seiner kais. Hoheit, den Kronprinzen, dürfte zwischen 14.–17. d. M. ein echt wienerischer Abend veranstaltet werden. Komme Sie zu fragen, ob Sie an diesen Tagen Zeit (abends) hätten, zu spielen, selbstverständlich auch mehrere Ihrer Sänger. Bitte morgen, Mittwoch, mich bestimmt nachmittags zwischen 1 und 2 Uhr mit Ihrem Besuch zu beehren, da ich abends noch Bericht erstatten muß.
Mit Gruß C. M. Ziehrer, III. Bez., Gärtnerg. 17.

Von 14. bis 17. November fanden um Schloß Orth an der Donau die alljährlichen Hirschenjagden statt, zu denen das Kronprinzenpaar als Gäste Erzherzog Franz Ferdinand, Prinz Leopold von Bayern, Prinz Philipp von Coburg samt Gemahlin, Prinz August von Coburg und Graf Potocki geladen hatten.

Von den Geschehnissen auf Schloß Orth rund um die Schrammeln und ihre Sänger berichteten die Zeitungen ausführlich. Das Extrablatt war das erste, das in seiner Abendausgabe vom 18. November über die „wienerischen Soireen" schrieb und am 19. November seinen Bericht noch ergänzte. Die Vorstadt-Zeitung brachte am 19. November unter dem Titel „Die Schrammel-Tetralogie" ebenfalls eine detaillierte Schilderung der vier Abende, an denen die Schrammeln in Schloß Orth vor den höchsten Herrschaften musizierten. Inhaltlich sind die beiden Zeitungsberichte ziemlich gleich, nur die Tage, an denen die einzelnen Geschehnisse stattgefunden haben, sind verschieden angegeben. Laut Extrablatt wurde „... zwei Tage vor der Abreise nach Orth Herr Johann Schrammel nach der Hofburg beschieden, wo er bei Sr. kaiserl Hoheit den leutseligsten Empfang fand. Der Kronprinz überließ es dem Herrn Schrammel, die geeigneten Kräfte mitzunehmen".

Josef Bratfisch.

So fuhren am Montag, dem 14. November, drei Kreipl-Wagen mit den Schrammeln und den von Hanns Schrammel ausgewählten Sängern, Jodlern und Pfeifern – Bratfisch, Hungerl, Xandl, Hirschmann, Brandmeier, Brady und Baron Jean – nach Schloß Orth. Die Lenker der Wagen waren der Schuster Franz, Johann Schulz und der „pechschwarze Mohr", eine damals in Wien sehr bekannte Straßenfigur.

Hanns Schrammel hat auf der Rückseite einer Visitenkarte des k.k. Kammerdieners in Laxenburg, Carl Beck, die Namen Johann Schulz Nr. 389, Hirschmann Nr. 828, Schuster Franz Nr. 652 vermerkt und daruntergeschrieben: „Die drei Fiaker, welche uns nach dem Jagdschlosse Orth führten, als wir vor dem unvergesslichen Kronprinzen Rudolf zu spielen die hohe Ehre hatten[79]." Bei dieser sichtlich aus der Erinnerung geschriebenen Anmerkung ist Hanns Schrammel ein Irrtum unterlaufen, denn der Aufenthalt des „Mohrls" in Orth steht fest. Anton Strohmayer erzählte 1931 dem Neuigkeits-Weltblatt eine lustige Geschichte von dem Aufsehen und der Verwunderung, die der Mohr in Orth erregte:

„Da für die Musiker und Sänger in Schloß Orth kein Platz war, wurden sie in Bauernhäuser einlogiert. Die Betten waren schön weiß überzogen. Der Mohr bildete in dem Ort begreiflicher Weise eine Sensation und die Bäuerin, der er ins Quartier gegeben worden war, fragte den Schuster Franz: ‚Is dös a wirklicher Mohrl?'

‚Ka Idee', versetzte der Fiaker-Sänger, ‚der is ja nur an'strich'n'. Um dies zu beweisen, machte der Schuster Franz unbemerkt den rechten Zeigefinger naß, fuhr damit über seinen frisch gewichsten Schuh, strich sodann scheinbar dem „Mohrl" über die Wange und zeigte der Bäuerin seinen schwarzen Finger.

‚Na, so was!' entsetzte sich die Bäuerin.

Als die Wiener nachts in ihr Quartier kamen, war das Bett des Mohren mit einem blauen, geflickten Bettzeug versehen! War das natürlich ein Gelächter!"

Am ersten Tag, an dem die Schrammeln mit ihren Begleitern in Orth eintrafen, dauerte die Soiree von 6 Uhr abends bis 3 Uhr früh. „Der Kronprinz empfing seine Gäste sehr freundlich. Er war in bester Laune, denn er hatte, wie er sich zu den Schrammeln äußerte, an diesem ersten Jagdtage einen starken Sechzehnender-Hirsch auf die Decke gebracht. Um 6 Uhr abends fand im ersten Stock ein Diner statt. Während der Tafel konzertierten die Schrammeln, welche im angrenzenden Arbeitszimmer, dessen Tür geöffnet war, plaziert waren. Nach aufgehobener Tafel erst produzierten sich abwechselnd die anderen früher genannten Spezialitäten[80]."

Das Jagdglück des Kronprinzen nahm Hanns Schrammel zum Anlaß, den Marsch „Jagdabenteuer" zu komponieren; Josef Schrammel schrieb für die Kronprinzessin den Walzer „Die Rose von Orth". Diese beiden Kompositionen wurden am nächsten Tag, an dem die Soiree von ½6 bis ½11 Uhr abends dauerte, dem Kronprinzen und der Kronprinzessin mit der Bitte vorgespielt, ihnen diese beiden Stücke widmen zu dürfen, was von beiden angenommen wurde.

„Am zweiten Abend, als sich die Gesellschaft gegen 11 Uhr zurückgezogen hatte, blieb der Kronprinz allein zurück und ließ sich noch eine Stunde lang die köstlichen Weisen von Joh. Strauß Vater und Sohn, so wie Josef Lanner vorspielen. Sinnend und manche Stelle mitsummend verharrte der Kronprinz, sich vollständig dem unbeschreiblichen Reiz dieser heimatlichen Weisen hingebend, unbeweglich auf seinen Platze, bis die Wanduhr Mitternacht schlug[81]."

Für zwei Tage war der Aufenthalt der Volksmusiker in Orth geplant gewesen – es wurden vier Tage daraus! Am Mittwoch, dem dritten Tag, waren Erzherzog Franz Ferdinand, Prinz Leopold von Bayern und Prinz August von Coburg bereits abgereist. Bei der Soiree waren nur das Kronprinzenpaar, Prinz Philipp von Coburg und Gemahlin und Graf Potocki anwesend. An diesem Abend kam es zu der so oft und gern erzählten und für den Fiaker-Sänger Bratfisch so bedeutsamen Szene zwischen ihm und Kronprinz Rudolf: „Der Kronprinz, der den Schrammeln und den Sängern gegenüber die größte Huld an den Tag legte und immer das Zeichen zum Applaus gab, war in bester Laune und bestellte sein ‚Lieblingslied', wie er sich ausdrückte, das von Kriebaum gesungene ‚Das waß nur a Weana, a weanarisches Bluat, was a weanarischer Walzer an Weana alls tuat', bei Bratfisch. Der Fiaker kannte wohl die Melodie, jedoch nicht den Text und nun nahm der Kronprinz ein Papier, schrieb die Strophen dieses Liedes aus dem Gedächtnis auf und überreichte das Blatt dem Fiaker. Bratfisch sang es, und der Kronprinz soufflierte[82]."

So war es im Extrablatt zu lesen. Was tatsächlich geschah,

das konnte man sich nur erzählen, für die Berichterstattung war es nicht geeignet: Der Kronprinz, obwohl er den Text für Bratfisch aufgeschrieben hatte, mußte ihm soufflieren, weil dieser seine Schrift nicht lesen konnte. Bratfisch warf schließlich das Blatt von sich mit den Worten: „Wer kann denn dö Schrift lesen[83]!" Dieses wenig respektvolle, aufbrausende, aber ehrliche Verhalten Bratfischs gefiel dem Kronprinzen so gut, „daß er ihn sogar dutzte und zu seinem Leibfiaker ernannte[84]".

Weiter berichtet das Extrablatt: „Dann verlangte der Kronprinz das gemütvolle Lied aus der Operette ‚Der liebe Augustin', ‚Der alte Stephansturm', von dem er so entzückt war und das der Brady so schön sang, daß er es wiederholen mußte. Auch die beiden Widmungen mußten über Wunsch des Kronprinzen an diesem Abend wiederholt werden."

Vielleicht mag sich an diesem Abend, im kleineren Gesellschaftskreis, auch jene „interessante Scene[85]" zugetragen haben, die die Vorstadt-Zeitung schon vom ersten Abend berichtete: Graf Potocki wünschte etwas aus der Oper „Carmen" zu hören. „‚Ja wissens, Herr Graf', meinte einer der Gebrüder Schrammel, ‚kinnen than ma's schon, aber spiel'n than ma's nöt.' Die Kronprinzessin aber bemerkte lachend, zu Graf Potocki gewendet: ‚Wie glauben Sie, daß der Marsch aus ‚Carmen' von den Schrammeln ungefähr klingen möchte?', und nun karikierte die Kronprinzessin den bekannten Marsch, daß er klang wie das Fiakerlied."

Am vierten und letzten Abend, an dem die Schrammeln in Orth musizierten, war auch Erzherzog Friedrich von Preßburg nach Orth gekommen. Diese letzte Soiree dauerte bis 3 Uhr morgens. An diesem Abend sprach der Kronprinz „über das Wiener Volksleben, über die Abende bei der ‚Waldschnepfe', über einzelne Wiener Fiaker, und zeigte auch hier seine reichen Kenntnisse. Als er hörte, daß der Schuster Franz Nr. 652 und der Mohr, der vor langem bei Dr. Berghammer gewesen, die Schrammeln und die Sänger nach Orth geführt hatten, ließ er sich diese beiden Fiakertypen um 2 Uhr morgens vorstellen. Er entließ dann eine Stunde später die Schrammeln und drückte ihnen nochmals seine besondere Befriedigung aus und um 4 Uhr morgens fuhr die Spezialitätengesellschaft heimwärts[86]."

Als sich die Schrammeln abends „wieder in der ‚Waldschnepfe' einfanden, waren sie Gegenstand der herzlichsten Ovationen. Alles kam mit dem Extrablatt in der Hand und wollte eine Bestätigung des Erzählten aus dem Munde der Musiker und Sänger. Stürmisch wurde die Widmung Josef Schrammels ‚Die Rose von Orth', ein stimmungsvolles Walzerlied und Johann Schrammels ‚Jagdabenteuer', ein Marsch, verlangt und als die letzten Geigenstriche verklungen waren, erhob sich ein jubelnder Beifall, der nicht allein den Musikern galt, sondern auch dem erhabenen Volksfreund und Kaisersohn, wie seiner hohen Gemahlin[87]."

Es war sensationell und unfaßbar für die Wiener, daß der Kronprinz, so wie der einfache Mann aus dem Volke, diese Volksmusik kannte und so großen Gefallen daran fand.

Die Presse war bemüht, die Kenntnisse und die Liebe des Kronprinzen zur Wiener Volksmusik zu begründen und zu erklären. In diesem Sinn schrieb das Extrablatt: „Unser Bericht hat bei den Wienern und bei allen, die sich für das Volksleben in Wien interessieren, berechtigtes Interesse hervorgerufen, denn es zeigt sich, daß unser gemüt- und geistvoller Thronfolger auch für die Unterhaltungen der ‚kleinen Leute' Herz und Sinn hat, daß er sich für ihre Lieder und Gesänge interessiert und nicht nur das, daß er sie auch kennt. Unser Kronprinz ist, wie er es oft in seiner Rede betont hat, ein echter Wiener und in seiner Brust schlägt ein warmes Herz für das Volk und nicht minder interessiert sich die erlauchte Gattin des Kronprinzen für alles Volkstümliche . . ."

Das Neue Wiener Tagblatt, eine Zeitung, in der auch Artikel des Kronprinzen fallweise unter einem Pseudonym veröffentlicht wurden, stellte am 19. November 1887 an den Beginn des Berichts von Orth eine Betrachtung über „Kronprinz Rudolf und die wienerische Musik. – Unser Kronprinz ist bekanntlich Wiener mit Leib und Seele, so daß man wohl sagen darf, nichts Wienerisches sei ihm fremd, ob es nun der vornehmen inneren Stadt oder jenen entlegenen Gründen entstamme, auf welchen heute noch das urwüchsige Wienertum gedeiht. Als echter Sohn der Kaiserstadt beherrscht er auch den Dialekt vollkommen und wollte er, so wäre es ihm ein Leichtes, neben dem ernsten Schrifttum, welchem er obliegt, auch in dem heiteren Genre der Mundart zu glänzen.

Man kennt ja seine feine Beobachtung aus den von ihm bisher veröffentlichten wissenschaftlichen Werken und fast möchte man es bedauern, daß dieses überall durchschlagende Talent zur Kleinmalerei, dieser alle Erscheinungen mit Liebe und Laune erfassende Blick sich niemals auf dem angedeuteten Gebiet betätigen soll. Unseres Kronprinzen Neigung zum Volkstümlichen ist so groß, daß er keine schickliche Gelegenheit verabsäumt, die jeweiligen Lieblinge der Wiener kennen zu lernen. Insbesonders der Wiener Volksgesang und die wienerische Musik haben an ihm einen warmen Freund, der sie versteht und würdigt und sich an ihrer Naivität und Anmut nicht minder erfreut, wie jeder andere eingeborene Wiener. Freilich bringt es seine hohe Stellung mit sich, daß er sich diesem harmlosen Genüssen nur selten hingeben kann. Aber er läßt sich von seiner Umgebung stets über das Neueste und Beste dieser Art unterrichten und bietet sich ihm eine Möglichkeit, sich persönlich zu überzeugen, so ergreift er sie mit vielem Vergnügen . . ."

Schon am 1. Mai 1887 hatte die Vorstadt-Zeitung über die Vorliebe des Kronprinzen für die Wiener Volksmusik geschrieben („Der Kronprinz und das Wiener Lied"), und zwar anläßlich eines Aufenthalts Prof. Udels in Abbazia, wohin er vom Kronprinzen geladen worden war. Udel wurde oft und gerne vom Kronprinzen zu den verschiedensten Anlässen eingeladen. Er war Cellist der Wiener Hofoper (Philharmoniker) und gründete 1872 das Udel-Quartett, das komische Quartett des Wiener Männergesangs-Vereins, das sich im In- und Ausland großer Beliebtheit und Erfolge erfreute. Nach Aussagen Udels waren die Abende bei Kronprinz Rudolf die schönsten und unvergeßlichsten seines Lebens gewesen[88].

Daß der Kronprinz den Wiener Dialekt vollkommen beherrschte und es ihm ein leichtes war, „neben dem ernsten Schrifttum . . . auch in dem heiteren Genre der Mundart zu glänzen", das zeigen zwei Liedstrophen, die er nach den Melodien „Das waß nur a Weana" und „Das hat ka Goethe g'schrieb'n" für seine Begleiterin der letzten Jahre, Mizzi Kaspar, geschrieben hat. Auf der Rückseite des jeweils vierstrophigen gedruckten Textes[89], hat er eine fünfte hinzugefügt, und zwar zu „Das waß nur a Weana":

Mit an harben Fiaker s'fescheste Madel
Fahrt aini in Prater zum Staunen vom Adel
S'is schon a so zamg'wichst wie d'nobelste Dam
An klan Zwergdackel zerrts von Stamm zu Stamm.
Nun kummt abi d'Verehrer uj je do is gar
Da lacht freundlich s'Madel na das is ja klar.
Und wie's da nur schiangelt und wie sie sie freut
Ein echts Weanaherz lieben hat kenen no greut.
Ja das waß nur a Weana, a weanerisches Bluat,
Was a weanerisches Madel an Weana all's tuat.

   Und zu „Das hat ka Goethe g'schrieb'n":

Zur schwarzen Mizzi sagt ein Herr ganz leis
Mei Schatzerl s'Herz brennt für Dich gar so heiß.
Sein mir mitsamm' bekannt auch schon sehr lang,
So is uns doch für d'Zukunft no nit bang.
Denn wenn auch Eifersüchtige uns trennen woll'n,
Sag m'r höchstens arme Tschaperl'n die ihr seid
Denn mir kennen uns ja doch gar zu gut
Wir zwei echten vom Weanerblut.
Ja! Ja!
Das hat ka Goethe g'schrieb'n, das hat ka Schiller dicht
S'is von kan Klassiker, von kan Genie,
Das ist ein Wiener der zu aner Wienerin spricht
Und s'klingt halt doch so voller Poesie!

   Rudolfs Beziehung zum Wiener Lied, das er als echten Ausdruck der Wiener Mentalität sah, der er keineswegs kritiklos gegenüberstand, ist auch aus einem Brief erkenntlich, den er am 9. März 1888 aus Wien an die Kronprinzessin nach Abbazia schrieb. An diesem Tag starb der deutsche Kaiser Wilhelm I., dessen Tod schon tags zuvor gemeldet worden war, dann aber widerrufen wurde. In diesem Brief heißt es:
   „. . . Die Stimmung im Publikum war kostbar wie immer. Gestern abends große Hetz, nicht teilnahmsvoll gerührt, sondern eben nur Hetz. Wie die Nachricht kam, er ist nicht tot, hieß es allgemein: Das ist fad; wie die Telegramme kamen, er hat in der Nacht noch gegessen und Champagner getrunken, war hier Heiterkeit; die richtige Todesnachricht nahm man

indifferent auf, eher in der Stimmung: Gott sei Dank, jetzt hat man Ruhe mit diesen ewigen Nachrichten. Schönerer-Skandal belustigt momentan und noch mehr hat dem Interesse an dem Tod des Kaisers Wilhelm der große Brand am Bauernmarkt geschadet, der so merkwürdig war, da die Stiege einstürzte und die Damen im Hemd in das Sprungtuch springen mußten, die Pinscher, Möpse und andere Verreckerln aber durch den Rettungsschlauch gerettet wurden, als ob sie die wichtigsten Persönlichkeiten wären. Das ist halt weanerisch, weanerisch, weanerisch und hat an Schan, aber an eigenen Schan! Das Lied ist wahr und richtig, das hab ich in den letzten zwei Tagen wieder gesehen...[90]"

Der Kronprinz ließ sich keineswegs nur „von seiner Umgebung stets über das Neueste und Beste" der Wiener Volksmusik unterrichten, man kann mit Sicherheit annehmen, daß er z. B. die „Waldschnepfe", über die er in Orth sprach, und auch andere Lokale aus eigener Anschauung kannte. Er hatte, nach Aussage der Kronprinzessin[91], keine Scheu, „sich in einer Weise unter das Volk zu mischen, die alle Grenzen aufhob".

Am Beginn ihrer Ehe[92] begleitete Stephanie den Kronprinzen sogar einmal bei einem seiner „Ausflüge", über den sie sich sehr enttäuscht und abfällig äußerte[93]:

„... Nur einmal ließ ich mich dazu herbei, ihn als fesches Bürgermädel verkleidet, zu begleiten. Zunächst erschien mir eine solche Unternehmung nicht ohne Reiz. War ich aber schon einigermaßen erstaunt, wie wenig der Kronprinz dabei die Vorsichtsmaßregeln des Inkognito beobachtete, so war meine Enttäuschung erst recht groß, als wir die verschiedenen Cafés chantants und andere fragwürdige Lokale in – und außerhalb der Stadt zusammen aufsuchten. Die Luft war überall erstickend; ein Geruch von Knoblauch, schlechtem Fett, Wein und Tabak betäubte mich. Man saß bis zum Morgengrauen an ungedeckten, schmutzigen Tischen, neben uns spielten Fiakerkutscher Karten, pfiffen und sangen. Man tanzte, Mädchen sprangen auf Tische und Sesseln und sangen immer wieder die gleichen sentimentalordinären Schlager, die ein furchtbares Orchester nicht müde wurde zu begleiten. Gerne hätte ich mich darüber amüsiert, aber den Aufenthalt in diesen verrauchten Kneipen fand ich abstoßend, unwürdig und langweilig. Ich begriff nicht, was der Kronprinz darin fand."

Nur drei Wochen nach ihren großen Erfolg in Orth am Samstag, dem 10. Dezember 1887, wurden die Schrammeln abermals zum Kronprinzen geladen, und zwar diesmal auf seinen neuen Besitz nach Mayerling[94]. Mit dieser Einladung war Kronprinz Rudolf dem Wunsch Erzherzog Wilhelms nachgekommen, der die Schrammeln und die Natursänger, die ihm gänzlich unbekannt waren, kennenlernen wollte. Außer den Erzherzogen Wilhelm und Otto waren der Landeshauptmann von Steiermark Graf Gundacker Wurmbrand, der regierende Graf Wurmbrand, der Flügeladjutant Graf Rosenberg, der Maler Pausinger aus München und Professor Udel geladen worden. Zum Diner, das um ½7 Uhr stattfand, besorgten die Schrammeln, so wie in Orth, von einem Nebenraum aus die Tafelmusik. „Nach aufgehobener Tafel begaben sich die hohen Herrschaften und ihre Gäste ins Billardzimmer, wo unter Begleitung der Schrammeln die Fiaker Bratfisch und Hungerl, die Sänger Xandl und der Friseur Brady ihre urwüchsigen Lieder zum besten gaben."

Am Sonntag fuhr der Kronprinz mit den Erzherzogen, dem Grafen Gundacker Wurmbrand, dem Maler Pausinger und Professor Udel nach Wien zurück, fand sich aber nachmittags wieder mit dem Grafen Wurmbrand und dem Sektionschef Szögyény-Marich in Mayerling ein. Auch die Schrammeln blieben mit den Sängern den Sonntag über in Mayerling.

Der „K.k. Kammerbüchsenspanner bei seiner k.k. Hoheit, dem durchlauchtigsten Erzherzog Kronprinz Rudolf" (so der volle Titel), kurz Kronprinz Rudolfs Leibjäger Rudolf Püchel, hat Ereignisse, die sich bei Jagden zugetragen haben, aufgeschrieben und mit kleinen Zeichnungen illustriert[95]. Eine dieser Geschichten trägt den Titel: „Jagdausflug nach Schloß Orth an der Donau". Abgesehen davon, daß das in der Erzählung angegebene Datum nicht stimmt, hat Püchel in seiner Erinnerung die in Mayerling und in Orth anwesenden Gäste durcheinandergebracht. Erzherzog Otto, der Hauptakteur der Geschichte, war nur in Mayerling anwesend. Nicht zu zweifeln ist jedoch an der Begebenheit selbst (die demnach in Mayerling stattfand):

Der Leibjäger Kronprinz Rudolfs, Rudolf Püchel, hielt wiederholt interessante Ereignisse zeichnerisch fest.

„Am 14. September 1887 begaben sich das Kronprinzenpaar, die Erzherzöge Franz Ferdinand und Otto, Prinz Philipp und Prinzessin Louise von Coburg, ferner Graf Hoyos zu zweitägigem Aufenthalt nach Schloß Orth, um in den Aurevieren der kaiserlichen Domäne auf Hirsche zu jagen.

Nach der Jagd am ersten Tage, an dem zwei Hirsche auf die Decke gebracht wurden, fand das Diner im Schlosse statt. Die Tafelmusik besorgte das populäre Schrammel-Quartett. Die Hohe Tischgesellschaft verblieb bis nach den Soupée in aufgeregtester Unterhaltung im Speissaale. Es wurden abwechselnd Musikstücke und durch den Fiaker Bratfisch und Konsorten Wiener Lieder vorgetragen. Gegen Mitternacht zogen sich die Hohen Damen zurück und die Unterhaltung trat in eine neue Phase – es kamen u. a. etwas gewürztere Lieder zum Vortrage. Dann kam Erzherzog Otto, etwas unter dem Rocke tragend, in den Salon. In dem Moment, als er eintrat, war ein gedämpftes ‚Miau' zu hören. ‚Na', – dachte ich, ‚jetzt gibts wieder eine Hetz!' Nach einigen Minuten kam ein Jäger mit drei Dackeln. Erzherzog Otto schob die Hunde durch die wenig geöffnete Tür in das Zimmer. Gleich darauf gaben die Hunde äußerst lebhaft Laut, bald war lautes Klirren durch zerschellendes Glas und Porzellan zu hören, ich eilte in den Salon. Die Katze hetzte einige Male über den noch gedeckten Tisch, die Dackel mit wütendem Gekläff von den Sesseln auf den Tisch hinterdrein, begleitet von den lebhaftesten Beifallskundgebungen seitens der Anwesenden. Denn, das war etwas nach ihrem Geschmack. Der Kronprinz suchte, herzlich lachend, die Hunde abzuwehren, während die Erzherzoge sie hetzten. Es war ein ohrenbetäubender Lärm. Endlich flüchtete die starke Katze auf den Kredenzaufsatz, von dort auf die Krone eines Hirschgeweihes – dieses bekam Übergewicht, die Katze sprang ab und, die Glatze Bratfischs als Sprungbrett benützend, wieder auf den Boden, Bratfisch fuhr mit einem Schrei auf und schlug mit den Handflächen auf seine Glatze, daß es klatschte. Als Bratfisch seine Hände blutig fand, stürmte er, sich den Kopf haltend, zur Tür hinaus und zum Brunnen hinab in den Hof. Als er wieder erschien, desinfizierte ich ihm die von der Katze geschlagene kleine Wunde und verklebte sie mit Heftpflaster ..."

Immer wieder wurde in späteren Jahren die Frage aufgeworfen, ob auch Kaiser Franz Joseph die Schrammeln, an denen sein Sohn so großen Gefallen fand, gehört hat. Eugen Ketterl, der kurz vor dem 27. Februar 1894 Leibkammerdiener des Kaisers geworden war, schreibt[96]: „Es war aber auch ungeheuer gemütlich bei der gnädigen Frau [Katharina Schratt]. Kam der Monarch zu ihr zum Speisen, so ließ sie oft vom Schrammelquartett, das, den Blicken verborgen, im Nebenzimmer postiert war, die Tafelmusik besorgen und, obwohl der Kaiser von Musik nicht viel verstand, fand er an den wienerischen Weisen doch sehr viel Wohlgefallen und kehrte immer in angeregtester, guter Laune nach Hause zurück."

Die echten Schrammeln jedoch – Johann und Josef Schrammel, Dänzer und Strohmayer – spielten 1894 nicht mehr. Krankheit und Tod hatten im Ensemble große Veränderungen bewirkt. „Schrammeln" – das war bereits die

Bezeichnung für eine bestimmte Art von Volksmusik-Quartett.

Es ist wohl anzunehmen, daß Frau Schratt nicht erst 1894 eine Tafelmusik solcher Art für den Kaiser arrangierte. Nach dem Tod Kronprinz Rudolfs sollen die Schrammeln in die Villa Schratt geladen worden sein und hier, wie Ketterl es schildert, „den Blicken verborgen" für den Kaiser musiziert haben[97].

Erste Gastspiele im „Ausland" und Ereignisse in Wien 1888

1888 gastierten die Schrammeln zum erstenmal im „Ausland". Das Quartett und Baron Jean waren nach Budapest eingeladen worden. Das Konzert war für den 6. Jänner festgesetzt, und schon eine Woche vor diesem Termin waren an allen Straßenecken „ellenlange Plakate" mit der „lakonischen Ankündigung ‚Konzert der Schrammel und des Baron Jean'" zu sehen. Ursprünglich sollte das Konzert im kleinen Redoutensaal stattfinden, die Nachfrage nach den Karten war aber so groß, daß es in den großen Saal verlegt werden mußte. Dies ist um so erstaunlicher, da sowohl die Schrammeln als auch Baron Jean den Budapester Konzerthabitués gänzlich unbekannt waren[98].

Aber auch den Zeitungen waren sie kein Begriff, ihre Darstellungen entsprachen nicht den Tatsachen. So waren die Schrammeln nach einem Bericht vier Fiaker, die „den Kutschbock mit dem Podium vertauscht hatten, in Nußdorf und ‚vor der Linie' spielten", nach einem anderen musizierten sie im Prater in den Biergärten. Sicher wußte man nur, daß überall dort, wo die Schrammeln spielten, nur schwer ein Platz zu bekommen war und daß sie „nicht selten die Auszeichnung genießen, mit ihren naiv-drolligen Weisen Wiener Hofkreise erheitern zu dürfen". Man wies auch darauf hin, daß der „erstbeste Fiaker" erschöpfend Auskunft über die Schrammeln und Baron Jean hätte geben können. Nicht ohne Bissigkeit stellte man jedoch fest: „Doch die hohen Herrschaften der Aristokratie, welche sich heute überaus zahlreich im großen Redoutensaale zu dem ‚Konzert' der Schrammel eingefunden hatten, mochten auch ohne Befragung eines Fiakers von dem seltenen Genusse in Kenntnis gesetzt worden sein, welcher sie an diesem, den Musen geweihtem Orte erwartete. Was Sarasates Wundergeige nicht vermochte, das bewirkte das ‚picksüße Hölzl', wie das klarinettenartige Instrument genannt wird . . . die ‚Klampfen', eine Art Guitarre und die beiden Geigen: sie fesselten die hohe Aristokratie bis zum Schlusse . . ."

Abfällig äußerte man sich auch darüber, daß man sich bewogen fühlen konnte, „manchen Konzertbesucher jener Kategorie anzureihen, welcher diese ‚Künstler' selbst angehören, einer Gesellschaftsklasse, welche gewohnt ist, die Zügel in der Hand zu halten".

Das „gemischte Publikum", auf das man in Wien bei so vielen Veranstaltungen mit Stolz hinwies, war für die Budapester etwas völlig Neues: „Wir Budapester sind nun zur Überzeugung gekommen, daß die ‚Schrammel' eine ganz merkwürdige Wiener Spezialität sind, welche, wie es scheint, neben ihren musikalischen Eigenschaften auch die Fähigkeit besitzt, die hohen und die tiefen Spitzen der Sozietät zu einem glückseligen Einvernehmen zu bringen. Wir gönnen ihnen diese Lorbeeren . . . aber man sollte derlei Spezialitäten nicht ‚konzertfähig' machen . . . Diese populären ‚Kunstgenüsse' sind in letzter Zeit sehr eingerissen . . . Man wird noch unsere Zigeuner mit den roten Fräcken im Redoutensaal konzertieren lassen."

Stand man der ganzen Veranstaltung auch sehr distanziert gegenüber, so mußte man doch zugeben: „. . . der Saal war voll und die ‚Lanner'schen, welche die Schrammel, zu ihrer Ehre seis gesagt, mit großer Feinheit vortrugen, so wie die anderen ‚Weana Tanz' taten ihre Schuldigkeit . . .". Der Pester Lloyd stellte am 7. Jänner 1888 fest: „. . . Den meisten Beifall fand die weitbekannte Couplet-Musik ‚Das hat ka Goethe g'schrieb'n und a ka Schiller net' und es gefielen auch alle die anderen Sachen, die kein Beethoven und auch kein Mozart komponiert haben und die ob der künstlerisch-bescheidenen Manier und der Diskretion, mit welchen sie die Schrammel zum Vortrag bringen, als Ausnahme ganz gut in den Konzertsaal passen."

Einig war man sich jedoch über Baron Jean: „Nicht so allgemein schien das Publikum von Baron Jean und seiner

Leistung der gleichen Meinung zu sein. Er pfeift die Operetten-Arien und Konzertwalzer sehr schön und mit großer Kunstfertigkeit, aber er pfeift und das steht seiner interessanten Individualität (Baron Jean ist der Prototyp eines jungen ‚Bitz') sehr gut, nicht aber allen Zuhörern zu Gesicht. Deshalb kam für den Baron Jean der Applaus nur aus den ersten Sitzreihen. Dort mochte man vielleicht verstanden haben, was der interessante Kunstpfeifer als Beschluß zum Besten gab: ‚Das waß nur a Weana'. Wir Budapester können es wirklich nicht verstehen, wieso der Baron Jean in den Konzertsaal gelangt ist."

Pfeifen – das durfte in Budapest nur das Publikum, wenn es sein Mißfallen zum Ausdruck bringen wollte; daß es vom Künstler, von der Bühne her „ausgepfiffen" wurde und dafür noch Beifall klatschen sollte, dafür hatte es kein Verständnis, daran konnten auch Baron Jeans kunstvolle „Pfiff-Koloraturen" und Triller (z. B. beim Frühlingsstimmenwalzer) nichts ändern.

Ganz besonders schön und zu Herzen gehend mußten aber wieder einmal die Schrammelschen Geigen geklungen haben, denn der Budapester Geigenbauer Paulus Pilat sah sich veranlaßt, für die beiden Brüder Schrammel – so wie schon früher Carl Zach – ganz besondere Geigen zu bauen. Von diesen Geigen berichtet nur Moißl[99]: „. . . Frau Betty Fuchs-Schrammel . . . besitzt . . . zwei Töchter, Maria und Herta, deren eine auf dem Instrument ihres Großvaters das Geigenspiel erlernt. Die schöne und gute Violine, auf der Rückseite des Bodens mit dem Monogramm Josef Schrammels und den Anfangstakten des Vindobonaliedes versehen, war ein Geschenk des Hofinstrumentenmachers Pilat in Budapest. Johann besaß von ihm eine ähnliche Geige in gleicher Ausstattung, nur daß die Noten rückwärts unter dem Halse dem Anfang des Liedes ‚Das Herz von an echten Weana' entnommen waren . . .[100]" Am inneren Boden der Geige Josef Schrammels ist „PILAT BUDAPEST" eingebrannt und ein Zettel eingeklebt, auf dem gedruckt steht: Paulus Pilat fecit Budapestini anno 1888, Nr. 43.

Ganz anders wie in Budapest wurde in Preßburg das erste Auftreten der Schrammeln von Publikum und Presse aufgenommen.

Wenn das mit der Hand auf einen Zeitungsausschnitt der Preßburger Zeitung geschriebene Datum (im Schrammel-Album) stimmt, dann spielten die Schrammeln bereits im März 1887 zum erstenmal in Preßburg. In diesem Zeitungsausschnitt, datiert vom 12. März 1887, heißt es u. a.: „Vor einem geschlossenen und gewählten Publikum produzierten sich Donnerstag abends im Speisesaal des Hotels ‚Palugyay' die vielgerühmten Wiener ‚Schrammel' zum erstenmal in Preßburg . . . Was die Schrammel spielen, ist Wiener Leben, Denken und Fühlen . . . Es war hochinteressant zu sehen, wie diese Künstler sich die Gunst eines fremden, mit dem Wiener Leben wenig vertrauten, vielleicht einen ‚klassischen' Genuß erwartenden Publikums im Sturm erzwangen und zu fesseln wußten. Es gab keine einzige Nummer im ganzen Programm, der nicht eine Zugabe folgen mußte . . ."

Im März 1888 gab es in Preßburg wieder zwei Schrammel-

Die Geige Josef Schrammels von Paulus Pilat, Geigenbauer in Budapest.

Abende „vor einem aus allen Gesellschaftskreisen Preßburgs bestehenden Publikum". Die Schrammeln zählten hier bereits „zu den Lieblingen des Publikums". Die Abende fanden am 7. Jänner im Prachtsaal des Hotels „König von Ungarn", und am 10. im Häckel'schen Lokal statt; im Häckel'schen Lokal dauerte der „gemütliche Schrammelabend" bis in die Morgenstunden[101].

Am 2. Februar hatten die Schrammeln mit Baron Jean, Xandl und Hirschmann in Graz in der Industriehalle ein Konzert mit großem Erfolg gegeben, das von einem eleganten, zahlreich erschienenen Publikum besucht worden war, und tags zuvor bei einer Nobelredoute mitgewirkt[102].

Auch in Wien spielten die Schrammeln auf Bällen und Faschingsveranstaltungen. Es waren die Wäschermädelbälle beim Weigl und beim „Luchsen", der Fiakerball in den Sälen der Gartenbaugesellschaft, die Fiakersoiree beim „Luchsen", das Kostümfest des Wiener Kaufmännischen Gesangsvereins in den Blumensälen, das unter der Devise „Ein Abend bei den Schrammeln" abgehalten wurde, und im Jänner 1888 hatte ein großer Wohltätigkeitsball in den Blumensälen stattgefunden, bei den man einen Raum „Beim Heurigen in Nußdorf" nannte und „wenn man die Augen schloß und den süßen Weisen des Schrammel-Quartetts lauschte, glaubte man sich wirklich nach Nußdorf versetzt[103]".

In Nußdorf durften sich die Schrammeln mit ihren Natursängern und Pfeifern seit dem Polizeierlaß vom 15. Oktober 1886, der auf Betreiben der Volkssänger zustande gekommen war, ja nicht mehr produzieren. Sie waren nur noch bei der „Waldschnepfe" zu hören. Mit diesem Polizeierlaß war der Kampf der Volkssänger gegen die Natursänger keineswegs zu Ende, er wurde auch in den neunziger Jahren mit großer Heftigkeit geführt.

Im Jänner 1888 gerieten die Volkssänger ihrerseits in starke Bedrängnis. Gegen sie und gegen die Singspielhallen hatten die Leiter der Vorstadtbühnen bei der Statthalterei Klage erhoben. Die Vorstadtbühnen sahen in ihnen eine große Konkurrenz, da sie Szenen und kleine Stücke aufführten, und machten diese „fliegenden Bühnen" für die schwindenden Besucherzahlen ihrer Vorstellungen verantwortlich. Die Statthalterei verbot hierauf die Vermietung der Konzessionen, entzog einigen Volkssängern die Singspielhallen-Konzession (so etwa auch Seidl und Wiesberg) und erteilte neue Konzessionen nur an Bewerber, die nach Wien zuständig waren. Man berichtete von siebzig Wiener Volkssängern und Klavierspielern, die durch dieses Vorgehen der Behörde brotlos geworden waren[104].

Im Juli 1888 gingen auch die Musiker der Zivilkapellen mit ihren Existenzsorgen an die Öffentlichkeit. Der Wiener Musikerbund richtete an das Fremdenblatt eine Zuschrift, in der er den Konkurrenzkampf der Zivilkapellen gegen die Militärkapellen darlegte. Das Fremdenblatt veröffentlichte am 22. Juli 1888 das Schreiben, in dem es u. a. heißt: „Seit in den 50er Jahren durch Kapellmeister Ph. Fahrbach sen. erfolgten Errichtung der Streichorchester bei den Militärkapellen führen die Wiener Musiker einen bis jetzt völlig aussichtslosen Kampf mit der erdrückenden Konkurrenz der Militärkapellen. Ein Zivilorchester nach dem anderen fällt als Opfer dieses Kampfes ... Kapellmeister Ziehrer, der wiederholt seine Zivilkapellen auflösen mußte, wich der Konkurrenz aus, indem er Militärkapellmeister wurde. Hofball- und Musikdirektor Ed. Strauß sieht sich genötigt, die Tätigkeit seiner Kapelle zum Großteil ins Ausland zu verlegen ... Große Kapellen, wie sie früher bestanden und welchen die ‚Wiener Tanz- und Volksmusik' ihr Entstehen und ihre Blüte verdankt – es seien nur die Kapellen Strauß, Lanner, Morelli, Fahrbach, Drahanek usw. genannt –, können sich nicht mehr behaupten. Es bilden sich nun kleinere, sogenannte Salonkapellen von 6–10 Mann, welche meist auch nur ein kümmerliches Dasein fristen. Doch auch auf dieses bescheidene Gebiet greift die Konkurrenz der Militärkapellen über. Obwohl Verordnungen bestehen, in welchen Produktionen von kleineren Partien als 16 Mann den Militärkapellen verboten werden, kommen doch Fälle vor, daß Abteilungen bis zu 6 Mann die Musik gewerbsmäßig betreiben ..."

Alle Eingaben bei der Behörde blieben erfolglos. Das Publikum stand auf seiten der Militärkapellen, denn sie machten nicht nur die bessere, sondern auch die billigere Musik.

Die bessere Musik zu machen war für sie nicht schwer, hatten sie doch alles Notenmaterial und genügend Probenzeit zur Verfügung; beides konnte ein Zivilkapellmeister weder bieten noch bezahlen.

Billiger war die Militärmusik, weil ein Musiker für ein Konzert oder einen Ball nur fünf Kreuzer bekam, ein Betrag, um den ein Zivilmusiker niemals spielen konnte, er mußte ja selbst – zum Unterschied vom Militärmusiker – für seine Verpflegung und Unterkunft sorgen. Keine Zivilkapelle konnte mit einer Militärkapelle konkurrieren. Die Not unter den Zivilmusikern wurde von Jahr zu Jahr größer. Im März 1895 sollte es in den Vororten sogar zu Demonstrationen der sozialdemokratischen Arbeiter gegen die Militärkapellen kommen[105].

1888 aber genossen die Militärkapellen noch die uneingeschränkten Sympathien und die Liebe aller Bevölkerungsschichten; wo sie sich hören ließen, dorthin strömten die Wiener in Scharen.

Im Juni 1888 war es etwas länger als ein Jahr, daß die Schrammeln bei der „Waldschnepfe" eine neue Wirkungsstätte gefunden hatten[106]. Das Fürst-Theater, immer bemüht, Aktuelles darzustellen, zeigte nun auf seiner Bühne einen solchen Schrammel-Abend in Dornbach. Am 16. Juni 1888 erfolgte die Erstaufführung des Stücks „Die sieben Todsünden der Wiener", in sieben Bildern und einem Vorspiel, und zwar mit folgenden Titeln:

Vorspiel: Der Velocipede-König von Stockerau
1. Bild: Hoffahrt ist Teufelsart
2. Bild: Der alte Geizhals
3. Bild: Im Salon der Tänzerin
4. Bild: In der höheren Töchterschule
5. Bild: Der Zorn
6. Bild: Im Hause der Trägheit
7. Bild: Ein Schrammel-Abend bei der „Güldenen Waldschnepfe" in Dornbach.

Karl Gründorf und Paul Mestrozi hatten den Text verfaßt, Leopold Kuhn hatte die Musik dazu geschrieben und eingerichtet. Das Stück wurde ein großer Erfolg, es wurde hauptsächlich wegen des letzten Bildes gesehen. Viele, die selbst nicht die „Waldschnepfe" besuchen konnten, vor allem

Frauen, wollten gerne sehen, wie es draußen in Dornbach bei den Schrammeln zuging. Aber selbst der Adel besuchte die Vorstellungen, wie etwa Fürst Hohenlohe und die Fürstin Batthyány[107].

In diesem letzten Bild wird der dichtbesetzte Gasthausgarten bei der „Waldschnepfe" gezeigt mit dem auf einer kleinen Erhöhung sitzenden Quartett der Brüder Schrammel, daneben steht der Produzententisch mit den Duettistinnen Sali und Mali, dann Baron Jean, Bratfisch, Handl und Hungerl, und an drei anderen Tischen sitzen Typen aus dem Publikum: an einem vier Herren der Jeunesse dorée von Wien, am anderen vier ältere Herren, und dann gibt es noch den Ehrentisch mit seinen Gästen. Unter den Jungen befindet sich Puzelfellner, der von seinen drei Freunden als „a Weana Hausherrn Söhnl, wia's im Buachl steht", „an echt's Früchtl vom Schottenfeld", „a g'sunds Ban von der Seid'ngassen" tituliert wird, der bestrebt ist, das vom Vater verdiente und ihm von der Mutter zugesteckte Geld zu „verputzen". Er hält seine Gäste frei, läßt den Fiakern „a Fassl außi kugeln" und überläßt ihnen selbst die Wahl der Speisen. Den Schrammeln wirft er, begeistert von ihrem Spiel und dem Pfeifkonzert von Baron Jean, eine Zehner-Banknote auf den Tisch.

Das Verhalten der Jugend wird von den älteren Herren kommentiert, die diese als echte „Wiener Bietz" bezeichnen und feststellen, daß sie selbst vor 40 Jahren auch nicht anders gewesen wären. Sie wollen nun versuchen, auch wieder so „vefluchte Kerle" zu sein wie dazumal.

In der „Waldschnepfe" wird der Bergsteiger-Verein erwartet, der eine Mondschein-Partie auf die Sofienalpe unternimmt und hier bereits Rast macht.

Für Heiterkeit sorgt ein „Böhm", ein kleiner Bediensteter, der an den Ehrentisch geladen und zum Singen aufgefordert wird. Allein schon sein – für Wiener Ohren – komisches „Wienerisch" reizt zum Lachen, das sich mit lärmendem Beifall und Johlen mischt, als er die erste Strophe des Fiakerlieds singt und das nach der zweiten, mit einem von ihm selbst stammenden Text, außerdem noch von Strampfen begleitet wird.

Zwei neuangekommene Gäste des Ehrentisches haben ihre Frauen im Gewühl des Fürst-Theaters verloren. Über ihren Kummer wollen sie sich mit Speis und Trank trösten, sie lassen „auftragen, daß sich der Tisch biagt! – was guat und teuer is"!

Die beiden jungen Sängerinnen Sali und Mali singen das Duett: „So hat mas, so find mas, so tragt mas in Wien, aber grad nur in Wien", in dem Wiener Zustände beschrieben werden. Zwei Strophen hier als Beispiel:

Sali: Eine Anstalt die das Wetter
So genau uns prophezeit
Mali: Wie's bei uns kann der Herr Vetter
Von der Sternwart s'is a Freud.
Beide: Wanns schreibn: s'wird schön, da is g'wiß alles hin
So hat mas, so tragt mas, so find mas in Wien,
Chor: Aber grad nur in Wien.

Sali: Ja, im Winter fünf Theater
Und noch eins vor der Lina
Mali: Doch im Juni ans im Prater
Für ganz Wien, g'horschamer Diener
Beide: Es ham halt die Leut für die Kunst keinen Sinn
So hat mas, so tragt mas, so find mas in Wien,
Chor: Aber grad nur in Wien.

Ein sich daran anschließendes Jodlerkonzert von Handl ruft frenetischen Beifall hervor.

Inzwischen hört man von weitem Musik, es kommt der angekündigte Bergsteiger-Verein mit einer Musikbande. Unter den Ankommenden befinden sich auch die beiden in Verlust geratenen Frauen, von denen die eine durch ihr „Verlorengehen" ihren Mann für die in den vorangegangenen Szenen begangenen sieben Todsünden bestrafen wollte.

Interessant ist vielleicht die Anmerkung der Polizeidirektion, die das Stück zensurierte, daß im 7. Bild keine Masken bekannter Personen auf die Bühne gebracht werden dürfen und als diese „bekannte Personen" die Brüder Schrammel und die auftretenden Sänger und Pfeifer angezeichnet wurden[108].

Außerhalb Wiens durften sich die Schrammeln mit ihren Natursängern und Pfeifern produzieren. Am 27. August 1888 spielten sie mit den Sängern Xandl und Hirschmann und mit

Baron Jean zum erstenmal in Heiligenkreuz[109], anläßlich des dort stattfindenden Kirchweihfests. Auch hier, wie überall, wo sich das Quartett hören ließ, war das Interesse für die Volksmusik so groß, daß im Stiftsgasthof, wo das Konzert stattfand, schon eine Stunde vor Beginn kein Platz mehr zu bekommen war. Dieser Veranstaltung wohnte auch der persische Gesandte Neriman Khan mit seiner Familie bei, der wiederholt „sein Entzücken über das unübertreffliche Spiel der Volksmusiker äußerte[110]".

Den „Linien Wiens sich nähern" war den Schrammeln erst im September 1888 möglich, als beim Stalehner ein Wohltätigkeitsfest unter dem Motto „Wiener Lieblinge" stattfand[111]. Bei einem Wohltätigkeitsfest durften auch Natursänger, in diesem Fall Xandl und Hirschmann, auftreten. Bemerkenswert ist, daß Bratfisch, der ebenfalls auftrat, sich nicht mit den Schrammeln, sondern mit Steidler produzierte. Schon am 21. August hatte das Extrablatt berichtet, daß Bratfisch mit den Butschettys in Laxenburg beim Kronprinzen war.

Die Schrammeln hatten den Wiener Volksmusik-Ensembles die Türen in die Paläste des Adels geöffnet und die Wiener Volksmusik „salonfähig" gemacht. Zum Geburtstag von Kronprinzessin Stephanie am 21. Mai hatten die Butschettys mit den Sängern Xandl und Brady auch in Mayerling gespielt.

Die „Grinzinger", Tauschek, Werdegg und Reisinger, die sich im Mai 1888 durch das Hinzutreten des Gitarristen Strohmayer (früher bei den Butschettys) von einem Terzett zu einem Quartett vergrößert hatten[112], konzertierten im September mit den Sängern Brandmeier und Schiel bei Erzherzog Wilhelm[113]. Diesem Diner wohnten auch Kronprinz Rudolf, der König von Griechenland und der Prince of Wales bei.

Die Schrammeln selbst waren im Februar bei Erzherzog Carl Ludwig gewesen, wie aus einem aus dem Nachlaß Hanns Schrammels erhaltenen Telegramm und Brief zu ersehen ist[114].

„Alte österreichische Volksmelodien"

1888 feierte Kaiser Franz Joseph sein 40jähriges Regierungsjubiläum. Das nahm Hanns Schrammel zum Anlaß, sich im Oktober mit der Bitte an den Kaiser zu wenden, seine „musikalische Arbeit, betitelt: ‚Alte österreichische Volksmelodien' der allergnädigsten Annahme zu würdigen". Zur Begründung seiner Bitte führt er aus: „Als Volksmusiker und Komponist mache ich die Wahrnehmung, daß die alten Volksmelodien immer mehr und mehr abnehmen, um endlich ganz zu verschwinden. Mein Streben war nur darauf gerichtet, diese Melodien zu sammeln, niederzuschreiben und zu harmonisieren. Diese Musikstücke entbehren gewiß nicht der Originalität, denn die sogenannte Wiener Musik ist eben eine solche, wie sie in keiner anderen Stadt, in keinem Lande existiert . . ."

Nach einem Hinweis auf seine wiederholten Produktionen vor Kronprinz Rudolf und der Erwähnung seiner Militärdienstzeit von 1866 bis 1870 setzt er sein Ansuchen mit der Feststellung fort, daß er, ohne unbescheiden zu sein, sich „als absolvierten Frequentanten des Wiener Konservatoriums den einzigen Wiener Volksmusiker nennen darf, dessen Kompositionen sich der allgemeinen Beliebtheit sowohl im In- als auch im Ausland erfreuen."

Die Widmung der Sammlung „Alte österreichische Volksmelodien" wurde vom Kaiser allergnädigst angenommen.

In drei Heften hat Hanns Schrammel alte Volksmelodien von 1800 bis 1860 gesammelt und diese mit dem Vorwort „Der Wiener Tanz" versehen. Schon am 1. November 1885 hatte er in der ersten Nummer der Zeitschrift „Wiener Spezialitäten" über den „Wean'rischen Tanz" geschrieben und eine Sammlung und Veröffentlichung von „Melodien, die halbvergessen, nur mehr den Alten im Ohr klingen", versprochen; leider kam es nicht dazu. Er war aber nicht müßig gewesen und hatte sehr wohl diese alten „Weana Tanz" gesammelt, niedergeschrieben und harmonisiert und ihnen durch die Widmung an den Kaiser einen besonderen Stellenwert gegeben:

„Der Wiener Tanz ist nahezu im Aussterben begriffen und ich habe es mir daher zur Aufgabe gemacht, diese gewiss reizenden Melodien seit langem zu sammeln, um sie meinem lieben Vaterlande (Österreich) für ewige Zeit zu erhalten. Selbstverständlich gibt es noch viele Tänze und Ländler, welche in meiner Sammlung nicht enthalten sind, ich habe mir aber auch zur Aufgabe gemacht, in jedem Genre, Einiges! und möglichst Beste zu bringen . . .", so beginnt das Vorwort. Schrammel führt dann aus, daß der Wiener Tanz aus dem Ländler entstanden sei, der aus Oberösterreich, Steiermark, Tirol und Kärnten stamme, zu dem ursprünglich nur getanzt, später dann aber vom Tänzer etwas vorgesungen und von der Musik nachgespielt wurde. „Pemmer veredelte diese Musik und nannte sie Deutsche. Strauß und Lanner brachten einen neuen Rhythmus, nämlich daß der Baß das erste Viertel anschlägt und das zweite und dritte Viertel von der Begleitung besorgt wird. Seit Strauß und Lanner der Name Walzer. Früher waren die Musik-Kapellen nicht so stark und geregelt zusammengestellt und fehlte daher die Begleitung, da nur Baß- und Prim-Instrumente in Verwendung waren, daher die alte Manier vor Strauß und Lanner, den Baß alle drei Viertel mitspielen zu lassen. In den zwanziger Jahren waren in Wien kleine Musik-Kapellen, meist zwei Personen, Zither und Violine, auch zwei Violinen und Baßgeige, sogenannte Linzergeiger. Diese Linzergeiger produzierten sich abends in kleinen Wirtshäusern und da fanden sich auch Mädchen ein, welche mit einer erstaunlichen Virtuosität tanzten; diese Mädchen waren keinesfalls schlechte Personen, sondern Fabriks-Arbeiterinnen, welche für das Tanzen von den Musikanten pro Kopf einen Gulden Schein gezahlt bekamen. Später jedoch qualifizierten sich auch solche Mädchen, welche keinen Anspruch auf Solidität machen konnten, zu diesem Erwerbszweige und hörte sich diese Art zu tanzen von selbst wieder auf . . ."

Anschließend führt Hanns Schrammel die seiner Meinung nach besten Volksmusikanten und -sänger von 1800 bis 1860 an, unter denen er die Gebrüder Schütz und ihre Frauen (Verwandte mütterlicherseits), seine Mutter und den noch lebenden Alois Strohmayer nennt.

Auch in seiner Zeit würden noch echte Wiener Tanz geschrieben, sie schienen ihm aber nicht mehr den Wert zu haben wie in früheren Zeiten. Er hoffe, durch die Herausgabe der Sammlung den Geschmack des Publikums wieder auf diese alten, schönen Volksmelodien zu lenken und jüngere Musiker anzuspornen, „solche ähnliche Weisen neu zu schreiben". Abschließend führt Hanns Schrammel aus: „. . . Nach meiner Ansicht hat der echte Wiener Tanz, wenn er im richtigen Tempo und mit Empfindung gespielt wird, noch niemals die erwünschte Wirkung verfehlt. Ich, aus meiner eigenen Praxis, kann bestätigen, daß Fremde (Ausländer), wenn sie einen echten Wiener Tanz hörten (man kann wohl voraussetzen, daß ein Ausländer diese Gattung von Musik gar nicht kennt), immer mit Andacht lauschten und in den meisten Fällen dadurch in recht gemütliche und fröhliche Stimmung versetzt wurden.

Daher mein Bestreben, eine echte, originelle und mit richtigen wahren Daten ausgestattete Sammlung von Wiener Tänzen (Volksmelodien) dem Publikum, in erster Linie meinen Landsleuten, den lieben Wienern, wiederzugeben."

Im Entwurf zu dem Vorwort „Der Wiener Tanz", der erst nach dem Tod Hanns Schrammels am 22. Oktober 1893 im Extrablatt veröffentlicht wurde, gibt er an, woher er einen Teil seines Wissens hatte: „Nebst meinem eigenen Bestreben . . . verdanke ich es meinem rüstigen alten Onkel, Herrn B. Schütz, einem sehr tüchtigen und noch tätigen Volksmusiker, dieses Werkchen mit Hilfe seiner Angaben so richtig bringen zu können.

B. Schütz machte diese Zeit als Volksmusiker mit und ist vermöge seiner geistigen Frische im Stande, mir außer den von mir selbst gesammelten alten Tänzen und der dazu nötigen Schrift mehrere interessante Angaben aus der alten Zeit, welche in meiner Sammlung enthalten sind, zu machen."

Im ersten Heft bringt Hanns Schrammel insgesamt sieben Tänze, und zwar von den Komponisten Johann Betzmeier, genannt „Heiligen Jean", der 1820 bis 1832 der beste Zitherspieler Wiens war und 1832 Kammervirtuose bei Herzog Max in Bayern, dem Vater Kaiserin Elisabeths wurde, von Johann Mayer, genannt „Zwickerl", von Weidinger, genannt „Schwomma", und von Johann Schmutzer.

Heft zwei enthält acht Tänze, und zwar von J. Schmutzer, Josef Sperl, Josef Turnofsky, Franz Gruber, Friedrich Agendaux, genannt „Farbenmacher Fried'l", Georg Bertl und Carl Grimberger, genannt „Handschuhmacher Carl".

Die im dritten Heft gesammelten elf Tänze sind meist Volksweisen, deren Komponisten unbekannt sind; sie stammen aus Wien, Reichenau, Oberösterreich, Steiermark, Tirol und Kärnten, mit Ausnahme je eines Musikstücks von F. Brem, Karl Oberhenk und den Brüdern Resterer.

Die erste große Reise

Hanns Schrammel selbst war einer der besten und fruchtbarsten Komponisten seiner Zeit, der es auch verstand, seine Kompositionen eindrucksvoll vorzustellen. Er kannte die Wirkung und den Zauber, den die Militärkapellen auf die Wiener ausübten und hatte deshalb auch 1886, anläßlich des 25jährigen Schrammel-Jubiläums, seinen Marsch „Wien bleibt Wien" von den Deutschmeistern unter Kapellmeister Ziehrer dem Publikum zum erstenmal zu Gehör bringen lassen. 1888 ließ er seinen neuen Marsch „Dornbacher Hetz" von der Militärkapelle des Infanterie-Regiments Nr. 84 zur Erstaufführung bringen[115], und zwar am 10. Oktober in Josef Schneiders elegantem Vergnügungs-Establissement, den Harmoniesälen (1., Schottenbastei 3), dem „einzigen fashionablen Konzertsaal der Residenz[116]". Hanns Schrammel war bei dieser Erstaufführung im Saal anwesend und wurde vom Publikum „lebhaft acclamiert", so daß der Marsch zweimal wiederholt werden mußte. Wahrscheinlich wollte Schrammel erkunden, wie seine Musik von diesem Publikum aufgenommen wird, denn 14 Tage später, am 24. Oktober, sollte hier eine große Feier stattfinden: das Abschiedskonzert der Gebrüder Schrammel, Dänzer und Strohmayer vor ihrer Abreise nach Berlin. Dafür hatte Johann Schrammel einen neuen Marsch komponiert: „Wien–Berlin". Auch diesmal spielte die Regimentsmusik Nr. 84 Freiherr von Bauer, aber abwechselnd mit dem Schrammel-Quartett. Das Singen von Xandl und Hirschmann und das Pfeifen von Baron Jean war von der Behörde nicht gestattet worden.

Hart getroffen durch die Reise des Quartetts nach Deutschland, die für sechs Wochen geplant war[117], wurden die „Waldschnepfe" und die Preisjodler-Veranstaltungen. Die

„Waldschnepfe" konnte für die Schrammeln keinen gleichwertigen Ersatz finden, denn kein anderes Volksmusikensemble genoß so großes Ansehen und spielte so hervorragend. Die neue Ära, die nun nach 18½ Monaten für die „Waldschnepfe" begann – so lange hatten die Schrammeln dort gespielt –, leitete Sonntag den 28. Oktober das Terzett Tauschek, Jäger und Vogt ein. Hirschmann und Xandl sangen, letzterer auch ein neues Lied von Schmitter: „I geh net nach Berlin, i bleib in Wien".

Am 2. November spielten die „Grinzinger", Werdegg, Knoll, Strohmayer und Reisinger, in Dornbach und ab 8. November das Quartett Dietz, Prantz, Eisenkolb und Horvath, die sich nun „Dornbacher Quartett" nannten (vorher Edelweiß-Quartett). Vom Preisjodlerfest beim „Luchsen" schrieb das Extrablatt am 29. Oktober: „. . . wie schwierig die musikalische Begleitung dieser Species von Sängern ist, wird durch die Tatsache illustriert, daß von sämtlichen Quartetten bloß ‚d'Bandmacher' [Herberger, Schleiter und die Brüder Daroka] es unternahmen, an Stelle der Schrammeln die Jodler etc. zu begleiten."

Die Schrammeln waren nicht die ersten, die Wiener Musik nach Berlin brachten. „Draußen an der Spree ist das Wienerische sowohl in der Musik als im Gesang Mode geworden und die Wiener Volkssänger und Volkssängerinnen feiern stets in der Hauptstadt des deutschen Reiches Triumphe . . .", kommentierte das Extrablatt am 26. Oktober 1888 den Abschied der Schrammeln aus Wien.

Bereits 1883, als im Berliner Vorort Treptow ein „Sperl" eröffnet worden war, hatte das Neue Wiener Tagblatt (13. Mai) festgestellt: „Berlin verwienert". Dasselbe Blatt berichtete am 12. Juni 1888: „. . . zum Lob des Berliners sei nun sofort von vornherein gesagt, daß er dem Wiener und allem, was von der Donau kommt, überaus freundlich zugetan ist . . ."

Das sollte sich auch bei den Schrammeln erweisen.

Der deutsche Schriftsteller Paul Lindau, ein begeisterter Verehrer Wiens und der Schrammeln, der, wie er 1894 in einem Brief an Hans Schließmann schreibt, die Stunden, die er in seinen jüngeren und jungen Jahren in und um Wien verbrachte, zu den harmlosesten und glücklichsten seines

Lebens zählte und der sich einen der fleißigsten Besucher beim Heurigen und in den Volksgärten nennt, war der Initiator dieser Reise der Schrammeln nach Berlin. „Hanns Schrammel habe ich in Berlin eingeführt und er hat mir aus Dankbarkeit einen seiner echtesten Wiener Tänze gewidmet", schreibt er in demselben Brief. „Man kann sich nichts Betraglicheres denken, als einen echten Wiener Walzer, von den Schrammeln gespielt und von Anton Strohmayer im schärfsten, packenden Rhythmus begleitet", war schon 1886 (25. September) von ihm in der Vorstadt-Zeitung zu lesen.

Der Impresario des Quartetts, das mit dem Sänger Brady und dem Kunstpfeifer Baron Jean auf Reisen ging, war Reinhold, der ehemalige Geschäftsführer des Etablissements Stalehner.

Von dieser Deutschlandtournee gibt es nicht nur Zeitungsberichte und -kritiken, es sind auch Briefe Hanns Schrammels an seine Frau Sali erhalten, aus denen die Reiseroute ersichtlich ist. Er war ein sehr fleißiger Briefeschreiber, nach seinen eigenen Angaben (Brief vom 23. November 1888) schrieb er täglich an seine Gattin, manchmal sogar zweimal. Diese Briefe zeigen ihn als einen liebenden Ehemann und sorgenden Familienvater, der sehr unter der Trennung von den Seinen litt und der sich auch in der Ferne um Kleinigkeiten des Hauswesens sorgte. „Gestern haben wir bei Paul Lindau gespielt und einen Erfolg erzielt, wie er schöner, größer und besser nicht mehr sein kann. Wir haben daher die besten Aussichten, daß es uns auf unserer Reise recht gut gehen wird . . .", schrieb Hanns Schrammel am 10. November 1888 an seine Frau. Es ist der erste uns erhaltene Brief aus Berlin.

Das Extrablatt und das Fremdenblatt veröffentlichen am 13. November über diesen Abend ein Schreiben, das sie aus der Reichshauptstadt erhalten hatten: „Ein Stück Wien hat hier gestern Triumphe gefeiert . . . Paul Lindau vereinigte in seinem gastfreien Hause so ziemlich alles, was Berlin an gefeierten Künstlern und Schriftstellern besitzt, zu einem gemütlichen Herrenabend. Und vor diesem Parterre von Feinschmeckern gaben die Schrammeln, die seit etwa drei Tagen in Berlin sind, ein Konzert . . . So hat man in Berlin noch niemals Walzer spielen gehört und solche Begeisterung hat hier noch kein Hausorchester zu wecken vermocht, wie die Schrammeln mit ihren vier Instrumenten . . ."

Etwas ganz Neues für die Berliner waren die Pfeifkünste von Baron Jean: „Köstlich war es, von den Gesichtern der Zuhörer den Übergang aus dem reinsten Entzücken in maßloses Staunen wahrzunehmen, als nach den Schrammeln Baron Jean seine Lippen spitzte und den Strauß-Walzer ‚Frühlingsstimmen' zu zwitschern begann. Kunstpfeifer sind den Berlinern völlig fremd; man starrte den Baron Jean wie ein Wunder aus einer anderen Welt an. Als er aber zu Ende war, ging ein ungeheurer Jubel los. Diese Koloratur – dieser Ausdruck – diese Höhe – diese Tiefe . . . und alles mit den Lippen . . . nein, es ist unfaßbar!"

„. . . die hervorragendsten Spitzen der Berliner Musikwelt ließen sich mit ihm in ein langes Gespräch über seine Kunst ein."

Welch ein Unterschied zu Budapest!

Brady sang das Fiakerlied, die Gäste sangen so gut sie konnten mit; man kam zu den Schluß: „Die Schrammeln hatten Wunder gewirkt."

Trotz dieses so großartigen Erfolgs bei Paul Lindau konnte Hanns Schrammel erst in dem Brief vom 17. November, also acht Tage später, schreiben: „. . . Heute abends werden wir bei der Erb-Prinzessin Fürstenberg spielen von 7 bis 9 dann später von ½10 bis ½1 Uhr in unserem Hotel (Kaiserhof) für Herrn Baron Postel, privat. Wir verdienen hier heute das erste Geld . . . von morgen an spielen wir 11 Tage nacheinander im Central-Theater. . ."

Eine Visitkarte von Prinz Friedrich Karl zu Hohenlohe-Oeringen, Plan Ufer 249, auf die Hanns Schrammel „Daselbst konzertiert zu Berlin" geschrieben hat, gibt Kenntnis von einem weiteren Konzert im privaten, adeligen Kreis[118]. Diese verhältnismäßig lange Pause zwischen ihren Produktionen ist nur dadurch zu erklären, daß das Ensemble ohne vorher abgeschlossene Engagements nach Berlin kam. Es war Hanns Schrammel, der das Risiko dieser Reise auf sich genommen hatte und sicherlich auf die Verbindungen Paul Lindaus setzte, denn in einem Brief aus Stuttgart an seine Gattin heißt es: „. . . Du weißt ja, wie es ausgeschaut hat, kurz vor unserer Abreise, wie mir damals der Reinhold geschrieben hat (: Berlin scheint für uns verloren zu sein:); ich aber habe den Kollegen gar nichts davon gesagt und mutig wie immer gings nach Berlin . . ."

Sonntag den 18. November 1888 wurden die Schrammeln bei einer Matinee im Central-Theater dem Berliner Publikum öffentlich vorgestellt. Der Erfolg war überwältigend! Die Zeitungskritiken ließen keine Wünsche offen. Das Extrablatt und die Österreichische Volkszeitung druckten in ihren Ausgaben vom 19. November die Ausführungen des Berliner Börsen Couriers ab; die Österreichische Volkszeitung leitete diese mit dem Satz ein: „Berlin, die Zentrale des waffenstarrenden deutschen Reiches, ist Sonntag morgens erobert worden und zwar durch die Schrammeln."

Der Berliner Börsen Courier schrieb: „Der lebhafteste, der rauschendste Vormittags-Erfolg, dessen wir uns besinnen können, ist heute dem ‚Central-Theater' beschieden gewesen, und in erster Linie den ‚Schrammeln'. Zur Einführung dieser berühmten musikalischen Spezialität Wiens hatte Direktor Thomas für heute eine Matinee angekündigt. Schon bei der Probe der Schrammeln war Direktor Thomas vom Erfolg so überzeugt, daß er das Quartett mit Gesangs- und Pfeif-Anhang für mehrere Abende engagierte. Der heutige Erfolg hat alle Erwartungen weit übertroffen. Es charakterisiert die Eigenart ihrer Vorträge sehr gut, daß sie nicht in Frack und weißen Binden, nicht in Konzert-Virtuosen-Uniform erschienen. Die echte Volkstümlichkeit ihrer Vorträge fand hier sofort das vollste Verständnis. Wie das Spiel so recht aus der ganzen Empfindung quillt, wie es das pure Gefühl zu sein scheint, das da von den Violinsaiten emporzittert, aus der Klarinette quillt, aus allen Instrumenten abwechselnd hervorjauchzt oder hervorklagt, unser Publikum hat's sofort empfunden. Die Schrammeln wollen nicht durch Virtuosengeschick, nicht durch akademische Sauberkeit und Korrektheit glänzen, obwohl ihre Technik eine tüchtige, die Exaktheit ihres Spiels eine ungewöhnliche ist. Volksweisen spielen sie, das Volksempfinden, dem sie entstammen, geben sie wieder, und wie das Berliner Publikum heute so verständnisvoll darauf einging, zeigt es eine sehr interessante und neue Art von Gefühlsverwandtschaft zwischen Berlin und Wien. Ein Pfeif-Virtuose hat sich wohl nie zuvor auf einer Bühne vorgestellt.

Daß von der Bühne herab ins Publikum gepfiffen wird, geschieht wohl zum ersten Male, der umgekehrte Fall ist freilich schon öfter dagewesen.

Wie Baron Jean einfach mit den Lippen Musik macht, wie er Seele und feinste Pointierung in den Vortrag legt, dem Instrumental-Quartett ein eigenartiges und überraschendes Element beimischt, das erregte stürmischen Beifall, gleichen Erfolg hatte ein Posthornvortrag, insbesondere ein virtuos durchgeführtes Piano. Herr Bradi, der Coupletsänger, erntete besonders für den trefflichen Vortrag des Fiakerliedes stürmischen Dank. Ein Rendez-vous-Couplet, das er vorher sang, war wohl zu harmlos."

Brady konnte nur einen geringen Erfolg für sich verbuchen; von einigen Zeitungen bekam er sogar schlechte Kritiken.

Über den Posthornvortrag Dänzers geriet ein Kritiker einer anderen Zeitung sogar ins Schwärmen: „. . . als er die alte, halbverschollene Melodie des Postillionsliedes anstimmte und in Variationen von verschiedenster Klangfarbe bald anschwellen, bald wie einen in weiter Ferne ersterbenden Ton verklingen ließ, da wurde all die Poesie der Eichendorffschen Gedichte und des wundersamen ‚Postillions' von Nicolaus Lenau lebendig."

Für die vielbewunderten Pfeifkünste Baron Jeans wußte die Berliner Staatsbürgerschaftszeitung vom 23. November 1888 auch eine praktische Verwendung: „Im übrigen ist diese Kunstpfeiferei des Baron Jean nicht ohne praktische Perspektive. Die Querpfeifen der preußischen Armee kosten viel Geld und würden, wenn ein Pfeifmeister à la Jean eine Pfeifschule zu errichten die Erlaubnis erhielte, alle gespart werden."

Eine andere Zeitung stellte fest: „Baron Jean wurde so stürmisch bejubelt, wie noch kein sozialistischer Parlamentarier."

Hanns Schrammel schrieb über diese Veranstaltung an seine Frau: „. . . Die heutige erste öffentliche Produktion im Central-Theater ist brillant ausgefallen. Wir sehen bereits, daß wir hier mehr als gewöhnlich durchgreifen . . ."

Am 24. November spielte das Quartett zum zweitenmal bei der Erbprinzessin Fürstenberg, und diesmal befanden sich unter den Zuhörern auch Herbert von Bismarck, der Sohn des großen Kanzlers, und der Großherzog von Mecklenburg-Schwerin.

Noch vor den letzten Auftritten im Central-Theater, am 25. November, gab Hanns Schrammel in einem Schreiben an seine Frau seiner vollsten Zufriedenheit mit den Gastspiel in Berlin Ausdruck: „Nicht wahr, Berlin ist an Ehren und Geld sehr erträglich gewesen, das hätten wir in Wien nicht verdienen können, ich bin recht zufrieden . . . trotzdem ich Dir alles zusammen jetzt 500 Mark geschickt habe, das macht einige Kreuzer weniger als 300 Gulden und wir erst 12 Tage eigentlich tätig sind, da wir nach der Soirée bei Lindau volle 8 Tage pausieren mußten, ist das wohl schön genug . . ."

Das letzte Auftreten der Schrammeln im Central-Theater fand am 28. November statt; anschließend spielten sie noch im königlichen Schauspielhaus bei einer Veranstaltung für wohltätige Zwecke einige Nummern.

Am 29. November erfolgte die Abreise nach Frankfurt am Main, wo sie nach zwölfstündiger Bahnfahrt um ½9 Uhr abends ankamen und im Hotel Drexler abstiegen. Hier wurden sie – nach einem Brief Hanns Schrammels vom 30. November – „. . . sofort zu einem Restaurateur geladen", der sie „mit Gollasch, Nockerln und Erdäpfel sowie mit Gansl und Salat traktierte, dann mit Bier und Wein". Anschließend suchten sie den früheren Hotelbesitzer vom „Weißen Roß" in der Taborstraße auf, der in Frankfurt eine Restauration mit Pilsner Bier und guter Wiener Küche betrieb. Dieser freute sich so sehr über das Wiedersehen mit Hanns Schrammel, daß sie bis 5 Uhr früh beisammensaßen und beide einen „tüchtigen Schwomma (Rausch)" hatten.

Samstag, den 1. Dezember spielte das Quartett in Frankfurt für den Journalisten-Verein; es ist nicht bekannt, wo es sich sonst noch produzierte, es scheint aber erfolgreich gewesen zu sein. „Frankfurt war zwar nicht so wie Berlin, aber immerhin gut", heißt es in einem Brief Hanns Schrammels aus Stuttgart, wohin sie am 9. Dezember gereist waren. Hier fand das erste Konzert am 12. Dezember im Konzertsaal der Liederhalle statt. Es war wieder ein großer Erfolg. „Man glaubte sich ganz in die Kaiserstadt an der Donau versetzt", schrieb das Neue Tagblatt Stuttgart. Man rühmte das Posthornsolo von Dänzer und die Pfeifkünste von Baron Jean. „Das 12 Nummern umfassende Programm mußte fast zur Hälfte wiederholt werden."

„Die ‚Schrammeln' ... sie tragen Wiener Tänze mit der, wie es scheint, dem Wiener angeborenen Anmut vor", stand im Schwäbischen Merkur.

Die letzte Station der so erfolgreich verlaufenden Deutschlandreise war München, wo sie am 16. Dezember eintrafen. Es war ein Abschluß, den man sich nicht schöner und besser hätte wünschen können. Die Münchner Neuesten Nachrichten schrieben unter dem Titel „Bei den ‚Schrammeln' in Kil's Kolosseum": „Ein musikalischer Genuß vollkommen neuer Art. Das will schon an sich etwas heißen in unserem musikfrohen München..." Überrascht waren die Zuhörer von der Schönheit der ihnen bis dahin unbekannten österreichischen Volksweisen, die vom Quartett dargeboten wurden, was sie mit tosendem Beifall würdigten. Auch die instrumentale Besetzung des Quartetts war für die Münchner völlig neu.

„... Mit vier Instrumenten wissen die Wiener Künstler einen Klang zu erzeugen, welcher die weiten Räume des Kolosseums aufs Vollkommenste ausfüllte, einen Klang von so volltönender Kraft und so eigenartigem Timbre, daß die Zuhörer schon nach dem ersten Takt verwundert aufhorchen unter dem Eindruck des Ungewöhnlichen. Und es ist alles ungewöhnlich bei diesem Wiener Quartett: Die Klangfarbe, der seelische Ausdruck der Musik, die Klarheit und Reinheit des Vortrags, die oft wundersame Exaktheit des Zusammenspiels und vor allem die rhythmischen Eigentümlichkeiten. Ein ewiger Wechsel von Zurückhalten und wieder Forteilen, ein fortwährender Wechsel der Tempi, der es geradezu rätselhaft erscheinen läßt, daß diese vier Künstler, ohne daß jemand den Taktstock führt, ja ohne daß einer zum andern nur aufsähe, so genau und glockenrein zusammenspielen. Sie geben Volksweisen zum besten, die zum Teil jeder schon gehört, ohne daß nur ein Ton empfindsamer an sein Ohr geschlagen – sie aber machen feine, herzergreifende Weisen daraus und das klingt und jauchzt und zittert und weint und trillert aus ihren Instrumenten heraus, daß man nur lauschen mag und immer lauschen. Welcher Wohlklang und welche

Empfindung in ihrem ‚Piano' und welche Kraft und Tonfülle, wenn sie heiter Melodien spielen! Und wie sie so einen Walzer zu schattieren wissen! Sie zerlegen die Weise förmlich, jeder Ton, jeder kleinste Reiz kommt zur Geltung und das Ganze behält doch seinen Charakter. Die Präzision und virtuose Sicherheit, mit welcher die beiden Geigen, Brüder Schrammel, spielen, kann nicht zu viel gerühmt werden, vollendet ist aber auch die Kunst der Klarinette . . . Herr Dänzer weiß sie so zu spielen, daß sie kaum schärfer klingt als die Geige, sein ‚Piano' ist geradezu wunderschön. Auch als Posthornbläser ist derselbe Künstler ein Virtuose . . ."

Auch für Strohmayer fand man lobende Worte. Baron Jean jedoch betrachtete man als ein Phänomen: „Es ist, als trüge er eine Nachtigall in der Brusttasche, die einige Jahre an einem Konservatorium studiert hat."

Auf dieser Reise wurde bei allen Produktionen des Quartetts die Ansicht Hanns Schrammels bestätigt, die er im Vorwort der Sammlung „Alte österreichische Volksmelodien" darlegte: Der „Wiener Tanz", im „richtigen Tempo und mit Empfindung gespielt", verfehlt auch bei Ausländern seine Wirkung nicht. Die Lobeshymne des Münchner Blatts war am 21. Dezember auch im Extrablatt zu lesen. An diesem Tag war das Quartett mit seinem Sänger und dem Kunstpfeifer bereits in Wien.

Am 18. Dezember, noch um ½1 Uhr nachts, hatte Hanns Schrammel an seine Frau geschrieben, daß sie am 20. Dezember um ¼10 Uhr von München abfahren und um ¾9 Uhr abends in Wien ankommen würden. In diesem Brief hatte er auch den Zeitungsbericht mitgeschickt, der ihr zeigen sollte, wie sie „in München durchgegriffen haben". Es war nicht das einzige Erfreuliche, das er ihr schreiben konnte, auch die materiellen Erfolge der Reise konnten sich sehen lassen: „Jetzt paß auf, ich bringe 300 Mark in Gold zu Hause und extra für die Kinder, für Dich und die Großmutter je einen Thaler, gilt jeder 3 Mark. Das sind 10 Thaler oder 30 Mark."

Nicht nur Hanns Schrammel konnte es kaum erwarten, wieder bei den Seinen zu sein, auch „der Strohmayer sehnt sich schon sehr nach Haus, da er schon Aviso bekommen hat, daß seine Frau alle Stund' entbinden soll", heißt es in demselben Brief.

Rosalia, die Gattin
Hanns Schrammels.

Wie sehr sie sich auch nach Wien und die Ihren zurückgesehnt hatten – ihr Aufenthalt hier währte nicht allzu lange. Während dieser Zeit spielten die Schrammeln nur zweimal bei einer öffentlichen Veranstaltung, und zwar in den Harmoniesälen, wo das Abschiedskonzert vor ihrer Reise nach Berlin stattgefunden hatte und der Marsch „Wien–Berlin" zum erstenmal erklungen war. Man hatte die Schrammeln für die Silvesterfeier engagiert, und wegen des großen Erfolgs sah sich der Restaurateur veranlaßt, sie noch einmal für den 2. Jänner 1889 zu verpflichten[119].

Die zweite große Reise

Bereits am 3. Jänner 1889 trat das Quartett mit Brady und dem Kunstpfeifer Baron Jean die zweite große Reise an, die durch die österreichischen Kronländer und durch Deutschland führte.

Die erste Station der Tournee war Brünn. Dort trafen die Schrammeln und ihre Begleiter um 5 Uhr nachmittags ein, und am Abend fand bereits das erste Konzert im Augartensaal statt, der trotz der hohen Eintrittspreise „voll" war: „. . . haben abends einen außerordentlichen Erfolg gehabt, mehr als riesig gefallen", schrieb Hanns Schrammel am 4. Jänner an seine Frau. Der „Tagesbote aus Mähren und Schlesien" formulierte das folgendermaßen: „‚Wir kamen, musizierten und siegten‘, können die Wiener Schrammeln auch in Brünn sagen. Die Aufnahme . . . stand an Enthusiasmus nicht hinter jener zurück, die ihnen in den hervorragendsten Städten Österreichs und Deutschlands zuteil geworden ist und ließ an Wärme nichts zu wünschen übrig . . ."

Diese Rezension schickte Hanns Schrammel seiner Gattin am 5. Jänner und fügte die Bemerkung hinzu: „Da wird sich mancher wieder giften, wenn er so etwas von uns lesen wird . . ." Eine andere Kritik, die Hanns Schrammel seinem Brief am 7. Jänner (Prag, 7 Uhr abends) beilegte, kommentierte er mit den Worten: „. . . auf eine solche Art und Weise wurde wohl nie über Volksmusiker geschrieben."

Prag war die zweite Station ihrer Reise. Der Impresario war diesmal ein Herr Löwy (nicht Julius Löwy vom Extrablatt). Er war bereits am Vormittag des 5. Jänner nach Prag vorausgereist, das Ensemble folgte tags darauf[120]. Am 8. Jänner fand das erste Konzert im Wintergarten des „Grand Hotels" statt, der 1 000 Personen Platz bot[121]. Es ist bemerkenswert, daß das Prager Tagblatt, das am 8. Jänner seine Leser vom ersten Auftreten der Schrammeln in Prag in Kenntnis setzte, nicht nur auf ihre Erfolge vor allerhöchsten Herrschaften der Aristokratie, der haute finance und auf ihrer Deutschland-Tournee hinwies, sondern vor allem auch auf die Empfehlung von Johann Strauß anläßlich des Strauß-Abends des „Verbandes der deutschen Journalisten in Böhmen" und das bereits erwähnte Empfehlungsschreiben im Wortlaut zitierte: „Erkläre hiemit mit Vergnügen und Überzeugung, daß die musikalische Leistung der Gesellschaft in der Ausführung und im Vortrag im wahren Sinn des Wortes von künstlerischer Bedeutung ist und Jedermann, der für die getreue musikalische Wiedergabe des Wiener Humors, der poetischen Eigentümlichkeit des Wiener Volksgenres Sinn besitzt, auf das Wärmste zu empfehlen ist. Johann Strauß."

„Hurra! In Prag abermals großer Erfolg!", konnte Hanns Schrammel am 9. Jänner seiner Frau berichten. „Bei unserer gestrigen Produktion war Herr Erzherzog Ferdinand d'Este anwesend, das macht für unser Geschäft sehr viel aus . . ." Der Erzherzog hatte zwei Logen bestellt und war in Begleitung seines Kammerherrn Graf Wurmbrand und des Kommandanten des Infanterie-Regiments Nr. 102 Herrn von Ploennies erschienen.

„Die Wiener Schrammeln haben auch hier wie überall die Gunst des Publikums im Sturm erobert", schrieb das Prager Tagblatt am 10. Jänner 1889. „Man ist überrascht von der Wirkung dieses eigenartig . . . zusammengestellten, prächtig zusammengestimmten und zusammengespielten Miniaturorchesters . . . Die Schrammeln bringen mit ihren Weisen bald eine behagliche Stimmung in das Auditorium, die sich von Nummer zu Nummer steigernd, bald zu brausendem, nicht endenwollenden Beifallssturm gestaltet; nur so ist es zu erklären, daß das aus normal acht Nummern bestehende Programm auf die doppelte, ja dreifache Zahl derselben erweitert werden muß."

Die in Wien nicht allzusehr beachteten Posthornsoli von Dänzer fanden im Ausland besondere Beachtung und Wertschätzung. So war für die Zeitung „Bohemia" das Posthornsolo die Glanznummer dieses Abends, das auch auf der Deutschland-Tournee überall große Bewunderung erregt hatte.

„Die Schrammeln haben jetzt auch Prag erobert", hieß es am 11. Jänner im Neuen Wiener Tagblatt.

Die Kompositionen Hanns Schrammels „Frühlingsgrüße an Pauline" und die „Blumenkorso-Polka" entstanden in Prag[122].

Brünn war für das Ensemble finanziell sehr erfolgreich gewesen, Prag versprach – nach diesem großen Erfolg – es ebenfalls zu werden. Das veranlaßte Hanns Schrammel, seine Frau aufzufordern, sich nun täglich abends 2 Krügel Bier zu kaufen und die dafür ausgegebenen 10 Kreuzer „auf die Rechnung zu geben", das heißt, sie mußte sie nicht von ihrem Kostgeld bestreiten[123]. Diese Art „Schlaftrunk" war auch bei Hof üblich, wie Fürstin Nora Fugger berichtet[124]: „Den ‚Schlaftrunk' erhielten bis in die allerletzte Zeit jeden Abend in der Gestalt von 2 Maß Bier alle Herren der Suite und die Hofdamen."

Von Prag ging die Reise weiter nach Dresden, wo am 17. Jänner im Residenz-Theater die erste Produktion stattfand. Auch hier lobte die Kritik das Quartett und insbesondere Dänzer und Baron Jean, für Brady war aber nur beim „Fiakerlied" ein Erfolg festzustellen, und zwar vorwiegend beim Publikum „auf den vornehmeren Plätzen"[125]. Es wurde auch vermerkt, daß der k. k. österreichisch-ungarische Gesandte Graf Chotek während der Vorstellung im Residenz-Theater die Schrammeln in ihrer Garderobe aufsuchte und sich „auf das Freundlichste" mit ihnen unterhielt. Hanns Schrammel schrieb am 20. Jänner seiner Frau erfreut von diesem Besuch: „Graf Chotek hat uns hier gleich am ersten Tag in unserer Garderobe mit seinem Besuch beehrt und uns Glück gewunschen. Diesem Herrn werde ich wahrscheinlich den neuen Marsch widmen . . ."

Hans Schrammel fand das Publikum in Dresden „fad" und bezeichnete den Standpunkt des Quartetts „durchzugreifen" als „sehr schwer"; es gelang ihnen aber dennoch, „den Leuten warm zu machen" (Brief vom 22. Jänner 11 Uhr). Nicht klagen konnte das Ensemble jedoch über seinen Verdienst. Es war, nach dem Brief Hanns Schrammels vom 22. Jänner 12 Uhr (vielleicht hatte er sich im Datum geirrt, denn es wäre der zweite Brief innerhalb einer Stunde), der höchste, den sie bisher erzielen konnten. Hanns Schrammel konnte nach den drei Wochen 500 Gulden nach Hause schicken.

Der letzte Auftritt in Dresden erfolgte am 23. Jänner 1889; am nächsten Morgen fuhren die Schrammeln nach Leipzig, wo sie sich im Krystall-Palast produzierten[126]. Ihr Auftreten war „mit Erfolg gekrönt", sie „haben sehr gefallen, nur der Verdienst war nicht besonders gut".

Den Briefen Hanns Schrammels ist zu entnehmen, daß es

ihm seit seiner Ankunft in Dresden gesundheitlich nicht gut ging. Sein Hämorrhoidenleiden hatte sich so verschlechtert, daß er täglich – oft sogar mehrmals – ein Sitzbad nehmen mußte, um überhaupt spielen zu können. Am 28. Jänner schrieb er seiner Frau von einem so starken Anfall, daß er von dieser Stunde an nur Wasser und abends höchstens zwei Glas Bier trank, täglich drei bis fünf Sitzbäder nahm und „um weniger Stuhlgang zu haben . . . 2 Tage nicht einen Bissen gegessen" hatte.

Der letzte Auftritt in Leipzig erfolgte am 29. Jänner 1889. War der Verdienst auch nicht glänzend gewesen, so konnten doch die Spesen abgedeckt werden.

Von Leipzig reisten die Schrammeln nach Halle an der Saale. Nach Ankündigung des Halleschen Tagblatts vom 30. Jänner 1889 erfolgten die Produktionen von 31. Jänner bis 3. Februar im Viktoria-Theater. In Halle erreichte sie die Nachricht vom Tod des Kronprinzen Rudolf. Zur Trauer um den Kronprinzen kam noch die Sorge um den weiteren Verdienst: „Hoffentlich wird sich die Trauer nicht bis Deutschland erstrecken, sonst hätten wir auch keinen Verdienst", schrieb Hanns Schrammel am 31. Jänner an seine Frau. Und: „. . . die Cigarren im Gläserkasten sind noch vom Kronprinzen, bewahre sie gut, daß nichts daran geschieht!"

Nach dem Gastspiel in Halle an der Saale war das Quartett einige Tage in Wien, wie aus einem Brief aus Graz vom 18. Februar hervorgeht. Darin beauftragt Hanns Schrammel seine Frau, zu seinem „Freund Julius Löwy ins Extrablatt" in die Berggasse zu gehen und ihm zu sagen, er sei von Halle an der Saale plötzlich krank nach Hause gekommen und bis zur Abreise nach Wiener Neustadt – wahrscheinlich eine Zwischenstation auf der Reise nach Graz – in ärztlicher Behandlung gewesen. Es sei ihm unmöglich gewesen, Löwy in der kurzen Zeit seines Aufenthalts in Wien zu besuchen.

Vielleicht war es außer der Krankheit auch noch das inzwischen bei ihm zu Hause eingelangte Hofdekret, das Hanns Schrammel zur Rückkehr nach Wien bewogen hatte, denn in dem obenerwähnten Schreiben heißt es weiter: „Ferner nehme das Hof-Dekret vom Kaiser mit und lasse es ihm lesen, aber dortlassen darfst du es unter keiner Bedingung, du darfst es nicht aus der Hand geben . . . Das weitere, was ich damit erzwecken will habe ich dem Herrn Löwy schon brieflich mitgeteilt . . ."

Am 20. Februar erschien im Extrablatt unter dem Titel „Von unseren Schrammeln" – nach ein paar Worten über ihr erfolgreiches Gastspiel in Graz – folgende Ausführung: „Johann Schrammel, der ein trefflicher Kenner der alten Wiener Volksmusik ist, hat soeben eine Notenstudie vollendet, welche die ältesten, im Volke lebenden ‚Wiener Tanz' umfaßt und auch deren Geschichte einschließt. Dieses Werk, dessen Entstehung und Anregung weil. unserem unvergesslichen Kronprinzen zu danken ist, hat Herr Schrammel Sr. Majestät dem Kaiser gewidmet und ein überaus schmeichelhaftes Anerkennungsschreiben von Seiten des Oberstkämmerer-Amtes brachte ihm die ehrenvolle Mitteilung, daß Sr. Majestät geruht haben, diese Widmung anzunehmen[127]."

In Graz spielten die Schrammeln am 16. Februar in der Industriehalle, die „bis auf das letzte Plätzchen besetzt" war[128]. Die Kritik stellte fest: „Zu dem Besten und Wertvollsten des Abends gehörte das Potpourrie von den Lanner'schen Walzern . . . ihre Wiedergabe war in jeder Hinsicht vollendet."

Am 17. Februar gab es ein Doppelkonzert mit den Schrammeln und der Kapelle des Infanterie-Regiments König der Belgier in der Industriehalle.

Der Aufenthalt des Quartetts mit Brady und Baron Jean währte zwölf Tage[129]. Während dieser Zeit wurde Hanns Schrammel von seiner Frau in Graz besucht. Am 21. Februar traten die Schrammeln im Stadtpark-Theater auf, in dem noch die Possen „Frühere Verhältnisse" und „Eine Vorlesung bei der Hausmeisterin" aufgeführt wurden. Ein „Abendblatt" vom 22. Februar (Ausschnitt im Schrammel-Album) kündigt wegen des außerordentlichen Erfolgs noch zwei weitere Abende an.

Das Extrablatt berichtet am 27. Februar auch vom Mitwirken der Schrammeln bei den „Gigerln von Wien" und von einer Soiree, zu der sie vom Grafen von Meran geladen worden waren: „Der Hohe Herr zeichnete Hanns Schrammel durch die Überreichung eines kostbaren Ringes aus."

An den folgenden Stationen der Tournee war der Aufenthalt des Ensembles jeweils nur von kurzer Dauer. Von Graz ging es nach Marburg, wo es am 27. und 28. Februar spielte.

„Marburg ist gut, die gestrige Soirée war es wenigstens", schrieb Hanns Schrammel an seine Frau[130].

Am 1. März fand in Cilli ein Konzert beim „Elefanten" (Hotel Elefant) statt. „. . . in Cilli war es sehr gut besucht und wir haben sehr gefallen", berichtete Hanns Schrammel nach Hause[131]. Am 2. März ging die Reise von Cilli nach Laibach, wo zwei Auftritte vorgesehen waren, der erste noch am Reisetag, der zweite tags darauf. Hier gab es Schwierigkeiten mit der Produktionsbewilligung: „Soeben erfahre ich, daß die Behörde in Laibach unsere Produktion nicht gestatten will. Es sind hier zwei Parteien und die Deutschen sind hier sehr verhaßt, es kann uns daher leicht passieren, daß wir in Laibach gar nicht spielen dürfen . . .[132]" Diese Befürchtung Hanns Schrammels traf nicht ein. Am 2. und 3. März konnten die Produktionen des Ensembles in Laibach stattfinden.

Der Verdienst war seit Graz nicht mehr so hoch wie vorher, aber immerhin doch so, daß es möglich war, „außer den Spesen einige Gulden auf die Seite" bringen zu können.

Am 4. März ging es bereits um 6 Uhr früh mit dem „Courierzug" nach Triest. Hier fand der erste Auftritt der Schrammeln am 6. März im „Prachtsalon" des Hotels „König von Ungarn" statt[133]. „. . . Gestern produzierte sich dieses Quartett (Gebrüder Schrammel) zum erstenmal im Restaurant ‚Al Re d'Ungheria'. Der Erfolg war ein glänzender. Rauschender Beifall folgte jeder Nummer." Der Saal war „voll".

Noch vor der Produktion hatte Hanns Schrammel an seine Frau einen Brief geschrieben, in dem er ihr die weiteren geplanten Stationen ihrer Tournee bekanntgab: „Venedig, Abbazia, Fiume, Görz, Meran, Bozen, Innsbruck, Klagenfurt, München, Salzburg, Linz etc., also durch Italien, Tirol und Oberösterreich etc."

Vom 7. bis zum 14. März sind die Orte, an denen sich das Ensemble aufhielt oder spielte, nicht bekannt, denn der nächste und zugleich letzte erhaltene Brief Hanns Schrammels von dieser Reise stammt vom 16. März. Darin schreibt er, daß sie tags zuvor in Abbazia gespielt haben. Das Konzert hatte im Hotel Stephanie stattgefunden und war „trotz des hohen Eintrittspreises von 2 Gulden derart gut besucht, daß eine Menge von Gästen umkehren mußten[134]". Den Brief vom

16. März hatte Hanns Schrammel auf der Reise von Fiume nach Klagenfurt in der Station St. Peter (vor Adelsberg) geschrieben und aufgegeben, wo der Zug wegen einer heftigen Bora eine Stunde lang angehalten worden war. „. . . nun erfahre, was wir alles mitmachen", heißt es darin. „Gestern haben wir in Abbazia gespielt, da mußten wir um 2 Uhr nachmittags von Fiume per Schiff am Meer fahren und kamen dort um 3 Uhr an. Nach dem Konzert sind wir per Wagen nach Fiume in unser Hotel zurückgefahren, wir kamen daher erst um 2 Uhr nachts ins Bett, also ungefähr um 3 Uhr eingeschlafen und in 2 Stunden darauf um ½5 mußten wir aufstehen, auf die Bahn gehen und müssen wir von ½5 Uhr früh bis ½7 Uhr abends fahren, um nach Klagenfurt zu kommen, dort müssen wir sofort Kleider wechseln und direkt ins Theater zur Vorstellung gehen. Wenn wir nur nicht zu spät kommen."

In einem im Schrammel-Album eingeklebten Ausschnitt der Klagenfurter Zeitung mit dem darüber handgeschriebenen, unrichtigen Datum 15. März 1989 heißt es in der Kritik über das Stadttheater: „Unter großem Beifall und vor vollem Hause – trotz des gestrigen Männergesangs-Konzertes – haben gestern und vorgestern ‚Die Schrammeln' ihre wienerischen Volksweisen ertönen lassen . . . wegen der wirklich hervorragenden Vollkommenheit seines (des Quartetts) Zusammenspiels auch eine künstlerische Spezialität . . ."

Das „volle Haus" dürfte es jedoch nur am 16. und 17. März gegeben haben, denn „von Klagenfurt weiß ich, daß der dritte Tag miserabel war", schrieb Hanns Schrammel am 19. März nachmittags um 1 Uhr aus Villach an seine Frau. Am Beginn dieses Briefes gibt er die letzten Stationen der zu Ende gehenden Reise bekannt: „Mittag 12 Uhr sind wir hier in Villach angekommen und ich kann Dir schon Näheres über unser Nachhausekommen schreiben. Heute spielen wir hier, morgen entweder auch da oder in Leoben und übermorgen in Bruck . . ." Für Freitag (22. März) avisierte er die Rückkehr nach Wien.

Sofort nach seinem Eintreffen in Wien nahm Hanns Schrammel wieder Verbindung mit seinen Gönnern und Freunden auf, denn schon vom 26. März gibt es ein Schreiben von Graf Eugen Kinsky an Hanns Schrammel[135]:

Lieber Schrammel! Es hat mich sehr gefreut, wieder nach langer Zeit von Ihnen zu hören und freue ich mich sehr, am Donnerstag mit Ihnen die neuen Wiener Lieder durchzuspielen. Ich erwarte Sie also Donnerstag um 11 Uhr bei mir.
Seien Sie bestens gegrüßt von Ihrem Eugen Kinsky.

Graf Kinsky kann wohl als „Freund" bezeichnet werden, gibt es doch schon vom 29. Dezember 1888 ein Telegramm, in dem Kinsky Hanns Schrammel mit Du anspricht: „Bitte Drahtantwort, ob Du Sylvesterabend zu Graf Podocki Franzensring 22 10 Uhr Abends kommen kannst."

Der erste Brief, der mit „Lieber Hans" überschrieben ist, wurde am 15. Juli 1889 auf Schloß Namiest bei Olmütz geschrieben, in dem Graf Kinsky um eine Tischreservierung in Weidlingau ersucht, wo die Schrammeln am 20. Juli musizierten. In einem ebenso mit „Lieber Hans" überschriebenen Brief ohne Datum bedankt er sich für den „Gigerl-Marsch". Schon früher[136] hatte ihm Hanns Schrammel eine Mazur gewidmet. Solche Widmungen waren meist mit einem größeren finanziellen „Dank" verbunden.

Von der Rückkehr der Schrammeln nach Wien berichtete das Extrablatt am 27. März 1889: „Unser Musterquartett, die Gebrüder Schrammel, Dänzer und Strohmayer sind soeben von ihrer Reise nach dem Süden zurückgekehrt, an Ehren und materiellen Erfolgen gleich reich . . ." Nach einem kurzen zusammenfassenden Bericht über diese Reise stellt das Blatt für die Zeit nach Ostern eine weitere Tournee über Mainz, Köln, Brüssel, Ostende, London nach Paris in Aussicht, wo sie während der dort stattfindenden Ausstellung konzertieren sollten. Diese Reise kam jedoch nicht zustande, wozu die Reisemüdigkeit des Quartetts und der Gesundheitszustand Hanns Schrammels nicht unwesentlich beigetragen haben.

Wenn auch die Schrammeln nicht nach Paris kamen – ein höchst „wienerischer" Besuch stellte sich dennoch bei der Weltausstellung ein: ein Wiener Fiaker, der von Wien bis Paris gefahren war. Am 2. Juni 1889 setzte das Extrablatt seine Leser davon in Kenntnis, daß Julius Löwy als Berichterstatter des Blatts mit dem Fiaker nach Paris fährt. Der Eigentümer des Zeugls war Ludwig Kreipl, der Rosselenker Franz Edelmann. In der Folge erschienen im Extrablatt täglich

Reiseberichte, die Löwy später in dem Buch „Mit dem Fiaker nach Paris" zusammenfaßte.

Am 22. Juni um 11 Uhr traf der Fiaker in Paris ein. Franz Edelmann wurde sogar die Auszeichnung zuteil, in der Ausstellung dem französischen Präsidenten Carnot vorgestellt zu werden[137]. Am 11. Juli waren die beiden Pariser Fiakerfahrer wieder in Wien, wo man für sie bei der „Waldschnepfe" in Dornbach einen „Begrüßungs-Abend" veranstaltete.

Nach London, wohin die nächste Reise der Schrammeln hätte führen sollen[138], waren sie schon 1887 von Graf Karl Kinsky eingeladen worden. Dieser hatte am 17. Juni aus London einen Brief an Hanns Schrammel gerichtet, in dem er ihn aufforderte, „so bald als möglich" zu kommen und die „Goscherln" – zwei Volkssängerinnen – mitzunehmen[139]: „. . . Ich würde Ihnen 1 000 fl vorstrecken und Sie werden sicher hier furore machen und bevor Sie nach Hause fahren, werden wir abrechnen.

Also ich verspreche Ihnen, daß Sie beim Prinzen von Wales spielen werden und bei vielen anderen Herrschaften, das kann ich Ihnen versprechen. Der Prinz hat so etwas sehr gern und mir zuliebe protegiert er Sie ganz bestimmt und sobald der Prinz hier jemand protegiert, der ist ein gemachter Mann . . ."

1887 reisten die Schrammeln jedoch nur bis Ischl.

Wieder in Wien

Erst fast einen Monat nach der Rückkehr von seiner zweiten großen Reise nahm das Quartett seine öffentlichen Produktionen wieder auf. Unter der Überschrift „Die Schrammeln in Nußdorf" teilte das Extrablatt am 17. April 1889 seinen Lesern mit: „Unser treffliches Wiener Violinquartett, die Gebrüder Joh. und Jos. Schrammel, Strohmayer und Georg Dänzer, welche den Ruf der Wiener Musik in zahlreiche Länder getragen haben, sind des Reisens müde geworden. Das Leiden Johann Schrammels macht es ihm unmöglich, längere Zeit von Wien zu weilen. Die Schrammeln kehren also wieder zum Heurigen zurück und zwar in das freundliche Weindörfchen, wo sie zu spielen angefangen haben – nach Nußdorf. Am Ostersonntag [das war der 21. April, Anm. d. Verf.] spielen sie draußen zum ersten Male wieder beim Josef Schöll in der Kahlenbergerstraße 5 . . ."

Der Andrang zu dem ersten Auftreten der Schrammeln nach ihrer langen Abwesenheit von Wien war so groß, daß Hunderte Menschen umkehren mußten, weil sie keinen Platz finden konnten[140].

Warum kehrten die Schrammeln nach Nußdorf und nicht nach Dornbach zur „Waldschnepfe" zurück? Für Dornbach hatten sie die Bewilligung zum Auftreten der Natursänger, für die in Nußdorf aber das Singverbot wirksam war. Auf diese Frage wird es wohl kaum eine gesicherte Antwort geben. Sie drängt sich aber auf, weil doch die Zeit, in der die Schrammeln bei der „Waldschnepfe" musizierten, für beide, sowohl für die „Waldschnepfe" als auch für die Schrammeln, eine besonders gute, ja vielleicht sogar die glanzvollste war. Das Quartett konnte also, nach seiner fünf Monate dauernden Tournee – abgesehen von ein paar kurzen Unterbrechungen – seine Produktionen weder am vorher gewohnten Ort noch in der gewohnten Weise wieder aufnehmen.

Der Abschied von der „Waldschnepfe" dürfte nicht im besten Einvernehmen erfolgt sein. Auch scheint die Konkurrenz nicht müßig gewesen zu sein und sich eifrigst bemüht haben, die jetzt in Wien freie Stelle der Schrammeln einzunehmen und sie aus der Gunst der Wiener zu verdrängen. Es muß einen – wenn auch kleinen – Kreis gegeben haben, der gegen die Schrammeln hetzte und zu dessen Sprachrohr sich das nach 2½ Jahren wieder erscheinende Wochenblatt „Wiener Spezialitäten" machte.

Dieses Blatt war von Carl Rolleder wieder zum Leben erweckt worden (die letzte Ausgabe war am 28. November 1886 erfolgt), erreichte aber vom 1. Juni bis zum 5. Oktober 1889 nur acht Nummern, von denen es in dreien, und zwar am 8., 22. und 29. Juni, geradezu gehässig über die Schrammeln schrieb. Das Blatt darf allerdings den Ruhm für sich in Anspruch nehmen, die einzige Pressestimme dieser Art gewesen zu sein. Es scheute nicht davor zurück, Tatsachen völlig gegenteilig darzustellen. So schrieb das Blatt am 8. Juni unter dem Titel „Der ‚neue Sacher' im Prater" u. a.: „. . . Lustig und fidel geht es beim Eisvogel zu – auch ohne die arroganten Schrammeln, die sich von ihrer Blamage in Berlin nicht recht erholen können." Von einer „Blamage" in Berlin konnte wohl wahrlich keine Rede sein!

Gezielter und unvergleichlich schärfer war der Angriff auf das Quartett am 22. Juni 1889: „Die Schrammeln in Mißkredit" lautete die Überschrift, und dann: „Endlich ist man zur Einsicht gelangt, daß solche ‚Bratlgeiger' keine Volksgunst und die herablassende Geneigtheit der vornehmen Welt ertragen können, ohne übermütig und hochnasig zu werden. Die Schrammeln haben sich wie die Pfauen aufgepustet und es mit ihrer Arroganz so weit gebracht, daß sich das Publikum gänzlich von ihnen abgewendet hat. Die Leute lassen sich nicht von Wirtshaus-Musikanten als Nebensache betrachten, welche nur da ist, daß Geld eingeht. Die Wiener haben die Schrammeln ad acta gelegt, das Pfauen-Quartett ist abgetan! . . ."

Eine Woche später, am 29. Juni, ging man unter demselben Titel noch einmal auf dieses Thema ein: „Unsere in der letzten Nummer unter diesem Schlagwort gegebene Auslassung über den Übermut der Wirtshaus-Musikanten, welche ganz unberechtigt unter dem Namen ‚Die Schrammeln' zu einer gewissen Popularität gelangten, haben nicht verfehlt, allgemeines Interesse zu erwecken und erhielten wir von allen Seiten Zustimmungs-Schreiben . . ." Und etwa später heißt es: „Einer Mitteilung von überaus kompetenter Stelle aus entnehmen wir, daß sich die Schrammeln, bevor sie nach Berlin fuhren und sich dort blamierten, zu einer Persönlichkeit von Rang geäußert hätten: ‚Mir geh'n jetzt nach Berlin – da können's die Waldschnepfen zusperrn!' . . ." „Oho, meine Herrn Schrammeln! Es wurde nicht zugesperrt, sondern es geht mit den vorzüglichen Butschettys in flotter Weise weiter, bei der ‚güldenen Waldschnepfe' in Dornbach! Außer den Butschettys haben wir noch ganz eminente Wiener Quartetts und werden dafür sorgen, daß der Name ‚Schrammel' bald nur mehr mit mitleidigem Achselzucken genannt werden wird . . ."

Wahrscheinlich dürfte der zitierte Schrammel-Ausspruch sinngemäß doch gefallen sein und die daraus entstandene

Verstimmung eine Wiederaufnahme der Produktion des Quartetts bei der „Waldschnepfe" unmöglich gemacht haben.

Die Butschettys hatten Ende April das bis dahin bei der „Waldschnepfe" spielende Dornbacher Quartett abgelöst[141] und musizierten nun ständig dort. Am 12. Juli 1889 gab es auf der Titelseite der „Wiener Spezialitäten" ein Bild von den Butschettys und einen langen Artikel über sie, der teilweise dem Eduard Pötzls glich, den dieser am 7. Oktober 1883 im Neuen Wiener Tagblatt über das Schrammel-Terzett veröffentlicht hatte. Das Quartett war mit zwei Geigen (Wilhelm Butschetty und Albin Wingelmeyer), Harmonika (Ferdinand Butschetty) und Gitarre (Leopold Henning) besetzt.

Vielleicht glaubte man auch, daß sich die Wiener nach der Tragödie von Mayerling von den Schrammeln abwenden würden. Waren doch die Erfolge, die sie knapp 15 Monate zuvor in Orth bei Kronprinz Rudolf und seinen Gästen gehabt und von denen die Zeitungen so ausführlich berichtet hatten, noch in bester Erinnerung. So mancher Wiener mag bei den Klängen des Schrammel-Quartetts, die der Kronprinz so sehr geliebt hatte, mit Wehmut und Trauer an diesen gedacht haben, fühlten sie sich doch gerade durch diese Musik besonders verbunden mit ihm.

Aber das allein war es nicht, was sich für das Quartett nachteilig auswirkte, es war vielmehr die Verbindung zu Bratfisch, der, in das Geschehen von Mayerling verstrickt, in Verruf und Ungnade gefallen war. Es waren die Schrammeln, die Bratfisch mit nach Orth genommen und dem Kronprinzen vorgestellt hatten, der ihn zu seinem Leibfiaker ernannte. Bratfisch, inzwischen der beste und treueste Vertraute des Kronprinzen, war es, der Mary Vetsera zum Roten Stadl bei Kalksburg und sie von dort gemeinsam mit Kronprinz Rudolf nach Mayerling gebracht hatte. Er hatte die beiden noch am Vorabend ihres Todes mit seinen Pfeifkünsten unterhalten. „Bratfisch hat wundervoll gepfiffen", schrieb Mary Vetsera im Abschiedsbrief an ihre Schwester[142].

Nach der Tragödie hatte man Bratfisch von höchster Stelle nahegelegt, „gegen entsprechende Garantierung einer auskömmlichen Existenz sich auswärts zu begeben". Bratfisch lehnte entschieden ab. „. . . er sei mit der Heimat zu eng verbunden und würde die Abwesenheit um so weniger ertragen, als ihn Pietät und Erinnerung an das Vorgefallene noch stärker hier festhielten[143]."

So mag ein Schatten dieses furchtbaren Geschehens in Mayerling auch auf die Schrammeln gefallen sein.

Beim Schöll in Nußdorf hatte das Quartett am 21. April 1889 nach der Rückkehr von seiner Tournee die Produktionen wieder aufgenommen, und ab 19. Mai war es Dienstag, Freitag und Sonntag beim Ferdinand Greiner (ebenfalls in Nußdorf) zu hören, der wieder „den Zeiger herausstreckte"[144].

„... einige neue Lieder werden dort gespielt und Stücke aus den ‚Alten österreichischen Volksmelodien', welche Johann Schrammel zum Regierungsjubiläum unserm Kaiser widmen durfte ...", hieß es in der Anzeige.

Die Ankündigung „neuer Lieder" war für das Quartett völlig neu und ungewohnt; man wollte damit sicher auf die jetzt ganz andere Art seiner Produktionen hinweisen. Es mag schon sein, daß so mancher Besucher, einen gewohnten „Schrammel-Abend" mit Pfeifern und Sängern erwartend, enttäuscht und die Beliebtheit des Quartetts dadurch geringer wurde.

Wie wenig der Zustand des „stummen Heurigen" und die ganze Atmosphäre in Wien den Schrammeln behagte, ist daraus ersichtlich, daß das Ensemble bereits am 26. September wieder auf Reisen ging, obwohl der Gesundheitszustand Hanns Schrammels nicht der beste war.

In dem halben Jahr, das sie in Wien verbrachten, spielten sie nicht nur beim Heurigen, gerne gesehen war ihre Mitwirkung bei Wohltätigkeitsveranstaltungen oder bei „Schrammel-Abenden" für wohltätige Zwecke, bei denen auch Natursänger auftreten durften.

Wohltätigkeitsfeste gab es im Juni in E. Webers Czardá im Prater[145], bei dem auch Bratfisch und Hungerl mitwirkten, und in der Brauhaus-Restauration „Zum Glücksradl" in Oberdöbling, Nußdorferstraße 37[146].

Im August veranstaltete Franz Seidl, der Cafetièr von Neulerchenfeld, in der Rotunde das „Größte Fest der Welt"[147]. „... ein Dutzend Militär- und sonstige Kapellen" wurden angekündigt, und auch „die Schrammeln werden flotte Tänze aufspielen". Der Reinertrag war der Ausspeisung armer Volksschulkinder zugedacht.

„Schrammel-Abende" für wohltätige Zwecke wurden im Juli beim „Wilden Mann" in Währing[148] und bei der „Bretze" in Neulerchenfeld veranstaltet, am 5., 15. und 22. Juli spielten die Schrammeln für den „Rudolfsheimer Kinderschutz" im Gasthof „Zur goldenen Sonne" in Rudolfsheim.

Die Mitwirkung der Schrammeln bei Festen und die „Schrammel-Abende" beschränkten sich aber nicht nur auf die Wohltätigkeitsveranstaltungen. Im April fand das Saison-Schluß-Fest in den Harmoniesälen statt, bei dem die k. k. Regimentsmusik 50 Großherzog von Baden und die Schrammeln konzertierten.

„Schrammel-Abende" wurden im Mai in der Brauhaus-Restauration „Zum Glücksradl"[149], im Juni bei der Lerchenfelderlinie im Gasthof „Zum alten Tauber[150]" abgehalten, und am 3. Juli gab es einen „echten" Schrammel-Abend, „samt ihrem Stabe von Coupletsängern und Pfeifern" auf dem Kahlenberg[151], denn bis dorthin reichte ja das Verbot für die Natursänger nicht.

Am 3. August spielte das Ensemble zum erstenmal im Prater in „Pertl's Grand Etablissement im Dritten Kaffeehaus im k. k. Prachtsaale"[152]. „Die vom Besitzer gefaßte Idee, einen Schrammel-Abend im Prater zu arrangieren, hat sich bewährt, denn der Saal hätte noch zweimal so groß sein müssen, um das höchst distinguierte Publikum zu fassen . . .", schrieb das Extrablatt am 5. August. Es blieb im August nicht bei dem einen Abend, ihm folgten noch mehrere. Einen „Schrammel-Abend" gab es auch im Casino Mauer am 31. August und in der Felsenkeller-Restauration in Brunn am Gebirge am 7. September[153].

Sicherlich war in dieser Zeit auch manche private Einladung in Adelshäuser erfolgt, wie sie etwa zu Graf Appony in die Löwelstraße von Graf Kinsky am 29. April an Hanns Schrammel erging[154].

Noch bevor die Schrammeln im September abermals Wien verließen, erschien Hanns Schrammels Sammlung „Alte österreichische Volksmelodien" im Verlag F. Röhrich im Druck[155]. Unter der Überschrift „Die Meistersinger von Wien" schrieb das Wiener Abendblatt am 16. September: „Hanns Schrammel, der über das Weichbild unserer Stadt hinaus bekannt und sogar populär gewordene Wiener Musiker und Komponist hat unter dem Titel ‚Alte österreichische Volksmelodien aus der Zeit der Jahre 1800 – 1860' eine patriotische Aufgabe mit anerkennungswerter Tüchtigkeit gelöst. Der berufene musikalische Interpret der Wiener Volksmusik hat hiemit in seiner Art eine Geschichte der Wiener Tanz, d. h. des Wiener Liedes geschrieben und mit angeborenem Feingefühl all' jene Melodien fixiert, die seit Beginn des Jahrhunderts die Entwicklung der Wiener Tanz bezeichnen."

Die dritte und letzte große Reise

Am 26. September 1889 brach das Quartett zu seiner dritten großen Reise auf, die auch die letzte sein sollte.

Das Extrablatt brachte seinen Lesern am 27. September die Nachricht unter der Überschrift: „Eine Kunstreise der Schrammeln". Darin hieß es u. a.: „Die Schrammeln werden vorerst sich in Salzburg hören lassen. In Nußdorf spielt nunmehr u. zw. gegenwärtig beim Greiner, das nachmalige Dornbacher Quartett Ditz, Prantz, Horvath und Eisenkolb." Es findet sich aber hier kein Wort über den Beweggrund, der das Ensemble zu dieser Reise veranlaßt hatte; den legt das Neue Wiener Tagblatt am 29. September offen dar: „. . . bei dieser Gelegenheit sei erwähnt, daß die Schrammeln, welche durch die scharfe Maßregelung der sogenannten ‚Natursänger', der Aufenthalt in Wien wesentlich erschwert worden ist, Wien wieder den Rücken gekehrt und abermals eine längere Gastspielreise unternommen haben."

Von dieser drei Monate dauernden Tournee sind es nur die Briefe Hanns Schrammels an seine Frau – von denen auch nicht alle erhalten sind –, die uns über den Weg und den Verlauf der Reise informieren und aus denen wir auch die Mitwirkung von Exner und Baron Jean erfahren.

Zwei Briefe Hanns Schrammels, beide ohne Jahreszahl, in Brünn geschrieben, der eine mit Sonntag, 10. Vormittag, der andere mit Dienstag 1. Oktober datiert, stammen von dieser Tournee (der 1. Oktober war im Jahr 1889 ein Dienstag). Aus ihnen geht hervor, daß das Quartett am Samstag, dem

28. September, bei strömenden Regen in Brünn angekommen war. Durch ein Mißverständnis wurden sie von Löwy, der wieder diese Reise leitete, nicht erwartet. So konnte das erste Konzert – drei waren geplant – erst am Sonntag stattfinden. Das schlechte Wetter, die Beurlaubung vieler Offiziere zum Monatsende und den hohen Eintrittspreis von einem Gulden machte Hanns Schrammel für den schlechten Besuch des Konzerts verantwortlich (Brief vom 1. Oktober). Deshalb wurde der Eintrittspreis für die Veranstaltungen am folgenden Dienstag auf 50 Kreuzer herabgesetzt, und für dieses Entree erhoffte er sich einen vollen Saal.

Welch ein Gegensatz zum Auftreten des Ensembles im Jänner! Hatte auch hier der Tod von Kronprinz Rudolf einen Stimmungsumschwung bewirkt?

Am 3. und 4. Oktober spielten die Schrammeln in Ölmütz. Das Wetter hatte sich gebessert und und auch der Verdienst.

Die Situation der Natursänger in Wien, mit denen Hanns Schrammel das Wohl und Wehe seines Quartetts verbunden sah, beschäftigte ihn auch auf der Reise. Deshalb beauftragte er seine Frau[156], den Schusterfranz zu besuchen und ihn in seinem Namen zu bitten, sich in Grinzing und Nußdorf umzusehen, ob gesungen wird; und „er soll Dir es dann sagen, wie die Sache steht, damit Du es mir schreiben kannst... Wenn Dir der Schusterfranz das nicht ganz sicher verspricht, so ersuche den Cafetièr Seidl darum, es ist für mich von Wichtigkeit zu erfahren wie es zugeht..." Hanns Schrammel verließ sich aber nicht allein auf seine Frau, er schrieb selbst an Schusterfranz, Seidl und Brady[157].

Die Reise ging weiter nach Troppau. Dort produzierte sich das Ensemble am 6. und 7. Oktober. Von Troppau schrieb Hanns Schrammel am 7. Oktober 1889: „Gestern war es in Troppau stier und heute haben wir keine Hoffnung, daß es besser wird. Zum Überfluß regnet es hier heute schon seit Früh! Morgen Dienstag 9 Uhr Vormittag fahren wir nach Breslau. Gott gibs, daß sich dort endlich das Geschäft entwickelt... Morgen spielen wir in Ostrau und übermorgen in Breslau, wo wir uns länger aufhalten werden..."

Um den schwachen Verdienst aufzubessern, gab er seiner Frau den Auftrag[158], Noten und ein gebundenes Werk von ihm zu Fürst Windischgrätz in die Renngasse zu tragen, denn „vielleicht schickt er wieder Goldstücke. Schaue aber früher daß Titelblatt an, und wenn zum Schluß nicht von Hanns Schrammel daraufsteht, so muß mein voller Name darauf geschrieben werden."

Auch Breslau, wo sich das Ensemble vom 9. bis zum 15. Oktober aufhielt, brachte nicht den gewünschten finanziellen Erfolg. Das zeigt der Brief vom 12. Oktober 1889, in dem es heißt: „Seit drei Tagen spielen wir hier und das Ergebnis ist leider schlecht. Wir haben schwachen Besuch und sehr hohe Spesen, so daß wir seit drei Tagen nicht einen Pfennig teilen konnten, du kannst dir daher denken, welche Stimmung in der Gesellschaft herrscht. Zum größten Glück hat sich gestern ein Journalist für uns sehr warm angenommen, so daß morgen in 4 Zeitungen zu gleicher Zeit Reklame gemacht, und dadurch hoffen wir am Sonntag, Montag und Dienstag so viel zu verdienen daß wir das Hotel welches täglich 2 Mark kostet, und alle anderen Ausgaben decken können.

Jedenfalls ist der Anfang unserer Reise diesmal mit viel Pech verbunden, sage aber niemanden was davon. Denn gefallen thun wir ja riesig, aber mit die Lokale haben wir Malheur!

Denke dir jetzt habe ich dir gestern mein letztes Geld geschickt, und heute muß ich mir schon eines ausborgen . . .

Wenn wir nur gesund bleiben mehr wünsche ich mir nicht. Halten tu ich mich so gut, daß es nicht mehr besser geht . . .

Dienstag haben wir das letzte Conzert und Mittwoch früh reisen wir ab. Wir nehmen bis Prag drei kleine Städte mit, wo wir uns aber nur immer einen Tag aufhalten werden . . ."

Die erste dieser kleinen deutschen Städte, in der sie vor Prag spielten, war Liegnitz. Diese Stadt erregte so sehr den Unmut Hanns Schrammels, daß er seiner Frau davon Mitteilung machen mußte: „Ich muß dir von Liegnitz noch einen Brief schreiben, damit du einen kleinen Begriff bekommst, wie es in solchen kleinen deutschen Städten zugeht. Die Stadt in der ich heute vormittag durch 3 Stunden spazieren ging, ist so fad, daß du es dir gar nicht vorstellen kannst. Überall wo man nur hintritt stinkt es bis zum Exzeß."

Es war, wie aus dem Brief weiters zu entnehmen ist, sein hungriger Magen, der ihn so harte Worte schreiben ließ: „Um

11 Uhr hatte ich Hunger und ging ins Hotel um etwas zu essen, da fragte ich was fertig ist, darauf sagte der Kellner das Guylas wird sogleich fertig werden, nun sagte ich da werde ich die 10 Minuten warten, als ich aber eine halbe Stunde vergebens wartete, rief ich den Kellner, und sagte ihm Sie! bringen Sie mir jetzt eine Portion Guylas herein, und wenn es auch noch so hart ist, das macht nichts mir ist nur um den Saft zu tun. Es dauerte wieder eine Viertelstunde und ich habe noch immer nichts zu essen, da reißt mir die Geduld ich zahle mein Bier und gehe in ein anderes Gasthaus, dort wird mir Wiener Guylas angetragen ich schaffe mir eine Portion an, muß abermals eine Viertelstunde warten, und als ich es endlich bekam, war es so schlecht, daß ich es stehen lassen mußte, was blieb mir übrig in mein Hotel zurückzugehen, und ein Beefsteak anschaffen, abermals lange warten, und wie er es mir bringt stinkt es – –. Ich zahle und gehe auf mein Zimmer, um dir diese Erlebnisse sofort mitzuteilen. Zum Überfluß, habe ich über 2 Mark ausgegeben und bin hungrig."

Die Aussichten für die kommenden Produktionen des Ensembles waren auch nicht die besten: „Seit gestern Abend regnet es hier wie nicht g'scheidt, daß sind schöne Aussichten für den Abend. Löwy ist voraus und hat in Reichenberg nur mit großer Mühe einen Tag besetzen können. Behördliche Anstände, man will von uns eine extra böhmische Bewilligung. Daher müssen wir noch vor Prag in einem kleinen Nest absteigen, und ein Conzert spielen. Gott gibs, daß Prag gut wird, sonst muß ich noch verzweifeln . . ."

Dieser Brief ist zwar ohne Datum, aber mit einer an Gewißheit grenzenden Wahrscheinlichkeit am 17. Oktober geschrieben worden.

Am 18. Oktober trafen die Schrammeln nach einer Bahnfahrt von 8 Uhr früh bis 4 Uhr nachmittags in Reichenberg ein, und am Abend fand das Konzert statt, das bis 11 Uhr dauerte[159]. Über „Die Schrammeln in Reichenberg" schrieb auch das Extrablatt am 20. Oktober 1889: „Aus Reichenberg 18. ds. wird uns geschrieben: Heute Abend concertierten, und zwar nur 1 mal, in dem gefüllten Schießhaussaale die ‚Wiener Schrammeln' und erhielten diese in ihrer Art einzige Spezialitäten-Truppe für ihre trefflichen Leistungen stürmischen Beifall."

Das Konzert brachte auch einen materiellen Erfolg, immerhin so viel, daß Hanns Schrammel seine Schulden bezahlen konnte. Für den Lebensunterhalt seiner Familie konnte er jedoch kein Geld schicken, das erhoffte er sich von den Prager Konzerten.

Am 19. Oktober mittags war die Fahrt nach Gablonz und am 20. früh nach Prag geplant, wo nach ihrer Ankunft am Nachmittag gleich das erste Konzert stattfand.

Vom 19. bis zum 28. Oktober haben wir keinerlei Berichte über das Ensemble. Erst vom 29. Oktober gibt es einen Brief Hanns Schrammels aus Prag. Darin heißt es: „Ich hab dirs immer g'sagt unser Herrgott verläßt uns net. Bei der gestrigen Soirée beim blauen Stern wo wir ich und Du zusammen so fein gespeist haben, war der Fürst Windischgrätz von der Renngasse anwesend, und er hat mir 20 fl geschenkt für das Werk welches du vorige Woche hingetragen hast, auch das Geschäft war sehr gut, so daß ich im Stande bin dir heute mit diesem Brief zu gleicher Zeit den vollen Zins zu schicken, sage 70 fl. freilich bin ich wieder ganz blank . . ."

Das „Geschäft" scheint an den vorangegangenen Tagen nicht allzu gut gewesen zu sein, denn Hanns Schrammel drückt in diesem Brief auch seine Erleichterung darüber aus, daß nun seine Frau nicht genötigt war, sich Geld auszuborgen.

Aus Reichenberg stammt der nächste uns erhaltene Brief vom 31. Oktober 1889: „Nun schreibe ich dir noch einige Zeilen aus Reichenberg. Morgen werden wir abends schon in Dresden spielen. So viel wir durch Löwys Briefe wissen, darf der Exner gar nicht singen in Dresden, doch hoffe ich die Erlaubnis beim österr. Gesandten Herrn Grafen Chotek zu erwirken. Sage niemanden etwas davon, das haben wir dem Lumpen Bratfisch zu verdanken . . ."

Hier erfährt man zum erstenmal, daß Exner, und nicht wie früher Brady, mit auf der Tournee war.

Was Hanns Schrammel bewog, Bratfisch einen „Lumpen" zu nennen, ist nicht zu erklären. Vielleicht war es das Auftreten Bratfischs – schon vor der Tragödie von Mayerling – bei anderen Musikgesellschaften. Im Schrammel-Album ist ein Zeitungsausschnitt ohne Angabe der Zeitung und ohne Datum mit dem Titel „Dresdner Zickzack" eingeklebt. Darin heißt es: „Bratfisch kommt! Seit Wochen prangte dieses Wort unter den Inseraten unserer Blätter und an den Anschlagsäulen. In letzter Zeit war noch eine Illustration beigefügt: Herrn Bratfischs Conterfei in allerdings sehr wenig vorteilhafter Treue, denn der Wr. Fiaker glich auf dem Bild einem jüdischen Börsenjobber von ausgeprägter Race, während er in Wahrheit wie ein behäbiger Rittergutsbesitzer aus Sachsen aussieht. Es wurde von vornherein vielfach die Ansicht ausgesprochen, daß die Polizei das öffentliche Auftreten des Mannes verhindern würde, dessen Name mit dem tragischen Geschick des Krpr. Rudolf in der bekannten Weise verflochten ist. Das ist denn in der Tat auch geschehen, allerdings erst im letzten Augenblick, als Bratfisch mit seinem Quartett bereits eingetroffen war . . ." Bratfisch konnte nur in Privatkreisen auftreten. „Ich hörte ihn am Donnerstag bei einem Herren-Frühstück, das Herr Menzel in seinem Etablissement privatim veranstaltet hatte und bei dem es außerordentlich lebendig zuging . . . Er [Bratfisch] ist eine untersetzte, kräftige Gestalt mit intelligentem Gesicht, dunklem Vollbart und einer Glatze von einigen Quadratmetern. Man sieht ihm auf den ersten Blick an, daß er in seinem Leben nicht bloß mit Droschkenkutschern verkehrt hat, denn er hat gewandte Umgangsformen und gefällige Manieren . . . Ich habe allerdings den zehnten Teil von dem verstanden, was er gesungen hat, denn die Couplets waren so sehr im Wiener Dialekt gehalten, daß ich kaum hinter den Inhalt kam. Die zahlreichen anwesenden Herren, welche an dem Frühstück teilnahmen, schienen nach dem brausenden Beifall, mit dem sie Herrn Bratfisch überschütteten, zu urteilen, sprachkundiger zu sein als ich . . . Man amüsierte sich jedenfalls sehr gut und auch der Fiaker, der übrigens ein sehr trinkhafter Mann ist, und dem Sekt tüchtig zusprach, schien von der Dresdner Gemütlichkeit recht erbaut zu sein."

Bratfisch scheint vor den Schrammeln in Dresden gewesen zu sein. War er – nach der Tragödie von Mayerling – für Privatpersonen eine höchst interessante Persönlichkeit, so war er für einen mit Österreich befreundeten Staat eine äußerst suspekte Person. Der Schatten von Mayerling lag nicht nur über österreichischem Gebiet.

Am 5. November, dem fünften Tag des Aufenthalts in Dresden, schrieb Hanns Schrammel an seine Frau: „Liebe Sali

Du glaubst gar nicht, wie mir heuer Dresden zuwieder ist, im Jänner im Residenz Theater hatten wir täglich 400 Mark und jetzt haben wir 140 Mark was, das ist ein Unterschied? . . ."

Die Reise ging weiter nach Leipzig, und auch hier machte man Schwierigkeiten bei der Produktionsbewilligung: „Gestern waren wir in der Angst hier in Leipzig gar nicht spielen zu dürfen", heißt es in dem Brief vom 8. November 1889, „doch hat sich die Sache Gott sei Dank besser gestaltet und heute habe ich noch einige Wege zu machen, wo es mir vielleicht gelingen wird, für ganz Deutschland eine dauernde Ruhe in diese Angelegenheit zu bringen."

Die Einnahmen scheinen sehr schlecht gewesen zu sein und sich auch in Magdeburg, von wo der nächste Brief vom 13. November stammt, nicht gebessert zu haben. Darin nennt Hanns Schrammel seiner Frau Gegenstände, die sie verkaufen soll.

Voll Verzweiflung schreibt Hanns Schrammel am 17. November aus Lübeck, der nächsten Station der Reise, an seine Frau: „. . . wir sind Samstag Nachts um 12 Uhr 5 M von Magdeburg weggefahren und nach 8 Uhr früh hier in Lübeck angekommen, natürlich müde wie ein Hund . . . wir bleiben hier in Lübeck bis Freitag früh . . . Liebe Sali! Du fragst mich warum wir noch nach Hamburg fahren wollen wenn wir überall so schlechte Geschäfte machen, einfach darum, weil wir hoffen in Hamburg besser zu verdienen als bisher, was hätten wir wohl unter den heutigen Verhältnissen notabene vor die Weihnachten in Wien zu suchen? . . . speziell für mich ist das Reisen eine Folter . . . ich sage Dir kurz ich stehe Höllenqualen aus und kann mir leider nicht helfen. Ich sehe vor meinen Augen den Ruin und kann ihn nicht abwehren . . . Wenn es auf mich ankommt, so wird nicht mehr gereist . . ."

Die Hoffnungen, die die Schrammeln in Hamburg setzten, erfüllten sich tatsächlich: „Unser erstes Auftreten in Hamburg war in jeder Richtung befriedigend, erstens war der Erfolg ein großer und zweitens war auch der Verdienst gut . . .", schrieb Hanns Schrammel am 2. Dezember aus Hamburg. Erst in diesem uns erhaltenen Brief erwähnt Hanns Schrammel Baron Jean: „. . . Baron Jean geht es nicht gut, er ist marod, wenn er nur nicht krank wird. Gestern waren beim ersten Auftreten sehr viele Wiener, die haben uns förmlich auf den Händen getragen ..."

Über den weiteren Verlauf der Reise haben wir keine Berichte.

Am 19. Dezember 1889 kehrten die Schrammeln nach Wien zurück. Das Extrablatt schrieb am 20. Dezember unter der Überschrift: „Die ‚Schrammeln' wieder in Wien": „Unser berühmtes Volksquartett, die Gebrüder Schrammel, Johann und Josef Schrammel, Dänzer und Strohmayer, haben soeben eine Tournee nach dem Norden glücklich vollendet und sind, an Ehren reich, in Wien angekommen. Ihr Weg führte sie nach Brünn, Olmütz, Troppau, Ostrau, Breslau, Liegnitz, Reichenberg, Gablonz, Prag, Dresden, Leipzig, Magdeburg, Lübeck, Kiel, Hamburg und Bergedorf, und überall wurden sie mit Jubel begrüßt. Die wackeren Interpreten der Wiener Volks-Melodien, die Schrammeln, werden nunmehr dauernd in Wien bleiben und zwar ist alle Aussicht vorhanden, daß wir die trefflichen Musiker wieder an der Stelle zu hören bekommen, wo sie ihre größten Triumphe gefeiert haben, bei der ‚güldenen Waldschnepfe' in Dornbach."

Auf dieser Reise trat Baron Jean zum letztenmal mit den Schrammeln auf. Seine Stelle nahm ab 1890 der Kunstpfeifer Lang ein.

Im Mai 1895 berichteten die Zeitungen vom Tod Baron Jeans. Im Extrablatt vom 23. Mai hieß es, er sei im Armenkrankenhaus von New York gestorben. Nach Ausführung des Blattes war er 1891 mit dem hübschen Mädchen Julie Link zum zweitenmal nach Amerika gefahren. In der 6. Straße von New York eröffnete er das Café Habsburg. Julie trennte sich jedoch nach einiger Zeit von ihm, weil er das Trinken nicht aufgeben konnte. Baron Jean fuhr nun zu Seidl nach Chicago, der ihm Kost und Quartier gab. Zurück nach Wien wollte er nicht mehr. Später arbeitete er als Geschirrwäscher in einem deutschen Gasthaus. Er verfiel in Säuferwahn und landete schließlich im Armenkrankenhaus von New York. Dort erzählte er viel von Kronprinz Rudolf und den Schrammeln und wurde sogar von Journalisten interviewt. Die „New York Herald" soll auch sein Bild gebracht haben.

Das neue Wiener Tagblatt berichtete am 28. Mai 1895 unter der Überschrift „Der falsche Bratfisch": „Im Abendblatt nahmen wir unter dieser Spitzmarke Notiz von der aus New York über Paris hierher gelangten Nachricht, daß der bekannte Wiener Fiaker Bratfisch in Amerika im Irrenhaus gestorben sei. Es lag auf der Hand, daß es sich hier um eine Verwechslung handeln müsse, da der echte Bratfisch schon vor mehreren Jahren in Wien gestorben ist. Nun wird uns bestätigt, daß der in Ward Verstorbene mit dem nachmaligen Wiener Fiaker und Kunstpfeifer Johann Tranquillini, bekannt unter dem Namen ‚Baron Jean‘, identisch ist."

„Zur alten Heimat kehr' ich heim"

Nicht bei der „Güldenen Waldschnepfe" – wie es das Extrablatt am 20. Dezember 1889 in Aussicht gestellt hatte – waren die Schrammeln wieder zu hören, sondern in Nußdorf, der „Wiege ihres Ruhmes", wie der Weinort schon früher bezeichnet worden war. Bei der „Waldschnepfe" spielten die Butschettys. Das Extrablatt schrieb am 7. Jänner 1890: „Zur alten Heimat kehr' ich heim. Unser berühmtes Wiener Quartett, ‚Die Schrammeln‘ haben ihr lustiges Zelt vom ersten Tag des neuen Jahres dort aufgeschlagen, wo die Wiege ihrer Triumphe stand, nämlich in Nußdorf. Heute spielen sie, von ihrer Nordischen Reise heimgekehrt, wieder im fröhlichen Weindorf und zwar beim Muth in der Kahlenberger Straße 27."

Die Schrammeln produzierten sich nicht nur an diesem altgewohnten, vertrauten Ort, sondern auch in einem für sie völlig neuem Etablissement, im „Eldorado", im 1. Bezirk Am Peter. Dort fand der erste Schrammel-Abend am 8. Jänner 1890 in den Theatersälen statt[160]. Bis Ende März war jeden Mittwoch „Schrammel-Abend", der um 9 Uhr abends begann und bis in die Morgenstunden dauerte. Am 18. Jänner eröffnete man im „Eldorado" den „Prachtsaal" mit dem Quartett. Im türkischen Saal spielte die Elitekapelle V. Pasche, im Entréesaal die Damenkapelle G. Richter. Darüber hieß es im Extrablatt am 19. Jänner 1890: „Der gestrige Schrammel-Abend hatte einen großartigen Erfolg, die Säle waren überfüllt und wurden die Vorträge sämtlicher Musikstücke durch nicht endenwollenden Applaus belohnt. Der neue Saal ist eine Sehenswürdigkeit und dieses Etablissement der Sammelpunkt echter Wiener Gemütlichkeit geworden."

Für „echte Wiener Gemütlichkeit" sorgten nach dem Aufhören der Schrammel-Abende die Abende „à la Harner", die von den Klavierspielern Kolbenheyer und Jellinek bestritten wurden.

Wie auch schon im Fasching vergangener Jahre spielten die Schrammeln wieder bei zahlreichen Wäschermädelbällen (Luchsen, Stalehner u. a.). Einer davon war der vom Maler Kupfer und dem Obmann der „Urwiener" in den „Drei Engel-Sälen" auf der Wieden veranstaltete „Altwiener Wäschermädchenball" am 5. Februar. Kupfer war bemüht, diesen Ball zu erhalten, und er sollte so gemütlich sein, wie er seinerzeit am Sechsschimmelberg gewesen war[161]. Dafür scheinen sich die „Drei Engel-Säle" besonders geeignet zu haben, denn nach einer Beschreibung von Arthur Schnitzler zeichneten sich diese „nicht so sehr durch Glanz und Vornehmheit, als durch eine altväterliche Gemütlichkeit aus[162]".

Der „Lumpenball" am 7. Februar wurde, wie schon seit 1882, beim Schwender abgehalten. Die Österreichische Volkszeitung vom 4. Februar kündigte die Mitwirkung von 20 Musikkapellen an, erwähnte aber nur die „Schrammeln" namentlich.

Viel belacht und mit viel Applaus bedacht wurde auf diesem Ball die Gruppe „Herberge für beschäftigungslose Natursänger"[163]. Diese wurde von der Volkssängergesellschaft Weber und Maier dargestellt. Jedes einzelne Mitglied hatte einen riesigen Maulkorb um den Kopf gebunden, aber trotz des Maulkorbes produzierte sich die Gesellschaft ununterbrochen. So karikierte man die Lage der Natursänger. Das Plakat für diesen Lumpenball hatte Hans Schließmann entworfen, und es sollte, außer der Werbung für den Lumpenball, auch noch einen anderen, sensationellen Erfolg haben[164]. Das Plakat stellte die Auswanderungsfahrt per Schiff zu dem am Freitag, dem 7. Februar, stattfindenden Lumpenball in Schwenders Colloseum dar. „Auf dem . . . Dampfschiffs-Glücksrad hat der Zeichner die Nummers 1, 16, 71 angesetzt. Diese Nummern kamen am 25. Jänner im kleinen Lotto in der Linzer Ziehung." Es gab zahlreiche Gewinne!

Zum ersten Mal gab es am 13. Februar 1890 einen Schrammel-Abend in Grinzing beim Brandmaier[165].

Der Name „Schrammeln" wurde in dieser Zeit bereits nicht nur für das Quartett der Brüder verwendet, sondern auch schon für Ensembles, die in dieser Art musizierten. Das Extrablatt hielt es daher für notwendig, bei seinem Bericht über den Ball in den Blumensälen darauf hinzuweisen, daß in der intimen Heurigenschank die „echten" Schrammeln spielten.

Als man am 12. April in den Hamoniesälen auf der Schottenbastei 3 aus Anlaß der bevorstehenden Schließung am 23. April noch ein großes Abschiedskonzert veranstaltete[166], spielte die Kapelle des Infanterie-Regiments Nr. 84 Freiherr von Bauer unter der Leitung von Karl Komzák, und ab 22 Uhr unterhielten auch die Schrammeln die Besucher mit ihren Vorträgen.

Im Mai waren die Schrammeln wieder jeden Sonn- und Feiertag sowie Dienstag und Freitag in Nußdorf beim Muth in der Kahlenberger Straße und vom 8. Mai bis zum 12. Juni jeden Donnerstag im Dritten Kaffeehaus im Prater zu hören.

Die Land- und Forstwirtschaftliche Ausstellung Die Singspielhallen-Konzession für Hanns Schrammel

Im Prater auf dem Rotundengelände fand von 15. Mai bis 30. Oktober 1890 die Land- und Forstwirtschaftliche Ausstellung statt. Der Cafetier Franz Seidl hatte dafür Sorge getragen, daß auf der Ausstellung auch das „gemütliche Wien" vertreten war. Er errichtete im Park der Ausstellung einen Wein-, Cognac- und Champagner-Pavillon (der Champagner wurde glasweise ausgeschenkt!), und ließ zur Unterhaltung seiner Gäste verschiedene Volksmusikensembles auftreten. Bei der Eröffnungsfeier waren es die Schrammeln, die mit ihren Darbietungen die Gäste erfreuten[167]. Während der Ausstellung waren dort auch das Dornbacher Quartett, d'Bandmacher, das Grinzinger Quartett und andere zu hören.

In der Nähe des Seidlschen Pavillons gab es einen besonderen Anziehungspunkt für die Ausstellungsbesucher, den „leuchtenden Brunnen". Über diesen berichtete der Ausstellungsführer[168]: „Tausende von Besuchern der Ausstellung sammeln sich nun allabendlich beim Einbruch der Dunkelheit auf dem weiten Platze um die Fontaine lumineuse an, um des magischen Anblickes, den der in wechselndem Farbenspiel leuchtende Zauberbrunnen gewährt, zu harren. Es ist ein Schauspiel, dessen Reiz seine Wirkung auf das Publikum voraussichtlich immer von neuem ausüben wird . . . man muß dem Comité Dank dafür wissen, daß Wien nach Paris die erste Stadt ist, wo dieses glänzende Schaustück der Elektrotechnik, das im vorigen Jahr auf dem Marsfelde die Bewunderung eines aus der ganzen Welt zusammenströmenden Publikums erregte, in einer hinter dem Original nur im Umfange nach zurückstehende Ausführung ist . . ."

Die Wiener betrachteten den Ausstellungspark als Erholungsort, als Rendezvousplatz, und um den weiten Platz des Brunnens entwickelte sich ein lebhafter allabendlicher Korso. Von einem dieser Abende brachte das Wiener Tagblatt am 1. Juni 1890 unter der Überschrift „Allerlei vom Ausstellungs-Korso" u. a. folgende nette Begebenheit: „. . . Ein artiges Impromptu gab an einem der jüngsten Korso-Abende eine junge Aristokratin zum besten, indem sie in der originellen ‚Buschenschänke', die der bekannte Cafetier Seidl, der Arrangeur des ‚Lumpenballes' zwischen Waffelbäckerei und Weinkosthalle etabliert hatte, mit einem Hute in der Hand für die Musiker – es waren gerade die ‚Schrammeln' an der Abend-Ordnung – absammeln ging. Die ‚Schrammeln' konnten sich zu dem aristokratischen Einfall beglückwünschen – beinahe 300 fl fielen auf den Musikertisch, als die hochgeborene freiwillige Absammlerin den Zylinder ausleerte. Freilich war es eine sehr gewählte Zuhörerschaft, bei welcher die junge Fürstin absammelte – eine ganze Kolonie von Fürsten, Prinzen und Grafen hatte sich an dem Abend bei den Schrammeln zusammengefunden, und welcher Fürst, Prinz oder Graf konnte der Absammlerin, konnte der schönen Fürstin Irene Fürstenberg-Schönborn eine reiche Gabe abschlagen?"

Dieses „Impromptu" bestätigt das, was Nora Fugger[169] über den Adel schreibt: „. . . war der österreichische Adel doch alles eher als hochmütig bürgerlichen Kreisen und dem Volk gegenüber. Im Gegenteil: . . . Kunst, Sport und Wohltätigkeit schufen rege gesellschaftliche Beziehungen . . . der Aristokrat . . . der sich mit vollkommener Natürlichkeit und Selbstverständlichkeit in alle Gesellschaftsschichten einzufügen verstand . . . ohne seine Eigenart zu ändern. Er blieb derselbe in den Salons des kaiserlichen Hofes und seiner Standesgenossen, wie in jenen der Patrizier und Bürger, im Kreis der Volkssänger und der weinselig, sangesfreudigen Fiaker."

Es war nicht nur der „leuchtende Brunnen", der die Wiener in den abendlichen Ausstellungspark zog, es war auch – die Ausstellungsmusik. Diese beschreibt Eduard Pötzl am 27. Juli 1890 im Neuen Wiener Tagblatt so wundervoll, daß man sie zu hören vermeint:

„. . . Vermischt mit den Fluten elektrischen Lichtes, die unserer Ausstellung einen eigentümlichen Reiz verleihen, zittert des Abends noch etwas anderes durch die silberhelle und stahlkühne Atmosphäre der Parkanlagen, das unsere Sinne mit dem ureigenen Hauch Wiens berührt. Es ist Musik. Wir brauchen kaum hinzuhören, was gespielt wird – das Wie sagt uns zur Genüge, daß es österreichische Spielleute sind, welche da die Töne meistern . . . unsere Landsleute müssen für das Blasinstrument schmiegsamere Lippen, für das Streichorchester feinere Finger haben, als andere Musikanten, denn – ‚es hat halt so eigene Kläng'!' . . . Das Publikum besitzt für die Besonderheiten der musikalischen Darbietung ein feines Verständnis. Jede einzelne Kapelle hat ihren Kreis von getreuen Anhängern . . . Will man hingegen das verdichtete musikalische Wienertum verkosten, so gilt es, bei den ‚Schrammeln' nebenan einen Platz zu erobern. Man hat ihnen endlich die Natursänger gestattet und so erhält der Fremde einen Begriff der Wiener Heurigen Musik. Merkwürdig ist es, wie lange manche Lieder brauchen, um so populär zu werden, daß sich die Natursänger ihrer bemächtigen. Es sind Jahre her, seit Girardi das wirklich anmutige Couplet von Julius Stern: ‚Wenn die Schwalben wieder kommen' gesungen hat. Erst jetzt steht es auf dem Programm Brady's, des Tenors mit der ungekämmten, aber leichten, spielend ins Falsett hinaufgreifenden Stimme, die bei echten Wiener Kehlen so charakteristisch ist. Der rauhe Bariton eines zweiten Natursängers, Exner's, gibt im Duett die Grundlage zum zweistimmigen Überschlagen, aus dem die ganze Heiterkeit der Wiener Volksseele lacht: ‚Mir san mir!' Wie weit man es im Kunstpfeifen bringen kann, zeigt Preispfeifer Lang mit seiner Wiedergabe Strauß'scher Walzer und anderer Weisen. Sind noch zufällig ein paar Fiaker da, welche ihre urwüchsigen Lieder zum besten geben, so glaubt man sich wahrhaftig nach Nußdorf versetzt, in die aufsteigenden Heurigengärten mit dem Ausblick auf den Kahlenberg, wo die Wiege der Schrammelmusik gestanden.

‚Mir gengan heut' nach Nußdorf 'naus', schmettert nun auch die Militärkapelle jenseits der Fontaine. Sie spielen mit Vorliebe Potpourris aus Wiener Liedern. Das sind die Buchsammlungen zerstreut erschienener musikalischer Leitartikeln. Wir hören wieder die jahrelang verklungene sentimentale ‚Mutterlieb', den altgewordenen ‚alten Draher', das zu Tode gepeitschte ‚Fiakerlied', den ‚Fetzenbinkel', ‚Das hat ka Goethe g'schrieb'n' und ‚Uns hab'ns b'halt'n' usw. erinnern uns an die besten Zeiten des Wiener Volkssängertums. Eine Fülle von Wohllauten atmen diese Melodien, deren Komponisten sich keinen Namen zu machen verstanden. Die armen Gesellen schneiderten ihre Lieder weit draußen am Gürtel von Wien zusammen, stahlen wohl ein bißchen, und ihr Ruhm drang über die ‚entern Gründ' nicht hinaus. Aber die Soldaten von der ‚Banda' fühlen sich verwandt mit ihnen, die Lieder die sie spielen, sind Blut von ihrem Blut. Sie geben ihnen mit ihren eigenen Pulsen den hinreißenden Schwung der Wiener Volkslieder und verleihen ihnen gleichzeitig vermöge der schön abgetönten Harmonie unserer Militär-Instrumente eine so veredelte Form, daß selbst die Gassenhauer salonfähig werden . . ."

Einen Stimmungsbericht von den Schrammeln bringt dasselbe Blatt am 13. August[170]: „. . . füg ich hinzu, daß die ‚Schrammeln' den gewohnten Zulauf haben und daß Wiener und Fremde gleich andächtig unseren wunderbaren Weisen lauschen, die auch den Widerspenstigsten, und wäre es ein Posemukl, in ihren Bannkreis ziehen . . . neulich war ich dabei, wie ein Gast aus entlegensten Ostpreußen zu ‚paschen' anfing und in höchstem Jubel aufschrie: ‚Mela, noch einen

Bocksbeutel!' Der Lang pfeift wie eine Nachtigall, der Exner singt unter Europas Jubel ‚Wenn die Schwalben wiederkehren . . .'"

Noch einmal muß man auf Pötzls „Ausstellungs-Musik" zurückkommen, und zwar auf die Feststellung, die die Schrammeln betrifft: „Man hat ihnen endlich die Natursänger gestattet." Am 24. Juni war die Meldung durch die Presse gegangen, daß der „stumme Heurige" für die Schrammeln zu Ende sei und daß sie eine Singspielhallen-Konzession mit der Einschränkung „ohne Kostüme" erhalten haben[171]. Der Akt der N.Ö. Statthalterei, der das abermalige Ansuchen Johann Schrammels – denn er erhielt die Singspielhallen-Konzession – die Stellungnahme der Behörden und schließlich die Begründung zur Erteilung der Konzession enthält, ist leider nicht erhalten[172].

Hanns Schrammel muß sofort nach der Rückkehr von der Tournee, also noch im Dezember 1889, neuerlich um die Singspielhallen-Konzession angesucht haben. Was aber hatte sich in seiner Abwesenheit von Wien geändert, das ihn zu diesem neuerlichen Ansuchen ermutigte, und was hatte diesmal die hohe Behörde bewogen, diesem Ansuchen stattzugeben? Die letzte Frage könnte nur durch einen Einblick in den Akt beantwortet werden, die erstere aber dahingehend, daß im Oktober 1889 Erich Graf Kielmansegg Statthalter von Niederösterreich geworden war und er die Sachlage anders beurteilte als sein Vorgänger.

Graf Kielmansegg war ein Freund der Volksmusik; er selbst verfaßte Gstanzln, die er bei gegebener Gelegenheit von Volkssängern zum Vortrag bringen ließ[173]. Untrennbar ist der Name Kielmansegg aber mit der Entstehung Groß-Wiens verbunden; er erreichte die Eingemeindung der Vororte. Am 20. Dezember 1890 wurde der diesbezügliche Beschluß des Landtages, der tags zuvor vom Kaiser sanktioniert worden war, publiziert.

Für die Schrammeln war also noch während der Ausstellung der „Natursänger-Krieg" zu Ende. Sie konnten sich ihrem Publikum wieder so präsentieren, wie es dieses von ihnen gewohnt war: mit Natursängern, Pfeifern und Jodlern.

In den Monaten Juli, August, September und Oktober, in der Zeit, in der die Schrammeln bereits im Besitz der Singspielhallen-Konzession waren, dürften sie fast vorwiegend in der Ausstellung gespielt haben, denn in den Zeitungen finden sich keine anderen Anzeigen.

Am 30. Oktober schloß die Ausstellung ihre Pforten, und am 31. Oktober schrieb das Extrablatt: „Die Ausstellung ist tot – es lebe das Defizit" – und das betrug 108 454 Gulden. „Die Brüder Schrammel, Dänzer und Strohmayer sind wieder nach Nußdorf zurückgekehrt, da die Ausstellung ihre Pforten geschlossen hat. Unter den Mitgliedern der Gesellschaft befinden sich lauter bekannte und beliebte Kräfte, Brady, Exner und der Kunstpfeifer Lang. Vorläufig spielen die Schrammeln Freitag, Sonntag und Dienstag beim Heurigenschänker Leopold Muth in der Herrengasse", war am 7. November im Neuen Wiener Tagblatt zu lesen.

Es war die letzte „Rückkehr" dieses Quartetts nach Nußdorf zum Heurigen. Außer den Abenden in Nußdorf spielte es – so wie in den vergangenen Jahren – auch bei anderen Veranstaltungen: Am 3. November und am 1. Dezember war ein „Großer Spezialitäten-Abend" im Hotel Rabl am Fleischmarkt, am 5. November ein Jubiläumsfest anläßlich des zehnjährigen Bestehens des Pensionsfonds für Fuhrwerks-Angehörige beim Stalehner, am 6. November ein großes Wohltätigkeits-„Spezialitäten-Fest" für den Volkssänger-Veteran Franz Piringer.

Auf vielseitiges Verlangen fand am 27. November in Hopfners Casino Hietzing, vormals Dommayer, ein Schrammel-Abend statt.

Beim „Luchsen" fand am 3. Dezember das 50jährige Musikerjubiläum des Balthasar Schütz statt, bei dem auch die Schrammeln mitwirkten. Ab 16. Dezember spielte das Ensemble regelmäßig an bestimmten Tagen der Woche beim Stalehner in Hernals.

Im musikalischen Programm des Quartetts vollzog sich nun eine bedeutende Veränderung: Der Schwerpunkt der Darbietungen wurde von „die alten Tanz" auf die „Novitäten" verlegt.

Von „die alten Wiener Tanz" zu den „Novitäten"

Von 16. Dezember 1890 bis Ende April 1891 fanden die „Schrammel-Abende" beim Stalehner Dienstag, Freitag und Sonn- und Feiertag statt, ab Mai nur mehr Dienstag und Freitag.

Die Verleihung der Singspielhallen-Konzession hatte es dem Quartett nicht nur ermöglicht, so wie früher mit Natursängern, Pfeifern und Jodlern aufzutreten, sie hatte auch eine Veränderung in den musikalischen Darbietungen bewirkt. Nicht daß die Schrammeln jetzt weniger „wienerisch" waren als früher, nur standen, nach Art der Singspielhallen, die „Novitäten" und nicht mehr die „alten Wiener Tanz" im Mittelpunkt ihrer Produktionen.

In den Zeitungsanzeigen wurden die jeweiligen zur Aufführung gelangenden neuen Lieder, ihre Komponisten, Textdichter und Vortragenden angegeben, und es fanden beim Stalehner Abende statt, an denen nur „Neues" gespielt wurde. Am 13. November 1891 war es bereits der 13. Novitäten-Abend dieses Jahres.

Viele neue Lieder wurden aufgeführt, die aus der damals engen Zusammenarbeit von Hanns Schrammel und Wilhelm Wiesberg entstanden waren und die von Xandl und Exner gesungen wurden, wie etwa „Nur all's für's liebe Vaterland" (Exner und Xandl), „Ah, da schau her" (Xandl) und „Mei' lustig's Testament" (Exner). Als Kunstpfeifer trat Lang auf. Die regelmäßigen Darbietungen beim Stalehner zwangen sicher auch dazu, immer wieder Neues zu bringen, um das Publikum nicht zu langweilen. Am 24. Februar hieß es z. B. im Neuen Wiener Tagblatt: „Das Programm ist ganz neu und die neuen Nummern finden jedesmal lebhaftesten Beifall."

Zwei Nummern seien hier noch erwähnt, und zwar das Lied „Nur aussa mit die tiafen Tön'" (Wiesberg, Schrammel), das für Xandl geschrieben worden war und 1892 zu großer Popularität gelangte, und die „Heurigentänze" von Hanns Schrammel, die beim Publikum ungeheuren Anklang fanden und wofür ihn das Extrablatt am 11. Dezember als „den besten Musiker seines Genres" bezeichnete.

Die Schrammeln hatten sich mit ihrem Bestreben, immer wieder Neues zu bringen, dem herrschenden Zeitgeist angepaßt; wahrscheinlich kamen die alten Weisen, mit denen sie sich früher die Gunst des Publikums erworben hatten, bei diesem nicht mehr so gut an. „Novitäten" – die wollte man nicht erst in den neunziger Jahren, darüber hatten sich schon 1873 Johann Strauß und Eduard Hanslick eingehend unterhalten[174].

Die Weltausstellung 1873 in Wien war mit einem Festkonzert abgeschlossen worden, das die chinesische Ausstellungsleitung aus Dankbarkeit gegenüber der Stadt Wien finanziert und Herbeck arrangiert hatte. Nach der Aufführung von Werken von Haydn, Mozart, Beethoven und Schubert „trat Strauß ans Pult und dirigierte Lanners ‚Romantiker' – eine Walzerpartie voll Schwung und Adel, deren Franz Schubert sich nicht geschämt hätte – hierauf den majestätischen ‚Nobelgarden-Marsch' von Vater Strauß, endlich seinen eigenen ‚Donauwalzer'. Diese Stücke belebten das bereits etwas müde gewordene Publikum bis zu einem völligen Rausch des Entzückens . . ."

Nach diesem Konzert unterhielt sich Hanslick mit Johann Strauß u. a. auch über dessen frühere Kompositionen, und er geriet darüber in Zorn, daß „man diese schönen, alten Sachen, sobald sie zwei oder drei Jahre alt geworden sind", nicht mehr spielt. „Und müssen erst die Chinesen ein Konzert geben, damit wir, wie heute, wieder einmal etwas von Lanner und Alt-Strauß zu hören bekommen?'

Strauß machte zur Entschuldigung der Orchesterdirigenten nur geltend, daß die Musikverleger auf die Aufführung der so massenhaft produzierten Novitäten dringen und die Komponisten erst recht. Mit dem Axiom, ‚das Publikum will nur Neues', glaubt man das bessere Alte totschlagen zu dürfen . . ."

Die Schrammeln waren und blieben, trotz der Wende zum „Neuen", das Ensemble, „das nicht mehr fehlen durfte, wenn es ein echt wienerisches Fest gab", wie es der Wäschermädelball in den „Drei Engel-Sälen" war. Dort spielten sie „ihre herzerfrischenden Tanz mit einem Verve und einem Eifer", wofür sie Stürme von Applaus ernteten[175]. Man mußte aber fairerweise auch zugeben, daß bei der vom Künstlerklub (Kupfer) veranstalteten Karnevalsfeier, unter dem Titel „Eine Vergnügungsfahrt nach Groß-Wien", die „falschen Schrammeln" so herzerfrischend spielten, „daß man sie für die echten halten konnte".

Die „echten Schrammeln" waren beim Fiakerball zu hören. Auf diesem suchte man wieder die „gute alte Zeit", und die Schrammeln wurden nicht müde, den ganzen Abend ihren Zuhörern Lieder voll Sehnsucht nach dieser „guten alten Zeit" zu spielen[176]. Wie sagte doch Daniel Spitzer: „Wir alle erleben, wenn wir nur einmal alt werden, eine gute, alte Zeit, denn die schlechten Zeiten haben mit den Zigarren das gemein, daß sie besser werden, je abgelagerter sie sind[177]."

Dieser Fiakerball war so gut besucht wie noch nie, was wahrscheinlich die Anwesenheit eines „Droschkenkutschers" aus Berlin bewirkt hatte. Es war dies, wie schon erwähnt, ein Herr Kutschke, der nach jeder Strophe des Fiakerlieds, das Bratfisch sang, eine Strophe des Berliner Droschkenkutscher-Lieds, nach der Melodie des Fiakerlieds, zum Vortrag brachte.

Bei der vom Schusterfranz veranstalteten Fiakersoiree beim Stalehner produzierten sich außer den Schrammeln mit Lang, Exner und Brady auch Bratfisch, Hungerl, Kiesel und Marie Walter[178].

Nicht jede Veranstaltung dieses Faschings war nur auf die Unterhaltung ihrer Gäste bedacht, denn Anfang März fanden Wahlen zum Reichsrat statt. So wurde beim „Luchsen" in Neulerchenfeld vom Christlichsozialen Verein eine Feier veranstaltet, die auch der Kandidat der Christlichsozialen Partei, Fürst Alois Liechtenstein, besuchte[179]. Das nahm das Neue Wiener Tagblatt zum Anlaß, am 11. und 12. Februar „Alois-Liechtenstein-Bänkel" zu bringen. Zwei Strophen aus dem Bänkel vom 11. Februar lauteten:

Mit Frack und Stiefletten
Auf feinen Parquetten
Bei Fürstin Paulin –
Das hat kan' Sinn!
Doch wenn man als Dandy
In Beis'ln ölendi'
Sich schiaberisch dreht –
Das ist a Red!

Den noblen Komtessen
Zu sagen Fadessen,
Mit süßlicher Mien' –
Das hat kan' Sinn!
Beim „Luchsen" den Damen
Komplimente auskramen:
„Wie Sie doch so nett!"
Das is a Red!

Und am 12. Februar reimte man auf eine bekannte Melodie:

Im Lerchenfelder Dialekt
Is Durchlaucht noch zu schwach
Darum studiert die jetzt perfekt
Die Hackerpascher-Sprach!
Der Guschelbauer kriagt, so heißt's
An Zehner für die Stund',
Zur Übung eigens engagiert
zwa „Pülger" sind vom Grund.
Die Oderkringer g'freun sich heut'
Schon auf sein nächsten Speech (Spitsch)
Der Prinz wird niederbegln g'wiß
Den Seidl und die Pitsch[180].
I hör den lauten Jubel schon,
Wann er auf's Brettl tritt,
Und brüllt: „Oes g'sulzten Haringseel'n
Bin i wer oder nit?
Hab'n S' a Idee!
Das ist halt pülgerisch, holladaro,
So hör'n sie's gern
Von so an' noblen Herrn,
Von so aner Ausdrucksweis'
Hat jeder an Respekt,
Das wird jetzt echter, unverfälschter
Loisl-Dialekt.

Am 8. März brachte das Blatt die Nachricht, daß Fürst Alois Liechtenstein, Kandidat von Hernals, gegen den fortschrittlichen Kandidaten Dr. Ferdinand Kronawetter mit einer Majorität von 1141 Stimmen gewählt worden war, und am 4. April, daß er Reichsratsabgeordneter von Hernals ist.

Über Fürst Alois Liechtenstein hatte das Neue Wiener Tagblatt schon am 29. April 1888 unter dem Titel „Heiterkeit aus dem Parlament" berichtet: Der Fürst wollte für seine parlamentarische Tätigkeit heiliggesprochen werden. Er wurde bei der zuständigen Stelle vorstellig, die ihn aber darauf verwies, daß nur Tote heiliggesprochen werden könnten. Nun meinte der Fürst, er könne sich ja scheintot stellen. „Ja", lautete die Antwort, „dann können wir Sie nur scheinheilig sprechen!"

Für die beiden erdachten Kommentatoren vom Wiener Tagblatt, Bartl und Adabei, gab es bei der ersten Sitzung des Abgeordnetenhauses[181] eine besonders interessante neue Persönlichkeit:

„Bartl: ‚Dös ist ja der Muth von Heiligenstadt, der den süaßen Heurigen schänkt; hat der dö Schankgerechtigkeit in Parlament kriagt? Dös is a guate Idee! Na ja, dö Abgeordneten san jetzt an Heurigen g'wöhnt von dö Kandidatenreden her, b'sunders der Fürst Liechtenstein, warum soll'n s'es denn auf anmal entbehr'n.'

‚Aber Bartl, lest denn Du nix?', zürnte Adabei. ‚Der Muth is ja als Abgeordneter g'wählt word'n. Was muaß der für an guaten Wein schänken, daß er in Gschwandner und Stalehner und in Mandl ausg'stochen hat.'

‚Na Servas, dös kann lusti werd'n! Da möcht i jetzt ka Reblaus sein, denn der Muth wird mit der ganzen Strenge des Gesetzes gegen sie vorgehen. Da haben's dö Schrammeln g'wiß a dazua g'wählt.'

‚Geh, Dideldapp, was fangerten's denn mit dö Schrammeln an?'

‚Na, da fahreten m'r halt nach Nußdorf ,naus, denn da gibt's a a Hetz, a G'stanz, und da singens grad so laute Tanz!'"

Die Schrammeln kamen zwar nicht ins Abgeordnetenhaus, dafür aber die Abgeordneten am 14. Juli zu den Schrammeln nach Hernals: „Bei der Schrammel-Produktion, die Dienstag abends beim Stahlener in Hernals stattfand, erschienen mehr als 40 Abgeordnete aller Parteischattierungen und nahmen einen großen, für sie reservierten Tisch ein. Die Herren unterhielten sich augenscheinlich sehr gut, und zollten

Detail des Wienplans von Karl Loos, 1891. In der unteren Bildmitte ist die Sängerwarte eingezeichnet.

den Schrammeln, wie den Sängern Xandl, Exner und Lang großen Beifall. Außerordentlich gefielen die ‚Neuzeit-G'stanzl'n' von Hans Schrammel, die alle Anspielungen auf die politischen Verhältnisse sind und auch die Tätigkeit des Abgeordnetenhauses nicht verschonen. Den betreffenden Strophen folgte stets schallender Applaus und die Sänger wurden beglückwünscht. Bis in die ersten Morgenstunden hinein dauerte das frohe Treiben beim Stalehner, das den Reichsboten augenscheinlich besser gefiel als die Budgetdebatte[182]."

Es war nicht nur der Stalehner, wo das Quartett mit seinem Anhang auftrat, es fanden auch Produktionen in anderen großen Restaurants und Etablissements statt, aber nicht mehr beim Heurigen. Im April, während der Rennsaison im Prater, war jeden Donnerstag im Zweiten Kaffeehaus „Schrammel-Abend".

Ein völlig neues Lokal für die Auftritte des Quartetts war die „Sängerwarte" in Dornbach, nur „10 Minuten von der Tramway-Endstation[183]". Es war ein Café-Restaurant, dessen Führung die beiden Volkssänger Edi und Biedermann im März übernommen hatten. Dort spielten von Mai bis Anfang Oktober die Schrammeln jeden Donnerstag und Sonn- und Feiertag.

Diese Tramway-Linie nach Dornbach (Pferdebahn) war die erste in Wien. Sie war am 4. Oktober 1865 eröffnet worden und führte vom Schottentor über Alserstraße, Ottakringer Straße, Taubergasse, Hernalser Hauptstraße zuerst nur bis zur Wattgasse und wurde am 24. Oktober 1866 über die Hernalser Hauptstraße bis zur Vollbadgasse verlängert.

War der Weg von der Endstation der Tramwaylinie bis zur Sängerwarte[184] auch nicht weit, so war er doch sicherlich für viele Wiener beschwerlich und einem kleinen Ausflug gleichzusetzen, führt er doch ziemlich steil bergauf.

Solche Gaststätten, die bereits im Ausflugsbereich der Wiener lagen – wie auch die „Waldschnepfe" –, wurden meist den Winter über gesperrt.

Edi und Biedermann scheinen von ihrer Tätigkeit als Wirte nicht sehr befriedigt gewesen zu sein, denn im Frühjahr 1892 wurde die „Sängerwarte" von einem Herrn Fr. Schwarzinger übernommen.

Am 23. Mai war in Wien eine Mondesfinsternis zu beobachten: „Die heutige Mondesfinsternis wird in ihrem interessantesten Stadium, nämlich in dem Augenblick, wo Sonne und Mond nebeneinander am Horizont erscheinen, nur von den Höhen der Stadt zu beobachten sein . . .[185]" Mit dieser Anzeige machte das Hotel auf dem Kahlenberg die Wiener auf das Ereignis aufmerksam. Um ihnen für die Fahrt auf den Kahlenberg – dorthin fuhr ja die Zahnradbahn – noch einen zusätzlichen Anreiz zu geben, wurde auch ein „Schrammel-Abend" veranstaltet.

Weitere Lokale, wo bis zum September Produktionen stattfanden, waren die „Hühnersteige" (Schönbrunner

Straße), der „Gartenbau" (Wien I), „Zur schönen Aussicht" (Oberdöbling), „Hotel Vogelreuther" (Hietzing), „E. Brau's Restauration" (Pötzleinsdorf), „Restauration Bauer" in Kalksburg – in Kalksburg wirkten die Schrammeln auch beim Kirchweihfest mit – und die „Rohrerhütte" in Neuwaldegg.

Dem künstlerischen Niveau der Schrammeln am nächsten standen sicher die „Grinzinger"; oder sollte man vielleicht sagen, der Klang der Geigen des „Grinzinger Quartetts" kam dem der Brüder Schrammel am nächsten?

Diese Frage stellt sich, wenn man vom „Ehrengeschenk für das Grinzinger Quartett" liest: „In einem der letzten Abende des populären ‚Grinzinger Quartetts' beim Brandmeier in Grinzing wurden zwei Mitglieder des genannten Quartetts, die Herren Steher und Reisinger, durch den bekannten Instrumentenfabrikanten Herrn Carl Zach, mit zwei wertvollen Violinen beschenkt. Die Übergabe der kunstvoll ausgeführten Instrumente erfolgte nach einer der trefflichsten Musikpièces des Quartetts in feierlicher Weise und hatte stürmischen Beifall von seiten des zahlreichen Publikums zur Folge[186]."

Dänzers Erkrankung und sein Ausscheiden aus dem Quartett

Von der Erkrankung Dänzers erfuhr man nur so „nebenbei", und zwar anläßlich des 50jährigen Jubiläums des Quartetts „Katzenberger". Katzenberger und seine Frau waren Figuren des Wiener Praters, sie spielten vorwiegend beim „Grünen Jäger"[187].

Die Besonderheit dieses Quartetts war es, daß Frau Katzenberger das „picksüße Hölzl" blies. Dies veranlaßte Julius Löwy zu dem Artikel ‚Picksüß' im Extrablatt am 18. September 1891, in dem er eben so nebenbei erwähnte, daß Georg Dänzer seit einiger Zeit erkrankt sei. Er führte u. a. aus: „Das Verständnis für die Kunst auf dem ‚Picksüßen' ist heute stark im Abnehmen und es lohnt sich nicht mehr der Mühe, den Leuten einige Stücke ‚vorzublasen'. Sie verstehen es nicht mehr. Nur eine ganz kleine Gemeinde pflegt noch die Liebe zu ‚die alten Tanz', die wir von den berühmten oberösterreichischen ‚Ländlergeigern' übernommen haben . . .

So ist die Dynastie des ‚Picksüßen' auf den Aussterbe-Etat gesetzt und der Ton des Gruber Franzl wird, wenn Dänzer seine Klarinette weglegt, verwaist sein.

Seltsamer Weise war es eine Frau, die sich neben dem Gruber und dem Dänzer bis in die letzte Zeit auf diesem Instrument, wie auf der Piccolo-Flöte hervortat und die mit ihrem Mann eine große Popularität in Wien genießt. Es ist Frau Katzenberger, die Gattin des bekannten Geigers . . .

Das Quartett Katzenberger ist eigentlich mit dem Prater verwachsen. Man hat kaum den Viadukt passiert und wendet sich gegen den Wurstelprater, wie man vordem auch offiziell sagt, da quiekt und pfeift einem schon das ‚picksüße Hölzl' der Frau Katzenberger entgegen . . .

Nicht weniger als 17 Kinder entstammen der glücklichen Ehe, 15 Kindern haben die armen Eltern ins Grab sehen müssen.

Katzenberger hat eine Menge ‚Tanz' komponiert, die noch heute dort gern gespielt und gesungen werden, wo man sich für ‚Weana Tanz' interessiert . . . Wieviele wertvolle Manuskripte wandern nach dem Tode eines solchen armen Musikanten zum Greißler und werden vernichtet! . . ."

Erst am 21. Oktober wurden im Extrablatt als Mitwirkende einer Veranstaltung in den „Drei Engel-Sälen" die Brüder Schrammel, Ernst und Strohmayer genannt. Mit Anton Ernst, dem Vetter der Brüder Schrammel, war an die Stelle des „picksüßen Hölzls" die Zieharmonika gekommen.

Es ist erstaunlich, wie wenig von diesem Instrumententausch Notiz genommen wurde. Man findet nirgendwo Worte des Bedauerns über das Ausscheiden Georg Dänzers aus dem Schrammel-Quartett. Es scheint tatsächlich das Verständnis für die Kunst des „Picksüßen" abhanden gekommen sein.

Das dürfte auch einer der Gründe gewesen sein – abgesehen von der Schwierigkeit, für Dänzer einen gleichwertigen Ersatz zu finden –, die Klarinette durch die Zieharmonika zu ersetzen. Man hatte beim Eintritt Dänzers in das Ensemble nicht gejubelt – man jammerte nicht, als er es verließ. In dem zumindest sechs Wochen dauernden Zeitraum, von der

Erkrankung Dänzers bis zur Bekanntgabe des neuen Ensemblemitglieds, hat sicherlich schon Ernst im Quartett der Schrammeln gespielt. Wahrscheinlich wartete man auf die Genesung und Rückkehr Dänzers, und erst als dies aussichtslos erschien, gab man die neue Besetzung bekannt. Es erhebt sich die Frage, wenn man an die häufigen Partnerwechsel Dänzers vor dem Eintritt in das Ensemble der Brüder Schrammel denkt, ob es wirklich nur die Krankheit war, die sein Ausscheiden aus dem Quartett bewirkte; es könnte vielmehr nur der letzte Anstoß dazu gewesen sein.

Fast genau sieben Jahre waren es, die die Brüder Schrammel, Dänzer und Strohmayer miteinander musizierten, und in dieser Zeit errangen sie Erfolge wie kein Volksmusikensemble je vor ihnen oder zu ihrer Zeit.

Das Quartett
mit der Knöpferlharmonika
(Oktober 1891 bis Juni 1893)

Produktionen bis Mai 1892

Die Besetzung zwei Geigen, Gitarre und Harmonika war zwar für das Quartett Gebrüder Schrammel, nicht aber für ein Volksmusik-Quartett neu. Mit diesen Instrumenten spielten schon 1889 die Butschettys bei der „Waldschnepfe".

Vielleicht weil man diese Art der Besetzung bereits kannte, zeigte die Umbesetzung des Schrammel-Quartetts für die Beliebtheit und den Ruf des Quartetts keinerlei Auswirkungen; die Produktionen wurden in der gewohnten Art – man kann sagen ohne Beachtung der Neuerung – fortgesetzt.

Die „Schrammel-Abende" beim Stalehner fanden weiterhin dienstags und freitags statt; andere Lokale, mit festgesetzten „Schrammel-Abenden" waren: der „Wilde Mann" in Währing (im September und im Oktober jeden Samstag), der „Bacchus-Saal" in Fünfhaus (von Oktober bis Dezember jeden Donnerstag), die „Drei Engel-Säle" auf der Wieden (von 21. Oktober bis Dezember jeden Mittwoch), „Weigl's Dreher-Park" in Meidling (im November an Montagen) und das Wein-Etablissement Bauer in Rudolfsheim (im November an Sonn- und Feiertagen).

Der „Bildersaal" des Wein-Etablissements Bauer, wohin man das Publikum zu „Schrammel-Konzerten" einlud, faßte 1000 Personen[1]. Im „Gemütlichen", dem ursprünglichen Bereich des Schrammel-Quartetts, sorgte eine andere Musikgruppe für Stimmung; am 15. November 1891 war es z.B. eine Damenkapelle. Als „Schrammel-Konzerte" waren auch schon früher Produktionen angekündigt worden, so am 27. Juni[2] in der Restauration Brau in Pötzleinsdorf (Eintritt 50 kr) oder am 15. Juli in der Restauration Bauer in Kalksburg. Andere Lokale, wo es nur ausnahmsweise „Schrammel-Abende" gab, waren A. Kothbauers Weinschenke „Zur Kapelle" im Kaasgraben, Fr. Schwarzingers „Diana-Saal" in Gaudenzdorf und Hopfners „Zur goldenen Birne".

Außerdem wirkten die Schrammeln beim großen Preisjodlerfest beim „Luchsen" mit, dessen Reinertrag der Bekleidung armer Schulkinder zugedacht war. Es traten auch Edi und Biedermann, die Kiesel-Marie (Marie Walter) und Bratfisch auf[3].

Am 21. Dezember 1891 wurde in der Presse des ersten Geburtstages von Groß-Wien gedacht. Über die Wichtigkeit seiner Schaffung – vor allem für den Wein – war man sich einig; denn „. . . die Weingärten des alten Wien sind bis auf ein paar Rieden verschwunden. Groß-Wien aber, in dessen Weichbild die Rieden vom Alseck und anderen gelegen sind, hat nun wieder Weingärten. Wo wären wir denn hingekommen, wenn wir keinen Wiener Wein mehr hätten! Das ganze Image Wiens wäre doch verlorengegangen[4]!"

Und die Schrammeln spielten weiterhin dienstags und freitags beim Stalehner, donnerstags im „Bacchus-Saal", beim „Grünen Baum" traten sie an Sonn- und Feiertagen auf. Auch im „Wein-Etablissement Bauer", im Hotel „Rabl", im „Gartenbau" und in den Rosensälen" produzierte sich das Quartett.

Es gibt keine Kritiken über diese Schrammel-Abende; was jedoch der Fiaker Schusterfranz – recte Reil – von einem solchen Schrammel-Abend beim Stalehner hielt, das brachte das Extrablatt am 11. März 1892: Der Schusterfranz war am 7. März mit einer bösartigen Geschwulst im Nacken ins Spital zu Prof. Weinlechner gekommen, der ihm unter Assistenz der Ärzte Dr. Preindelsberger und Dr. Höfinger diese entfernte und ihn für gerettet erklärte.

Glücklich über die gelungene Operation sagte Schusterfranz zu den Ärzten: „Wissen's, i fahr beim Kreipl! Das ist der bravste Herr, den's Ihna vorstelln können! . . . Und wanns a bissl Zeit hab'n, Herr Professor und Sie meine Herrn Doktores . . . kummans zu mir, mir fahr'n miteinand zum Schrammel-Abend beim Stalehner nach Hernals! Das is scho das Höchste! Höcher geht's net!"

Im Jänner kamen zwei neue Sänger zu den Schrammeln, Edi und Biedermann, die 1891 die Wirte von der Sängerwarte gewesen waren. Am 3. Jänner fand ihr erstes Auftreten beim „Grünen Baum" statt. Exner sang nicht mehr beim Quartett, und im März verließ es auch Xandl; an seine Stelle kam der Gesangskomiker Schmitter, dessen erster Auftritt am 13. März ebenfalls beim „Grünen Baum" erfolgte. Edi und Biedermann, Schmitter und der Kunstpfeifer Lang waren nun die Begleiter der Schrammeln.

Xandl wechselte zu den „Grinzingern". Die am 27. Februar 1892 im Extrablatt gebrachte Nachricht, die „Grinzinger" hätten nun auch eine Singspielhallen-Konzession erhalten, das heißt ihr Ensemblemitglied Werdegg, kann nicht bestätigt werden. In den Jahren 1890 bis 1892 wurde von der N.Ö. Statthalterei an kein Mitglied der „Grinzinger" eine Singspielhallen-Konzession erteilt. Es ist daher mit Sicherheit anzunehmen, daß sie, so wie 1893, mit der gemieteten Konzession von J. Twertik spielten[5].

Am 19. Februar 1892 fand der 20. und letzte Neulerchenfelder Lumpenball in Schwender's Colosseum statt, der von Cafetier Seidl ins Leben gerufen worden war und dessen Reinerträge für arme Schulkinder verwendet wurden.

Ein „Lustiges Begräbnis" wurde dem Lumpenball am 1. April beim Wieninger in der Naglergasse bereitet[6]: „Ein besonderer Genuß wurde den Anwesenden durch das neue Quartett Dänzer bereitet. Dänzer, der durch viele Jahre der treue Genosse der Schrammeln war, hat jetzt seine eigene Musik, bei welcher die Brüder Butschetty und Rapp mitwirken. Das neue Quartett leistet Vorzügliches und die echt wienerischen Vorträge fanden lebhafteste Anerkennung. Als Sänger produzierten sich Exner, Prilisauer und Rudolf Kohlhofer..."

Schon am 25. März hatte das Neue Wiener Tagblatt die Meldung gebracht, daß sich unter der Leitung Dänzers ein neues Quartett mit den obengenannten Mitgliedern gebildet hat, das zum erstenmal Montag, den 28. März beim Klein, Hernalser Hauptstraße 53, konzertieren wird.

Die Zusammenstellung der Instrumente, die in den Zeitungen angegeben wurde[7], war die des „Harmonischen Kleeblatts" von 1883, bereichert um die Violine: Violine, Klari-

Anton Ernst, der Harmonikaspieler des Schrammelquartetts.

nette, Harmoniefluite (System Deponti Wien) und Klavier. Ab 17. April spielte das Quartett Dänzers jeden Sonn- und Feiertag bei der „Waldschnepfe". In den Anzeigen hieß es: „Concert der ‚Spezialität' Wiener Musik mit Exner, Prilisauer und Kohlhofer"; jeden Montag konzertierte es auch im „Gartenbau".

Beim Fiakerball in den „Blumensälen" am 2. März gedachte man mit der Damenspende der Schaffung Groß-Wiens: Es war eine Butte, aus der ein Fiaker hervorschaute und auf der zu lesen war: „Mir san d'rin – Groß-Wien 1892[8]."

Die Fiakersoiree beim Stalehner[9], die von Bratfisch, Hungerl, Moriz Martin und Schusterfranz arrangiert worden war, nahm Hanns Schrammel zum Anlaß, seine „Wiener Fiakerpolka" zur Erstaufführung zu bringen.

Sieht man den Vergnügungs-Anzeiger des Fremden-und des Extrablatts von Jänner bis April 1892 durch, so fällt auf, daß die Anzeigen des „Bacchus-Saals" als Mitwirkende der Schrammel-Abende von Jänner bis März die Gebr. Schrammel, Strohmayer und Ernst nennen, am 7. (der 14., Gründonnerstag, fiel aus), 21. und 28. April jedoch die Gebr. Schrammel, Daroka und Ernst.

Was war mit Strohmayer? War er erkrankt – eine vorübergehende Vertretung hätte man wohl nicht namentlich angeführt –, oder hatte er das Quartett verlassen?

Es kann fast mit Sicherheit angenommen werden, daß Strohmayer noch während der im Mai beginnenden Musik- und Theaterausstellung im Quartett der Gebrüder Schrammel verblieben ist.

In den weiteren Anzeigen hieß es nur mehr „Quartett Gebr. Schrammel" oder kurz „die Schrammeln", wahrscheinlich wegen des zu erwartenden Ausscheidens von Strohmayer aus dem Quartett.

Die Wiener internationale Musik- und Theaterausstellung 1892

Über das Zustandekommen dieser Ausstellung schrieb Eduard Hanslick[10]: „Die drei Schwestern Fröhlich, darunter Kathi, die ‚ewige Braut' Grillparzers, haben ihr ziemlich bedeutendes Vermögen zu einer Stiftung verwendet, aus welcher Stipendien für talentvolle junge Künstler und Pensionen für verdiente ältere Schriftsteller und Künstler verteilt werden. Diese höchst wohltätige ‚Schwestern-Fröhlich-Stiftung' wird unter dem Vorsitz des jedesmaligen Wiener Bürgermeisters von einem Kuratorium verwaltet, das gegenwärtig aus dem Geheimrat Joseph Unger, dem Professor Robert Zimmermann, dem Generaldirektor Engerth und mir besteht. Nach einer unserer Sitzungen im Herbst 1890 teilte mir der Bürgermeister Dr. Prix die Absicht mit, zur hundertsten Wiederkehr von Mozarts Todestag (1891) eine Ausstellung von musikalischen Instrumenten, Autographen, Drucken und Porträts zu veranstalten. Je tiefer wir, und andere nach uns, in das Detail des Planes eindrangen, desto mächtiger wuchs der Rahmen desselben in die Höhe und Breite. Die geistvolle und energische Fürstin Metternich interessierte sich am lebhaftesten und werktätigsten dafür. Warum nur die Geschichte der Musik illustrieren und nicht auch die Entwicklung des Theaters? Und warum über eine österreichische Musik- und Theaterausstellung nicht hinausgreifen zu einer internationalen? So trieb in dem genialen Frauenkopf der Urgedanke immer neue Äste und Zweige, bis in unbegreiflich kurzer Zeit eine in ihrer Art ganz einzige Ausstellung fertig dastand; in ihrer Grundidee und Gestaltung ohne Vorgänger oder Rivalen."

Die Einzigartigkeit dieser Ausstellung wird auch von J. Sittard in „Kritische Briefe über die Wiener internationale Musik- und Theaterausstellung 1892" bestätigt: „. . . so muß ich gestehen, daß in verhältnismäßig kurzer Zeit hier etwas geleistet worden ist, daß die größte Bewunderung des Fachgelehrten erregt. Eine solche Fülle interessanten Materials aus allen Gebieten der Tonkunst und aus den verschiedensten, den ältesten und den neuersten Perioden ihrer Geschichte, ist noch nie zusammengetragen worden und wird wohl auch nicht so leicht wieder zusammenkommen . . ."

Für die geplanten Musikaufführungen mußte ein eigenes Orchester geschaffen werden, denn in Wien gab es nur ein einziges Orchester, das des Hofopernthesters. Hermann Grädener wurde zum Kapellmeister dieses neu zu schaffenden Orchesters ernannt.

Durch eine sorgfältige Auswahl bei Probespielen wurde das Ausstellungsorchester so gut, daß es sich „nur noch durch die Quantität, nicht aber durch die Qualität" von den Philharmoniker unterschied[11]. Die Streicher kamen meist aus Wien, die Bläser aus den deutschen Symphonieorchestern. „Man wollte mit den Musikaufführungen nicht etwa die winterliche Konzertsaison fortsetzen, sondern die Meisterwerke der Klassiker, Romantiker und der zeitgenössischen Komponisten aufführen und diese Konzerte den breiten Schichten der Bevölkerung durch einen minimalen Eintrittspreis leicht zugänglich machen, auch in einer Reihe von historischen Konzerten die Entwicklung der Tonkunst veranschaulichen und die lebenden Komponisten so viel wie möglich zur Aufführung ihrer Werke heranziehen und eine Reihe hervorragender Dirigenten einladen[12]."

Die Konzerte fanden meist bei Tischaufstellung statt. Für diese Tischaufstellung gab es zwei Gründe: Erstens war es

„einfach unausführbar, im Hochsommer ein Publikum drei- bis viermal wöchentlich in einen ‚trockenen' Konzertsaal zu locken", und zweitens bestanden Abmachungen der Ausstellungsleitung mit den Wirten, „unter denen allein der Bau der Musikhalle zustande kam".

Die Künstler aus dem Ausland wie Hans von Bülow und Anton Rubinstein nahmen an der Tischaufstellung keinen Anstoß, lediglich Peter I. Tschaikowski aus St. Petersburg reiste plötzlich ab, obwohl er bereits mehrere Proben abgehalten und man ihm auch die Sesselaufstellung zugesagt hatte.

Für das Verhalten des Publikums gab es höchstes Lob im Inland und im Ausland. „In der Kunst des Hörens, in der Empfänglichkeit, die sich bis zur Andacht steigerte, konnte dieses Auditorium das Modepublikum mancher Großstadt beschämen[13]." Theodor Helm schrieb[14]: „. . . bewunderungswürdig . . . das Benehmen des Ausstellungspublikums, das sich ein so langes und kompliziertes, vom Hörer die angespannteste Aufmerksamkeit und Geduld beanspruchendes Werk, wie Bruckners [III.] D-Moll-Symphonie, nach der üblichen Tischaufstellung ‚bei Bier und Braten' bieten ließ, während der Aufführung selbst aber seine materiellen Genüsse vollständig vergaß und förmlich den Atem zurückhielt, um nur gar keinen Ton zu verlieren."

Die Meinung in Frankreich war: „. . . die Musik sei großartig, aber noch bewunderungswürdiger das Wiener Publikum. Ein solcher Zulauf, solches Verständnis und solche Ordnung wäre in Paris nur schwer möglich[15]."

Auch Hanns Schrammel hatte sich um die Bewilligung für Konzerte in der Tonhalle bemüht, wie ein Schreiben des Hof- und Gerichtsadvokaten Dr. Anton Anton (1., Spiegelgasse 9, Göttweiger Hof) angibt[16]: „Mit Bezug auf ihre Anfrage, betreffend die Ausstellung, erlaube ich mir mitzuteilen, daß Ihre Angelegenheit daselbst recht ungünstig steht.

Die Ausstellungskommission will mit Rücksicht auf die Tonhalle, welche Herr Anton Dreher erbaut, keine weitere Musik in der Ausstellung concessionieren; an ein Absammeln sei schon gar nicht zu denken.

In der Tonhalle, wo Verdi und Mascagni dirigieren werden, können Sie naturgemäß nur zeitweilig als einen Teil des Programmes Ihre Kapelle vorführen . . ."

Nun, die Schrammeln sollten an ganz anderer Stelle und sogar täglich zu hören und ein besonderer Anziehungspunkt für die Ausstellungsbesucher sein!

Die Musik im Freien, die Parkmusik, wurde von den Militärkapellen der Wiener Garnison, der Marine-Kapelle, der Schloßkapelle des Herzogs von Ratibor und der Eleven-Kapelle der Prager Militär-Musikschule bestritten; außerdem auch von den Zivilkapellen Eduard Strauß, Philipp Fahrbach jun., der Wiener Schützenkapelle unter Kopetzky und der Schwechater Schützenkapelle.

Großartig waren die Bauten, die für die Musik- und Theaterausstellung errichtet worden waren. Die erwähnte Tonhalle wurde folgendermaßen beschrieben[17]: Sie ist „ein monumentales Gebäude, in welchem das System der französischen Maschinenhalle der letzten Pariser Weltausstellung zum ersten Male auf Holz übertragen wurde. Architekt Marmorek hat da ein kleines Meisterstück geliefert und ist auch die Akustik des Kolossalraumes eine vorzügliche. Die Tonhalle hat eine Spannweite von 30 m und eine Tiefe von 66 m, Raum für 2200 Personen, 1600 im Parterre und in 64 Logen, 600 auf der Galerie.

Auf dem Orchester können 150 Musiker oder 300 Sänger bequem untergebracht werden... Die Rückwand der Tonhalle wird von der großen Orgel aus dem Stifte St. Florian in Oberösterreich eingenommen. Dieses herrliche Instrument hat eine Höhe von 12 m, eine Breite von 8 m und eine Tiefe von 7 m."

Das Ausstellungstheater, ein Riegelbau, war von Fellner und Helmer errichtet worden. Nach dem Muster des Bayreuther Festspielhauses lag das Orchester tiefer und bot Platz für 45 bis 70 Musiker. Das ganze Theater faßte 1550 Menschen, davon waren 700 Sitze und 300 Stehplätze im Parkett, 330 Sitzplätze und 120 Entrees auf der Galerie. Im Zuschauerraum gab es zwei Proszeniumslogen für den Kaiser und den Hof und je eine Loge für die Direktoren der Ausstellung und die fremden Ehrengäste.

Hier feierten die tschechische und die italienische Oper große Erfolge. Über die tschechische Oper schrieb Th. Helm[18]: „Mochte man sich als guter Deutscher von den gerade damals in Böhmen wütenden traurigen politischen

Parteikämpfen . . . noch so sehr abgestoßen fühlen, als objektiv empfindender, echter Kunstfreund mußte man der stilvollen Würde und temperamentvollen Frische, mit welcher man uns damals die tschechischen Opern vorführte, der minutiösen Sorgfalt, mit der sie einstudiert waren, rückhaltlose Anerkennung zollen.

. . . An jenen interessanten Abenden wurde der außerhalb seines Heimatlandes wenig bekannte Tonsetzer . . . als großer Meister befunden: der unglückliche, 1884 in der doppelten geistigen Nacht der Gehörlosigkeit und des Wahnsinns von dieser Erde geschiedene Friedrich Smetana . . ." Die „Verkaufte Braut" wurde ein ganz großer Erfolg und auch „Der Kuß" begeisterte das Publikum.

In einen richtigen Begeisterungstaumel wurden die Wiener durch die italienische Oper, genauer gesagt durch Pietro Mascagni versetzt. Darüber schrieb Hanslick[19]: „Endlich sollten die Wiener den jungen Mascagni von Angesicht zu sehen bekommen! Seine ‚Cavalleria rusticana' hatte es in kurzer Zeit zur hundertsten Aufführung im Hofoperntheater gebracht und das leidige ‚Intermezzo' behauptete bereits den Rang einer Landplage. Nun ward uns obendrein der Kultus der Persönlichkeit. Noch niemals ist auf deutschem Boden ein durch eine einzige kleine Oper bekannt gewordener junger Komponist mit einem solchen Huldigungstaumel gefeiert worden, wie Mascagni in diesen Wiener Septembertagen. Die Neugierde des Publikums verfolgte ihn auf der Straße und lauerte ihm nach dem Theater auf . . . aber wenn ein englischer Admiral in roter Uniform und hohem Federhut eine neu entdeckte Südsee-Insel betritt, er kann von den Eingeborenen nicht mehr angestaunt werden, als es Mascagni von den Wienern geschah . . ."

Als Mascagni „Amico Fritz" dirigierte, wurde er 24mal vor den Vorhang gerufen.

Beim Abschied von Wien warf man ihm 30 mit italienischen, österreichischen und Wiener Farben geschmückte Lorbeerkränze zu. „. . . aus dem Enthusiasmussturm gerettet, meinte der zu Tode erschöpfte Maestro zu seinen Bekannten: ‚Ich weiß nicht, was die Wiener mit mir treiben; ich komme mir vor wie ein Seehund, der auf einer Ausstellung zu besichtigen ist[20].'"

Man hatte auch ein chinesisches Schattentheater, einen Holzbau mit einem Fassungsraum für 1 200 Personen, errichtet und als besondere Sehenswürdigkeit das „Panorama", das ein Bild des Hafens von New York bot.

Nichts jedoch erregte so großes Interesse und übte eine so magische Anziehungskraft auf die Besucher der Ausstellung aus wie „Alt-Wien".

„Alt-Wien"

„Ein mächtiger Zauber erfaßt uns, da wir die kleinen Gassen zwischen Pavillons und Anlagen durchschreitend, plötzlich im Herzen des ältesten Wien stehen.

Wo sind wir?

Kleine Häuser mit engen, hohen Fronten, bunt bemalt, mit Erkern und Türmchen, verschnörkeltem Zierrat und spitzen Fenstern, ein Misch-Masch von Gotik und Renaissance, grüßen uns und in die kleinen Fensterchen legen sich die Sonnenstrahlen und lassen die mit dickem Blech gefaßten Scheiben lachend blinken. Ein Zauberwerk ist's, das unser Herz tief ergreift, denn wir sehen vor uns den Hohen Markt in seiner Gestalt aus dem Ende des 17. Jh. Vor 200 Jahren hat es dort so ausgesehen. An der Ecke der Tuchlauben das Schrannenhaus, gemeiner Stadt Wien Gerichtshaus mit dem steilen Treppenaufgange und dem Balkon, dann der Narrenkotter, der Pranger, in der Mitte die Hanswurstbude, der Glückshafen . . . ein entzückendes, herzerwärmendes Bild für jeden Wiener und Freund Alt-Wiens . . .[21]", das war der Eindruck, den „Alt-Wien" auf seine Besucher machte.

Der Hohe Markt wurde nach einem 13×18 cm großen Bild von Hoefnagel aufgebaut[22], das den Hohen Markt von 1685 zeigt; das Wiener Tagblatt datierte ihn sogar auf 1630 zurück[23].

„. . . Die Idee zur Schaffung des alten Hohen Marktes ging zunächst aus der Absicht hervor, der ‚Kreuzer-Komödie' und dem ‚Hanswurst' einen passenden Rahmen zu geben . . . Die Fassaden der Häuser sind, so wie der Grundriß des Platzes, in nahezu natürlicher Größe ausgeführt, die Häuser-

tiefen und die Seitengassen sind verkürzt und die letzteren durch perspektivische Projekte abgeschlossen . . .[24]", lautet die Beschreibung des Hohen Markts, dessen Chefarchitekt Marmorek war und wofür der Brauereiführer Dreher das Geld vorgestreckt hatte[25].

In den unteren Räumlichkeiten der Gebäude waren Ausstellungs- und Verkaufsgewölbe eingerichtet, mit Ausnahme vom „Narrenkötterl" und dem „Regensburgerhof". Im „Narrenkötterl" war die Dreher'sche Bierwirtschaft von Helliger, im „Regensburgerhof" der Stalehner untergebracht. Beide sorgten nicht nur für das leibliche Wohlbefinden ihrer Gäste mit Speis und Trank, auch das „Gemüt" sollte gelabt werden, und zwar mit echt „wienerischer Musik". Beim Helliger spielten die „Grinzinger", beim Stalehner hing der „Himmel voller Schrammel-Geigen".

Der Maler Theo Zasche hatte anläßlich der Musik- und Theaterausstellung ein Aquarell vollendet, dem er den Titel „Wiener Walzer" gab und das zehn Porträts der „bedeutendsten und populärsten Walzerfürsten Wiens" zeigt. Unter jedem Kopf befinden sich die ersten vier Takte des populärsten Walzers des betreffenden Komponisten[26].

Die Komponisten und ihre Walzer sind:

Der Hohe Markt in Wien. Zeichnung nach Jakob Hoefnagel, 1685.

Josef Lanner – Die Schönbrunner
Johann Strauß Vater – Loreley-Rheinklänge
Johann Strauß Sohn – Die blaue Donau
Joseph Strauß – Mein Lebenslauf ist Lieb und Lust
Eduard Strauß – Fesche Geister
Carl Millöcker – Laura Walzer – (Bettelstudent)
Carl Michael Ziehrer – Weana Madln
Josef Bayer – Puppenfee
Philipp Fahrbach jun. – Erinnerungen an Joseph Strauß
Hans Schrammel – s'Herz von an echten Weana.

Durch die Ausstellung war auch der Fotograf Anton Brand zur Zusammenstellung eines interessanten Tableaus veranlaßt worden: Er hatte sich ein volles Jahr um die Porträts aller 103 Militärkapellmeister bemüht und stellte diese nun in der Währingerstraße Nr. 7 aus[27].

Als am 7. Mai die internationale Musik- und Theaterausstellung eröffnet wurde, kam auch der Kaiser bei seinem Rundgang durch die Ausstellung nach „Alt-Wien". „Es ist prachtvoll! Es ist reizend!", äußerte er sich zu Chefarchitekt Marmorek. Vor dem „Regensburgerhof" stellte er fest: „Dieses Haus steht ja heute noch", und als er von der geplanten Verwendung der noch nicht ganz fertiggestellten Lokalitäten

des Baus hörte, meinte er: „Also, da wird es lustig werden."
Diesen Ausspruch brachten alle Zeitungen.

In der Instrumentenabteilung wurde dem Kaiser der Geigenbauer Carl Zach vorgestellt, dem es gestattet worden war, dem Kaiser eine „Jubiläumsgeige", die er für ihn gebaut hatte, zu überreichen. Bei dieser Geige ist anstelle der Schnecke – nach Art der „Schrammel-Geigen" – ein schön geschnitzter Kaiserkopf. Diese „Kaisergeige" wurde dem Technischen Museum übergeben, wo sie sich heute noch befindet.

Hanns Schrammels Wunsch, in der Tonhalle spielen zu können, hatte sich nicht erfüllt, aber die täglichen Produktionen im „Regensburgerhof" brachten dem Quartett mehr Popularität und Ansehen, als es einige Konzerte in der Tonhalle vermocht hätten.

Es war ein erster und zugleich einziger Höhepunkt des Quartetts mit der Zieharmonika, es verging fast kein Tag, an dem nicht vom Besuch höchster Herrschaften bei den Schrammeln berichtet wurde; es war aber auch der letzte und abschließende für das Quartett „Gebrüder Schrammel".

Am 12. Mai 1892 wurde der „Regensburgerhof" eröffnet. Täglich ab 4 Uhr nachmittag spielten die Schrammeln, es sangen Schmitter, Edi und Biedermann, und es pfiff der Kunstpfeifer Lang. „Eine Schar blühender Mädchen in Wiener Kostümen mit goldenen Hauben auf den hübschen Köpfchen bediente die sehr zahlreich erschienenen Gäste, unter denen auch Erzherzog Ludwig Victor, ein treuer Anhänger der Ausstellung, Platz nahm. Der Erzherzog setzte sich mit seinem Adjutanten in eine Ecke des Gartens und hörte mit sichtlichem Behagen den Vorträgen des Coupletsängers Schmitter und der beiden Sänger Edi und Biedermann zu. Sie sangen das lustige Couplet ‚Cavalleria rusticana, wo m'r hinschaut lauter Baner' und Schmitter ‚Wienerische Meter-Gstanzln', in denen die Wiener Lokalausdrücke erklärt werden. Den Bescheidtrunk Stalehners hatte der Erzherzog mit den Worten abgelehnt: ‚Ich will nur die Musik und die Lieder hören.' Auch Bürgermeister Prix und seine Gemahlin fanden sich bei den Schrammeln ein[28]."

Einen Tag nach den Schrammeln, am 13. Mai, begannen die „Grinzinger" ihre Produktionen beim Helliger mit den Sängern Schiel, Brandmeier und Xandl[29].

Die Schrammeln und die „Grinzinger", sie fanden den größten Zuspruch der Gäste von „Alt-Wien". Auch die Damen der Aristokratie verschmähten es nicht, am Abend des „Damenkorsos" sich bei ihnen einzufinden und scheuten sich auch nicht, die „harbsten" Couplets zu bestellen[30]. Vom Abend eines schönen Ausstellungs-Sonntags schrieb das Wiener Tagblatt am 23. Mai: „. . . Am allerschönsten und allerlustigsten gestaltete sich jedoch das Nachtleben in der Ausstellung in der wundersam beleuchteten Straße ‚Alt-Wien', wo gestern die ‚Schrammeln' und das ‚Grinzinger Quartett' bis Mitternacht geigten, Volkssänger, ‚Natursänger und Kunstpfeifer' ihre Lieder und Tänze einem leicht empfänglichen Publikum zum besten gaben. Im Regensburgerhof, wo sich die Schrammeln mit den Volkssängern Edi und Biedermann hören ließen, mischten sich unter das Sonntags-Publikum Persönlichkeiten, die sonst derartigen ‚Kunstgenüssen' fernzubleiben pflegten . . . Die kleine aristokratische Gesellschaft hatte sich am ‚Konzerttische' selbst niedergelassen und spendete den Wiener Weisen der Tafelmusiker lebhaftesten Beifall . . ."

Gemütvoller schilderte Paul von Schönthan das „Nachtleben" in „Alt-Wien" am 29. Mai im Fremdenblatt: „. . . Drüben beim Stalehner geht es lustig zu. Unter den alten Wiener Bäumen ein Stück altwiener Gemütlichkeit – Gott erhalte uns den Rest! Auf der primitiven ‚Bawlatschen' an der Längsseite des Hauses, vor einem kleinen Tischchen, sitzen die Schrammeln und spielen ihre ‚himmelhochjauchzenden und zu Tode betrübten' Wiener Lieder, mit ihrer eigenartigen, die Wurzeln des Wienertums bloßlegenden, undefinierbaren Innigkeit. In ihrer Musik spricht am urwüchsigsten und am verständlichsten der Wiener zum Wiener und alles ringsum lauscht mit heiterer Andacht den Tönen, die wir Kinder der geliebten, alten Kaiserstadt in unserer Brust verschlossen halten. Und ein Dutzend glänzender Zylinder mit breiten Borten und Offiziersmützen bezeichnen den ‚Kawliertisch', dicht an dem schlichten Podium, sie ‚paschen' am eifrigsten und manche feine Dame aus der hohen Gesellschaft verschmäht es nicht, hier die urgesunde Kost der Wiener Volksmusik zu genießen. Biergenuß und Musik sind demokratische Vernügungen und ‚Stalehner' ein neutraler Boden.

Beim Helliger drüben ungefähr dieselbe Situation . . ."

Ausführlich wurde über den Besuch des Prinzregenten Luitpold von Bayern und seiner Schwester Adelgunde Herzogin von Modena im Regensburgerhof berichtet, wobei man auch das Verhalten des Publikums hervorhob[31]: „. . . beim Stalehner spielten die Schrammeln. Zahlreiche Hörer saßen umher und lauschten vergnügt den echt wienerischen Klängen. Da kam der Prinz-Regent Luitpold von Bayern mit seiner erlauchten Schwester . . . am Arm. Das hohe Paar nahm an einem der äußersten Tische Platz und schenkte der Musik seine Aufmerksamkeit. Das Publikum, obwohl es die Herrschaften erkannte, war so diskret, das hohe Paar weder zu umdrängen, noch sonst irgendwie zu stören und die Herrschaften fühlten sich sichtlich wohl in solch ungezwungener Umgebung . . . Die Schrammeln gaben ihr Bestes, die fürstlichen Gäste äußerten ihren Beifall . . .

Es war eine Freude mit anzusehen, wie da in unverfälschter wienerischer Weise alle Schichten der Gesellschaft aneinander gerückt waren und wie dabei doch der Respekt vor den hohen Zuhörern gewahrt blieb . . ."

Auch die Erzherzoge Franz Ferdinand von Österreich-Este und Ludwig Viktor, ebenso Prinz Philipp von Coburg mit seinem Bruder, dem Fürsten Ferdinand von Bulgarien, besuchten „Alt-Wien" und hielten sich bei den Schrammeln auf[32].

Kein Besuch jedoch erregte so großes Aufsehen und fand in der Presse so starke Beachtung wie der des Fürsten Bismarck. Fürst Bismarck war am 19. Juni nach Wien gekommen, um der am 21. Juni stattfindenden Trauung seines Sohnes Herbert mit Gräfin Hoyos beizuwohnen.

Allein schon die Geschehnisse bei seiner Ankunft in Wien beschäftigten nicht nur die Zeitungen, sondern auch die Behörde. Bismarck wurde auf dem Bahnhof mit Hochrufen und Ovationen von den Deutschnationalen empfangen: „. . . Was auf dem Bahnhof geschah, war jedoch nur das Vorspiel zu einer politischen Demonstration, wie sie Wien seit Jahren vor dem Maria-Theresien-Denkmal nicht mehr erlebt hat. Durch die ganze Taborstraße, durch die Rothenturmstraße, über den Graben zogen tausende von Menschen unter der Absingung der ‚Wacht am Rhein' und des Liedes

‚Deutschland, Deutschland, über alles' und Hochrufe auf Bismarck wechselten mit Hochrufen auf Schönerer ... eine volle Stunde gab sich eine 1000köpfige Menge, vom Nord-Westbahnhof über die Taborstraße in die Innere Stadt ziehend, lärmendsten Kundgebungen hin. Erst knapp vor der Wohnung des Fürsten Bismarck, an der Ecke der Strauchgasse und der Wallnerstraße schritt die Wache energisch ein ... die Säbel flogen aus der Scheide und mit flacher Klinge wurde die Menge auseinander getrieben ... Polterabend auf der Straße zur Vorfeier der Hochzeit im Hause Bismarck[33]."

Das Wiener Tagblatt berichtete am 23. Juni über „Fürst Bismarck in ‚Alt-Wien'": „... Nach 11 Uhr nachts, nach einem Souper beim Grafen Henckel ... Der Fürst trug Zivil und schritt am Arm der Fürstin nach ‚Alt-Wien' ... direkt zum Regensburgerhof, in welchem Stalehner wirtschaftet, die Schrammeln ihre Wiener Lieder aufspielen, Schmitter seine Couplets singt und Kunstpfeifer Lang seine ‚Tanz' pfeift. Rasch wurden einige Tische frei gemacht, an welchen Fürst und Fürstin samt Begleitung Platz nahmen und sich Bier servieren ließen ... Es bedurfte energischer Intervention der Begleitung, um den Fürsten Platz zu schaffen, daß er ungestört den Vorträgen dieser Wiener Spezialität lauschen konnte. Edi und Biedermanns wienerische Weisen fanden Fürst Bismarcks lebhaften Beifall, so daß er bei dem Couplet ‚Das Drah'n das is mei' Leben' mit voller Stimme mitsang und mit den Händen den Takt dazu schlug.

Als Kunstpfeifer Lang das Lied aus dem Zigeunerbaron ‚Wer uns getraut' vortrug, fragte Bismarck erstaunt, was das für ein Instrument sei und als man ihm antwortete, daß das Lied gepfiffen worden sei, war der Fürst über die Kunstfertigkeit erstaunt und applaudierte um so lebhafter ..."

Am 23. Juni reiste Bismarck wieder ab. An diesem Tag war in der Österreichischen Volkszeitung zu lesen, daß dem Fürsten dieser Aufenthalt in Wien so gut bekommen sei, daß sich sein Leibarzt Dr. Schweninger zu der Äußerung veranlaßt sah, Fürst Bismarck habe sich seit Wochen nicht so wohl befunden wie jetzt in Wien.

Das Wiener Tagblatt beschäftigte sich am 24. Juni noch einmal mit dem Besuch Bismarcks bei den Schrammeln unter der Überschrift: „Der welthistorische Guschelbauer: . . . als im vorigen Winter die Arrangeure des ‚Herren Abend' den Wienern verkündeten, daß Frau Wolter und Herr Sonnenthal – Couplets singen werden, da übte diese Nachricht zwar eine mächtige Anziehungskraft aus, wurde aber von allen zarten ästhetischen Gemütern als eine Profanierung ihrer Kunstideale verdammt. Sonnenthal und der alte Drahrer! Shoking! – Und nun kommt der Zauberer Zufall, der noch weit mehr zustande bringt, als ein schönes Weib, lockt den ‚gewaltigsten Mann des Jahrhunderts' mit Syrenenstimmen zum Stalehner, wo die Schrammeln ihre einschmeichelnden, die Sinne umgaukelnden, die Glieder in wohlige Zuckungen, die Zungen in fidele Schwingungen versetzenden ‚Weana Weisen' fiedeln und – staune, sensationslüsternes Fin de siècle: Der ‚Mann aus Eisen' wird in dem Capua der Geister weich und gemütlich – Herkules Bismarck wird vom Donauweibchen beim Bierschoppen gezähmt – der ‚große Hans' – ach nun so klein, sinkt hingegossen zu ihren Füßen: ‚Weil i a alter Drahrer bin!'"

Eduard Pötzl beschäftigte sich auf seine Weise mit den Ereignissen um Fürst Bismarck in der Ausstellungsskizze „Ein hoher Gast" am 26. Juni 1892 im Neuen Wiener Tagblatt, in der er seinen von ihm erfundenen „Herrn Nigerl" den Traum der vergangenen Nacht im Freundeskreis erzählen läßt:

. . . – mir tramt alsdann, daß i bei die Schrammeln in Alt-Wien sitz' und a Stimmung hab'. Wißt's, was i halt a Stimmung nenn: Wann die Geigna mit die g'wiss'n hell'n Schnalzer dem Menschen in die dumpere, bekümmerte Seel' einileucht'n und die Überschlager so g'wiß-Quasi den raunzerten Kerl, der oft in ein'm steckt, aufpulvern, bis unter allem dem Dudeln und Paschen, unter die saubern Weiber und bei'n siemten Krüagl der angeborene Schwasser lebendi' wird und schreit: „Hängt's eng auf, mi' g'freut no's Leben!"

Alsdann, in dera Stimmung war i und geh' von an Tisch zon andern, weil so viel Bikannte da war'n. Z'letzt kumm i bei die Schrammeln vorbei und sag' zon Jean, wißt's, zon Wamperten, sag i:

– „Na, Schrammel, hiazt werd'n S'do an eisernen Gönner

da g'habt hab'n! (Er halt nämli was auf die Gönner) 'n Fürst 'n Bismarck. Dös hätten S'Ihna a net einbild't, was?"

– „Freili" sagt er feierlich, „dös war halt ja a historischer Gönner! Auf d'nächste Woch'n bring' i schon a neuche Komposition, die Bismarck-Tanz. Der Edi und Biedermann werd'n's zwastimmi singen als Anspielung auf das deutschösterreichische Bündnis. Hab'n S' 'n valleicht g'seg'n, in Bismarck, Herr von Nigerl?"

– „Naa", sag i, . . . „allaweil bin i sunst herunt' beim Stalehner, nur g'rad damals net! Aber wer hat si' denn das a enttrau'n können, daß der Bismarck averkummt! Hat er was g'red't zu Euch?"

– „Das net, er hat ka Zeit g'habt dazua. Aber g'fall'n hat's ihm damisch, das hat ma' ihm ang'seg'n. Mir hab'n n'aber a urndtli ang'strudelt!"

– „G'hört si a, g'hört si a. Oes seid's zwar Grafen und Fürschten g'wöhnt, aber der Bismarck is do no a bisserl was anders. Durch den könnt's in d'Weltg'schicht einikommen, alle miteinander. Dös is ka Klanigkeit. Na, i gratulier' Ihna, Jean, Servus!"

Wia i zu mein' Tisch z'ruck kumm, sitzt a fremder Herr da, a Großer, Starker, mit an weiß'n Schnurrbart und von ander g'wiss'n Steif'n, so daß i trotz sein' schwarz'n Rock glei g'seg'n hab, dös muaß a pensionierter Militärist sein. I grüaß natürli und setz' mi a nieder.

– „Juten Abend!" sagt er mit an preußischen Akzahn und nickt mir herablassend zu.

– Ahan, denk' i mir, wieder a deutscher Bruader. Mit dem muaßt recht freundli sein und schaun, daß er si unterhalt' da. Er nimmt a Zigarr' aussa, i schiab' ihm 's Feuer hin und frag: „Sind wohl aus Berlin?"

– „Ja woll", sagt er. „Woher vermuten Sie das?"

– „Ja, wissen's, dös kennt ma glei. Haben so etwas Preußisches in der Statur und in Allem . . . Außerdem kommen mir aber auch so bekannt vor . . . Könnten mir nit aus'n Tram helfen, woher i Ihnen kenn'?"

Er lacht vor sich hin und meint:

– „Vielleicht aus Bildern, denn persönlich bin ich das erstemal in Wien; 'ne schöne Stadt, das muß man ihr lassen . . ."

– „I dank' vielmals im Namen meiner Landsleut'", sag' i d'rauf, „das Nämliche hat der Bismarck vor ein paar Täg' auch g'sagt."

Kaum sprich i den Namen Bismarck aus, so wird das G'sicht von dem Fremden finster wia a Wetterwolk'n. Na, denk' i mir, was hat er denn? Dann fallt mir aber ein, daß der Fremde vielleicht in der Strauchgassen war und bei dera Gelegenheit, wo er sein' Altreichskanzler hat seg'n woll'n, a paar auf's Dachl kriagt hat und deßwegen so wild is.

– „Sollt'n valleicht einen Anstand oder eine Unannehmlichkeit g'habt hab'n weg'n 'n Bismarck?" fühl i ihm auf den Zahn, „dann können Ihnen trösten; ein meiniger Bekannter geht auch mit einem ganzen Senkel auf dem G'nack herum von ein' Hieb, den er kriegt hat. Bei solchen G'legenheiten gibt's halt keine Schonzeit für Unschuldige. Und es war wirklich ein Skandal, daß hat d'reinplescht werd'n müss'n."

– „Ich verstehe die Wiener nicht", weicht er mir mit seiner Antwort aus, „ich begreife sie nicht."

– „Inwofern?" frag ich.

Er war eine Weil still und hat die Augenbraun z'sammzog'n. Dann brummt er vor sich hin: „Alle ihre Erbfeinde jubeln sie an."

– „Oh, da muaß i schon bitten", fahr' i auf, „daß mir net nachtragerisch sein, daß heißt no lang kein' Erbfeind anjubeln. Wann einer so a guat's Herz hat, daß er vergißt, was er uns anthan hat, dan dürfn mir, wo mir immer das Lied singen: „'s Herz von an echten Weaner" ihm das G'schehene a net alleweil um d'Nase'n reib'n, sondern sein z'Tod froh, wann er uns nur in Zukunft ka Füaßl mehr gibt. Ohne das wär's mit der G'müatli'keit in Wien bald aus. Und wann ein sogenannter Erbfeind gar zu die Schrammeln avergeht und a Freud' an unsere Tanz' und G'stanzeln hat, nachher ist er überhaupt für uns ka Erbfeind mehr, sondern a Erbspezi . . . mit Respekt aufzuwarten!"

Der Fremde bohrt nach meiner scharfen Red' a Randl seine Aug'n in mi eini, daß's mir frei schon unheimli war. Dann sagt er:

– „Wollen Sie wissen, wer ich bin?"

– „Natürli, seit aner halben Stund' schon druckt's mi', daß i dös net waß", sag i.

– „Ich bin der deutsche Reichskanzler Caprivi!"
– „Excellenz", spring i auf, „d'rum sind mir so bekannt vorgekommen . . . Ho . . ."
Er aber druckt mi nieder und sagt:
– „Teilen Sie ihren Landsleuten Folgendes mit: Ich habe die Wiener Ovationen für meinen Vorgänger hingenommen und mich durch alle Empfänge und Blumen noch nicht eigentlich bedrängt gefühlt. Aber die Nachricht, daß Bismarck bei den Schrammeln war, hat mich nicht mehr schlafen lassen; das schien mir gefährlich für mein Verhältnis zu Wien, ich kenne die Volksseele. Auch ich bin nun bei den Schrammeln gewesen, ich, der Jungreichskanzler Caprivi. Sie haben mich gesehen, verbreiten Sie das."
– „Schrammeln" schrei' i – na ja, wer soll denn da net aufg'regt sein – „Schrammeln, g'schwind die Caprivi-Tanz! . . . ein Erbfreund ist da . . . kein Erbfeind . . . Erbfeind . . .
Aus seinem Schreien wird Nigerl von seiner Frau geweckt.

Laut Wiener Tagblatt vom 24. Juni 1892 verging bei den Schrammeln „kein Tag ohne ‚Bismarck' und ist es kein Fürst, so sind es wenigstens ‚Herrn von Bismarck' . . . die aber auch die Kunstgenüsse beim Stalehner nicht verachten. Auch der Adel des Geistes und der Kunst sendet seine Vertreter zu den ‚Schrammeln'. Gestern waren es der Virtuose Alfred Grünfeld und die Schriftsteller Hofrat Doczy und Paul Lindau, die an einem Konzerttische bei den ‚Schrammeln' saßen, während der Vizepräsident des Abgeordneten-Hauses, Freiherr von Chlumecky und seine Gemahlin, da sie keinen Tisch mehr fanden, auf Stühlen knapp an der Produktionsestrade Platz genommen hatten. Der beliebte Volkssänger und Improvisator Schmitter ehrte Alfred Grünfeld und die genannten Bühnendichter durch lustige G'stanzln, die er auf sie münzte." Alfred Grünfeld war Pianist, „dessen Anschlag so berühmt war, wie das hohe C von Caruso[34]".

Ein „Adeliger der Kunst", der auch zu den Schrammeln kam, war Johannes Brahms. Er kannte die Schrammeln, er hatte schon öfter ihrem Vortrag der „alten Wiener Tanz" gelauscht. Max Graf[35] sah Johannes Brahms mit der damals „als größte Sängerin klassischer Lieder" gefeierten Alice Barbi bei den Schrammeln.

Alice Barbi hatte bei ihrem Liederabend am 27. Mai von Johannes Brahms die Lieder „Des Liebsten Schwur"und „Immer leiser wird mein Schlummer" gesungen[36]. Brahms wollte der berühmten Sängerin „die volkstümlichen Wiener Musiker und die typische Wiener Art ihres Spielens volkstümlicher Melodien zeigen. . . . Nachdem die Schrammeln mehrere Wiener Lieder und Tänze gespielt hatten, stimmten sie auch ein amerikanisches Lied an, das damals in Wien volkstümlich war: ‚Ta-ra-ra-boom-de-ay'. Wurde die Silbe ‚boom' gespielt, schlug man mit dem Spazierstock oder einem Bierglas auf dem Tisch den Takt dazu. An diesem Tag konnte ich sehen, daß auch Brahms voll überströmender Freude mit seinem Regenschirm den Takt schlug, wann immer das ‚boom' ertönte. Ein Knabe mit einem grauen Bart."

Es ist die einzige Aussage, die sich über den Vortrag eines nichtwienerischen Liedes von den Schrammeln findet. Vielleicht war dieses amerikanische Lied durch den Männergesangsverein „Arion" aus New York, der am 17. Juli in der Musikhalle ein Konzert gegeben hatte, „volkstümlich" geworden. Allerdings gibt es – nach Walter Deutsch, von dem in Kürze ein Werkverzeichnis der Kompositionen der Brüder Schrammel erscheint – im Nachlaß der Brüder Schrammel das damals populär gewordene südamerikanische Lied „La Paloma" in einer Bearbeitung von Hanns Schrammel.

Max Graf, am 1. Oktober 1873 geboren, wurde 1909 Pofessor für Musikgeschichte und Musikästhetik an der Musikakademie in Wien. Er urteilt über die Schrammeln: „Sie wurden durch ihre vollendete Wiedergabe Wiener Musik mit Recht berühmt . . . Der Ton dieser Schrammelgeigen war der echte, sinnliche, weiche und doch kecke Wiener Geigenton . . ."

Sosehr auch „Alt-Wien" florierte und das Wiener Tagblatt am 3. Juli bereits von einer Abdeckung der Herstellungskosten berichtete, die Schrammeln hohe und höchste Herrschaften zu ihren Besuchern zählen durften – die Ausstellung selbst entsprach keineswegs den Erwartungen, die man in sie gesetzt hatte.

Fürstin Pauline Metternich richtete Anfang September an ein Mitglied der Ausstellungskommission einen Brief, in dem sie ihrer schweren Enttäuschung Ausdruck gab: „Die Musik-

und Theaterausstellung sei die letzte Unternehmung in Wien, der sie sich im allgemeinen Interesse gewidmet habe; die Gleichgültigkeit den Wiener Veranstaltungen gegenüber, die, von Lokalpatriotismus beseelt, das Gedeihen Wiens fördern sollten, sei unverzeihlich und sie sehe es nun selbst ein, daß in der schönen Stadt an der blauen Donau nichts zu machen sei . . ."

Das berichtete das Wiener Tagblatt am 8. September, und es führte weiter aus: „. . . Nicht bloß die Verfasserin . . . jeder der leitenden Persönlichkeiten hat bloß noch den einzigen Wunsch: Wenn es nur schon zu Ende wäre! . . . Es dürfte zu einem Defizit von 50.000 Gulden kommen . . . Am besten wäre vielleicht, die Ausstellung jetzt zu schließen; die Zeitverhältnisse würden eine solche, für Wien allerdings beschämende Tatsache genügend entschuldigen . . . Traurig spielt sich der letzte Akt der Ausstellung ab – aber er muß zu Ende gespielt werden, obgleich das Stück von Wien von dem großen Welt-Publikum entschieden abgelehnt worden ist."

Im selben Blatt antwortete Moritz Szeps am 11. September der „Fürstin Paulin": „. . . der erhoffte Erfolg der Ausstellung ist ausgeblieben, das ist leider eine Tatsache und Sie empfinden es schwer . . . aber die Idee war doch eine vortreffliche, eine geniale. In einem anderen Jahr, als gerade in diesem unglücklichen Jahr der Störung, der Zerfahrenheit, der Verhetzung, des Niederganges, wäre sie ganz gewiß in der glücklichsten Weise gelungen. Aber gerade deshalb . . . wollten sie in dasselbe (Jahr) die Theater- und Musik-Ausstellung verlegen, um einen Punkt der Sammlung, der Einigung, des Wiederaufschwunges schaffen. Ihre Absicht war vortrefflich, aber der Boden war zu ungünstig . . . Wien bedarf mehr denn je solcher Persönlichkeiten wie Sie, um aus seinem heutigen Zustand heraus, zu sich selbst zu kommen."

Am 9. Oktober 1892 wurde die Ausstellung geschlossen. Schuld an dem geringen Erfolg war das schlechte Wetter, die in Norddeutschland wütende Cholera, die das Einreisen von Gästen aus diesem Gebiet verhinderte, aber auch das schlechte Arrangement der Ausstellung. Man hatte an den Gegenständen keine Beschriftung angebracht, so daß die Besucher zum Kauf eines Katalogs gezwungen waren, wollten sie wissen, was ausgestellt war. Dadurch hatte man jedoch keineswegs das Interesse des Publikums an dieser Ausstellung zu wecken erreicht. Unbestritten blieb, daß durch diese Ausstellung große Summen dem Gewerbe zugeführt worden waren. „Wien braucht Ausstellungen . . . sie bringen Leben in die stagnierenden Massen", meinte das Wiener Tagblatt am 9. Oktober, an dem es auch einen „Ausstellungs-Kehraus" brachte, in dem es u. a. reimte:

Dafür konnt' man bei den Schrammeln
Reichliche Erfahrung sammeln,
Dicht gedrängt beim kühlen Biere,
Saßen da die Kavaliere.
Täglich kam die Haute volée
Zu „Karl Schmitter, Privatier".
Denn es soll der Hohe Adel,
Nicht nur vom Ballett ein Madel
Sondern auch ohne Genieren:
Höh're Künste protegieren!
Und was heute dort entstand,
Macht uns wirklich keine Schand!
Selbst Marquisen und Komtessen,
Blaublutarme Baronessen,
Und manch' hochgebor'ne Schöne,
Schwärmt jetzt für die „tiafen Töne"
Und der kühne Barde Xandl
Schuf in der Musik den Wandel
Daß nicht mehr bei „Klosterglocken"
Junge Damen gähnend hocken,
Heuer krall'n die tiaf'n Töne
In die Höhe der Salöne.

Schartenmayer's Zähren rinnen
Und er hält es mit Paulinen
Die nach dem Erfolg, dem schwachen
Sprach: „In Wien ist nichts zu machen".

F. v. S.

Der Text des „Schlagers" der Ausstellung, „Nur aussa mit die tiafn Tön'" hatte folgenden Wortlaut:

I bin die höchste Quintessenz vom urwüchsigen Wean,
Und singen is' mei' Leidenschaft, das tu i gar so gern,
Da kenn' i kein' Schenira und fahr' tartarisch füra.
Mein Wahlspruch ist und bleibt bei jedem Liad und beim Couplet:
Nurr! aussa mit die tiafen Tön' und aufikrall'n in d'Höh!
Nurr! aussa mit die tiafen Tön' und aufikrall'n in d'Höh!

Die Frau von Schachtelhuber unterstützt ein jungen Mann
Damit er für ihr Geld das Waldhorn spielen lernen kann,
Wann er's bei ihr tuat blasen macht's a verliebte Nasen
Legt ihren Arm um seinen Hals und seufzt, Hab'n's a Idee.
Nurr! aussa mit die tiafen Tön' und aufikrall'n in d'Höh!
Nurr! aussa mit die tiafen Tön' und aufikrall'n in d'Höh!

Im Theater sitzt ein Herr mit einem Schnupftuch in der Hand
Putzt allerweil sein Rüassel wie a junger Elefant
Die Strauken gift ein' jeden man hört ja gar nix reden
D'rum sagt sein Nachbar, gelt'n's die Influenza tuat halt weh.
Nurr! aussa mit die tiafen Tön' und aufikrall'n in d'Höh!
Nurr! aussa mit die tiafen Tön' und aufikrall'n in d'Höh!

Ein Sänger tritt das erste Mal wo auf in ein Verein
Er setzt mit einer Höllenangst und net gar sicher ein
Auf einmal hört man Töne, die war'n nicht b'sonders schöne
Das Publikum fangt z'lachen an, schreit Bravo! repete!
Nurr! aussa mit die tiafen Tön' und aufikrall'n in d'Höh!
Nurr! aussa mit die tiafen Tön' und aufikrall'n in d'Höh!

Mit einem großen Rausch kommt in der Nacht zu Haus a Mann,
Sein' Alte fangt natürlich glei a Predigt mit ihm an.
Sie keppelt, schimpft und knauert so lang' der Stimmstock dauert
Doch er ziagt sich phlegmatisch aus und sagt i weiss ja eh!
Nurr! aussa mit die tiafen Tön' und aufikrall'n in d'Höh!
Nurr! aussa mit die tiafen Tön' und aufikralln in d'Höh!

Nach Beendigung der Ausstellung wurden die Bauten niedergerissen. Die Praterwirte hatten sich dafür ausgesprochen, ihnen war in der Ausstellung eine große Konkurrenz erwachsen.

„Alt-Wien" bot ein trauriges Bild: „. . . Der Hohe Markt sieht aus, wie der Platz einer alten Stadt, die eben von den Schweden oder Türken geplündert worden ist und die von den fliehenden Bewohnern und den grausamen Feinden nun gänzlich verödet ist. Die noch stehenden Gebäude sind an den Eingängen mit Brettern verschallt und die meisten Heimstätten des Frohsinns und erfrischenden Lebensgenusses harren der Zerstörung oder werden im besten Fall an anderer Stelle wieder aufgebaut[37]."

„Alt-Wien" war für das Quartett der Brüder Schrammel noch einmal – ein letztes Mal – ein Höhepunkt, aber zugleich auch ein Abschluß gewesen.

Volkssänger und -musiker

Blickt man über „Alt-Wien" hinaus, so findet man am 2. August im Extrablatt den Artikel „Echt Wienerisch", der die Frage aufkommen läßt: Waren die Schrammeln für die Wiener, das heißt für einen Teil der Wiener, noch dasselbe wie vor einigen Jahren, nämlich der Inbegriff der Gemütlichkeit der „guten, alten Zeit?" Das Blatt schreibt: „Es geht durch das Volk ein tiefes Sehnen nach der alten Gemütlichkeit; immer und immer hört man die Klage wieder um den alten, echten Wiener Humor, den man allgemein für verloren hält. Man beneidet unsere Vorfahren um das Glück, in der ‚alten, guten Zeit' gelebt zu haben und wünscht nichts sehnlicher, als daß ein solch goldendes Zeitalter wieder hereinbrechen würde . . ." Die Frage des Blattes: „. . . ist es nicht wahre, unverfälschte Wiener Gemütlichkeit, die dort zu Hause ist, wo die Schrammeln spielen, wo die Grinzinger geigen? Weht nicht ein echter, gesunder Wiener Humor durch die Räume, in welchen die heiteren Klänge eines Quartett Dänzer, Rapp Gebr. Butschetty ertönen? Ist es etwa bei dem Bandmacher Quartett, bei den zahlreichen anderen Quartetten und Terzetten . . . ungemütlich?", wurde wahrscheinlich nicht von allen bejaht, denn auf der Suche nach der alten Gemütlichkeit kam man wieder auf die „Haberlandtner-Abende" zurück.

Dieser Artikel darf keinesfalls darüber hinwegtäuschen, daß es in Wien sehr viele gab, die größere, schwerwiegendere Sorgen hatten, als der alten Wiener Gemütlichkeit nachzutrauern. Darunter befanden sich auch diejenigen, deren Beruf es war, für „Gemütlichkeit" zu sorgen: Volkssänger und -musiker.

Um die Volkssänger war es sehr schlecht bestellt. In einer „stürmischen Versammlung der Volkssänger[38]" kam man zu dem Schluß: „. . . der jetzige Zustand sei unhaltbar. Es müsse etwas geschehen, damit die Volkssänger nicht mehr als die Parias der menschlichen Gesellschaft hingestellt, sondern der anderen bürgerlichen Gesellschaft gleichgestellt werden."

Sie hatten, auch aus wirtschaftlichen Gründen, nicht mehr den Zuspruch wie in den vergangenen Jahren, denn die Arbeitslosigkeit in Wien war sehr groß, und immer weniger konnten es sich leisten, einen Abend bei den Volkssängern zu verbringen.

Im Februar hatte der „Verein der Arbeitslosenvermittlung" für Wien die Anzahl der Arbeitslosen unter den qualifizierten Arbeitern mit 40 000, einem Fünftel der gesamten Wiener Arbeiterschaft, angegeben[39].

Die „traurigen Verhältnisse" der Zivilmusiker wurden bei deren Versammlung beim „Luchsen" auf die Militärmusiker zurückgeführt, „die gefährlichsten Feinde der privaten Musiker[40]".

Die Konkurrenz der Militärkapellen wurde immer drückender, und 1894 erklärte der Vorsteher der Musikergenossenschaft: „Ein Elend, wie bei uns Musikern, gibt es bei den Angehörigen keiner Genossenschaft[41]."

Im März 1895 kam es in den Vororten zu Demonstrationen der Arbeiterschaft gegen die Militärkapellen. Als beim Gschwandtner in Hernals zum erstenmal die Musikkapelle des 2. Tiroler Kaiserjäger-Regiments konzertieren sollte, wurde dies durch eine Gassendemonstration der Arbeiter verhindert. Es erscholl der Ruf: „Hoch die Zivilmusik, nieder mit der Militärmusik! Hoch Stoppauer!" Das Konzert mußte abgesagt werden, ebenso die für 19. März geplante Josefi-Feier, die mit Militärmusik hätte stattfinden sollen[42].

„Die Arbeiter und die Militärkapellen": Unter diesem Titel berichtete das Neue Wiener Tagblatt am 1. April 1895: „Dank der weitgehenden Vorkehrungen der Behörden haben die Militärkapellen gestern ihre Nachmittagskonzerte ohne Störung durchführen können. Es war sowohl Militär wie Polizei aufgeboten worden, um etwaige Ruhestörungen im Keim zu ersticken, die Kapellmeister hatten zudem die Weisung, auf alle Fälle ihre Vorträge nicht einzustellen. In den Saallokalitäten waren übrigens Arbeiter nur in ganz vereinzelten Exemplaren anwesend, und als das Konzert zu Ende ging, dachte niemand mehr an die Möglichkeit einer Demonstration. Es sollte zu einer solchen trotzdem kommen. Just als beim Stalehner in Hernals die letzten Bogenstriche verklungen waren, und die Musiker – es war die Kapelle des 3. Regiments Erzherzog Carl – ihre Instrumente zusammenpackten, kam ein Trupp Arbeiter vor das Etablissement gezogen, der bald von verschiedenen Seiten Zuzug erhielt und nun den Ausgang des Lokals besetzte. Einzelnen Zivilisten wurde der Ausgang freigegeben, nicht aber den uniformierten Musikern. Diese, wollten sie es nicht auf einen Zusammenstoß mit der Menge ankommen lassen, mußten sich wohl oder übel als Gefangene betrachten und den Abzug der Demonstranten abwarten. Das dauerte nun länger, als dem Kapellmeister Kaiser lieb war, denn er war verpflichtet, mit seinen Leuten um 8 Uhr im ‚Hotel Metropole' zur Besorgung der Musik für die Bismarckfeier des Vereins ‚Niederwald' zu sein. Das ist ihm nicht gelungen ... Um 11 Uhr erst erschien Kapellmeister Kaiser selbst, die anderen waren zu zweit oder dritt gekommen, wie sie entkommen konnten. Kaiser hatte als letzter den Stalehner verlassen."

Das Publikum zog die Militärkapellen den Zivilkapellen vor.

„Mein Welt-Telefon"

Über die Wiener Musik hatte Hanns Schrammel eine musikliterarische Arbeit verfaßt, deren Aussage noch heute Gültigkeit hat. Diese Arbeit war am 22. September 1892, noch während der Musik- und Theater-Ausstellung, im Wiener Tagblatt unter der Rubrik „Wiener Tagesbericht" erschienen: „Mein Welt-Telefon."

„Als Fachmusiker habe ich oft nachgedacht über die Popularität mancher Musikstücke und glaube annehmen zu dürfen, daß sehr häufig der Titel daran Schuld ist, wenn ein Musikstück im ganzen Land bekannt wird.

Besonders patriotische oder auf die Schönheiten einer Stadt bezugnehmende Titel sind geeignet, manchem Musikstück rasch auf die Beine zu helfen; ist aber in solchen Fällen eine Komposition nicht so gediegen wie der Titel, dann wird sie zum flüchtigen Mode-Artikel und verschwindet vom Schauplatze, sobald eine andere, ähnliche Komposition auftaucht.

Nun interessiert es mich besonders herauszufinden, wie viele Musikstücke es seit Anfang dieses Jahrhunderts gibt, welche nicht mit Eintagsfliegen zu vergleichen sind, sondern mit ihrem Alter an Popularität wachsen und außerdem nicht nur im eigenen Vaterlande bekannt, sondern so weit gedrungen sind, als Musik reicht, so daß man sagen kann, diese Musikstücke sind weltbekannt. Ich habe lange nachgedacht und glaube, diejenigen, welche wirklich auf Welt-Popularität Anspruch haben, herausgefunden zu haben. Nur möchte ich aber das Urteil der ganzen Welt hören, ob ich auch wirklich die richtige Wahl getroffen habe.

Wenn mir nun Tausende von Nebelhörnern zu Gebote ständen, ist die Welt doch viel zu groß, als daß ich damit mehrere Fragen an alle Menschen richten könnte. Viele würden mich gar nicht hören; mein Egoismus jedoch geht so weit, daß ich durchaus die Meinung der Gesamtmenschheit kennen lernen will. Doch soeben fällt mir ein, daß die Stimme der Presse viel weiter reicht als alle Nebelhörner der Welt und ich habe daher nichts Eiligeres zu tun, als mir dieselbe auf kurze Zeit auszuborgen, um mir daraus nach meiner Idee ein Instrument zu machen, welches ich gleichzeitig mein Welt-Telefon taufe. Also ans Telefon!

‚Pr, pr, pr, pr. – kling, ling, ling, ling!'

‚Hallo! Hallo! Wer ist am Welt-Telefon und was wünschen Sie?'

‚Bitte, ich bin Musikforscher und ersuche Sie höflichst, mich mit dem Urteil der Welt zu verbinden.'

‚Kling, ling – ling!'

‚Bitte, mit was kann ich dienen?'

‚Entschuldigen, ich erlaube mir, Sie zu fragen, welche Musikstücke die populärsten auf der Welt sind? Was sagen Sie zu Beethoven's Trauermarsch?'

Ich höre durch mein Welt-Telefon lange flüstern, endlich aber antwortet mir das Urteil der Welt Folgendes: Dieser Trauermarsch ist wirklich weltbekannt, nur ist er nicht von L. van Beethoven, sondern aus derselben Zeit von einem Kapellmeister namens Walch, welcher Kapellmeister in Leipzig war.

Mein Welt-Telefon hatte mich mit dieser Antwort überrascht, doch bevor ich Zeit gewann, eingehend über diesen Punkt zu sprechen, forderte es mich auf, beim Apparat zu bleiben und auch die Wahl der drei anderen Musikstücke abzuwarten, da bereits Fachmusiker und Musikkenner versammelt seien und mein Welt-Telefon förmlich bestürmen, es möge so gütig sein, die Namen der weiteren weltpopulären Musikstücke aufzunehmen und mir zu übermitteln.

Geschmeichelt durch dieses Vertrauen, fühle ich mich an mein Welt-Telefon förmlich angewachsen und lausche begierig der weiteren Weltmeinung.

‚Hallo! Hallo! Bitte weiter!' Doch was höre ich! Fürchterlicher Lärm, Millionen Stimmen durcheinander, einzelne besonders durchdringend, z. B. ‚Was verstehen denn Sie? – Ich bin Kapellmeister und habe daher ein kompetenteres Urteil, wie Sie!'

‚Nein! ›Die Werber‹ sind nicht sein populärster Walzer.'

‚Ah! Aber Sie blamieren sich ja! – Ha! Ha! Pst! Ruhe!'

‚›Die Romantiker‹ schon gar nicht!'

‚Bitte, ich weiß es: ›Die Pester‹!'

‚Auch nicht wahr!'

‚›Die Schönbrunner‹!'

Das war genügend, um ein millionenstimmiges ‚Ja!!!' hören zu können. Jetzt ging die Sache rascher; ich wollte eben meine Zufriedenheit ausdrücken, da hörte ich schon wieder die gewaltige Stimme des Kapellmeisters, indem er rief:

‚Bitte, es wird niemanden einfallen, Mozart's ›Zauberflöte‹, Haydn's österreichische Volkshymne oder R. Wagner's

›Tannhäuser‹ nahezutreten, aber, meine Herrn, bedenken Sie doch, was man weltpopulär nennt. Was sagen Sie zu Vater Strauß' ›Radetzkymarsch?‹'

Die letzten Worte waren kaum ausgesprochen, als ich rufen hörte: ‚Bravo! Bravo! Famos! Sehr richtig, Herr Kapellmeister! – Ja, er hat recht! – Sehr gut! – Wirklich wahr!

Da-da, ra, Da-da, ra, Radada! – Großartig!!! Ja! Der Radetzky-Marsch!'

Jetzt wurde der Kapellmeister einstimmig aufgefordert, noch ein solches Musikstück zu nennen, und als derselbe mit einem gewissen Siegesbewußtsein laut in die Menge rief: ‚Nun, was denn sonst, als ›An der schönen blauen Donau‹, Walzer von Johann Strauß!' – Da war wohl kein Einziger in der Weltversammlung, welcher nicht gleich die ersten Takte mitzusingen begann. Diesen Eindruck zu schildern, vermag ich nicht, überlasse es dem Urteil des freundlichen Lesers. Ich schließe mein Welt-Telefon mit einem ‚Nichts für ungut!'"

Hans Schrammel

Die „Wiener Schattenbilder"

Im Herbst 1892 erschien von Hans Schließmann das Album „Wiener Schattenbilder". Schließmann brachte Schattenbilder von „Typen aus der Musikstadt", „Theaterleute", „Allerhand gute Bekannte" und von Persönlichkeiten „Aus der Sport- und sonstigen Welt". Der Text zu den Bildern stammte von Eduard Pötzl. Unter den „guten Bekannten" begegnen wir auch Bismarck, von dessen Besuch bei den Schrammeln sich ein Wiener tief beeindruckt zeigt: „– Wissen S', Herr von Bismarck, ich hab' lang an Pick auf Ihna g'habt, Sö können Ihna schon denk'n warum. Aber seitdem S'Ihna d'Schrammeln ang'hört hab'n, gibt's kan Rach'n mehr bei mir. Sö manen 's guat mit uns, kummen S'her, mach'n m'rs alt mitanander!"

Nach der Erklärung Eduards Pötzls in „Die Wiener Volkssprache[43]" heißt „wir habens alt gmacht miteinand" in die Hochsprache übertragen: „Wir sind sehr gut, sehr vertraut miteinander geworden."

Die Wiener Schattenbilder von Hans Schließmann mit Texten von Eduard Pötzl.

— „Wissen S', Herr von Bismarck, ich hab' lang an Pick auf Ihna g'habt, Sö können Ihna schon denk'n warum. Aber seitdem S' Ihna d' Schrammeln ang'hört hab'n, gibt's kan Rach'n mehr bei mir. Sö manen 's guat mit uns, kummen S' her, mach'n m'rs alt mitanander!"

Es ringt empor sich allezeit das strebende Genie —
Seht hier die Philharmoniker der Aristokratie!

Was Moltke unter den Schweigern,
Rosé ist's unter den Geigern.
Auch weiß man zu schätzen in Wien
Den braven Professor Grün.

Und wenn sie sich alle versammeln,
So hat man die „classischen Schrammeln".

O Meister Bruckner, bitt' recht schön:
„Nur auffa mit die tiaf'n Tön'!"

Nehmt weg die Fürstenkron', den Adel altersgrau,
So bleibt sie doch noch immer: die riegelsamste Frau.

Chor der Verschwornen:

Es — tam tam
Es — tam tam
Glei' wer'n m'r'n abkragelt ham.

Dann stech'n m'r d'Andern ab,
Gebn's in ein' Massengrab
Alle mitsamm'!

Zu den „guten Bekannten" zählen auch die „Grinzinger": „Es ringt empor sich allezeit das strebende Genie – Seht hier die Philharmoniker der Aristokratie!" schrieb Eduard Pötzl unter ihre Schattenbilder.

Wo sind die Schrammeln zu finden? Zu ihnen gelangte Pötzl auf Umwegen.

Unter „Typen aus der Musikstadt" brachte Hans Schließmann die Schattenbilder der Herren des damals berühmtesten Kammermusikalischen Quartetts, des Rosé-Quartetts (1883–1938), das Strasser „philharmonische Musizierkunst in Reinkultur" nennt[44]. Es bestand 1892 aus den Herren Arnold Rosé, Jakob M. Grün, Sigmund Barich und Reinhold Hummer.

Zu den Schattenbildern der Geiger reimte Pötzl:
Was Moltke unter den Schweigern,
Rosé ist's unter den Geigern.
Auch weiß man zu schätzen in Wien
Den braven Professor Grün.

Unter Barich (Bratsche) und Hummer (Cello) schrieb er:
Und wenn sie sich alle versammeln,
So hat man die „classischen Schrammeln".

Wer könnte wohl heute ein berühmtes, Kammermusikalisches Quartett – nicht etwa abwertend – mit einem Volksmusik-Quartett, das tatsächlich nur aus Volksmusikern besteht, vergleichen?

Ehrenvoller hätte man die Schrammeln nicht erwähnen können. Aber man hatte damit auch ein großes Problem gelöst: Von wem hätte Schließmann, außer den Brüdern Schrammel, Schattenbilder bringen sollen? Von Dänzer, dem langjährigen Ensemblemitglied, der das Quartett bereits vor der Ausstellung verlassen hatte, oder von Ernst, dem Neuling? Vom „picksüßen Hölzl" oder von der Zieharmonika?

Die Lösung, die Schließmann und Pötzl gefunden hatten, war die denkbar beste.

Dem Schattenbild Bruckners unterschob man den „Schlager" der Ausstellung:
O Meister Bruckner, bitt' recht schön:
„Nur aussa mit die tiaf'n Tön'!"

Die Fürstin Pauline Metternich reihte man unter die Persönlichkeiten „Aus der Sport- und sonstigen Welt":
Nehmt weg die Fürstenkron', den Adel altersgrau,
So bleibt sie doch noch immer: die riegelsamste Frau.

Aus der „großen Oper" brachte man den „Chor der Verschworenen" auf „volkssängerisch":
Es – tam tam
Es – tam tam
Glei' wer'n m'r'n abkragelt ham.

Dann stech'n m'r d'Andern ab,
Gebn's in ein' Massengrab
Alle mitsamm'!

Strohmayer verläßt das Quartett Gebrüder Schrammel

Bereits am 11. Oktober 1892, am zweiten Tag nach der Schließung der Musik- und Theaterausstellung, gab es das neue Quartett „Dänzer und Strohmayer", das an diesem Tag beim Berger in Grinzing spielte. Die Namen der beiden anderen Mitwirkenden wurden nicht genannt. Zu den Brüdern Schrammel kam an die Stelle von Anton Strohmayer Karl Daroka. Aber auch hier vermied man vorerst die Nennung des neuen Namens.

Dänzer hatte sich von den Brüdern Butschetty und Rapp getrennt, mit denen er noch am 9. Oktober bei der „Waldschnepfe" musiziert hatte. Das Zusammengehen Dänzers und Strohmayers erst nach dem 9. Oktober berechtigt zu der Annahme, daß Strohmayer während der Ausstellung noch im Quartett der Brüder Schrammel verblieben war.

Was aber war der Beweggrund für Strohmayer gewesen, das Quartett zu verlassen?

Darauf kann es sicherlich nur die eine Antwort geben: der schlechte Gesundheitszustand Hanns Schrammels. Wir wissen aus den Briefen Hanns Schrammels von den Reisen, daß er manchmal „täglich wenigstens 1omal im Sitzschaff" saß, um am Abend spielen zu können[45]. Der nun während der ganzen Ausstellung tägliche Dienst von 4 Uhr nachmittags bis Mitternacht oder auch noch länger hatte seinen Gesundheitszustand so verschlechtert, daß er sich bald nach Ende der Ausstellung im Quartett vertreten lassen mußte. Daß man darüber erst schrieb, als man ihn am Weg der Genesung glaubte[46], ist aus „Geschäftsgründen" erklärlich.

Für die Weltausstellung 1893 in Chicago wurden bereits Vorbereitungen getroffen. Auch dort wurde ein „Alt-Wien" aufgebaut, in dem so wie bei der Musik- und Theaterausstellung in Wien die Schrammeln spielen sollten. Für Hanns Schrammel war an eine Reise nach Amerika nicht zu denken.

So ist es verständlich, daß sich die „andere Hälfte" des ursprünglichen Schrammel-Quartetts wieder vereinigte und ein neues Ensemble zusammenstellte, das in Amerika Wiener Volksmusik darbieten konnte.

Das „Quartett Gebr. Schrammel" nahm seine Produktionen wieder in den Etablissements auf, in denen diese auch vor der Ausstellung stattgefunden hatten: beim Stalehner, im „Bacchus-Saal" und beim „Grünen Baum". Eine Veränderung gab es bei den das Quartett begleitenden Sängern: an die Stelle von Schmitter trat Kohlhofer[47].

Kann man nach der Musik- und Theaterausstellung, während der andauernden Erkrankung Hanns Schrammels, überhaupt noch von einem „Quartett Gebr. Schrammel" in derselben Bedeutung wie früher sprechen? Man muß diese Frage verneinen. Es war nur mehr ein Name, eine Bezeichnung für ein Volksmusik-Quartett, das in einer bestimmten Besetzung musizierte, die dann auch auf andere Ensembles angewendet wurde; denn – ersetzen konnte man den zweiten Geiger, nicht aber den Kopf und die Seele des Quartetts, und das war Hanns Schrammel. Der Austritt Strohmayers war das äußere sichtbare Zeichen – aber auch nur das Zeichen, nicht die Ursache – für das Ende des einmaligen Ensembles, das man bis jetzt „die Schrammeln" genannt hatte.

Was blieb, war der Name.

Das ehemalige Quartett „Gebr. Schrammel, Dänzer und Strohmayer" verlor zu Jahresende 1892 den populärsten Begleiter ihrer erfolgreichsten Tage: Josef Bratfisch.

Der Tod Josef Bratfischs

Einer, dessen Name sowohl mit Kronprinz Rudolf als auch mit den Schrammeln untrennbar verbunden ist, Josef Bratfisch, starb am 16. Dezember 1892 im Alter von 45 Jahren an einem Blutsturz[48]. In den Aufzeichnungen von Betty Fuchs-Schrammel, mit denen auch die Zeitungsnachrichten übereinstimmen, heißt es: „Zu Lebzeiten der Brüder wurde bei Bratfisch immer an freien Abenden eine Kartenpartie veranstaltet. Bratfisch war lungenkrank. Und bei der letzten Zusammenkunft, Vater war damals im Theater, wurde Bratfisch mitten im Spiel von einem Lungensturz befallen, er sprang auf, machte eine Wendung zur Kronprinzenbüste, welche in Lebensgröße im Zimmer stand, wie um Abschied zu nehmen und verschied kurz darauf."

Der Tod Bratfischs kam nicht ganz unerwartet, schon am 13. November hatte das Wiener Tagblatt geschrieben: „Der bekannte und in aristokratischen Kreisen als Natursänger beliebte Fiaker-Eigentümer Josef Bratfisch liegt, wie wir erfahren, im Sterben. Josef Bratfisch, der Hauseigentümer in Hernals, Annagasse 8, ist bereits vor längerer Zeit an einem Bronchialkatarrh erkrankt. Als Rekonvaleszent erkältete er sich neuerdings und liegt hoffnungslos danieder . . ."

Das Haus in Hernals, Annagasse 8 (heute Lacknergasse 8), hatte Bratfisch erst im März 1889, nach dem Tod Kronprinz Rudolfs, erworben und ebenso ein eigenes „Zeugl"; davor war er seit 1872 beim Fiaker Wallner in der Josefstadt gefahren. Haus und „Zeugl" wurden ihm nicht, wie man so gern erzählt, von Kronzprinz Rudolf geschenkt, allerdings stammte das Geld dazu zum Teil aus Veräußerungen von Kunstschätzen, die er von Kronprinz Rudolf erhalten hatte.

Im Zusammenhang mit der Veräußerung der Antiquitäten wurde er sogar unehrenhafter Handlungen beschuldigt[49], und zwar wie es hieß von einem „antisemitischen Hetzblatt", wogegen er sich mit einer Klage zur Wehr setzte.

Das Extrablatt hatte am 3. März 1889 über „Die Kunstschätze eines Fiakers" geschrieben: „Die wenigsten werden wissen, daß der bekannte Fiaker Josef Bratfisch in seiner Wohnung 8., Laudongasse 52, eine außerordentlich wertvolle und umfangreiche Sammlung von Kunstschätzen aufgestappelt hat. Der Eigentümer dieser Sehenswürdigkeiten hat in letzter Zeit die Freude an seiner Sammlung verloren und ist entschlossen, die einzelnen Objekte derselben zu veräußern. Wir bringen hier ein Verzeichnis dieser Collektion, welche von Kauflustigen in Augenschein genommen werden kann. Sie enthält: 40 künstlerische Aquarelle, 67 Ölgemälde von verschiedenen Meistern, 26 Stück Rüdiger, 9 Stück kleinere Kunstbilder, ferner 8 chinesische Original-Kunstbilder, verschiedene antike Nippsachen, 50 Stück wertvolle Teller, Schüsseln und Krüge, 28 Stück silberbeschlagene Gehstöcke, mehr als 100 antike Waffen, 116 Stück Rehkrükeln und eine ansehnliche Bibliothek samt Bücherkasten."

Bratfisch hatte nicht alle Kunstschätze verkauft, nach seinem Tod wurden im Jänner 1894 von der Auktionsfirma A.

Einsle noch viele Stücke versteigert. Seine Witwe war durch die Schulden, die noch auf dem Haus lasteten, und durch die Sorge um das Fortkommen für sich und ihre Kinder zu dieser Versteigerung genötigt.

Am 18. Dezember 1892 wurde Bratfisch beerdigt. Es war, wie man in Wien zu sagen pflegt, „a schöne Leich'", und dementsprechend groß – sicherlich nicht allein aus Anteilnahme – war die Beteiligung der Bevölkerung:

„Lange vor 2 Uhr nachmittags hatte sich im Trauerhause, Hernals, Annagasse Nr. 8, woselbst die Leiche in prunkvoller Weise aufgebahrt war, eine nach Hunderten zählende Menge von Freunden und Kameraden des Verstorbenen eingefunden, um diesem das letzte Geleit zu geben. Nach feierlicher Einsegnung der Leiche wurde dieselbe nach ½ 3 Uhr nach der Ortspfarrkirche getragen, wo selbst der Ortspfarrer Dechant Schultheiß unter Assistenz zweier Cooperatoren die neuerliche Einsegnung der Leiche vornahm. Das Gotteshaus war bis auf das letzte Plätzchen von Leidtragenden erfüllt und auch vor der Kirche hatte sich eine so große Menge angesammelt, daß die Passage auf dem Platze, so wie die Kirchengasse vollständig unterbrochen war. Tausende von Menschen hatten in der Hernalser Hauptstraße, von der Kirchengasse bis zur Friedhofstraße, ein dichtes Spalier gebildet, durch welches sich der Trauerzug nur mühsam bewegen konnte.

Auf dem Ortsfriedhof wurde die Leiche des populären Fiakers in einem eigenen Grabe beigesetzt. An der Leichenfeier beteiligten sich außer der Gattin, der Tochter, dem Sohn und dem Bruder des Verstorbenen mehrere Verwandte, sowie der größte Teil der Wiener Fiaker mit ihren Frauen, zahlreiche Schauspieler, fast sämtliche Mitglieder der bekannten Musikquartette, die Schrammeln, Grinzinger, Butschetty, Dänzer usw. ferner das gesamte Heer von Volks- und Natursängern, so wie alle Kunstpfeifer Wiens und viele Einspänner-Eigentümer und Kutscher. Die auf dem Sarg niedergelegten Blumenspenden waren so zahlreich, daß der vor dem Sarge fahrende Blumenwagen sie nicht fassen konnte . . ."

Bratfisch war, entgegen den Darstellungen des Hermann Freiherrn von Eckardstein, der Ende Jänner 1889 der Gesandtschaft in Washington als Attaché zugeteilt worden war, nie in Amerika. Was Eckardstein in seinen „Lebenserinnerungen und politischen Denkwürdigkeiten[50]" über das Zusammentreffen mit Bratfisch in New York im Hotel Albemarle erzählt, bezeichnet Walter Hummelberger als „falsch erfunden[51]".

Letzte Auftritte Hanns Schrammels
Das „Quintett Dänzer und Strohmayer"
verläßt Wien

Anfang Jänner verließen die Duettisten Edi und Biedermann das Quartett, an ihre Stelle traten Merta und Prilisauer[52]. Mit dem Quartett produzierten sich nun Merta und Prilisauer, Kohlhofer und der Kunstpfeifer Lang. Die „Schrammel-Abende" beim Stalehner dienstags und freitags fanden weiterhin, bis Ende April, statt; im „Bacchus-Saal" gab es im Jänner und im Februar jeden Donnerstag einen „Schrammel-Abend". An Sonn- und Feiertagen spielte das Quartett im Jänner noch beim „Grünen Baum", im Februar und im März in den Rapellschen „Rosen-Sälen" in Favoriten (10., Himberger Straße 41).

Nichts läßt eine Erkrankung Hanns Schrammels vermuten. Erst am 12. März 1893 erfuhr man aus dem Extrablatt zum erstenmal, daß Hanns Schrammel vier Monate lang schwer krank gewesen war: „Hanns Schrammel, der treffliche Wiener Musiker, ist von seiner schweren Erkrankung, die ihn 4 Monate von seiner lieben Geige fernhielt, genesen und spielt nunmehr wieder fesch und munter mit seinem Bruder Pepi, mit Ernst und Daroka zur Freude der Wiener . . ."

Von einer „Genesung" konnte keinesfalls die Rede sein, höchstens von einer kurzfristigen, vorübergehenden Besserung, wie man erst wieder drei Monate später lesen konnte[53]: „Seit September vorigen Jahres war Hanns Schrammel krank . . . mit dem Spielen war es aus und kaum hie und da einmal erschien er für eine Stunde am Musikertisch."

Daß man von der Erkrankung Hanns Schrammels nicht berichten wollte, um den Zuspruch und die Beliebtheit des Quartetts nicht zu gefährden, ist verständlich; war er doch für viele der Inbegriff des „Schrammel-Quartetts". In unveränderter Art erschienen daher die Anzeigen über die Auftritte des Quartetts weiter.

„Eine Stunde am Musikertisch" zu verbringen, dürfte Hanns Schrammel am 14. April beim Stalehner möglich gewesen sein, denn mit den Worten „Hanns Schrammel, unser populärer Wiener Volksmusiker, wird heute im Verein mit der Kapelle Wächter einen großen Lanner-Abend im Stalehner Saal arrangieren, bei dem die Perlen der Lannerschen Melodien zur Aufführung gelangen", kündigte das Extrablatt für diesen Abend an.

Am 9. April hatte das Quartett mit seinen Natursängern in Pertls Drittem Kaffeehaus im Prater im „Indischen Salon" zum erstenmal konzertiert, dann jeden Sonn- und Feiertag und von 30. April bis 15. Mai täglich. Am 16. Mai wurde das Sommer-Orpheum im Dritten Kaffeehaus „mit ganz neuem Programm" wieder eröffnet. „Als besondere Novität gilt das Wiener Lebensbild in einem Akt von A. Grois ‚Beim Höchsten Heurigen', Musik von J. Schindler, wobei außer dem gesamten künstlerischen Personal das Quartett Gebrüder Schrammel mit ihren Natursängern mitwirken", hieß es in der Anzeige im Neuen Wiener Tagblatt. Zwei Tage später schrieb das Blatt, „die Direktion habe mit diesem Stück einen ‚Treffer' gemacht und waren die einzelnen Vorträge von stürmischen Beifall begleitet".

Trotz dieses „Treffers" ging das Stück nur dreimal über die Bühne, und das Quartett Gebrüder Schrammel spielte am 19. Mai wieder im „Indischen Salon".

War die Absetzung des Stücks durch die Krankheit Hanns Schrammels bedingt worden? Das Blatt brachte nämlich auch die Nachricht: „Johann Schrammel, Begründer des bekannten Schrammel-Quartetts ist an einem Herzleiden erkrankt, das ihn für einige Zeit seiner Tätigkeit entziehen wird. Doch hoffen die Ärzte, den Leidenden bis zur Sommersaison wieder herzustellen." Diese Hoffnung erfüllte sich nicht. Einen Monat später war Hanns Schrammel tot.

Unter dem Titel „Auf nach Chicago" hatte am 14. April 1893 beim „Luchsen" in Neulerchenfeld ein großes Abschiedsfest stattgefunden. Vor Antritt ihrer Reise am 23. April nach

Chicago hatte sich das „Quintett Dänzer und Strohmayer" – das waren Georg Dänzer (Posthorn und Klarinette), Anton Strohmayer (Gitarre und Klarinette), Wilhelm Strohmayer, der Sohn Antons (Gitarre und Akkordeon), Bela Kürty (Violine) und Johann Wächter (Violine), der noch bis kurz vor der Abreise der Dirigent der Stalehnerschen Hauskapelle gewesen war – von Wien verabschiedet. Das Ensemble „Dänzer und Strohmayer" war bis zu dieser Zeit nur als Quartett in Erscheinung getreten, das sich „Quartett Dänzer und Strohmayer", „Wiener Musik Dänzer und Strohmayer" und auch „Ur-Wiener Quartett Dänzer und Strohmayer mit den ‚picksüßen Hölzln'" genannt hatte[54].

Begleitet wurde das Quintett von der Sängerin Marie Walter (Kiesel Marie), der Sängerin und Jodlerin Gusti Reverelli, dem Coupletsänger Georg Edler (Rindersbacher), dem Kunstpfeifer Hans Tranquillini (Baron Jean) und den Duettisten Brandes und Bernhard Hirsch, auch Brüder Hirsch genannt[55]. Das Quintett, die Sängerinnen und die Sänger, den Pfeifer und noch 20 fesche Kellnerinnen hatte der Cafetier Seidl für seinen „Höchsten Heurigen" in Chicago engagiert. Anläßlich der Weltausstellung in Chicago wurde auch dort ein „Alt-Wien" aufgebaut, in dem Seidl die Heurigenschank errichtete. Es bestand aus der Nachbildung von 35 Häusern des Grabens und der Bognergasse, ungefähr aus dem Jahr 1690, und war nach den Plänen des Architekten Preßler errichtet worden[56].

Seidl war bereits am 23. März von Wien nach Chicago gereist, um die nötigen Vorarbeiten zu erledigen. Am 24. April schrieb das Neue Wiener Tagblatt: „Ein Bruchteil des singenden, pfeifenden und jodelnden Wiens hat sich gestern nach Chicago begeben, um auf der dortigen Ausstellung den Amerikanern zu zeigen, was ein ‚Wiener Tanz' in Originalfassung ist. Bekanntlich hat der Cafetièr Seidl in dem Chicagoer ‚Alt-Wien' eine Heurigenschank errichtet, dessen lebendige Ausstattung gestern nachts, 34 Kopf stark, mit dem Kurierzug der Westbahn unter Führung des Wiener Gastwirtes Rode über Rotterdam und Liverpool die Reise nach Chicago antrat . . ."

Der Tod Hanns Schrammels

Am 17. Juni brachte das Extrablatt in seiner Abendausgabe die für viele überraschende und vor allem schmerzliche Nachricht: „Heute um ½11 Uhr vormittag ist in seiner Wohnung, Hernals, Rötzergasse 13, Hanns Schrammel nach langem und qualvollen Leiden aus dem Leben geschieden."

Erst jetzt erfuhr man von seiner bereits seit September dauernden Krankheit: „. . . Ein tückisches Herzleiden hatte ihn erfaßt . . . Langsam siechte er dahin . . .

In der letzten schweren Zeit unternahm Schrammel noch täglich Spazierfahrten auf die Rohrerhütte und allemal kehrte er heiter und voll Hoffnung auf endliche Genesung wieder heim. Auch gestern verweilte Schrammel dort bis zum Abend und erquickte sich an dem schönen Naturbild.

Heute morgens aber fühlte er sich sehr schlecht. Er empfand, daß sein letztes Stündlein heranrückte und nahm in rührender Weise Abschied von seiner Frau und seinen Kindern. Um ½11 Uhr setzte augenscheinlich ein Herzschlag dem Leben des 43jährigen ein Ende . . ." (Nach der Eintragung im Totenbuch starb Hanns Schrammel an einer Nierenentzündung).

Hanns Schrammel hinterließ seine Witwe Rosalia mit neun Kindern, weitere vier Kinder waren schon vor seinem Ableben gestorben. Die Kinder waren: Aloisia (Handarbeiterin, geb. 10. 4. 1873), Johann (Friseurgehilfe, geb. 28. 9. 1875), Anton (Kupferschmiedlehrling, geb. 31. 3. 1877), Josef (geb. 10. 4. 1879), Leopoldine (geb. 20. 3. 1883), Anna (geb. 16. 3. 1885), Franz (geb. 19. 3. 1887), Rosalia (geb. 6. 10. 1888) und Rudolf (geb. 26. 1. 1891, er starb am 16. 10. 1895). Josef Schrammel übernahm mit der Witwe Rosalia Schrammel die Mitvormundschaft über die Kinder seines Bruders.

Nach der Niederschrift von Betty Fuchs-Schrammel „herrschte ein rührendes Einvernehmen" zwischen Hanns und Josef Schrammel und: „Gelebt und gewirkt haben die Brüder in seltener Harmonie."

Die gesamte Presse brachte die Nachricht vom Ableben Hanns Schrammels und würdigte in spaltenlangen Berichten die Verdienste, die er sich um die Volksmusik erworben hatte.

So schrieb das Extrablatt u. a.: „Die volkstümliche Musik wird den frühen Hintritt des hochbegabten und populären Musikers tief zu beklagen haben, war doch Hanns Schrammel einer der glücklichsten, wenn nicht der glücklichste Interpret jener halbverklungenen, wundersamen, gemütlichen Heurigenzeit des Alt-Wieners, in der vom Quartettische aus das Volkslied in die Massen des Volkes Eingang fand, das liebe, herzliche, innige Volkslied, wie es erfrischender kein anderes Volk von Städtern zuwege gebracht hat . . ."

In der Vorstadtzeitung hieß es am 18. Juni: „Hanns Schrammel hat sich um die Wiener Volksmusik sehr verdient gemacht und ihm glückte es, die volkstümliche Musik, die sonst nur in den Heurigenschänken zu vernehmen war, salonfähig zu machen. Er verlieh dieser Art von Musik einen künstlerischen Anstrich und bald erkannte man, daß das Schrammel-Quartett auf einem höheren, wirklich künstlerischen Niveau stehe. Es wurde eine Spezialität . . ."

Das Neue Wiener Abendblatt, das Hanns Schrammel mit Recht als das Haupt des Quartetts sah, das ihm „auch sein Gepräge gab", schrieb u. a.: „Eine Saite ist gesprungen, welche das Quartett schwer wird ersetzen können. Vielfach haben falsche Vorstellungen existiert über das Schrammel-Quartett oder wie sie in Wien einfach genannt wurden, ‚Die Schrammeln'; man stellte sie am Anfang, als sie ihre öffentliche Wirksamkeit begannen, in eine Reihe mit den üblichen Musikanten-Vereinigungen, die man in den Gasthaussalons, Restaurationsgärten und in den Heurigenschänken der Vororte hört. Aber das Schrammel-Quartett zeigte bald, daß es auf einem höheren, auf einem wirklich künstlerischen Niveau stehe . . ."

In dem bereits erwähnten rotsamtenen „Schrammel-Album" ist ein Zeitungsausschnitt (ohne Angabe der Zeitung) eingeklebt, in dem es heißt: „Eine ‚Wiener Charakterfigur' ist heute aus dem Leben geschieden, eine Persönlichkeit, die für Wiens Kulturgeschichte nicht ohne Bedeutung ist . . . denn in ihm [Hanns Schrammel] verkörpert sich die nur auf dem Wiener Boden mögliche Vereinigung gründlicher musikalischer Bildung und Empfindung mit dem Bestreben, ein Volksmusiker im besten Sinne des Wortes zu werden . . ." Es wurde das Schicksal Hanns Schrammels als menschlich traurig bezeichnet, weil er – schon krank – wegen seiner zahlreichen Familie noch täglich sieben oder acht Stunden dem Geigenspiel widmen mußte. Man fand es aber auch künstlerisch traurig, weil er in „musikalische Duselei" verfiel und am Ende seiner Laufbahn nahe daran war, ein „Volksmusikant" zu werden. „Hätte ihm ein gütiges Geschick ein längeres Leben bewahrt, so wäre Schrammel im demselben Maße zu seinem früheren, künstlerischen Streben zurückgekehrt, als er aufgehört hätte, ‚modern' zu sein."

Es war nicht die einzige kritische Stimme, die sich hören ließ.

Das Wiener Tagblatt brachte am 18. Juni 1893 den Nachruf auf Hanns Schrammel unter den Titel „Der Lanner von Nußdorf", wie man ihn, nach Aussage des Blattes, nannte. Von seinen „mehr als 100 Liedern und Tanzkompositionen" wurden „Weana G'müath", „Der Nachwuchs" und „das 1892 bei der Ausstellung populär gewordene, textlich etwas derb geratene Lied ‚Nur aussa mit die tiaf'n Tön', das eine Zeitlang sowohl in der Kneipe des Proletariats als in den Salons jener Herrschaften gesungen wurde, die den ‚Wiener Chic' und den ‚Wiener Schan' mit Vorliebe protegierten", erwähnt. Und dann heißt es weiter:

„Hans Schrammel war der hervorragendste Vertreter jenes modernen Wienertums, das in der Selbstverhimmelung mehr leistete, als ein gesunder Lokalpatriotismus verantworten kann . . .

Den Höhepunkt seiner Beliebtheit erlangte das Quartett, als es in dem neu errichteten Lokale in Dornbach ‚Zur güldenen Waldschnepfe' konzertierte und diese Konzerte zum Stelldichein der Wiener Aristokratie und all jener Personen wurde, die sich mehr oder weniger befugt zur ‚Gesellschaft' zählen.

Es war in Wien guter Ton geworden, urwüchsiges Wienertum zu züchten und vorhandenes liebevoll zu pflegen. Damen und Herren der hohen Aristokratie besuchten jene primitiven Schänken in den Vororten, in welchen sich ‚Kunstpfeifer', ‚Natursänger', ‚Jodler' und ‚Jodlerinnen' hören ließen, Fiakerkutscher, die sich aufs Pfeifen und Jodeln verstanden, wurden zu stadtberühmten Persönlichkeiten; bei Tag führte so ein Kutscher ‚seinen Baron' oder „seinen Grafen" und nachts produzierte er sich in den Schänken, aber zuweilen auch in den Salons der hohen Herrschaften.

Die Wiener Volksmusikanten mußten sich mit diesen Pfeifern, Sängern und Jodlern assoziieren, wenn sie Zuspruch haben wollten und mit der Zeit traten naturgemäß die Musiker in den Hintergrund, bildeten sie bloß Staffage der Sänger und Kunstpfeifer. Es kam sogar zu Rechtsschwierigkeiten mit den konzessionierten Volkssängern, welche sich in ihrer Existenz bedroht sahen und in der Tat unter dieser Konkurrenz schwer zu leiden hatten.

Mit diesem Zeitpunkt trat auch die Dekadenz der Wiener Musiker ein, sanken die ‚Schrammeln', ihre Nachahmer die ‚Grinzinger' und die vielen anderen Quartette einfach zu musikalischen Begleitern der singenden und pfeifenden Kutscher herab ...

In der Musik- und Theaterausstellung konzertierten die ‚Schrammeln' täglich von 4 Uhr nachmittags bis 2 Uhr morgens in der Stalehnerschen Wirtschaft in ‚Alt-Wien'. Die aller vornehmste Gesellschaft unserer Stadt unter Führung der Ehrenpräsidentin der Ausstellung, der Fürstin Pauline Metternich, ergötzte sich an den Liedern ‚Nur aussa mit die tiaf'n Tön', ‚Das ist die Liebe ganz allein, die gräbt sich tief in's Herz hinein', ‚Bei der Nacht' und im Chor sang alles mit, wenn der Schmitter oder ein anderer Sänger ihre derben ‚Tanz' zum besten gaben.

Die ‚Schrammeln' machten glänzende Geschäfte, aber wie gewonnen so zerronnen; der intime Umgang mit den Lebemännern der Aristokratie blieb nicht ohne Wirkung auf das an sich leichtlebige Element, aus dem sich die Wiener Jodler, Pfeifer und Musikanten rekrutieren."

Von diesem Pauschalurteil wurde jedoch Hanns Schrammel ausgenommen: „Hans Schrammel freilich war ein ernster Mann, liebevoller Gatte und Vater ... mußte aber das reiche Erträgnis mit vielen Mitwirkenden teilen ..."

Es sei hier nur eines richtiggestellt: Nur „musikalische Begleiter der singenden und pfeifenden Kutscher", das waren die Schrammeln nie, außer bei „Preisjodel-Festen"; aber dafür waren sie ja berühmt, in diesem Fall die besten „Begleiter" zu sein.

Auch der Komponist Hanns Schrammel wurde gewürdigt

und die Zahl seiner Kompositionen von 100 bis 274 angegeben: „Hans Schrammel hat auch als Komponist von Wiener Liedern und Tänzen einen guten Ruf und die Lieder, die er geschrieben hat, leben im Munde des Volkes, namentlich seine berühmtesten Schöpfungen ‚Jetzt fahr' ma halt nach Nußdorf 'naus', ‚s'Herz von an echten Weana' und ‚Mir san in Wien a Herz, a Sinn'. Die lyrisch angehauchten Lieder sind von echt volkstümlichem Klang, noch wirksamer aber waren die heiteren Spottlieder, deren Refrains er in die Menge warf, die kleinen Couplets, welche, mit unschuldigen Glossen Tagesereignissen folgend, oft die glücklichste Wirkung machten[57]."

Das Fremdenblatt zeigt ihn außerdem noch als geist- und humorvollen Menschen: „Oft wenn er beim Heurigen saß und den Leuten seine ‚Tanz' vorspielte, konnte man ihn in den Zwischenpausen über Mozart, Beethoven und die großen Ton-Heroen in den Ausdrücken schwärmerischen Entzückens sprechen hören. In heiterer Selbstpersiflage, in seiner trockenen und witzigen Weise pflegte er dann von Mozart zu sprechen, der ‚auch' etwas gekonnt, obwohl der nie in Nußdorf den Leuten aufspielte, niemals so viel ‚angepascht' wurde und gewiß niemals eine Violine mit einem Mozartkopf von einem Verehrer zum Geschenk erhalten habe."

Ähnliches schreibt Betty Fuchs-Schrammel: „Onkel unterhielt die ganze große Gesellschaft, er konnte äußerst packend Witze erzählen, wodurch er sozusagen eine extra Berühmtheit erlangt hat. Bei hohen Herrschaften wurde er in den Spielpausen stets zum Witzeerzählen aufgefordert."

Einem ganz anderen Hanns Schrammel begegnen wir jedoch in seiner Niederschrift „Aus dem Leben!"[58]. Darin legt er seine für diese Zeit ungeheuerlich „modernen" Anschauungen über Erfindungen und die Frauenemanzipation dar. Diese Schrift dürfte in der letzten Zeit seines Lebens entstanden sein, in der ihm die Krankheit bereits viel von seiner Lebenskraft genommen hatte, denn diese entsprach, nach seinem eigenen Empfinden, nicht mehr seinem tatsächlichen Lebensalter:

„Ich bin heute schon ein alter Kerl, so über 50 und habe daher schon viele Lebensspäße als Liebeleien, übertriebene Anhänglichkeit an Kameraden, spät nach Hause kommen,

Börse auf und zumachen bis nichts mehr drin ist, dann wegwerfen; und viele solcher Gewohnheiten wo ich mit der Zeit kennengelernt habe, daß sie zu nichts führen abgelegt. Der Ernst des Lebens war mir dazu behilflich, er überzeugte mich, ich lernte unterscheiden, und so kam es, daß ich einsehen mußte das paßt für dich und jenes nicht, das kannst du heute noch tun doch jenes nicht mehr. Es ist wirklich so im Leben, daß von Dezenium zu Dezenium sich nicht allein die Zeiten, sondern auch die Menschen ändern müssen, und wenn man sich der Mühe unterzieht dieser Sache auf den Grund zu kommen, so kann man sich sehr leicht davon überzeugen. Es ist unleugbar, daß heutzutage fast stündlich neue Erfindungen gemacht werden, und daß es Menschen auf der Welt gibt, welche nur auf Neues spekulieren . . ."

Nach seiner Ansicht haben nicht nur Fachleute, sondern auch Laien das Recht, Erfindungen zu machen und dafür anerkannt zu werden.

„. . . ich glaube daher, daß es nur mit Freude zu begrüßen ist, wenn sich immer wieder Menschen finden, welche sich mit Erfindungen befassen ob es jetzt ihr Fach ist oder nicht.

Die Welt ist einmal so, die Alten haben die Zügel in der Hand und daher wird es den Jüngeren immer schwerer mit Neuerungen, wenn dieselben selbst noch so gediegen sind durchzugreifen. Aber gerade hat es die Mutter Natur so eingerichtet, daß zu gediegenen Neuerungen und Erfindungen in den überwiegend meisten Fällen eine gewisse Tat- und Jugendkraft erforderlich ist, und wenn es auch zuweilen auf der großen Erde vorkommt, daß Personen im hohen Alter noch Erstaunliches leisten, so muß man solche Vorkommnisse doch immer als eine Seltenheit betrachten. Wie viele Gegner hat z. B. die Frauenemanzipation –, wie oft hatten wir Gelegenheit zu lesen, daß ein großer Gelehrter in einer größeren Rede nachweisen sollte, wie sich die Emanzipation der Frauen nach längeren Jahren als verderblich für das Familienleben etc. herausstellen wird. Die Frau ist naturgemäß bestimmt der Familie als Hausmutter vorzustehen, in den ärmeren Familien schon darum, weil man keine Dienstboten zahlen kann und in den finanziell besser situierten Familien, um alle Vorgänge, welche sich tagsüber im Familienleben ereignen, zu kontrollieren, eventuell verbessern und richtigstellen zu können, zum

Wohle des eigenen häuslichen Standes. Wenn auch manche dieser Anführungen nicht ganz zu verwerfen sind, so muß man auch immer bedenken, daß beispielsweise es in den ärmeren Familien ohnehin selten vorkommen wird, daß die Töchter nebst den häuslichen Arbeiten noch höhere Bildung genießen, da ja doch jedes Studium viel Geld kostet! Wenn aber in einer Familie . . . eine Tochter oder angenommen auch 2 Töchter eine Neigung zum Studium zeigen, soll der Vater kein Gegner sondern Unterstützer und Förderer dieser Neigung sein. – Jetzt gibt es beispielsweise Frauen oder Mädchen welche bei der Post oder im Telegraphenamt, sowie in verschiedenen Bureaux angestellt sind und dort größtenteils Buchhalter, Expeditions oder andere leichtere Arbeiten gegen natürlich geringeren Gehalt als 30, 40 bis 50 Gulden versehen. Ich glaube, daß ein Mann, welcher studiert, gewiß nicht das Gymnasium mit dem Gedanken besucht, es nur so weit bringen zu wollen um einstens eine der oben angeführten von Damen besetzten Stellungen zu erringen; erstens ist ein solcher Gehalt für einen Mann zuwenig, und zweitens ist eine derartige Arbeit eines Mannes, welcher jahrelang studierte, unwürdig. – Was den Lehrerstand betrifft, so ist man heute schon einig, welche Vorzüge sich die Lehrerinnen für Mädchen gegenüber den männlichen Lehrern erfreuen. Die Lehrerinnen haben auf die Schülerinnen (Mädchen) einen ganz anderen Einfluß; auch der ärztliche Stand ist bei weitem besser als er bis heute befunden wird; es muß doch jedem gesund denkenden Menschen klar sein, daß die Seele bei Frauen eine große Rolle spielt und daher ganz anders bei Krankeiten welche mit Schamhaftigkeit verbunden sind, wird sich ein weiblicher Arzt um 100 Prozent leichter arbeiten als ein männlicher . . ."

Am 19. Juni 1893 fand die Beerdigung Hanns Schrammels statt, bei der noch einmal seine große Popularität und Beliebtheit offensichtlich wurde[59]: „Gestern nachmittags fand vom Trauerhause . . . aus das Leichenbegängnis Hans Schrammels statt. Tausende von Menschen gaben dem beliebten Volkskomponisten das letzte Geleit. Der Verstorbene war in seinem Arbeitszimmer aufgebahrt, das mit vielen duftigen Liebesgaben, den letzten Grüßen der Bekannten und Berufsgenossen, erfüllt war. Besonders schöne Kranzspenden sandten

Graf Pahlen, Eduard Merkt (‚Du warst der Besten einer, so gut wie Du war keiner'), Gilbert Lehner (‚Dem populären Meister Wiener Lieder'), Musikalienhändler Maaß (‚Von seinem Verleger'), die Sänger des Schrammel-Quartetts, die Herrn Kohlhofer, Lang, Prilisauer und Merta, Wilhelm Wiesberg, die Wiener Kellner-Genossenschaft (‚Die letzten Grüße der Wiener Kellner'), der internationale Artistenclub ‚Lustige Ritter', der Fiaker ‚Schuster-Franz', Familie Kolinsky (‚Dem unübertroffenen Volksmusiker') und viele andere. Aus Paris kam der Familie folgendes Telegramm des Schriftstellers Isidor Fuchs zu: ‚Herzinniges Beileid namens zahlreicher hier ansässiger Wiener, anläßlich des Hinscheidens des eminenten Musikers, dessen Melodien sich auch im Auslande der verdienten Popularität erfreuen. Isidor Fuchs'. – Vor ½3 Uhr, zu welcher Zeit die Einsegnung im Trauerhause erfolgte, hatte sich eine viel hundertköpfige Menschenmenge dortselbst versammelt. Unter den Anwesenden bemerkte man: Den Zeichner Hans Schließmann, Schriftsteller Wilhelm Wiesberg, die Kapellmeister Drescher, Ph. Fahrbach, Stoppauer, Chorherr; corporativ waren erschienen: Die Quartette ‚Die Grinzinger', ‚Die Bandmacher', ‚Die Dornbacher', ‚Das Erdberger Terzett', ‚Die Sievringer', selbstverständlich auch die Genossen des Verstorbenen, sowie Herr Knoll, der berufen ist, Hans Schrammel beim Quartett zu ersetzen, die Verleger der Kompositionen Schrammels, die Herrn Otto Maaß, Bußjäger, Herr Schatz, den Prokuristen der Fa. Spina, die Fiaker Hungerl, Schuster-Franz und Hirschmann, den Athleten Jagendorfer, die Brüder Stalehner, Frau Messerschmied-Grünner u. a. Besonderes Mitleid erregte die unglückliche Witwe und ihre 9 Kinder, die mit dem 84jährigen Vater des Verstorbenen, dem Musiker Kaspar Schrammel direkt hinter dem Sarg schritten. Alle Straßen, die der Zug passierte, waren von einer großen Menschenmenge besetzt, die den Leichenzug erwarteten. An der Kreuzung der Alsbachstraße trat sogar eine Wagenstockung ein. In der Hernalser Pfarrkirche nahm kaiserlicher Rat Pfarrer Heinrich Schultheiß unter zahlreicher Assistenz, die Einsegnung der Leiche vor, worauf der Männergesangsverein „Hainbacher" einen Trauerchoral vortrug. Nach erfolgter Einsegnung wurde der Sarg auf den neuen Hernalser Friedhof gebracht. An dem offenen Grabe hielt

Schriftsteller Wiesberg dem Verstorbenen einen warm empfundenen Nachruf. Wiesberg sagte: ‚Tief bewegt stehen wir hier an dem Grabe eines echten Wieners vom Scheitel bis zur Sohle. Er verstand nicht nur die Fiedel zu behandeln und ihr begeisternde Töne zu entlocken, sondern verstand es auch, die Noten aneinanderzureihen und Kompositionen von echter Wiener Art zu schreiben, die noch lange in den Herzen und im Sinn der Wiener fortleben werden. Aber, Freund, Du warst nicht nur ein Künstler auf der Geige und in der Komposition, Du warst auch ein braver Familienvater, ein guter Mensch, ein treuer Sohn Deiner Vaterstadt, die Du liebtest über alles. Nimm die letzten Grüße eines Freundes hin. Ruhe sanft!'"

Für die Witwe kam zu dem Schmerz um den Verlust des geliebten Menschen noch die Sorge um den Lebensunterhalt für sich und ihre Kinder. Wenn auch Hanns Schrammel in guten Tagen viel Geld verdient hatte, um große Rücklagen zu machen, reichte es nicht. Wie schon aus den Briefen von seinen Reisen ersichtlich, mußte seine Frau, wenn er etwas länger kein Geld nach Hause schicken konnte, Dinge verkaufen, um den Lebensunterhalt für die große Familie bestreiten zu können.

Hanns Schrammel war ein guter Geschäftsmann – aber ob er es verstand, das manchmal reichlich verdiente Geld auch gut und vorausschauend anzulegen, sei dahingestellt.

„Onkel hatte eine Leidenschaft: Antiquitätensammeln", kann man bei Betty Fuchs-Schrammel lesen. Er konnte sich auch im Ausland nicht enthalten, schöne alte Gegenstände zu kaufen, die er nach Hause schickte. So schrieb er am 2. März 1889 um 5 Uhr nachmittag an seine Frau: „Vor einer viertel Stunde habe ich einen Brief an dich aufgegeben. Als ich ihn schon in den Kasten geworfen hatte, ging ich an einem Geschäft vorüber, wo ich in einer Auslage schönes, altes, echtes und auch wohlerhaltenes Geschirr sah, dasselbe ist italienisch, Majolika aus Istrien, es sind 11 Stücke, 10 Krüge und ein Weihbrunnkessel, weil es so schön ist, habe ich 20 fl dafür gegeben, und es wird in einigen Tagen in Wien ankommen . . ."

Tags darauf, am 3. März, schrieb er: „. . . Das Geschirr ist so schön, daß ich wahrscheinlich noch um 10 fl kaufen werde . . .", und am 6. März heißt es in dem Brief aus Triest:

„... Ich habe seitdem schon wieder eine zweite Kiste mit Geschirr geschickt und es wäre mir recht, wenn du das Geschirr auspacken, waschen und auf den Etascheur stellen würdest ..."

„Hauptsächlich die Ansammlung dieser vielen Altertümer bewog ihn", heißt es bei Betty Fuchs-Schrammel, „in der Rötzergasse, wo wir schon eine schöne Dreizimmerwohnung bezogen, eine solche mit 4 Zimmern im gleichen Hause zu nehmen. Das Zimmer, wo er komponierte, war ausschließlich mit antiken Kunstwerken und Bildern angefüllt."

Nach den „Erinnerungen in ‚Rötzergasse Nr. 13'" von Karl Wildner[60] bezog im Frühjahr oder Frühsommer 1891 zuerst Josef Schrammel im zweiten Stock dieses Hauses eine Wohnung, bald darauf Johann eine im ersten Stock.

Hanns Schrammel hatte großes Interesse an Bildern, die er auch sammelte. Als er sich im November 1889 in Dresden aufhielt, schrieb er an seine Frau: „Heute war ich in der königlichen Bildergalerie, großartig!"

Über seine Bildergalerie, „Die Bildergalerie Hans Schrammel's", schrieb das Extrablatt am 3. November 1893: „... Weniger bekannt dürfte es sein, daß Schrammel auch eine sehr hübsche Bildergalerie besaß, die manches seltene Stück birgt. Er hatte diese Galerie sogar katalogisiert und hing mit großer Liebe daran. Wir finden unter den Bildern eine ‚Tierstudie' v. Schödl, eine Wiener Landschaft von Varonne, eine Porträtstudie in Aquarell von Canon, ein Blumenaquarell von Altmann, ein Aquarell von Ender, eine Landschaft von Czeray, eine reizende Soldatenstudie in Aquarell von F. X. Klein, eine Partie aus dem Prater, ein Aquarell von Petrovits, eine Bleistift-Landschaft von Darnaut, eine Landschaft von Ellminger, eine Bleistift-Zeichnung von dem berühmten Wiener Maler Fendi, eine Landschaft in Tusche von Barbarini u. a. m. Die Sammlung ist vorläufig bei dem Bruder des Verstorbenen, Herrn Josef Schrammel ... in Verwahrung. Die Witwe Schrammel, die mit 9 Kindern zurückgeblieben ist, sieht sich jedoch genötigt, diese Bildersammlung zu veräußern und seien menschenfreundliche Kunstfreunde auf die hübsche Kollektion, die sehr billig zu erwerben ist, aufmerksam gemacht."

Was nicht verkauft werden konnte, wurde vom Auktionshaus A. Einsle ab 22. Jänner 1894 gemeinsam mit dem Nachlaß von Josef Bratfisch versteigert.

Hanns Schrammel war tot, aber seine Musik und die Wiener Volksmusik lebten und leben unter seinem Namen weiter, wenn auch nicht immer in der Art, in der er sie „salonfähig" machte.

Das Quartett unter der Leitung Josef Schrammels (Juni 1893 bis November 1895)

„Quartett Schrammel", „Schrammel-Quartett" und bald nur mehr „D'Schrammeln" nannte sich nach dem Tod Hanns Schrammels das unter der Leitung Josefs stehende Ensemble mit dem Geiger Knoll, der die Stelle Hanns Schrammels einnahm, mit Ernst und Daroka. Die mit dem Quartett auftretenden Sänger waren die Duettisten Prilisauer und Merta, Jauner und der Kunstpfeifer Lang.

Die Produktionen im „Indischen Salon" im Dritten Kaffeehaus im Prater gingen ohne Unterbrechung bis Juli 1893 weiter. Im Juli hat das Quartett wahrscheinlich eine Tournee nach Ungarn unternommen, denn laut Protokoll des Bezirksgerichtes Hernals vom 18. Juli 1893 hielt sich Josef Schrammel – nach Aussage Rosalia Schrammels – zu dieser Zeit in Pest auf. Josef Schrammel war zu diesem Termin zum Bezirksgericht Hernals geladen worden, um die Mitvormundschaft für die Kinder seines Bruders zu übernehmen; dies erfolgte dann am 4. August 1893[1].

Die regelmäßigen Schrammel-Abende gab es erst wieder ab Oktober 1893, und zwar im Hotel Rabl (Oktober, November), im „Bacchus-Saal" (Oktober, November, Dezember) und ebenso im „Lanner-Saal". Gelegentliche „Schrammel-Abende" fanden beim Gschwandtner (Hernalser Hauptstraße 39), in der Pillerschen Restauration (Ottakringer Straße 52) und bei der „Goldenen Birne" statt. Insbesondere das Extrablatt bemühte sich, den Schrammeln wieder zu dem Ansehen und der Beliebtheit ihrer früheren Tage zu verhelfen. So schrieb es am 12. November: „Unsere braven Schrammeln steigen täglich in der Beliebtheit bei den Wienern. Das Quartett Josef Schrammel, Knoll, Ernst und Daroka spielt auf das Trefflichste und auch die Sänger sind ganz vorzügliche

Kräfte." Und am 3. Dezember: „Unsere Schrammeln, die nun unter der Leitung Josef Schrammels stehen, erfreuen sich stets steigender Beliebtheit und die Wiener gehen wieder so gern wie anno dazumal zu den ‚Schrammeln'".

Der Tod Georg Dänzers
„Alt-Wien" in Chicago

Am 28. Juli 1893 war im Extrablatt die über Volksmusiker und -sänger ganz und gar ungewöhnliche Meldung zu lesen: „Beim Seidl in ‚Alt-Wien' ist ein Streik ausgebrochen und haben die Musiker Dänzer, Strohmayer sen. und jun., Wächter, wie die Sänger Rindersbacher, die Kiesel-Marie und die Jodlerin Gusti das Etablissement Seidl verlassen . . ."

Die genaueren Umstände, die zu diesem Streik geführt hatten, und den weiteren Verlauf erfuhr man erst ein Jahr später, im August 1894, als Seidl wieder nach Wien zurückkehrte und im Extrablatt seine „Erinnerungen an Amerika" in mehreren Folgen veröffentlichte.

Dänzer hatte als erster der Musiker vor dem Ende der Ausstellung Amerika verlassen – er erreichte jedoch seine Heimat nicht mehr lebend. Ausführlich berichtete das Extrablatt am Sonntag, dem 8. Oktober, darüber:

„Auf der Rückreise von Amerika ist Georg Dänzer, ein beliebtes Mitglied des Schrammel-Quartetts, gestorben und Freitag traf die Gattin des Musikers mit der Leiche ihres Mannes hier in Wien ein. Dänzer war während der letzten Wochen, die er in Chicago zubrachte, an einem Lungenkatarrh erkrankt und mußte das Bett hüten. Schon früher drängte es ihn, Chicago zu verlassen und nach seinem lieben Wien zurückzukehren, doch der Kontrakt, den er unterzeichnet hatte, zwang ihn, in der Weltausstellungsstadt zu verbleiben. Als Patient war er nicht länger zurückzuhalten und am 18. September packte er seine Sachen, um nach Europa herüber zu reisen. Tatsächlich hatte sich das Befinden so weit gebessert, daß er die Reise von Chicago nach New York gefahrlos unternehmen konnte. Mittwoch, den 27. September mittags schiffte sich Dänzer mit seiner Gattin auf dem Dampfer ‚Havel' des Ndt Lloyd ein und einen Tag später war der Musiker eine Leiche. Ein Herzschlag hatte seinem Leben ein Ende gemacht . . . Der Tod raffte den Musiker auf hoher See bei den Bänken von Neu-Fundland hinweg und des nachts sollte der Leichnam noch nach seemännischem Gebrauch in das Meer versenkt werden. Doch den Bemühungen der Frau Dänzer gelang es, die Erlaubnis zu erhalten, die Leiche ihres Gatten nach Wien zu überführen. Die Ärzte nahmen die vorschriftsmäßige Konservierung der Leiche vor und schlossen dieselbe hierauf in einen luftdichten amerikanischen Metallsarg ein. Nachdem der Leichnam so verwahrt war, wurde derselbe im unteren Teil des Schiffes geborgen und machte demnach der tote Musiker noch die 6tägige Überfahrt nach Bremerhaven mit. Am 3. Oktober langte die Leiche in Bremerhaven an und wurde von dort nach Wien gebracht . . ."

Das Begräbnis fand am 9. Oktober vom Trauerhaus in Neulerchenfeld, Liebhartsgasse 40, aus statt, wo Dänzer auch aufgebahrt war. „Schon vor 3 Uhr hatte sich eine zahlreiche Menschenmenge vor dem Trauerhause . . . versammelt. Die Vertreter der Wiener Volksmusik und Wiener volkstümlichen Musik waren fast vollständig anwesend. Man sah das Schrammel-Quartett mit seinen Sängern, die ‚Grinzinger' mit Xandl, Brandmayer, Schiel, Exner und Schmitter, die ‚Dornbacher' . . . die ‚Bandmacher', die ‚Butschettys', die Duettisten Lorens und Kohlhofer, Kapellmeister Messerschmidt, das Hernalser Quartett, die Volkssänger Edi und Biedermann . . . Frau Bratfisch, die Witwe Johann Schrammels, Frau Seidl, die Gattin des Cafetièrs, bei welchem Dänzer gewirkt hatte . . . viele Volkssänger und Volkssängerinnen . . . Um 4 Uhr wurde der amerikanische Metallsarg, in dem die Leiche Dänzers ruhte, der ein Gewicht von 8 Centnern hatte, von 8 Männern gehoben und zur Einsegnung nach der Neulerchenfelder Pfarrkirche geführt. Auf dem ganzen Wege, den der imposante Leichenzug nahm, standen hunderte Menschen. Nach der Einsegnung wurde Dänzer's Leichnam nach dem Ottakringer Friedhof gebracht und dort im eigenen Grabe bestattet[2]."

Nur ein paar Monate nach Hanns Schrammel mußte auch

Dänzer sein Musikinstrument für immer aus den Händen legen.

Marie Walter, die Kiesel-Marie, kehrte am 25. November 1893 aus Chicago nach Wien zurück, Kindersbacher und Gustl Reverelli waren mit Seidl nach San Francisco gegangen[3]. Zu dieser Zeit waren Strohmayer und die anderen Musiker bereits in Wien. „In ‚Alt-Wien' und beim Seidl, der in Chicago allgemein ‚Papa Seidl' genannt worden ist, ging es immer am lebhaftesten in der Ausstellung zu," erzählte Marie Walter. „Nur eines behagte den Amerikanern nicht – das Absammeln. Sie hielten diese Art des Entrées für eine Aufdringlichkeit . . . Den größten Beifall fanden die Lieder: ‚Jessas, Jessas, so solid' und ‚Wenn die Schwalben wieder kommen!'

Einen ungeahnten Erfolg hat Ziehrer mit seinem Orchester errungen. Die Wiener Musik hat in Amerika den größten Triumph gefeiert. Man drängte sich zu den Konzerten, die Ziehrer gab und wenn die ‚Weana Madln' gespielt wurden, begannen die Leute zu tanzen . . .

Sehr schlecht ging es den Sängern und Sängerinnen, als das Quartett Strohmayer nach Wien zurückging . . ."

Wie es dazu kam, daß Strohmayer und die anderen Musiker streikten und dann vorzeitig Chicago verließen, das veröffentlichte Franz Seidl nach seiner Rückkehr aus Amerika[4] am 22. August 1894 im Extrablatt, in der zweiten Folge seiner „Erinnerungen aus Amerika":

„. . . Meine Leute . . . hatten sich sehr bald an die amerikanischen Sitten, besser gesagt Unsitten gewöhnt und schon am zehnten Tage nach meiner Anwesenheit in Chicago brach bei mir ein Strike der Köchinnen aus . . . Den Köchinnen folgten im Juli die Musikanten, die sich über schlechten Geschäftsgang gewiß nicht zu beklagen hatten, denn jedes Mitglied des Quartetts konnte sich während der Anwesenheit in Chicago zum mindesten 2.000 Dollar ersparen.

Ich hatte den Musikern einen Verdienst von täglich 15 Gulden, den Sängern einen Verdienst von täglich 10 Gulden garantiert, die Kost hatten sie umsonst und die Hälfte des Quartiers zahlte ich gleichfalls. Schon nach den ersten 6 Wochen zeigte sich, daß meine Garantie überflüssig sei, denn die Einnahmen waren viel höher, als sie es zu hoffen gewagt hatten. Sie erklärten mir also, daß ich nicht mehr garantieren brauche und daß sie mit ihrer Lage vollkommen zufrieden seien. Eines Tages begannen die Herrn über die Kost zu schimpfen, die genau die nämliche war, die ich selbst genoß und die allseits gelobt wurde. Sie gingen so weit, mir drei Paar Hühner, die ich ihnen vorsetzte, unter den Tisch zu werfen, da ihnen dieselben angeblich nicht schmeckten.

Eines Tages, es war ein Samstag und das Wetter war herrlich, wartete ich vergebens auf meine Musiker und Sänger, die Kiesel-Marie und die Gebr. Hirsch waren gekommen, doch alle übrigen fehlten. Ich war in großer Verlegenheit, der Garten hatte sich bereits ziemlich gefüllt und man verlangte nach Musik. Da war die Direktion so liebenswürdig, mir eine Zigeuner-Kapelle zur Verfügung zu stellen, die nun bei mir concertierte. Die Zigeuner ernteten riesigen Beifall, das Publikum – es mochten etwa 1400 Personen dagewesen sein – wollten immer und immer wieder die Weisen hören, die Zigeuner machten ein gutes Geschäft und ich auch.

Vier volle Tage mußte sich das Gasthaus ‚Zum höchsten Heurigen' mit ungarischen Musikern behelfen. Endlich aber kamen die Musikanten wieder zurück, den Sängern war es doch zu ‚entrisch' geworden in der fremden Umgebung, die Musiker sahen ein, daß sie es nirgends besser haben könnten als bei mir und ich versprach ihnen überdies, jedem einen Betrag von 50 Dollar als Beisteuer für die Heimreise zu geben, falls sie fleißig sein würden. Als Kostgeld gab ich jedem 1 Dollar per Tag. Kurz darauf wollten sie wieder Naturalkost, aber ich blieb dabei und sie mußten sich mit dem Dollar begnügen. Ich bin fest überzeugt, wären die Musiker fleißiger gewesen, sie hätten eine viel größere Summe nach Wien bringen können, als sie factisch hierhergebracht haben. Es waren oft schon 200 Personen im Lokal und noch immer blieb die Musik stumm. Die Herrn gingen eben etwas zu stark ‚Auf's Eis'.

Wie gut es den Musikern gegangen ist, beweist wohl am besten der Umstand, daß sie gar nicht den Schluß der Ausstellung, wie es ihr Contract verlangt hatte, abgewartet haben. Am 1. Oktober packten sie ihre ‚sieben Zwetschken' zusammen und verließen mich, ohne auf die 50 Dollar Beisteuer weiter zu reflektieren, sie hatten eben ihr ‚Sacherl beieinander'. Wären sie noch ein Monat geblieben, sie hätten ein riesiges Geschäft gemacht, denn gerade im Oktober nach der Ernte war der Fremdenzufluß ein ungeheurer und mein Geschäft überaus gut besucht . . .

Ich behalf mir in diesem Monat mit einer anderen Musikkapelle, an deren Spitze ein Zigeuner Paul Egry stand . . .

Neben Egry spielten einige Chicagoer Musikanten, die sich in Wiener Liedern eingeübt hatten und einige Zigeuner. Man war mit der Musik sehr zufrieden. Auch mein Klavierspieler war kein ganz uninteressanter Mensch; er war ehemals Juwelier in Brünn und hatte seinen Laden bei Nacht und Nebel verlassen . . ."

Man hatte wegen der bereits kühlen Witterung einen großen Restaurationssaal erbaut, ein Klavier darin aufgestellt und der von Seidl oben erwähnte Klavierspieler begleitete anstelle des Quartetts die Sänger und Sängerinnen.

Anton Strohmayer und sein Quartett

Ungefähr Mitte Oktober dürften Strohmayer und die anderen Musiker wieder in Wien eingetroffen sein, wenn sie, wie Seidl angibt, am 1. Oktober Chicago verlassen haben. Unter den Namen „Chicagoer-Welt-Ausstellungs-Quartett Strohmayer" konzertierte das Ensemble am 1. Dezember 1893 in Ottakring 145 beim Philipp Deponti. In der Folge nannte es sich auch nur „Chicagoer Quartett Strohmayer"; die Mitglieder wurden nicht namentlich genannt.

1894 suchte Strohmayer bei der N.Ö. Statthalterei um die Bewilligung an, „zu seinem Musikquartett 4 Sänger engagieren zu dürfen[5]". Sein erstes Ansuchen wurde abgewiesen, aber schließlich hieß es am 3. Juli 1895 im Extrablatt: „Beim Strohmayer wird gesungen." Und noch etwas wird aus der Meldung ersichtlich: Strohmayer selbst hatte die Nachfolge Dänzers angetreten: „Der Meister auf dem ‚picksüßen Hölzl' Anton Strohmayer kann jetzt die urwüchsigen Wiener Lieder singen lassen und die flotten Sänger mit seinem Quartett begleiten. Er ist nämlich Concessionär einer Singspielhalle und als solcher hat er das Recht, Gesangsproduktionen zu veranstalten..." Auch das Neue Wiener Tagblatt brachte am 5. Juli 1895 die Meldung, Anton Strohmayer habe die Konzession zum Betrieb einer Singspielhalle erhalten. Die Akte darüber sind nicht mehr vorhanden.

Beim Stalehner spielte das Quartett am 10. Juli 1895, und da werden die Mitwirkenden angegeben: Strohmayer sen., Strohmayer jun., Koller und Sommer und die Sänger Winter und Prilisauer, Brady und der Kunstpfeifer Faldl (auch Valtl geschrieben).

Bei der „Waldschnepfe" konzertierte das Quartett im Oktober „mit der stadtbekannten Hansi Führer, den Sängern Adolfi, Brady, Ederl und dem Kunstpfeifer Valtl‴. Hansi Führer trat von nun an öfter mit dem Quartett auf.

Strohmayer nannte sein Ensemble jetzt „Wiener Spezialitäten-Quartett A. Strohmayer". (So lautete der „Firmenstempel", und die Anschrift war Wien 17., Hernals, Thelemanngasse 6). Strohmayer dürfte 1895 der einzige gewesen sein, der die kleine G-Klarinette zu spielen verstand, denn das Extrablatt schrieb am 8. November: „Der letzte vom ‚picksüßen Hölzl'. Mit Dänzer . . . ging der beste der Wiener Volksmusiker dahin, welcher noch die Klarinette meisterlich zu behandeln wußte. Nun ist uns nur mehr der Strohmayer geblieben, der Sproß einer uralten Wiener Musikerfamilie, der das ‚picksüße Hölzl' meisterlich zu blasen versteht, der aber auch noch die alten, berühmten, ungeschriebenen und in der Überlieferung lebenden ‚Tanz' kennt . . ."

Zehn Jahre später finden wir ihn wieder mit dem Instrument, auf dem er seinerzeit der unbestritten Beste gewesen war: der Gitarre. Das Extrablatt schrieb am 29. November 1905: „Der letzte Schrammel-Musiker im ‚Maxim'": „Die wenigsten wissen, daß der alte, ernste Herr, der allabendlich im Maxim mit der Guitarre die lustigen Weisen des Wiener Quartetts begleitet, Herr Strohmayer sen. ist, der letzte Schrammel-Barde. Herr Strohmayer hat seinerzeit mit den Schrammeln das Wiener Lied im Triumph durch die alte und neue Welt geführt.

Gegenwärtig spielt nun Strohmayer mit seinem Quartett und seinem vorzüglichen Ensemble, welches den ersten Rang unter den Wiener Quartetten einnimmt, im Maxim. Zu den Sängern des Quartetts gehören die bekannt ausgezeichneten

Duettisten Engel und Neuwirth, der Liedertenor Hugo Nieser und der drastische Humorist Libal."

Die Erinnerungen Strohmayers an die Zeit, „Als noch die wirklichen ‚Schrammeln' spielten", brachte das Neuigkeits-Weltblatt am 24. Mai 1931. Damals lebte der 83jährige bei seiner Tochter Ludowika Possel in Dornbach. Dort starb Strohmayer am 20. Dezember 1937[7]. Er wurde am 23. Dezember 1937 am Dornbacher Friedhof begraben[8].

Die Versteigerung des Nachlasses von Johann Schrammel und Josef Bratfisch

Die Versteigerung des Nachlasses von Johann Schrammel und Josef Bratfisch fand Montag, den 22. Jänner 1894 und an den darauffolgenden Tagen im Auktionshaus A. Einsle, Wien 1., Sonnenfelsgasse 21, statt.

Noch einmal, zum letzten Mal, wurden die Namen der beiden – wie früher so oft in erfolgreichen, glücklichen Tagen – gemeinsam genannt! Der volle Titel des Versteigerungskatalogs, der 1161 Stücke umfaßte, lautete: „LXIX. Kunst-Auction. Verzeichnis einer Sammlung von Kupferstichen, Lithographien (Sport, Jagd, Militaria), Aquarelle, Austriaca, Viennensia Ansichten, Flugblätter Portraits, Musik und Theater, Autographe, Curiosa, Bilder in Rahmen, Antiquitäten, Waffen, Möbel, Musik-Instrumente, Porzellan, Geweihe etc.

Aus dem Nachlaß des Johann Schrammel, Volksmusiker und des Josef Bratfisch, Natursänger und Fiaker, nebst Gegenständen aus Privatbesitz."

Im allgemeinen wurde nicht angegeben, aus welchem Nachlaß die Stücke stammten, jedoch bei drei bedeutenden Objekten aus dem Besitz Johann Schrammels wurde ihre Herkunft genannt und sie genauer beschrieben. Unter Katalognummer 631: „Te Deum zur höchsten Vermählungsfeier Sr. Majestät Ferdinand des Königs von Ungarn und Kronprinzen aller übrigen Kaiserl. Staaten componiert und Allerhöchste Demselben in tiefster Ehrfurcht gewidmet von Conradin Kreuzer. Wien 1831. Seidenband. Nicht nur nicht ediertes, sondern überhaupt nicht bekanntes Musikwerk für Orchester und Gesang. Hanns Schrammel hat im Jahre 1887 bei einem Kauf von Musikalien dieses Heft erhalten. Es wurde bei der Hochzeit in Preßburg aufgeführt und ist seitdem verschollen gewesen. Unicum!"

Der Schätzwert dieses Unicums war 20 Gulden, versteigert wurde es um 15 Gulden; der Ersteigerer wurde nicht genannt[9].

Dem Katalog vorangestellt wurde Hans Schließmanns Bild „Beim Heurigen". Im Versteigerungskatalog, Nr. 844, heißt es dazu: „Entwurf eines Heurigen-Bildes im Kronprinzen-Werke. Prächtige Bleistiftskizze mit köstlichen Volkstypen und den musicierenden Schrammeln. Vom Künstler dem Johann Schrammel gewidmet. Unter Glas in Holzr. B 39, H 26".

Diese Bleistiftzeichnung wurde von Paul Lindau, der die Schrammeln ja in Berlin eingeführt hatte, um 102 Gulden erworben; er schrieb am 30. Jänner 1894 einen Brief an Schließmann, der am 4. Februar im Extrablatt veröffentlicht wurde: „. . . Ich habe durch einen Wiener Freund auf der Schrammel-Auction ihren Entwurf zum Heurigenbild im Kronprinzenwerke, das Sie Hans Schrammel gewidmet haben, erworben und ich kann ihnen nicht sagen, wie ich mich über dieses Bild freue. Es hat mich in seiner Echtheit und Charakteristik geradezu entzückt. Leibhaftig habe ich den dicken, guten Hans Schrammel wieder vor mir gesehen und gehört und habe mich wie durch einen Zauber zurückversetzt gefühlt in die übermütig lärmende und doch so naive Gesellschaft, mit der ich so oft das eingeatmet habe, was man eigentlich nur noch in Andalusien findet: volkstümlichen Frohsinn. Ihr Bild hat mich wirklich ergriffen und gerührt, und das wollte ich Ihnen sagen und dafür wollte ich Ihnen danken . . ."

Als das „Interessanteste Stück" aus dem Nachlaß Hanns Schrammels sah das Wiener Tagblatt vom 23. Jänner 1894 „. . . seine Geige, deren Holze er so oft seine eigene Seele geliehen, diese Seele eines echten Wieners, die in dem Jubel stets einen leisen Klang der Wehmut hat. Der Kopf dieses Instruments, das der Musiker von Karl Zach zum Geschenk erhielt, trägt das wohlgelungene Ebenbild Schrammels in Holzschnitzerei . . ."

L I S T E

I.N.	Dat.d.Erwbg.	Bez. d. Gegenstandes	Art d. Erwbg.	Anmerkung
9.621	22. 1. 1894	Das zum Andenken des großen Feldmarschalles Freih. Gideon Ernst v. Loudon durch Herrn Müller errichtete Mausole, welches in der Himmelpfortgasse Nr. 1355 ... aufgestellt und täglich beleuchtet zu sehen ist. anon. Stich	Gekauft in der Auction Schrammel und Bratfisch; 13. ex 1894; gez. B.H.M. Auct.Kat.Nr. 421	vgl. Foto d. in d. Albertina vorh. Stichs = I.N. 104.096 eingelegt bei Loudon
9.622	- " -	Franz Joseph Carl, Herzog von Reichstadt. Porträt in Eisenguß, aus der k.k. landespriv. Bronce Erzgießerei v.Joseph Glanz in Wien. h. 14 1/2, br. 10 1/2 cm	- " - Auct.Kat.Nr. 1099	
9.623	- " -	Schießstätte (Die Bürgerl.-) in der Alservorstadt an Stelle des jetzig. Landesgerichtsgebäudes. Aquarell v. Jos. Lanzedelly jun.	- " - Auct.Kat.Nr. 524	
9.624	- " -	Blum Robert. (Reichstagsabgeordneter), Lith. v. L. B. Halle 1848. Druck u.Eigenth.v.J.B.Bauer Verlag v. J.A. Wagner Frkf. a./M.	- " - Auct.Kat.Nr. 498	
9.625	- " -	Rudolf, Kronprinz von Österreich Das Originalgemälde ist im Besitze S. Majestät des Kaisers v.Österreich. J. Neugebauer gemalt Ed.Kaiser lith. Druck v. Johann Haller	- " - Auct.Kat.Nr. 617	
9.626	- " -	Votiv Säule in Penzing Barbarini Fcs. 1827 Bleistiftzeichnung	- " - Auct.Kat.Nr. 361	
9.627	- " -	St. Karlskirche in Wien, Fr. Dewehrt pinx et lith., gedruckt bei A. Leykum	- " - Auct.Kat.Nr. 364	

9.628	22.1.1894	Persée de' livrant Andromede. Fontain de Rafael Donner. Dans la cour de l'Hotel de Ville de Vienne. Gravur de Smeeton et Tilly. Lithogf.	Gekauft in der Auction Schrammel u. Bratfisch Auct.Kat.Nr. 369
9.629	- " -	Ansicht der Erdbergerkirche,u. Straße. Aquarell. Zajiček 892 sig.	- " - Auct.Kat.Nr. 373
9.630	- " -	Zur Erinnerung an die Begründung der Kaiser Ferdinands Wasserleitung 1846. Pet.Geiger entworfen A. Gelpke inv.et.lith. Herausgeg. u. zu haben bei A.Gelpke (Wien)	- " - Auct.Kat.Nr. 374
9.631	- " -	Ansicht des Lithogr.Institutes/Gräfl. Kinsky'sches Haus Nr. 889. Federzeichnung v. Josef Reytmair	- " - Auct.Kat.Nr. 400
9.632	- " -	Franz Josephs Land.Meyenschein's Gasthaus am Kaiserwasser nächst der Kronprinz-Rudolfs-Brücke. Aquarell, nicht signiert.	- " - Auct.Kat.Nr. 615
9.633	- " -	Kaffeehütte von Ambros Augustini auf der Rothenthurm-Bastei demol. 1820. Aquarell nicht signiert.	- " - Auct.Kat.Nr. 402
9.634	- " -	Mechitaristenkirche in der Neustiftgasse, VII.Bez. Aquarell, nicht signiert.	- " - Auct.Kat.Nr. 424
9.635	- " -	Mohrin, die schöne, welche der berühmte Mehanikus Mälzel aus Amerika nach Wien gebracht und die ihres berüchtigten Rufes wegen die Residenz wieder verlassen mußte. Schwarzkunstblatt. Nicht bezeichnet u. nicht sign. (v. Carl Agricola)	- " - Auct.Kat.Nr. 426 (Bezeichnung d. Blattes mit Bleistift bemerkt)
9.636	- " -	Liszt Franz. H.Römer fec. Radierung	- " - Auct.Kat.Nr. 451

Nr.	Datum	Beschreibung	Herkunft
9.637	22. 1. 1894	Thalberg Sigismund, Pianiste, Agé de 14 ans. Vigneron 1826. Lith. de C. Constans	Gekauft in der Auction Schrammel u. Brotfisch Auct.Kat.Nr. 47o
9.638	- " -	Spohr Louis. Compositeur. G. Gaul 1858 pinx. Lith. de.Ed.Kaiser	- " - Auct.Kat.Nr. 465
9.639	- " -	Hofansicht des städt. Polizeihauses in der Sterngasse, I.Bez., 186o. Aquarell, sign. Weckbrodt	- " - Auct.Kat.Nr. 492
9.64o	- " -	Zedlik J. Ch. Freiherr von. Nach der Natur gemalt u. lithogr. v. Robert Theer, Wien 1836. gedr. bei Joh. Höfelich	- " - Auct.Kat.Nr. 485
9.641	- " -	Harrach Johann, Graf. Auf Stein gezeichnet von C. Agricola	- " - Auct.Kat.Nr. 6o9
9.642	- " -	Fischer Vincenz. Rath der k.k. Akademie der bildenden Künste und Professor der Ornamente, Optik u. Perspektive an der Bauschule in Wien. Lith. (Jos.Kreutzinger) nicht sign.	- " - Auct.Kat.Nr. 599
9.643	- " -	Dog - Cart. Neueste Wiener Lohnfuhren. Herausgeg. v. M. Trentsensky in Wien. Col.Lith. Gedr. bey Ed. Sieger	- " - Auct.Kat.Nr. 558
9.644	- " -	National Garde. Infanterie) Galla) Compagnie Cavallerie u. Jäger Lith. P.J.N. Geiger 1848, Gedr. bei J. Rauh	- " - Auct.Kat.Nr. 5o2
9.645	- " -	Vue de Vienne prise du coté du chateau de Schönbrunn. Dessin par Högl. Grav. par Schwartz, à Paris chez M. Guerin, col. Stich	- " - Auct.Kat.Nr. 354

9.646	22. 1. 1894	Der alte Wiener Fischmarkt, I.Bez. nächst der Kohlmessergasse. Aquarell, nicht sign.	Gekauft in der Auction Schrammel u. Brotfisch Auct.Kat.Nr. 38o
9.647	- " -	Allegorisch. Blatt auf die Nachkommenschaft Maria Theresios mit Rücksicht auf die Verehelichung derselben mit auswärtigen Regenten. Anlaß dieses Blattes: Vermählung ihres Sohnes Ferdinand mit Maria Beatrix v. Este 1771. In der Tafel die Worte: Mariae Theresiae mat.mag.piae fel. Aug. quod setemis liberorum connub... Del ab Ign. Walther Joh. Jos. Esq. ab Hanem inc.	Auct.Kat.Nr. 333 siehe Stichvorlage original I.N. 74.35o
9.648	- " -	Drei Landwehrmänner (zur Zeit der Befreiungskriege) von ihrem kranken Vater Abschied nehmend. K. Russ gestochen	- " - Auct.Kat.Nr. 839 beschnitten
9.649	- " -	Strauß Josef. Compositeur. Kohlenzeichnung sign. Hans Messerschmied 92.	- " - Auct.Kat.Nr. 469

Im Katalog stand unter Nummer 953: „Eine Geige. Griff mit dem geschnitzten wohlgetroffenen Portrait des Musikers Johann Schrammel Geschenk des Geigenmachers Carl Zach. In Lederfutteral."

Der Schätzwert wurde mit 250 Gulden angegeben, Josef Schrammel ersteigerte sie um 195 Gulden.

Auch die Stadt Wien erwarb bei dieser Auktion einige Stücke, so u. a. das Porträt Temples von Johann Schrammel um 31 Gulden[10].

Von weiteren Objekten, die bei dieser Versteigerung erworben wurden und sich im Besitz des Historischen Museums der Stadt Wien befinden, wurde freundlicherweise eine Liste zur Verfügung gestellt (siehe Seite 312 ff.). Drei Handschriften, darunter ein Brief Adalbert Stifters und eine Tabelle über die Teuerung der Lebensmittel von 1794 bis 1807 waren der Wiener Stadtbibliothek übergeben worden.

Der Gesamtwert der zur Versteigerung gelangten Stücke war auf 7570 Gulden geschätzt worden – der Gesamterlös brachte jedoch nur den Betrag von 6377 Gulden.

Das moderne Volksquartett „D'Schrammeln"

In der Besetzung der zweiten Geige gab es zu Beginn des Jahres 1894 eine Veränderung: Nicht mehr Knoll, sondern der Bruder des Gitarristen Daroka nahm die Stelle Hanns Schrammels ein. Unter der Leitung Josef Schrammels gehörten nun dem Quartett Anton Ernst und die Brüder Daroka an. Im März kam Schmitter für Jauner zum Quartett, und die Duettisten waren Edi und Biedermann anstelle von Merta und Prilisauer. Der Kunstpfeifer Lang verblieb im Ensemble.

In den letzten Faschingstagen, im Februar, trat das Quartett in Budapest auf. „Unsere Schrammeln, geführt von Josef Schrammel haben während der letzten Faschingstage in Budapest reiche Lorbeeren geerntet. Das Lokal, wo sie spielten, war täglich übervoll und die Budapester zeichneten die Wiener Musiker und ihre Sänger durch rauschenden Applaus aus . . .", konnte man im Extrablatt am 16. Februar lesen. Am 20. Februar berichtete das Blatt, daß Josef Schrammel an einer Lungenentzündung schwer erkrankt sei, die er sich wahrscheinlich auf der Fahrt von Budapest nach Wien zugezogen habe. Aber schon tags darauf, am 21. Februar, hieß es: „Vom Krankenbette Josef Schrammels kommen tröstliche Nachrichten. Im Laufe des gestrigen Abends ist eine erfreuliche Wendung zum Besseren eingetreten und hoffen die Ärzte, den populären Künstler alsbald seinem Beruf wieder zurückgeben zu können."

Was jedoch von solchen „tröstlichen Nachrichten" zu halten war, das hatte man schon bei der Erkrankung Hanns Schrammels erfahren können.

Am 5. März meldete das Blatt, daß ein Antrag an die Schrammeln, fünf Abende in Berlin zu spielen, wegen Verpflichtungen in Wien abgelehnt werden mußte. In Wahrheit war es wahrscheinlich die Erkrankung Josef Schrammels, die diese Absage erzwang. In Wien konnte das Quartett auch mit einer Vertretung für Josef Schrammel spielen – gab es hier doch auch schon die „Dreier-Schrammeln" und die „Heß-Schrammeln" –, in Berlin jedoch waren „Schrammeln" ohne einen „Schrammel" sicher nicht möglich.

Beim Stalehner wurde am 31. März „Das große Schrammel-Fest" zur Erinnerung an Hanns Schrammel unter dem Protektorat von Ziehrer abgehalten. Es spielte die Regiments-Kapelle Erzherzog Wilhelm Nr. 12 und das moderne Volksquartett „D'Schrammeln".

Im großen Ziehrer-Prachtsaal wurde eine chronologische Darstellung der Wiener Musik von 1679 bis zur Gegenwart (1894) geboten. Dargestellt wurden: der liebe Augustin, der Grimm-Toni mit der Leier, die Harfenisten und Schauerballadisten, die Bratlgeiger, die Wiener Volkssänger und die Harner. Den verbindenden Text zu den Darstellungen hatte Tann-Bergler verfaßt, die Leiter der Vorträge waren Eduard Merkt und L. Sprowacker. Der Reinertrag der Veranstaltung war der Witwe Hanns Schrammels und der Witwe Martin Schilds zugedacht.

Wieviel oder, besser gesagt, wiewenig man jedoch sonst an Hanns Schrammel dachte, stellte der Berichterstatter des Extrablatts am 9. Februar 1894 anläßlich des Fiakerballs in den Blumensälen fest, bei dem die „Grinzinger" spielten: Sie „bringen neue Melodien und dann wieder ein paar ‚alte Tanz', die nicht gestorben sind und deren sich erst in jüngster Zeit der unvergeßliche Hanns Schrammel angenommen und eine kleine Sammlung begonnen hat ... der unvergeßliche Hanns Schrammel haben wir gesagt ... Ist er unvergeßlich? Wie rasch vergißt das Volk ... es saßen andere Musiker unten und kein Mensch sprach von Schrammel und kein Mensch nimmt sich seiner armen Frau mit den 9 Kindern an, die seinen Namen tragen ..."

Das „moderne Volksquartett" spielte an bestimmten Tagen der Woche beim Stalehner (April bis Dezember), bei der „Blauen Weintraube" (Jänner bis März und von Mitte Oktober bis Dezember), im „Lanner-Saal" (Jänner bis 5. Mai und Oktober bis Dezember), im „Bacchus-Saal" (Jänner und Oktober) und auch – nach langer Zeit – wieder bei der „Güldenen Waldschnepfe" (März bis Oktober).

Von 20. April bis 1. Juli 1894 fand in der Rotunde eine Ausstellung statt (Internationale Ausstellung für Volksernährung, Armenpflege, Rettungswesen, Verkehrsmittel und eine spezielle Sportausstellung), wo in Hallers Restauration donnerstags und samstags das Quartett musizierte.

„Schrammeln" – immer mehr entfernten sie sich von dem, was man früher mit ihrem Namen verband: echte, schlichte Wiener Volksmusik. Die Wiener Volksmusik artete zu „musikalischen Hetzen" aus: „Die Wiener Volksmusik droht in ‚Hetzen' unterzugehen, die Musiker singen, pfeifen, die Musik kommt nicht an... Die Schrammeln – die volkstümlichsten Interpreten der echten Wiener Volksmusik – haben keinen besonderen Aufputz für ihre schlichten Quartett-Vorträge nötig gehabt ..." stellte das Wiener Tagblatt am 20. Juni 1894 fest.

Sicherlich, der Zeitgeschmack hatte sich gewandelt; es erhebt sich aber auch die Frage, in welchem Ausmaß „D'Schrammeln" unter der „Leitung" Josef Schrammels standen und ob ihre Produktionen nicht gänzlich von den anderen Mitgliedern des Quartetts bestimmt wurden.

So wie man erst nach dem Ableben Hanns Schrammels von seiner langen, schweren Krankheit, seinem Unvermögen, noch die Geige zu spielen, erfuhr, ebenso war es auch bei Josef Schrammel. Die Zeit seiner Erkrankung war jedoch noch um vieles länger.

Sieht man die Zeitungsanzeigen von 1895 durch, so würde

man nicht auf den Gedanken kommen, daß „D'Schrammeln" ohne Josef Schrammel spielten. Nichts hatte sich in dem Erscheinungsbild geändert, sie produzierten sich in denselben Etablissements und auch so oft wie bisher.

Daß Josef Schrammel schon schwer krank war und das Brüderpaar Daroka, Ernst und Hitzer das Quartett unter dem Namen „D'Schrammeln" führten, das erfuhr man erst nach dem Ableben Josefs[11].

Eine „große Hans-Schrammel-Feier" fand, nach einer Meldung des Extrablatts vom 3. Juli, beim Stalehner statt: „Heute, Mittwoch, wird das lebensgroße Bild des verstorbenen Volksmusikers Hans Schrammel in feierlicher Weise beim Stalehner in Hernals enthüllt. Im Ziehrer Saal wird das Gemälde dauernd Platz finden. Bei dem Fest, das bei jeder Witterung stattfindet, wirken mit: die Musikkapelle des 3. Inf.-Reg. unter Leitung des Kapellmeisters Kaiser, die ‚Schrammeln' mit ihren Sängern Edi und Biedermann, Kunstpfeifer Lang, Walzersänger Jauner, die beiden Duettisten vom Neulerchenfelder Gesangsverein ‚Thalia' Mannhart und Taschner und der Wiener Liedersänger Leo Böhm. Der Wiener Volksdichter Merkt wird die Festrede halten. Jeder Besucher erhält eine prachtvolle, von Messerschmidt illustrierte Festschrift gratis. Das Reinerträgnis dieses Festabends ist den Hinterbliebenen Hans Schrammels gewidmet."

Es war nicht allein eine „Hans-Schrammel-Feier", sondern es wurden auch Wilhelm Wiesberg und Johann Sioly gefeiert. Der Titel der Festschrift lautete: „Wiesberg, Sioly und Hans Schrammel. Biographische Studie mit einem Vorworte von Eduard Merkt." Das Festblatt war eine Widmung der Cacao- und Schokoladen-Fabrik Hartwig und Vogel (1., Kohlmarkt 20), der Herausgeber und verantwortliche Verfasser war Eduard Merkt (16., Koppstraße 49). Die Illustrationen von Messerschmidt zeigten den Ziehrersaal und den Park des Etablissements Stalehner sowie die Porträts von Hans Schrammel, Johann Sioly und Wilhelm Wiesberg. Wahrscheinlich waren es Abbilder jener lebensgroßen Porträts, die bei dieser Feier enthüllt wurden und die der Maler Masopust (10., Keplergasse 16) geschaffen hatte. Die Bilder Wiesbergs und Siolys waren von den Gebrüdern Stalehner, das Hanns Schrammels vom Cafetier Lechner gewidmet worden.

Der Anlaß zur Ehrung dieser drei Männer war ihr Verdienst um das Wiener Lied: „... Wer ein echtes Wiener Lied erfinden kann, der muß mit allen Fasern seines Herzens an dieser schönen Stadt und seinen Bewohnern hängen, sein Denken und Fühlen muß aufgehen in überirdischer Liebe zu seiner Heimat. Ein solcher ist es wert, daß ihm die Bevölkerung, zu deren besten Kindern er zählt, den Zoll der Dankbarkeit darbietet. Drei solcher Männer bringen wir nun heute im Bilde, welche für bleibende Zeiten in den Räumen des volkstümlichsten Wiener Lokales im Ziehrer-Saale des Etablissements Stalehner, in einer gesonderten Abteilung desselben, welche den Namen ‚Wiener Liederheim' führen wird, einen Ehrenplatz finden sollen inmitten derer, welche sie so oft durch ihre bezaubernden Melodien und Worte zu hellen Jubel begeisterten oder aber auch versöhnend damit auf die erregten Gemüter einer sturmbewegten Zeit einwirkten. Sie sollen nicht vergessen sein, jene Männer ..."

Wilhelm Wiesberg war Volksschriftsteller und Journalist, von ihm stammt u. a. der Text „Das hat ka Goethe g'schrieb'n", den der Volkskomponist Sioly vertonte. Sioly hat „nicht weniger als 1000 Lieder, Couplets und Musiken verschiedenster Art komponiert", darunter auch den „alten Drahrer".

Ob diese Porträts noch existieren, ist nicht bekannt. Sie befinden sich weder im Historischen Museum der Stadt Wien noch im Hernalser Heimatmuseum.

Am 29. August 1895 berichtete das Extrablatt von einer „Concerttournee der Schrammeln": „Unsere Schrammeln unternehmen jetzt mit ihren Sängern Edi und Biedermann und A. Engel, sowie dem Kunstpfeifer Lang eine Concerttournee von Graz nach Marburg, Cilli, Abbazia, dann Bruck a. d. Mur nach Aussee, von dort nach Linz, wo sie während des Volksfestes auftreten, um nach München zu reisen und einige deutsche Städte besuchen. In Graz ernten die Schrammeln gegenwärtig für ihr gemütvolles Spiel und die Sänger für ihre feschen Lieder tosenden Beifall. Jeden Tag spielen dieselben an einem anderen Orte mit dem gleichen Erfolg. So findet in der Puntigamer Bierhalle, welche unter der trefflichen Leitung des Wiener Wirtes Ferd. Klein steht, ein großes Abschiedsfest statt."

Von der Rückkehr des Ensembles berichtete das Blatt am 11. Oktober: „Nach ihren erfolgreichen Gastspielen in zahlreichen Städten der Monarchie sind die Schrammeln wieder heimgekehrt und spielen heute zum ersten Mal im Etablissement Stahlehner in Hernals . . ."

Dort fanden auch wieder die „Schrammel-Abende" dienstags und freitags statt.

Wie schlecht es in dieser Zeit der Familie Hanns Schrammels ging, erfuhr man durch einen Hilferuf des Extrablatts am 9. November 1895: „Die Familie des unvergeßlichen Wiener Musikers Hanns Schrammel befindet sich in sehr großer Not. Vor einigen Wochen starb das jüngste Kind Schrammels, ein fünfjähriger Knabe nach langem Leiden und gestern starb die Schwiegermutter, Frau Rosalia Weixelberger . . . die Witwe kann nicht mehr weiter und wir bitten inständig für die Familie des unvergeßlichen Hanns Schrammel."

Das volle Ausmaß der Not, in der sich die Familien von Hanns und Josef Schrammel befanden, wurde erst nach dem Tod Josefs offenkundig.

Der Tod Josef Schrammels

Am 24. November 1895 um ½8 Uhr abends starb Josef Schrammel[12]. Die Todesursache war laut Totenbuch Nierenentzündung, so wie bei seinem Bruder Hanns.

Josef hatte nicht nur körperlich, sondern auch seelisch schwer gelitten, denn seine Frau hatte ihn und die fünf Kinder – sieben waren der Ehe entsprossen – schon einige Jahre zuvor verlassen. Sie lebte seit dieser Zeit mit einem Volkssänger im Konkubinat. „Das war ein furchtbarer Schlag für den armen Pepi . . . vor Freunden weinte er. Im Vorjahr erst saß er bei einem unserer Redakteure und klagte, daß er den Schlag noch nicht verwunden habe . . .", schrieb das Extrablatt am 25. November.

Nachdem Barbara Schrammel ihren Mann und die fünf Kinder verlassen hatte, betreute ihre Mutter, die Schwiegermutter Josefs, den Haushalt und die fünf Kinder. Sie starb aber schon nach zehn Monaten, und nun fiel diese Aufgabe der ältesten Tochter, Betty, zu[13].

Josef war vor seinem Ableben schon zwei Jahre krank und nicht mehr fähig, die Geige zu spielen. Seine Familie und die seines Bruders gerieten dadurch in größte Not, denn beide Familien mußten nur mit den Erträgnissen der Konzession ihr Dasein fristen.

In größter Not und nicht mehr imstande, selbst zu schreiben, diktierte er noch drei Stunden vor seinem Tod seiner Tochter Betty einen Brief, der an den Fürsten Auersperg hätte ergehen sollen:

Durchlauchtigster Prinz!

Verzeihen Sie, daß ich es wage, mich in meiner financiell bedrängten Lage an Eure Durchlaucht zu wenden.

Es wird Euer Durchlaucht bekannt sein, daß ich durch meine Krankheit verhindert bin, meinem Geschäfte in den letzten zwei Jahren nachzukommen, so daß es leider immer mehr damit zurückgeht.

Dazu hat sich meine Krankheit in letzter Zeit so verschlimmert und mich derart entkräftet, daß ich nicht im Stande bin, selbst an Eure Durchlaucht zu schreiben, sondern meine Tochter damit beauftragen mußte.

Hiemit erlaube ich mir, Eurer Durchlaucht die wohlbekannte Violine mit meinem Portrait an Stelle der Schnecke, obwohl es mir schwer fällt, mich von diesem meinem Instrument zu trennen, Ihnen dieselbe zum Kaufe um den Preis von 250 fl anzubieten.

Mit der Bitte, Durchlaucht mögen mein Schreiben nicht ungnädig aufnehmen, zeichnet in
tiefster Ehrfurcht
Jos. Schrammel

Der Brief war auf den 25. November vordatiert worden, wegen des eingetretenen Todes von Josef Schrammel hatte man ihn nicht mehr abgeschickt[14].

Wo waren in der Zeit, in der sich der letzte „Schrammel" in so großer Not befand, die Freunde und Gönner, die Kavaliere, die sich früher an den Schrammelschen Weisen so sehr begeisterten und denen das Geld so locker in der Tasche lag, daß sie sich „die Zigarren mit Geldnoten anbrannten[15]"?

Nach Betty Fuchs-Schrammel war ihr Vater „ein großer Freund klassischer Musik. Auch ein fleißiger Opern-Besucher und Wagner-Verehrer. So hat er die Oper Tannhäuser 14mal gehört. Auch das Burgtheater besuchte er oft an seinen freien Abenden."

Im Quartett spielte er die erste Geige, und „von Kennern und Kunstverständigen wurde das Geigenspiel Pepis vielfach höher geschätzt als das seines Bruders", hieß es in einem Nachruf[16].

Josef wurde auch als Komponist gewürdigt[17]; für die „schönste und bekannteste Melodie" befand man „Vindobona, du herrliche Stadt": „Wäre der Text nur ein bißchen klüger, das Lied hätte die Welt erobert." Den Text hatte Schmitter verfaßt. Das Lied dürfte aber dennoch großen Anklang gefunden haben, denn Wiesberg schrieb das parodistische Couplet „Vindobona und kein End'!", dessen erste Strophe lautete:

Jede Kräutlerin singt's bei ihr'n Stand,
Jeder Kutscher pfeift's, is er gelaunt,
Jeder Schusterbua brummt's in der Fruah,
Und die Begleitung gibt's Werkel dazu.
Sie hab'n's so lang 'dudelt und g'strudelt und pfiffen,
Bis uns hat z'wider g'macht anstatt ergriffen!

Vindobona, du herrliche Stadt,
Gibt's denn wirkli' da gar keine Gnad',
Sag' uns, wie lang müssen wir no' in Wean,
Hier diese Perle von Österreich hör'n!

Als weitere Kompositionen hob man noch hervor: „Die Rose von Orth", den Walzer „Die Nußdorfer", der seinerzeit im Theater in der Josefstadt in dem Stück „Der Stabstrompeter" gespielt worden war,„Der Weana is allweil leger!" und „Mit Herz und Sinn für unser Wien".

Das Leichenbegängnis von Josef Schrammel fand am 26. November um ½3 Uhr nachmittags statt. Es war – wie könnte es in Wien beim Träger eines bekannten Namens anders sein – „a schöne Leich". Das Extrablatt berichtete darüber:

„Hernals hat seit dem Tode Hanns Schrammel's kein

solches Leichenbegängnis gesehen wie das seines nun verewigten Bruders. Tausende von Menschen standen in den Straßen, welche der schier endlose Trauerzug passierte. Alles, was mit der Wiener Volksmusik verknüpft ist, war vertreten und eine Menge Wiener typischer Gestalten hatten sich in dem Trauerhause XVII., Rötzergasse 13, eingefunden. So sah man die Cafetièrs Seidl samt Sohn, Lechner, Sartory, Herrn Stalehner, die Volkssänger Dreher, Haders, Guschelbauer, Fischer, Busch, Körber, die Kiesel-Marie, die Schwestern Kraus, die Quartette ‚D'Grinzinger', ‚Strohmayer', ‚Müller, Butschetty und Franz', ‚Deckmayer', die ‚Dornbacher', die ‚Sievringer' und die ‚Bandmacher'. Außerdem bemerkte man den kleinen Fischer, Lorens, Kohlhofer, die Brüder Merta, Schill, Schmitter, Fiaker Hirschmann, Kunstpfeifer Lang, den Volksdichter Merkt samt Frau und viele andere. Um 3 Uhr nachmittag wurde der mit Blumen reich bedeckte Sarg geschlossen. Unter den Kranzspenden waren solche von dem Quartett Schrammel, Frau Dänzer, der Kiesel-Marie, der Witwe Hanns Schrammels, den Angehörigen und von Frau Wieniger in Neulerchenfeld, der liebevollen Freundin des Hauses, die eine Tochter des verstorbenen Künstlers seit Jahren in ihrem Geschäft verwendet. Nach 4 Uhr nahm der hochwürdige Herr Pfarrer von Hernals, geistlicher Rat Schultheiß im Wohnhaus die Einsegnung der Leiche vor, worauf in der Kirche die nochmalige Einsegnung folgte. Die ersten Schatten der Nacht senkten sich über den Hernalser Friedhof, als der Leichenzug dort ankam. Herzzerreißend war der Abschied der 5 unmündigen Kinder. Die treue Pflegerin des Verstorbenen, die Tochter Babette, mußte mit Gewalt vom Sarge des Vaters entfernt werden. Als die ersten Schollen auf den Sarg fielen, trat Eduard Merkt vor, um dem Volksmusiker und dem Familienvater Josef Schrammel einen warmen Nachruf zu widmen.

Kein Auge blieb trocken, als Merkt die seelischen Qualen des Verstorbenen schilderte, die er durch die Trennung seiner Gattin erfahren mußte. Um $\frac{1}{2}7$ Uhr ruhte der letzte Schrammel in kühler Erde."

Wer die Vormundschaft über die Kinder Josef Schrammels übernahm, ist nicht festzustellen, der Gerichtsakt ist nicht mehr auffindbar. Die Tochter Barbara suchte im April

1896 um die „Erteilung einer Lizenz im Zitherspiel-Unterricht in Privathäusern" an[18]. Aber auch von diesem Akt ist nur mehr das Deckblatt erhalten und nicht das Ansuchen, aus dem die näheren Lebensumstände ersichtlich wären.

Die Mitvormundschaft über die acht minderjährigen Kinder Johanns (der Sohn Rudolf war am 16. Oktober 1895 gestorben) übernahm nach dem Ableben Josefs über Vorschlag der Mutter Rosalia Schrammel Johann Fritz, Bürstenbindermeister in 7., Stuckgasse 11.

Am 26. April 1899 stellte Rosalia Schrammel an das Bezirksgericht Hernals den Antrag, Johann Fritz (zu dieser Zeit Genossenschafts-Sekretär, wohnhaft Wien 8., Maria-Treu-Gasse 8) solle die Mitvormundschaft zurücklegen und diese an den Schriftsteller Eduard Merkt, 16., Gürtel 33, übergeben werden. Im Protokoll vom 9. Mai 1899 heißt es: „Nach Angabe der Frau Schrammel sei Herr Ed. Merkt in der Lage, sich für die Kinder mit Erfolg verwenden zu können."

Nur der älteste Sohn Johann Schrammels, Hans, ergriff den Beruf seines Vaters[19]. Sein „Schrammel-Quartett" war eines von vielen.

Jedes Quartett, das nach dem Tod der Brüder Hanns und Josef Schrammel in der Besetzung zwei Geigen, Gitarre und „picksüßes Hölzl" oder Zieharmonika Wiener Volksmusik spielte, wurde und wird als „Schrammel-Quartett" bezeichnet.

Es mag sicher manche geben, denen zwar die „Schrammel-Musik" ein Begriff ist, die aber nicht wissen, daß „Schrammel" der Name zweier Brüder war, die sich mit ihren Geigen in die Herzen der Wiener und vom „Heurigen" in die Paläste des Adels gespielt haben.

Die „Schrammel-Geigen" – für uns sind es heute die Instrumente, die der Geigenbauer Zach den beiden Brüdern verehrt hat.

Sein Schicksal führte ihn vom großzügigen Spender zum armseligen Bittsteller.

Der Geigenbauer Carl Zach

Carl Zach hat, wie schon erwähnt, im März 1884 den Brüdern Schrammel (noch als Terzett) von ihm gebaute Geigen verehrt, bei denen anstelle der Schnecke die geschnitzten Köpfe von Hanns und Josef die Instrumente zieren. Im September 1891 wurden auch die Geiger des „Grinzinger Quartetts", Steher und Reisinger, von ihm mit Instrumenten beschenkt[20].

Eine besondere Ehre und Auszeichnung war es für Carl Zach, dem Kaiser anläßlich der Musik- und Theaterausstellung eine Geige überreichen zu dürfen. Diese Geige trägt, außer dem geschnitzten Kaiserkopf anstelle der Schnecke, an den Zargen die Inschrift: „Aus allen Saiten klingt in alle Herzen die Melodie die alte Franz Josef I. Gott erhalte." Im Boden befinden sich zwei eingelegte Wappen[21].

Man ist daher völlig überrascht und tief erschüttert, wenn man im Archiv der Gesellschaft der Musikfreunde folgendes Schreiben von Zach findet, das, nur zehn Jahre nach diesem für ihn so ehrenvollen Ereignis, aus Brüssel am 13. April 1902 an Bösendorfer gerichtet wurde:

Hochschätzbarster Herr Bösendorfer!

Verzeihen Sie geehrter Herr Bösendorfer, wenn ich Sie mit meinem heutigen Schreiben und mit meiner innigen wie flehentlichen Bitte belästige.

Ich würde Sie gewiß nicht damit belästigen wenn meine Not und Elend in welchen ich mich hier befinde nicht zwingen würde Ihre Freundschaft und allbekanntes gutes Herz in Anspruch zu nehmen.

Durch den verschiedensten Schicksalsschlägen die mich zu wiederholten male verfolgten, habe ich mein ganzes Hab und Gut und so auch mein Instrumentengeschäft, das ich in der Kärntnerstrasse No. 34 in Wien hatte verloren und um alles gekommen und bin nun mehr ein Bettler.

Ich befinde mich seit längerer Zeit hier in Brüssel und logiere hier im Hotel Hollandais und bin genötigt hier im Hotel Restaurant Violin zu spielen und bekomme ich dafür die Kost und Logie und einen Franken pro Tag. Davon sende ich meiner armen alten und hilflosen Mutter 25 Franken per

Monat, ich kann ihr nicht mehr senden da ich nicht mehr verdiene.

Vor einigen Tagen war im Restaurant wo ich spiele ein Theater Agent der hörte mich spielen und kam zu mir und im Gespräche erzählte ich ihm meine Not und Elend, und auch meine Vergangenheit.

Dieser Mann hatte sich meiner erbarmt und auch gesehen, daß ich ein tüchtiger Violinspieler bin und mein Talent erkannt, das ich habe und hat mir ein Engagement verschafft hier in eines der feinsten Theater-Variete ich soll als fantastischer Geiger und Improvisator auftreten da ich diese Gabe habe und soll eine Monatsgage von 900 Franken per Monat bekommen, ich habe bei der Direktion Probe gespielt und sehr gefallen und könnte ich jeden Tag den Contract unterschreiben. Wenn ich hier auftrete so verschafft mir der Theater Agent weitere Engagement für Paris London et. et. und bin ich von meinem Elend und jetziger Not mit der ich kämpfen muß befreit.

Nun brauche ich zu dieser meiner Nummer in der ich auftreten soll eigene Costüme, und habe ich mir einen Überschlag machen lassen, diese kommen auf circa 180 Gulden.

Ich bin aber nicht in der Lage mir diese machen zu lassen da ich ohne jedwede Mittel dastehe und kann daher auch nicht den Contract unterschreiben und mein so glänzendes Engagement antreten.

Da ich mich nun in dieser Notlage befinde so erlaube ich mir an Sie geehrter Herr Bösendorfer mit meiner innigen wie flehentlichen Bitte mit aufgehobenen Händen heranzutreten und Sie recht sehr, wie *inniglich* zu bitten, wenn Sie die Güte hätten und mir diesen Betrag vorstrecken würden damit ich mir die Costüme machen lassen kann, um das so glänzende Engagement acceptieren zu können.

Ich werde Ihnen diesen Betrag auf mein heiliges Ehrenwort das ich Ihnen zu Gott schwöre mit dem allergrößten Danke ehestens retourieren.

Bedenken Sie mein hochschätzbarster Herr Bösendorfer, daß Sie mich von aller meiner jetzigen Not und Elend befreien, und ich kann meiner armen alten Mutter eine bessere Unterstützung zukommen lassen.

Flehentlich mit aufgehobenen Händen und kniefälligst

bitte ich Sie verlassen Sie mich nicht in meiner Not und Elende, und seien Sie mein Glück und Erretter meiner jetzigen Lage durch ihr Entgegenkommen.

Unser lieber Gott wird es Ihnen tausendfach in allem vergelten was sie an einen armen Unglücklichen durch Ihre Hilfe Gutes tun.

Erhören Sie meine innige wie flehentliche Bitte die ich an Sie richte und mit bangem Hoffen erwarte ich Ihr Entgegenkommen und Ihre Hilfe in meiner Not. Ich werde Ihnen ewig dafür dankbar sein und mit dem größten Danke Ihnen den Betrag wieder retourieren.

Meine *innige* wie *flehentliche Bitte wiederholend* verbleibe ich in vorhinein

       Danksagender ganz
       ergebener
       Carl Zach
    k.u.k. Hof-Instrumentenmacher *aus Wien*

zur Zeit
Hotel Hollandais
Passage du Prince
Brüssel
(Belgien)

Dieser Brief, der den als Bettelnden zeigt, der bisher nur als Schenkender in Erscheinung getreten war, erweckt das Interesse am Schicksal Carl Zachs.

Carl Zach wurde am 30. März 1859 in Budapest (Pest) geboren. Er war der Sohn des Streichinstrumentenmachers Thomas Zach (geboren am 20. 7. 1829 zu Klein Zinern, Bernauer Kreis im Königreich Böhmen), der 1853 in Budapest ein Etablissement errichtete, dort 13 Jahre blieb, 1866 nach Bukarest ging und von dort 1870 nach Wien kam[22].

Carl Zach, der mit seinem Vater nach Wien gekommen war, besuchte im Schuljahr 1872/73 das Konservatorium (Hauptfach Violine, Nebenfach Klavier), ebenso 1873/74, trat aber schon vor Ende des Schuljahrs 1874 aus. Er wurde ein sehr erfolgreicher Geigenbauer und übernahm das Geschäft seines Vaters.

Sein Schicksal schildert er selbst in einem wohl einzig dastehenden Ansuchen an den Kaiser:

Euer Majestät.

Unterthänigst Gefertigter wagt es Euere Majestät mein Gesuch so wie meine innige Bitte unterthänigst zu überreichen.

Ich hatte bis zum Jahre 1898 in Wien I. Kärnthnerstr. No. 34 meine Firma Karl Zach & Co. k und k privileg. Instrumentenfabrikant, Hof und Kammer Lieferant Seiner Majestät des König Georg I. von Griechenland und meine Fabrik VII. Kaiserstr. 96 inne, bin Besitzer mehrerer hoher Auszeichnungen so wie von 35 großen goldenen Welt und Ausstellungs-Medaillen und Ehren Diplomen Protokollierter Kaufmann und Österr. Staatsbürger.

Zu wiederholten malen hatte ich in meiner *Glanzzeit* die hohe Ehre, wie anläßlich der Jubiläums Ausstellung in Wien und zuletzt 1892 anläßlich der Wiener Theater und Musik-Ausstellung, wo ich im Comité tätig war, von Euer Majestät angesprochen zu werden, und sprachen sich Euer Majestät sehr lobend und anerkennend über meine in so großer Zahl ausgestellten Antiquen Instrumentensammlung aus, als dann Euer Majestät in die Abteilung für neuen Instrumentenbau kamen, wo ich 3 vollständige Orchester ausgestellt hatte, und sich Euer Majestät wieder sehr lobend aussprachen, entnahm ich aus meinem Ausstellungskasten eine Violine, die ich eigens mir geruhte für Euer Majestät anzufertigen, und geruhte mir dieselbe Euer Majestät zu überreichen, und Euer Majestät zeichneten mich mit der hohen Gnade aus, indem Euer Majestät allergnädigst geruhten und selbe annahmen, zur selbigen Zeit lieferte ich eine Violine für ihre Majestät der Königin Victoria von England und Seine Majestät dem König Georg I. von Griechenland die bei mir bestellt wurden.

Nach Schluß der Ausstellung erlaubte ich mir die Euer Majestät alleruntertänigst gewidmete Violine zu übermitteln und erhielt am 28. Jänner 1893 im Auftrage Euer Majestät nachstehendes Schreiben.

No. 68
Auf Grund Ihrer Eingabe vom 26. November v. J. wurde die von Ihnen Seiner Majestät dem Kaiser alleruntertänigst gewidmete Geige, Allerhöchsten Ortes zur Vorlage gebracht,

und allergnädigst angenommen, wovon Sie hiermit unter dem Ausdruck des Dankes verständigt werden.
Wien, am 28. Jänner 1893
Seiner k. und k. Apost. Majestät
Oberstkämmerer
Trauttmansdorff
m. p.

Seiner Wohlgeboren
dem Herrn
Carl Zach
Instrumentenfabrikant in Wien

Meine untertänigste Bitte wage ich Euer Majestät unterthänigst zu unterbreiten.

Durch namenlose Schicksalsschläge die mich bis zum heutigen Tage unaufhörlich verfolgen, dies seit dem Jahre 1898, wo ich mein ganzes Vermögen sowie mein Geschäft und Fabrik verloren habe, mit einem Worte Bettler geworden, und ich trotz aller Anstrengungen und Mühe wie Versuche gemacht habe, mich wieder nur halbwegs in die Höhe bringen zu können, blieben erfolglos, in letzterer Zeit da mir nichts anderes mehr übrig blieb, nahm ich die Zuflucht zu meinem Violinspiele, wo ich es auch auf eine Höhe brachte, denn ich absolvierte das Wiener Conservatorium in meiner Jugend mit Vorzug, ich ging ins Ausland, und trat in den verschiedensten Varietes in Deutschland, Holland und zuletzt in England auf, auch da, trotz meiner Kenntnisse war mir das Glück nicht hold, da traf mich neuerdings ein schwerer Schlag, als ich im Monat Juni d. J. in London war, wo ich ein Telegramm aus Wien erhielt, daß meine gute Mutter, die Witwe seit 1891 war und in den ärmlichsten Verhältnissen in Wien am 5. Juni 1905 starb. Ich kam erst 3 Tage nach dem Begräbnisse meiner teuren Mutter nach Wien, ich konnte nicht gleich diese weite Reise machen, da ich kein Geld hatte, ich war gezwungen meine Violine in London zu versetzen um nach Wien zu gelangen, hier angekommen, mußte ich noch meine weiteren Habseligkeiten zu Geld machen, um die Leichen wie die Doktor Kosten bezahlen zu können, den Zins pro August mußte ich auch bezahlen, da meine arme Mutter im Monat

Juni starb und ich die Wohnung erst am August kündigen konnte, durch den Tod meiner lieben Mutter bin ich nun ein ganzer Bettler geworden, und mußte meine letzten Kleider wie Wäsche versetzen um leben zu können, mein größtes Unglück ist nun, daß ich weder eine Geige noch Anzug besitze, mit welchem ich auftreten könnte.

In dem Dankschreiben Euer Majestät, welches ich mehr als mein Leben liebe und hochhalte, erblicke ich vielleicht eine Rettung.

Und wage ich es Euer Majestät meine tief und ganz ergebene innige wie flehentliche Bitte mit aufgehobenen Händen Euer Majestät zu unterbreiten. Wenn Euer Majestät die hohe Gnade hätten, mir die Violine die ich mir geruhte Euer Majestät im Jahre 1892 zu widmen, mir gnadenvollst zu überlassen, damit ich in der glücklichen Lage kommen könnte, durch Spielen mein Leben durchfristen zu können und dadurch auch in der Lage kommen könnte meine Kleider wie Wäsche auslösen zu können.

Kniefälligst bitte ich Euer Majestät mein Wagnis meiner Bitte, die ich mir erlaubte Euer Majestät zu unterbreiten, nicht zu zürnen denn meine Not und Elend tragen die Schuld an diesem so schweren Schritt den ich wagte zu unterehmen.

Mich in tiefster Ehrfurcht wie
Ergebenheit zeichnend
Euer Majestät
ganz wie tiefergebener
Diener
Carl Zach

z. Zt.
Wienerstraße 59
III. Stock Tür 24
(bei Betty Lebrecht)

Dieses Gesuch ging am 8. Jänner 1906 beim Oberstkämmereramt Seiner k. u. k. Apostolischen Majestät ein.

Am 15. Jänner wandte sich das Oberstkämmereramt mit einem Schreiben an das N.Ö. Statthalterei-Präsidium, in dem es um Erhebungen über Carl Zach ersuchte. Am 21. März erhielt es folgende Mitteilung:

Mit Beziehung auf die geschätzte Zuschrift vom 15. Jänner 1906 Z. 58, betreffend das anverwahrte Majestätsgesuch des vormaligen Musikinstrumentenfabrikanten Karl Zach, beehre ich mich, Folgendes mitzuteilen:

Der Genannte ist im Jahre 1859 in Budapest geboren, nach Wien zuständig, Katholischer Religion, verheiratet (seit 11. September 1901 gerichtlich geschieden) und wohnt in Wien V. Bezirk, Wienstrasse 59 im gemeinsamen Haushalte mit der 24jährigen Barbara Lebrecht.

Diese ist die Tochter eines Herrschaftsgärtners und erhält angeblich Unterstützungen vom Vater. Der Jahreszins für die Wohnung beträgt 776 K der letzte Quartalzins ist noch nicht bezahlt.

Zach ist Vater von zwei Kindern im Alter von 16 und 24 Jahren, welche bei seiner geschiedenen Gattin Johanna Zach in Wien VI. Hofmühlgasse Nr. 7 wohnen.

Der Gesuchsteller war bis zum Jahre 1887 Kompagnon im Musikinstrumentengeschäfte seines Vaters Thomas Zach und führte dasselbe seitdem auf eigene Rechnung.

Das in Wien I. Kärnterstrasse 34 befindliche Geschäft hatte anfangs ein vorzügliches Renomée und einen ziemlich großen Absatz; die Firma war als „Musikinstrumentenfabrik" protokolliert und ihr Inhaber C. Zach besaß den Titel eines königlich griechischen Hoflieferanten.

Zach gründete späterhin mit dem (seither verstorbenen) Adolf Beck eine Kommanditgesellschaft, welche es sich zur Aufgabe stellte, eine Erfindung (Imprägnierung von Musikinstrumenten) zu verwerten; allein diese Gesellschaft reussierte nicht und trat in die Liquidation, wobei Zach im Jahre 1898 sein gesamtes Vermögen einbüsste.

Nun fristete er ein Zeit lang sein Leben, indem er im Auslande als Violinspieler in verschiedenen Unternehmungen auftrat, ohne jedoch mehr als die kargen Mittel zu seinem Lebensunterhalte zu verdienen; seit einem halben Jahr ist er beschäftigungslos und auf die Unterstützungen seiner Freunde angewiesen.

Karl Zach erscheint in moralischer und politischer Beziehung unbeanständet und erfreut sich eines guten Rufes.

Er kann daher als einer Allergnädigsten Berücksichtigung würdig und – in Anbetracht seiner oben geschilderten argen

Notlage, welche in seinem Gesuche wahrheitsgemäss wiedergegeben ist – als einer Unterstützung dringend bedürftig bezeichnet werden.

Für den Fall, als eine solche ihm Allergnädigst gewährt werden sollte, würde ich den Betrag von 300 Kronen als angemessen erachten.

Kielmansegg

Carl Zach erhielt die 300 Kronen.

Über seinen weiteren Lebensweg ist nichts bekannt. Er starb 1918 in London[23].

Zachs „Kaisergeige" war am 15. Jänner 1893 dem Technologischen Gewerbemuseum einverleibt worden und ist heute im Technischen Museum zu besichtigen. Nie war sie ihrer eigentlichen Bestimmung, die Menschen durch ihren Klang zu erfreuen, zugeführt, nie zum Leben erweckt worden.

Wie anders war es mit den „Schrammel-Geigen"! Die Brüder Schrammel entlockten ihnen Melodien, die in den Herzen der Wiener den beglückendsten Widerhall fanden.

Noch nach dem Zweiten Weltkrieg wurde auf diesen beiden Geigen eine Zeitlang gespielt.

Unabhängig davon, welchen Rang der Name Zach unter den Geigenbauern einnimmt, als Erbauer der „Schrammel-Geigen" wird er, vor allem in Wien, über Fachkreise hinaus, vielen ein Begriff bleiben.

Nachwort

Von der musikalischen Bedeutung des Quartetts der Brüder Schrammel

Die „Schrammeln" bilden am Ausgang des 19. Jahrhunderts den Höhepunkt der volkstümlichen Wiener Musik, deren Inhalte und Formen sowohl von der traditionellen Musik des umliegenden Landes als auch von der Theater- und Gesellschaftsmusik der Stadt geprägt sind.

Die Schrammeln waren eines der vielen Ensembles, die in Wien und in den Vorstädten zur Unterhaltung in Gaststätten und Weinlokalen aufspielten. Aber die besondere Begabung und das spieltechnische Können der vier Musiker – Johann und Josef Schrammel, Violine; Georg Dänzer, Klarinette; Anton Strohmayer, Gitarre – erhob sie über alle anderen Spielgruppen der Stadt. Im Quartett musizierten die Brüder Schrammel in der genannten Besetzung nur von Herbst 1884 bis gegen Ende des Jahrs 1891. Diese kurze Zeit von sieben Jahren reichte aus, den Namen „Schrammel" zum Begriff einer eigenen Kategorie der volkstümlichen Musik Wiens werden zu lassen, sowohl hinsichtlich der Interpretation wienerischer Musik als auch in Hinblick auf die Darbietung in den Lokalen.

Es lag also in der außergewöhnlichen Könnerschaft dieser vier Musiker, daß ihr Spiel das Tor zu Großbürgertum und Adel aufstieß, in deren vornehmen Häusern nun die Wiener Musik begeistert aufgenommen wurde. Im Klang ihres Musizierens vereinten sich Hoch und Nieder, der kleine Bürger und Handwerker genauso wie der etablierte Geschäftsmann und die Fürstin.

Euphorisch klingen die Berichte von den Auftritten und Soirees der „Schrammeln". Jeder respektierte mit Begeisterung deren eigenartiges Spiel. Die Besetzung mit zwei Violinen, Klarinette in G oder F und Kontragitarre (= Baßgitarre) benützten auch andere Ensembles. Jedoch die Ausschließlichkeit, mit der die Schrammeln dieses Instrumentarium anwandten, machte sie zum Sonderfall in diesem musikalischen Genre. Ihre meisterhafte und stilsichere Interpretation der „Wiener Tänze" ließ sie auch zum Vorbild für alle anderen wienerischen Musikanten werden. Diese ländlerartigen Vorspielstücke („Tanz" als Synonym für „Weise") bildeten die spielerische Visitenkarte des Quartetts.

An den Erfolgen des Quartetts waren die Kompositionen der Brüder Johann und Josef Schrammel maßgeblich beteiligt. Als geniale Zeitgenossen der Brüder Strauß schufen sie Walzer, Märsche, Mazurkas und Polkas nicht für Orchester, sondern für ihr spezielles Quartett. Der Satz ihrer Kompositionen ist gekennzeichnet durch sparsame Verwendung der Mehrstimmigkeit. Dies wird deutlich, wenn die G-Klarinette in hoher Lage die Stimme der ersten Violine mitvollzieht, während die zweite Violine eine parallel zur Melodie geführte Stimme oder eine Gegenstimme realisiert und der Gitarre die entsprechenden Harmonien (Akkorde) und der Baß zugedacht sind. Diese stimmliche Reduktion bewirkt einen kammermusikalischen Effekt, der die Grundlage für den unverkennbaren Stil der Schrammeln bildete und die Vorherrschaft unter allen damaligen Wiener Ensembles untermauerte.

Wenn Johann Strauß Sohn uneingeschränkt erklärte, „. . . daß die musikalische Leistung der Gesellschaft [= Quartett der Brüder Schrammel] in der Ausführung und im Vortrag im wahren Sinn des Wortes von künstlerischer Bedeutung ist", dann bestätigt dies auch in fachlicher Hinsicht die Einmaligkeit der Schrammeln.

Die besondere Musikalität der Schrammeln lag sowohl in der Herkunft der vier Musiker als auch in den Anfängen ihres Zusammenspiels begründet. Von 1878 bis 1884 spielten Johann und Josef Schrammel mit Anton Strohmayer im Terzett. Diese instrumentale Besetzung war ein halbes Jahrhundert früher auch der Ausgangspunkt für den künstlerischen Beginn Josef Lanners: zwei Violinen und Gitarre. Während bei Lanner die instrumentale Bereicherung sich bis zum klassischen „k. k. Hofballorchester" entwickelte, hat sich das Terzett der Brüder Schrammel „nur" zum Quartett erweitert, allerdings in einer unnachahmlichen und eigenständigen Art. Die hinzugetretene Klarinette, in hoher G- oder F-Stimmung (auch „picksüßes Hölzl" genannt), wurde zum musikalischen Symbol des Interpretationsstils und der von den Brüdern geschaffenen Musik. Die reizvolle Klangmischung von Saiteninstrumenten und einer hohen Klarinette, gepaart mit einer virtuosen Beherrschung der Instrumente, sicherte den Schrammeln ihren bedeutenden Ruf auch außerhalb der Grenzen des Kaiserstaats. Verstärkt wurde ihr Ruhm durch die sich verbreitenden eigenen Kompositionen. Aus Berlin schrieb man anläßlich eines Gastspiels im November 1888: „. . . Hans Schrammel ist auch als Komponist von Märschen und Tänzen in den weitesten Kreisen bekannt geworden. Auch in Berlin sind seine Kompositionen sehr populär, nur weiß man nicht, daß sie eben von Hans Schrammel herrühren . . ."

Ob Instrumentalstücke, Tänze oder Lieder, ein wesentlicher Teil der Kompositionen stellt Widmungen an Gönner und Freunde dar. Der höchste Widmungsträger war Kaiser Franz Joseph I., und die allgemeinste Widmung hat Johann Schrammel seinem populärsten Marsch „Wien bleibt Wien" mitgegeben: „Den lieben Wienern hochachtungsvoll gewidmet" – August 1886.

In den Werken der Brüder Schrammel ist Zeit- und Gesellschaftsgeschichte im Wien der achtziger Jahre des 19. Jahrhunderts ablesbar. Zu einer europäischen Anerkennung ihres Schaffens verhalfen nicht nur die vielen Reisen, sondern auch renommierte Musikverlage: August Cranz, Hamburg und Leipzig; Johann André, Offenbach am Main; Hawkes & Son, London; die Wiener Verlage Gustav Lewy, Josef Blaha, Josef Eberle, Friedrich Hofmeister, F. Röhrich und Otto Maaß.

Johann und Josef Schrammel hinterließen mehr als 250 Werke. Mit dem Tod der Brüder (1893 und 1895) geriet die besondere Klangfarbe des Quartetts in Vergessenheit, die erst 70 Jahre danach, 1964, aufgrund der Autographe vom „Klassischen Wiener Schrammelquartett" wiedererweckt wurde.

„Schrammeln" und „Schrammelmusik" blieben als Begriffe für ein volkstümliches Ensemble und ein entsprechendes Musizieren erhalten und kennzeichnen unabhängig vom Wirken und Werk der Brüder Schrammel eine eigene vom jeweiligen Zeitgeschmack bestimmte Musizierform in Weinlokalen und Gaststätten Wiens.

Walter Deutsch

Anmerkungen

Der Wiener Vorort Neulerchenfeld. Die Familie Schrammel und Anton Strohmayer

1 Wiener Spezialitäten, 15. August 1886.
2 Karl Ziak, Des Heiligen Römischen Reiches größtes Wirtshaus, S. 12 ff.
3 Franz von Gaheis, Wanderungen und Spazierfahrten in die Gegend um Wien, S. 87 ff.
4 Johann König, Rund um den Gallitzinberg, S. 33.
5 Gaheis, a. a. O., S. 87–117.
6 Adolf Schmidl, Die Kaiserstadt und ihre nächste Umgebung, S. 337.
7 Eduard Strauß, Erinnerungen, S. 170.
8 Eduard Hanslick, Aus meinem Leben, 2. Bd., S. 4.
9 Ziak, a. a. O., S. 85.
10 Wiener Tagblatt, 14. Jänner 1890.
11 Neues Wiener Tagblatt, 14. Februar 1886.
12 C. Henop-Hauswirt, Zwanzig Jahre Lumpenball, S. 5.
13 Österreichische Volkszeitung, 13. März 1892.
14 Rudolf Alexander Moißl, Die Schrammel-Dynastie, S. 14.
15 Hermann Mailler, Schrammel-Quartett, S. 21.
16 Nö. Landesarchiv, N.Ö. Statthalterei, Prot. Z. 3321, 1859, Fasc. P 9.
17 Ebenda, Prot. Z. 4139, 1867, Fasc. P 7.
18 Extrablatt, 16. Juni 1885.
19 Extrablatt, 13. September 1885.
20 Mailler, a. a. O., S. 20.
21 Ebenda.
22 Verfassung der kaiserl. königl. österreichischen Armee, dargestellt von Ignaz Franz Bergmayr, S. 108.
23 Ebenda, S. 373 f.
24 Nö. Landesarchiv, N.Ö. Statthalterei, Prot. Z. 3165, 1866, Fasc. P 12.
25 Nö. Landesarchiv, N.Ö. Statthalterei, Präs. Index 1866.
26 Nö. Landesarchiv, N.Ö. Statthalterei, Prot. Z. 5426, 1869, Fasc. P 12.

27 Mailler, a. a. O., S. 20 f.
28 Sterbebuch der Pfarre Atzgersdorf, Tom: 9 Fol: 383 Rz: 306.
29 Julius von der Als, Extrablatt, 14. August 1886.
30 Josef Tiroch, Die drei Schulmeister von Neulerchenfeld (Manuskript).
31 Betty Fuchs-Schrammel, Leben und Wirken der Brüder Hans und Josef Schrammel (Manuskript).
32 Von der Als, a. a. O.
33 Mailler, a. a. O., S. 30.
34 Ebenda, S. 60 f.
35 Kriegsarchiv Wien, Grundbuch Reihe Wien, vor 1865.
36 Fuchs-Schrammel, a. a. O.
37 Josef Schrammel, Reiseerinnerungen (Manuskript, im Besitz seiner Enkelinnen Herta und Maria Fuchs).
38 Von der Als, a. a. O.
39 Fremdenblatt, 25. November 1874.
40 Fremdenblatt, 13. November 1874.
41 Extrablatt, 22. September 1884.
42 Extrablatt, 14. Dezember 1886.
43 Wiener Stadtbibliothek, Handschriftensammlung, Inv.-Nr. 136.528.
44 Nö. Landesarchiv, N.Ö. Statthalterei, Prot. Z. 2618, 1875, Fasc. P 9.
45 Ebenda, Stellungnahme der Polizeidirektion, Prot. Z. 1502, 1888, Fasc. P 12.
46 Fremdenblatt, Jänner und Februar 1876.
47 Mailler, a. a. O., S. 16.
48 Ebenda, S. 64, ohne Angabe der Quelle.
49 Von der Als, a. a. O.
50 Neuigkeits-Weltblatt, 24. Mai 1931.
51 Fremdenblatt, 26. Februar 1873.
52 Fremdenblatt, 25. November 1874.
53 Fremdenblatt, 30. Juli und 27. September 1880.
54 Fremdenblatt, 8. November 1883.
55 Mailler, a. a. O., S. 90.

Das Terzett Gebrüder Schrammel und Strohmayer (1878 bis 24. Oktober 1884). Georg Dänzer

1 Extrablatt, 10. August 1878.
2 Eduard Merkt, Wiener Liederschatz, S. 36.
3 Rudolf Alexander Moißl, Die Schrammel-Dynastie, S. 24.

4 Kurt Dieman, Schrammelmusik, S. 59.
5 Fremdenblatt, 13. Februar 1880.
6 Am 21. Februar 1880 laut Fremdenblatt.
7 Fremdenblatt, 27. September 1880.
8 Fremdenblatt, 21. Februar 1881.
9 Fremdenblatt, 2. März 1881.
10 Extrablatt, 28. Oktober 1882.
11 Extrablatt, 20. August 1881.
12 Fremdenblatt, 22. Oktober 1881.
13 Extrablatt, 16. September 1881.
14 Fremdenblatt, 17. September 1881.
15 Fremdenblatt, 8. März 1883.
16 Hans Hauenstein, Chronik des Wienerliedes, S. 161.
17 Merkt, a. a. O., S. 32.
18 Fremdenblatt, 2. Mai 1883.
19 Extrablatt, 6. September 1883.
20 Hermann Mailler, Schrammel-Quartett, S. 86 ff.
21 Marcel Prawy, Johann Strauß, S. 346 f.
22 Extrablatt, 11. Februar 1884.
23 Neuigkeits-Weltblatt, 24. Mai 1931.
24 Extrablatt und Fremdenblatt, 25. Oktober 1884.
25 Extrablatt, 14. August 1886: Die Schrammeln, ein freundliches Wort zu ihrem heutigen Jubiläum.
26 Nach Hauenstein, a. a. O., 1805–1870.
27 Fremdenblatt, 25. November und 31. Dezember 1874.
28 Extrablatt, 7. November 1883.
29 Curt Sachs, Handbuch der Musikinstrumentenkunde, S. 393: „Ein Mittelding zwischen Ziehharmonika und Harmonium . . . Gewöhnlich spielt man sie auf dem Schoß; man kann sie aber auch auf ein Gestell setzen und einen Tretschemel für den Balg anhängen."

Das Quartett Gebrüder Schrammel, Dänzer und Strohmayer mit dem „picksüßen Hölzl" (25. Oktober 1884 bis September 1891)

1 Fremdenblatt, 9. November 1884.
2 Fremdenblatt, 13. Oktober 1886.
3 Fremdenblatt, 27. August 1885.
4 Extrablatt, 19. Juni 1886.
5 Fremdenblatt, 5. April 1885.
6 Wiener Spezialitäten, 15. August 1886, S. 4.

7 Extrablatt, 13. November 1882.
8 Neues Wiener Tagblatt, 19. Juni 1885.
9 Extrablatt, 13. Februar 1891.
10 Max Graf, Legende einer Musikstadt, S. 338.
11 Elisabeth Kinsky-Wilczek, Hans Wilczek erzählt seinen Enkeln, S. 374.
12 Alfred Pick, Ich von mir, S. 68.
13 Extrablatt, 12. April 1886.
14 Extrablatt, 4. September 1886.
15 Neues Wiener Tagblatt, 19. März 1887.
16 Extrablatt, 13. Februar 1891.
17 Extrablatt, 8. November 1884.
18 Extrablatt, 23. März 1885.
19 Extrablatt, 9. Februar 1885: Typen vom Wäschermädelball.
20 Hrsg. von der Wallishausser'schen k. k. Hof-Buchhandlung, Adolph W. Künast, Wien I., Hoher Markt 1.
21 Klavierauszug, Verlag Aug. Cranz in Hamburg.
22 Wiener Tagblatt, 11. März 1887.
23 Theodor Helm, Fünfzig Jahre Wiener Musikleben, S. 327.
24 Extrablatt, 25. August 1885.
25 Extrablatt, 2. August 1892.
26 Extrablatt, 11. Juni 1885.
27 Extrablatt, 22. Juli 1885.
28 Extrablatt, 15. Jänner 1886.
29 Extrablatt, 26. Februar 1886.
30 Extrablatt, 12. März 1886.
31 Extrablatt, 21. Dezember 1883.
32 Neues Wiener Tagblatt, 26. Jänner 1881.
33 Wiener Spezialitäten, 22. August 1886.
34 15. August 1886.
35 Extrablatt, 4. Dezember 1886.
36 Neues Wiener Tagblatt, 29. Dezember 1886.
37 Neues Wiener Tagblatt, 23. August 1886.
38 Arthur Schnitzler, Jugend in Wien, S. 241.
39 Neues Wiener Tagblatt, 3. Oktober 1886.
40 Nö. Landesarchiv, N.Ö. Statthalterei, Prot. Z. 2792, 1887, Fasc. P 12.
41 Neues Wiener Tagblatt, 7. Oktober 1884.
42 Neues Wiener Tagblatt, 6. November 1886.
43 Extrablatt, 4. Dezember 1886.
44 Konstitutionelle Vorstadt-Zeitung, 25. Oktober 1886.
45 Wiener Stadtbibliothek, Inv.-Nr. 77.234.
46 Neues Wiener Tagblatt, 17. Dezember 1886.
47 Otto Strasser, Sechse is', S. 157 f.

48 Otto Strasser, Und dafür wird man noch bezahlt, S. 48.
49 Hermann Mailler, Schrammel-Quartett, S. 92 f.
50 Herta und Kurt Blaukopf, Die Wiener Philharmoniker, S. 276.
51 Wiener Stadtbibliothek, Inv.-Nr. 119.574.
52 Richter war von 1862 bis 1866 Hornist im Hofopernorchester.
53 Beitrag „Wiener Volksleben", in: Die österreichisch-ungarische Monarchie in Wort und Bild, 1. Bd., S. 91 ff. (Zitat auf S. 108).
54 Beitrag „Die Musik in Wien", in: Ebenda, S. 123 ff. (Zitat auf S. 135 f.).
55 Wiener Tagblatt, 25. Februar 1887.
56 Extrablatt, 23. Februar 1887.
57 C. Henop-Hauswirt, Zwanzig Jahre Lumpenball, S. 84.
58 Extrablatt, 11. März 1887.
59 Extrablatt, 27. März 1887.
60 Neues Wiener Tagblatt, 28. August 1887.
61 Wiener Tagblatt und Neues Wiener Tagblatt, 15. April 1887.
62 Neues Wiener Tagblatt, 8. Juni 1884.
63 Extrablatt, 5. Juni 1887.
64 Heimgarten, IV. Jg., Heft 8, Mai 1880, S. 605 ff.
65 Extrablatt, 12. April 1891.
66 Extrablatt, 26. November 1880.
67 Fremdenblatt, 2. Dezember 1886.
68 Eduard Pötzl, Die Leute von Wien, S. 188.
69 Pick, a. a. O., S. 2.
70 Wiener Stadtbibliothek, Handschriftensammlung, Inv.-Nr. 77.215.
71 Verlag von Aug. Cranz in Hamburg. Im Handel nicht erschienen, daher als Manuskript zu betrachten. Österreichische Nationalbibliothek, Musiksammlung.
72 Neues Wiener Tagblatt, 16. Jänner 1887.
73 Wiener Tagblatt, 29. September 1888.
74 Extrablatt und Neues Wiener Tagblatt, 10. Juli 1887.
75 Extrablatt, 24. Juli 1887.
76 Extrablatt, 13. August 1887.
77 Extrablatt und Fremdenblatt, 29. Oktober 1887; Fremdenblatt, 1. November 1887.
78 Mailler, a. a. O., S. 128.
79 Wiener Stadtbibliothek, Handschriftensammlung.
80 Konstitutionelle Vorstadt-Zeitung, 19. November 1887.
81 Neues Wiener Tagblatt, 19. November 1887.
82 Extrablatt.
83 Neuigkeits-Weltblatt, 24. Mai 1931.
84 Betty Fuchs-Schrammel, Leben und Wirken der Brüder Hans und Josef Schrammel.

85 Konstitutionelle Vorstadt-Zeitung.
86 Extrablatt, 18. November 1887.
87 Extrablatt, 19. November 1887.
88 Wiener Tagblatt, 25. März 1891.
89 Haus-, Hof- und Staatsarchiv, Nachlaß Schager-Eckartsau.
90 Stephanie von Belgien, Ich sollte Kaiserin werden, S. 183.
91 Ebenda, S. 124.
92 Die Hochzeit fand am 10. Mai 1881 statt.
93 Stephanie von Belgien, a. a. O., S. 117.
94 Extrablatt, 12. Dezember 1887.
95 Rudolf Püchel, Meine Jagderlebnisse mit Kronprinz Rudolf, S. 140.
96 Eugen Ketterl, Der alte Kaiser, S. 71.
97 Mailler, a. a. O., S. 141.
98 Zeitungsausschnitt im Schrammel-Album ohne nähere Angaben.
99 Rudolf Alexander Moißl, Die Schrammel-Dynastie, S. 52.
100 Diese Angaben wurden von Herta und Maria Fuchs, den Enkelinnen Josef Schrammels, bestätigt.
101 Preßburger Zeitung, 9. und 11. März 1888; Westungarischer Grenzbote, 8. März 1888.
102 Extrablatt, 5. Februar 1888.
103 Neues Wiener Tagblatt, 13. Jänner 1888.
104 Extrablatt, 10. und 22. Jänner 1888; Neues Wiener Tagblatt, 22. Jänner 1888; Wiener Tagblatt, 24. Jänner 1888.
105 Neues Wiener Tagblatt, 24., 26. und 29. März sowie 1. April 1895; Wiener Tagblatt, 18. März 1895.
106 Seit 10. April 1887.
107 Fremdenblatt, 5. Juli 1888.
108 Nö. Landesarchiv, N.Ö. Statthalterei.
109 Neues Wiener Tagblatt.
110 Extrablatt, 2. September 1888.
111 Extrablatt, 22. und 25. September 1888.
112 Extrablatt, 1. Mai 1888.
113 Extrablatt, 26. September 1888.
114 Wiener Stadtbibliothek, Handschriftensammlung, Inv.-Nr. 77.208.
115 Extrablatt, 12. Oktober 1888.
116 Extrablatt, 26. Oktober 1888.
117 Neues Wiener Tagblatt, 26. Oktober 1888.
118 Wiener Stadtbibliothek, Inv.-Nr. 77.232.
119 Extrablatt, 31. Dezember 1888 und 2. Jänner 1889.
120 Brief Hanns Schrammels vom 5. Jänner 1889. Alle Briefe Hanns Schrammels befinden sich in der Wiener Stadtbibliothek.

121 Brief Hanns Schrammels vom 8. Jänner 1889; Neues Wiener Tagblatt, 8. und 11. Jänner 1889; Prager Tagblatt, 8. und 10. Jänner 1889; Bohemia, 10. Jänner 1889.
122 Brief Hanns Schrammels vom 12. Jänner 1889.
123 Brief Hanns Schrammels vom 9. Jänner 1889.
124 Nora Fugger, Im Glanz der Kaiserzeit, S. 164.
125 Dresdner Anzeiger, 19. Jänner 1889.
126 Nach dem Brief Hanns Schrammels vom 22. Jänner 1889 bereits am 24., nach dem Brief vom 26. Jänner 1889 erst am 25. Jänner.
127 Dieses Schreiben ist leider nicht auffindbar.
128 Zeitungsausschnitt im Schrammel-Album ohne Angabe des Blattes vom 17. Februar 1889.
129 Extrablatt, 27. Februar 1889.
130 Brief Hanns Schrammels vom 28. Februar 1889.
131 Brief Hanns Schrammels vom 2. März 1889, 9 Uhr vormittag.
132 Brief Hanns Schrammels vom 2. März 1889, nachmittag 5 Uhr aus Laibach.
133 Triester Tagblatt, 9. März 1889.
134 Extrablatt, 27. März 1889.
135 Wiener Stadtbibliothek, Inv.-Nr. 77.209.
136 Dankschreiben vom 30. März (o. J.).
137 Extrablatt, 29. Juni 1889.
138 Extrablatt, 27. März 1889.
139 Wiener Stadtbibliothek, Inv.-Nr. 77.210.
140 Extrablatt, 24. April 1889.
141 Extrablatt, 28. April 1889.
142 Fugger, a. a. O., S. 287.
143 Bericht des Polizeipräsidenten Baron Kraus, in: Walter Hummelberger, Maria Caspar und Josef Bratfisch, S. 291.
144 Neues Wiener Tagblatt, 18. Mai 1889.
145 Extrablatt, 6. Juni 1889.
146 Extrablatt, 13. Juni 1889.
147 Neues Wiener Tagblatt, 4. August 1889.
148 Fremdenblatt, 6. Juli 1889.
149 Extrablatt, 23. Mai 1889.
150 Neues Wiener Tagblatt, 29. Juni 1889.
151 Neues Wiener Tagblatt, 3. Juli 1889.
152 Fremdenblatt, 3. August 1889.
153 Extrablatt, 31. August und 7. September 1889.
154 Wiener Stadtbibliothek, Inv.-Nr. 77.219.
155 Neues Wiener Tagblatt, 14. September 1889; Extrablatt, 22. September 1889.
156 Brief Hanns Schrammels vom 4. Oktober 1889.
157 Brief Hanns Schrammels vom 11. Oktober 1889.

158 Briefe Hanns Schrammels vom 11. und 14. Oktober 1889.
159 Brief Hanns Schrammels vom 18. Oktober 1889 aus Reichenberg.
160 Fremdenblatt, Extrablatt.
161 Österreichische Volkszeitung, 7. Februar 1890.
162 Schnitzler, a. a. O., S. 148.
163 Extrablatt, 9. Februar 1890.
164 Österreichische Volkszeitung, 4. Februar 1890.
165 Neues Wiener Tagblatt.
166 Extrablatt und Fremdenblatt, 12. April 1890.
167 Österreichische Volkszeitung, 11. Mai 1890.
168 Illustrierter Führer . . ., S. 78.
169 Fugger, a. a. O., S. 13.
170 Ausstellungsbericht, gezeichnet Piccolo.
171 Neues Wiener Tagblatt und Extrablatt.
172 Nö. Landesarchiv, N.Ö. Statthalterei, Prot. Z. 7937, 1889, Fasc. P 12.
173 Erich Graf Kielmansegg, Kaiserhaus, Staatsmänner und Politiker, S. 330.
174 Eduard Hanslick, Aus meinem Leben, 2. Bd., S. 120.
175 Extrablatt, 15. Jänner 1891.
176 Extrablatt, 13. Februar 1891.
177 Daniel Spitzer, Wiener Spaziergänge, 7. Bd., S. 241.
178 Extrablatt, 12. Februar 1891.
179 Österreichische Volkszeitung, 5. Februar 1891.
180 Poldi Pitsch war Sängerin in der Gesellschaft Seidl.
181 Wiener Tagblatt, 10. April 1891.
182 Extrablatt, 16. Juli 1891.
183 Neues Wiener Tagblatt, 14. Juni 1891.
184 Die Sängerwarte stand im 17. Wiener Gemeindebezirk, Oberwiedengasse – so der heutige Name der Gasse. Die Warte wurde nach dem Zweiten Weltkrieg demoliert und an ihrer Stelle ein Wohnkomplex errichtet.
185 Wiener Tagblatt, 23. Mai 1891.
186 Extrablatt, 8. September 1891.
187 Neues Wiener Tagblatt, 16. September 1891.

Das Quartett mit der Knöpferlharmonika (Oktober 1891 bis Juni 1893)

1. Extrablatt, 15. November 1891.
2. Extrablatt.
3. Fremdenblatt, 9. November 1891.
4. Neues Wiener Tagblatt und Wiener Tagblatt.
5. Extrablatt, 13. Dezember 1893.
6. Neues Wiener Tagblatt, 3. April 1892.
7. Extrablatt, 12. April 1892.
8. Extrablatt.
9. Extrablatt, 3. März 1892.
10. Eduard Hanslick, Aus meinem Leben, 2. Bd., S. 273.
11. Albert Gutmann und Albert Ritter von Hermann, Die musikalischen Aufführungen der internationalen Ausstellung für Musik und Theaterwesen in Wien, S. 3 ff.
12. Ebenda.
13. Ebenda.
14. Theodor Helm, Fünfzig Jahre Wiener Musikleben, S. 225.
15. Neues Wiener Tagblatt, 14. Mai 1892: Die Franzosen über Wien.
16. Wiener Stadtbibliothek, Inv.-Nr. 107.854.
17. Ludwig Rainer, Illustrierter Führer durch die Internationale Ausstellung für Musik und Theaterwesen, S. 10.
18. Helm, a. a. O., S. 230.
19. Hanslick, a. a. O., S. 275 f.
20. Wiener Tagblatt, 23. September 1892.
21. Rainer, a. a. O., S. 62 f.
22. Dieses Bild befindet sich im Historischen Museum der Stadt Wien, Nr. 61832, Mappe 30.
23. Wiener Tagblatt, 14. Mai 1892.
24. Rainer, a. a. O., S. 77.
25. Neues Wiener Tagblatt, 26. Mai 1892.
26. Extrablatt, 5. Mai 1892. Das Aquarell befindet sich in der Johann-Strauß-Wohnung in Wien 2., Praterstraße 54.
27. Extrablatt, 5. Mai 1892.
28. Neues Wiener Tagblatt, 13. Mai 1892; Extrablatt, 12. Mai 1892.
29. Extrablatt, 14. Mai 1892.
30. Neues Wiener Tagblatt, 14. Mai 1892.
31. Fremdenblatt, 25. Mai 1892.
32. Wiener Tagblatt, 26. Mai 1892.
33. Bismarcks Wohnung befand sich im Palais Palffy, Wien 1., Wallnerstraße 6.
34. Bertha Zuckerkandl, Österreich intim, S. 21.

35 Max Graf, Legende einer Musikstadt, S. 161 ff.
36 Gutmann – Hermann, a. a. O., S. 55.
37 Neues Wiener Tagblatt, 26. Oktober 1892.
38 Extrablatt, 1. Juli 1892.
39 Wiener Tagblatt, 28. Februar 1892.
40 Neues Wiener Tagblatt, 10. Februar 1892.
41 Neues Wiener Tagblatt, 12. April 1894.
42 Wiener Tagblatt, 18. März 1895.
43 Eduard Pötzl, Die Leute von Wien, S. 161.
44 Otto Strasser, Und dafür wird man noch bezahlt, S. 18.
45 Brief Hanns Schrammels vom 5. November 1889 aus Dresden.
46 Extrablatt, 12. März 1893.
47 Laut Extrablatt erfolgte sein erster Auftritt am 22. November 1892.
48 Josef Bratfisch wurde am 26. August 1847 geboren.
49 Neues Wiener Tagblatt und Wiener Tagblatt vom 18. April 1889.
50 Hermann Freiherr von Eckardstein, Lebenserinnerungen und politische Denkwürdigkeiten, Bd. I, S. 117 ff.
51 Walter Hummelberger, Maria Caspar und Josef Bratfisch, S. 290, Anm. 43.
52 Laut Extrablatt fand ihr erstes Auftreten am 6. Jänner 1893 beim „Grünen Baum" statt.
53 Extrablatt, 17. Juni 1893.
54 Fremdenblatt, 17. Juni 1893; Extrablatt, 2. März 1893.
55 Extrablatt, 24. April 1893.
56 Extrablatt, 21. Mai 1893.
57 Österreichische Volkszeitung, 18. Juni 1893.
58 Wiener Stadtbibliothek, Handschriftensammlung, Inv.-Nr. 4626.
59 Extrablatt, 20. Juni 1893.
60 Karl Wildner, Zeiten und Menschen von Hernals, S. 74.

Das Quartett unter der Leitung Josef Schrammels (Juni 1893 bis November 1895)

1 Akten des K. K. städt.-deleg. Bezirksgerichts Hernals.
2 Extrablatt, 10. Oktober 1893.
3 Extrablatt, 26. November 1893.
4 18. August 1894.
5 Nö. Landesarchiv, N.Ö. Statthalterei, Prot. Z. 2907, 1894, Fasc. H 1.
6 Neues Wiener Tagblatt, 25. Oktober 1895.

7 Laut Totenbuch der Pfarre Dornbach starb Strohmayer in Wien 17., Güpferlingstraße 35.
8 Gruppe 30, Nr. 45.
9 Extrablatt, 26. Jänner 1896.
10 Extrablatt, 28. Jänner 1894; Historisches Museum der Stadt Wien, Inv.-Nr. 9019, erworben am 22. Jänner 1894.
11 Fremdenblatt, 26. November 1895.
12 Wiener Tagblatt, 25. November 1895.
13 Hermann Mailler, Schrammel-Quartett, S. 195.
14 Ebenda, S. 201 ff.
15 Betty Fuchs-Schrammel, Leben und Wirken der Brüder Hans und Josef Schrammel.
16 Extrablatt, 26. November 1895.
17 Extrablatt, 25. November 1895.
18 Nö. Landesarchiv, N.Ö. Statthalterei, Präsidium, Prot. Z. 2468, 1896, Fasc. H 1.
19 Kurt Dieman, Schrammelmusik, S. 195 f.
20 Extrablatt, 8. September 1891.
21 Ferdinand Prochart, Der Wiener Geigenbau im 19. und 20. Jahrhundert, S. 187 f.
22 Fremdenzuwanderer-Meldung und Obersthofmeisteramt 1887 r 12/17.
23 Prochart, a. a. O., S. 187, nach Vannes, Dictionnaire Universel 409.

Zeittafeln

Kaspar Schrammel

1804 Erwerb des Hauses in Kainraths durch Johann Schrammel, den Vater Kaspars.
1810 Überschreibung einer Haushälfte auf die Gattin Katharina, geborene Perzi.
1811 6. Jänner: Geburt Kaspars.
      Verkauf des Hauses unter dem Einstandswert.
      Übersiedlung nach Schandarchen.
1833 Heirat Kaspars mit der Weberstochter Josepha Irrschik (geb. 12. März 1812).
      27. Oktober: Geburt Konrads.
1837 25. April: Tod Josephas (Lungenschwindsucht).
1846 Kaspar verläßt mit seinem Sohn Konrad das Waldviertel und zieht nach Neulerchenfeld.
1850 22. Mai: Geburt Johanns.
1852 3. März: Geburt Josefs.
1853 7. September: Eheschließung mit Aloisia Ernst, der Mutter Johanns und Josefs.
1859 Antrag Kaspars an die NÖ. Statthalterei um eine Produktionsbewilligung.
1861 Feier beim „Goldenen Stuck" in Neulerchenfeld anläßlich des 50. Geburtstags von Kaspar; erstes Auftreten des elfjährigen Hanns und des neunjährigen Josef in der Öffentlichkeit.
1881 1. November: Tod Aloisias.
1882 12. Juni: Heirat Kaspars mit der Korneuburgerin Magdalena Fogatsch; Übersiedlung nach Langenzersdorf.
1883 4. Oktober: Feier zum 60jährigen Musikerjubiläum Kaspars im Galeriesaal des „Luchsen" in Neulerchenfeld.
1895 20. Dezember: Tod Kaspar Schrammels.

Konrad Schrammel

1833 27. Oktober: Geburt Konrads.
1846 Zieht mit dem Vater nach Neulerchenfeld.

1854 4. März: Als Freiwilliger zum 14. Infanterie-Regiment, 3. Jäger-Bataillon.
1859 Verwundung bei Montebello in Italien.
1860 Februar: Überstellung ins Wiener Invalidenhaus.
1861 Heirat mit Anna Volkmer „nach zweiter Art".
1866 1. Februar: Erhalt des Invalidenpatents.
31. August: Entlassung aus dem Heeresdienst.
Erhält Drehorgellizenz für Hietzing.
1869 Drehorgellizenz für außerhalb des Wiener Polizeirayons gelegene größere Orte des Erzherzogtums Österreich unter der Enns.
1884 1. Jänner: Verleihung von jährlich 100 Gulden durch die Niederösterreichische Patriotenstiftung.
1893 Abermalige Verehelichung.
1905 29. November: Tod Konrads (Herzfleischentartung).

Johann Schrammel

1850 22. Mai: Geburt Johanns.
1858 Violineunterricht bei Ernst Melzer, Primgeiger des Carltheaters.
1861 Jänner: erstes öffentliches Auftreten, anläßlich des 50. Geburtstags des Vaters Kaspar.
1862–1866 Studium am Konservatorium.
1866 Juni: Ausschluß aus dem Konservatorium.
Engagement im Orchester des Theaters in der Josefstadt (?).
1. Dezember: Einberufung zum 2. Dragoner-Regiment.
1868 11. März: Versetzung zum 32. Infanterie-Regiment (Ungarische Deutschmeister).
1870 2. Mai: Beförderung zum Korporal.
1872 17. November: Heirat mit Rosalia Weichselberger.
31. Dezember: Transfer in die Reserve des 49. Infanterie-Regiments.
1875 6. Oktober: Entlassung vom Militär als Korporal.
1878 Gründung des Terzetts Gebrüder Schrammel und Strohmayer.
1884 25. Oktober: Quartett Gebrüder Schrammel, Dänzer und Strohmayer.
1885 1. November: Mitarbeiter der „Wiener Spezialitäten".
1888 Herausgabe von „Alte Österreichische Volksmelodien".
1892 Veröffentlichung von „Mein Welt-Telephon".
1893 17. Juni: Tod Hanns Schrammels.
1894 22. Jänner: Versteigerung des Nachlasses.

Josef Schrammel

1852 3. März: Geburt Josefs.
1861 Jänner: erstes öffentliches Auftreten, anläßlich des 50. Geburtstags des Vaters Kaspar.
1865/66 Oktober 1865 – Februar 1866: Studium am Konservatorium bei Professor Hellmesberger.
1869 Orientreise mit Onkel und Tante Schütz.
1874 11. Juni: Heirat mit der 19jährigen Barbara (Betty) Prohaska.
1875 Gründung einer eigenen Gesellschaft. Ansuchen an die N.Ö. Statthalterei um eine Produktionsbewilligung. (Weitere Ansuchen: 1878, 1880, 1881, 1883, 1888.)
1878 Gründung des Terzetts Gebrüder Schrammel und Strohmayer.
1884 25. Oktober: Gründung des Quartetts Gebrüder Schrammel, Dänzer und Strohmayer.
1893 Juni: Leitung des Quartetts (nach dem Tod Johanns) mit Knoll, Ernst und Daroka.
1894 Ersteigerung der Zach-Geige seines Bruders.
Im Quartett kommt anstelle von Knoll der Bruder des Gitarristen Daroka (Modernes Volksquartett „D'Schrammeln").
1895 24. November: Tod Josef Schrammels.

Barbara (Betty) Schrammel, geb. Prohaska

1855 4. Februar: Geburt Barbaras (Betty).
1874 11. Juni: Heirat mit Josef Schrammel.
August–September: Auftritt in der Gesellschaft Gurofsky gemeinsam mit Adele als „die beiden Schmalzblümchen".
1877 Handschrift des Intermezzos „Die Wäscherin". Zu dieser Zeit in der Gesellschaft Uhl.
1882 Juli: Mitglied der Volkssängergesellschaft A. Vogl.
1883 23. Februar: Auftritt der Duettistinnen Frl. Schrammel und Zimmermann bei einem Jubiläumsfest beim „Luchsen".
1884 16. September: Veranstaltung bei der „Bretze" „Echt Wienerisch". Betty ist neues Mitglied der Gesellschaft Mirzl und Dreher.
1886 Dezember: Mitglied in der Gesellschaft Vogl.
1888 April: Mitglied in der Gesellschaft Haders und Hauser.
? Verläßt ihren Mann und ihre fünf Kinder.

Anton Strohmayer

1848	25. Jänner: Geburt Antons.
1878	Gründung des Terzetts Gebr. Schrammel und Strohmayer.
1892	11. Oktober: Quartett Dänzer und Strohmayer.
1893	23. April: Abfahrt nach Chicago, „Quintett Dänzer und Strohmayer".
	1. Dezember: „Chicagoer Weltausstellungs-Quartett Strohmayer".
1895	Juli: Singspielhallen-Konzession, „Wiener Spezialitäten-Quartett A. Strohmayer".
1905	Auftreten im Maxim.
1937	20. Dezember: Tod Anton Strohmayers.

Georg Dänzer

1848	21. März: Geburt Georgs.
1873	21. Februar: Erste Anzeige im Fremdenblatt: „Dänzer und Strohmayer" das „Erste Wiener National-Quartett" (mit Dänzer, Strohmayer, Schrammel, Turnofsky und Ableitinger).
1874	November–Dezember: „Wiener National-Quintett" (Eichele, Dänzer, J. Schrammel, F. Draschkovits und Rouland).
1877	September: Mit Eichele, Dänzer, Rouland, Turnofsky und Messerschmidt.
	Ende September: Mit Dänzer, Strohmayer, Paudler, Rouland und Messerschmidt.
1878	31. Dezember: Dänzer, Strohmayer, Paudler, Angerer und Reisinger.
1879	Nur „National Quintett Dänzer und Strohmayer".
1880	„National Quartett Dänzer und Strohmayer".
1881	5. Mai: „Terzett Dänzer und Strohmayer".
	16. Oktober: „Salon-Quartett Dänzer, Angerer, Dauschek und Eisenkolb".
	November: „Quintett" oder „Quartett" „Dänzer und Angerer".
1882	April: „National-Quartett Dänzer und Strohmayer".
1883	8. November: „National-Terzett", genannt „Harmonisches Kleeblatt", mit Dänzer, Raab und Deckmeier.
1884	10. September: „Harmonisches Kleeblatt" ohne Dänzer.
	25. Oktober: Quartett „Gebr. Schrammel, Dänzer und Strohmayer".
1891	? September: Dänzer verläßt das Quartett der Gebr. Schrammel.

1892 "Quartett Dänzer" mit Brüder Butschetty und Rapp (ab 28. März).
11. Oktober: "Quartett Dänzer und Strohmayer"
1893 23. April: "Quintett Dänzer und Strohmayer" fährt nach Chicago mit Dänzer, Anton Strohmayer, Wilhelm Strohmayer, Bela Kürty und Johann Wächter.
28. September: Georg Dänzer stirbt auf hoher See.
9. Oktober: Begräbnis auf dem Ottakringer Friedhof.

Das Ensemble

1878 Gründungsjahr des Terzetts.
1879 18. November: Erste Anzeige im Extrablatt (Gebrüder Schrammel).
1882 29. November: Zum erstenmal in der Inneren Stadt, in L. Graf's Restauration, Schottenring 9.
1883 21. Juli: Erster "Schrammel-Abend" beim Weigl in Hernals.
4. Oktober: Feier des 60jährigen Musikerjubiläums von Kaspar Schrammel beim "Luchsen".
7. Oktober: Eduard Pötzl im Neuen Wiener Tagblatt: "Die Brüder Schrammel" (Wiener Musikanten-Studie).
1884 23. Jänner: Johann Strauß und Prof. Tilgner kommen zu den "Schrammeln" nach Nußdorf.
Juli: Zach verehrt den Brüdern Schrammel die von ihm gebauten "Ehrengeigen".
25. Oktober: Gründung des Quartetts. Vorstellung der neuen Musikantenfirma "Gebr. Schrammel, Dänzer und Strohmayer".
1885 14. Dezember: Erstes Auftreten bei der "Waldschnepfe" im Rahmen eines "Elite-Spezialitäten-Abends".
1886 28. April: Abschiedsfeier beim Weigl in Hernals.
14. August: 25jähriges Musikerjubiläum der Schrammeln im Dreherpark in Meidling (Marsch "Wien bleibt Wien").
15. Oktober: Polizeierlaß für den "stummen Heurigen".
19. Dezember: Bei der Feier des 100. Konzertes Hans Richters mit den Philharmonikern bei der "Goldenen Birne".
1887 10. April: Die Schrammeln eröffnen die zu einem Heurigen-Etablissement umgebaute "Waldschnepfe".
19. April: Der Ottakringer Polizeikommissar erlaubt das Singen der Fiaker beim Heurigen.
13. Oktober: Die Schrammeln spielen nunmehr nur noch bei der "Waldschnepfe".

14. bis 17. November: Bei Kronprinz Rudolf in Orth an der Donau.
10. Dezember: Bei Kronprinz Rudolf in Mayerling.

1888 6. Jänner: Konzert in Budapest.
7. und 10. März: Konzerte in Preßburg.
24. Oktober: Abschiedskonzert in den Harmoniesälen vor der Reise nach Berlin.
9. November: Die erste große Reise; bei Paul Lindau in Berlin.
17. November: Bei Erbprinzessin Fürstenberg und im Hotel Kaiserhof für Baron Postel.
18. November: Matinee im Central-Theater.
28. November: Letztes Auftreten im Central-Theater und im königlichen Schauspielhaus für wohltätige Zwecke.
29. November: Reise nach Frankfurt am Main.
1. Dezember: Konzert für den Journalisten-Verein.
9. Dezember: Reise nach Stuttgart.
12. Dezember: Erstes Konzert in der Liederhalle.
16. Dezember: Auftritt in München in Kil's Kolosseum.
20. Dezember: Rückreise und Ankunft in Wien.

1889 3. Jänner: Antritt der zweiten großen Reise.
?: Brünn, Konzert im Augartensaal.
6. Jänner: Konzert in Prag.
8. Jänner: Erstes Konzert im Wintergarten des Grand-Hotels in Anwesenheit Erzherzog Franz Ferdinands.
17. Jänner: Erste Produktion im Residenz-Theater Dresden.
23. Jänner: Letzter Auftritt in Dresden.
24. Jänner: Reise nach Leipzig.
29. Jänner: Letzter Auftritt in Leipzig.
31. Jänner bis 3. Februar: Produktionen in Halle an der Saale im Viktoria-Theater.
16. Februar: Konzert in der Industriehalle in Graz.
17. Februar: Doppelkonzert in der Industriehalle: Schrammeln und Inf.-Reg. König der Belgier.
21. Februar: Produktion im Stadtparktheater.
27. und 28. Februar: Konzert in Marburg.
1. März: Auftritt im Hotel Elefant in Cilli.
2. März: Reise und Produktion in Laibach.
4. März: Reise nach Triest.
6. März: Triest; Produktion im Hotel „König von Ungarn".
15. März: Abbazia, im Hotel Stephanie.
16. bis 18. März: Klagenfurt; Produktion im Stadttheater.
19. März: Produktion in Villach.
22. März: Rückkehr nach Wien.

21. April: Erstes Auftreten nach der Reise in Nußdorf beim Josef Schöll in der Kahlenberger Straße 5.
26. September: Antritt der dritten großen Reise.
28. September: Brünn.
29. September: Erstes Konzert in Brünn.
3. und 4. Oktober: Produktionen in Olmütz.
6. und 7. Oktober: Produktionen in Troppau.
8. Oktober: Fahrt nach Breslau.
9. bis 15. Oktober: Produktionen in Breslau.
17. (?) Oktober: Liegnitz.
18. Oktober: Reichenberg.
19. (?) Oktober: Gablonz.
20. Oktober: Prag.
31. Oktober: Reichenberg.
1. bis 5. November: Dresden.
7. November: Leipzig.
13. November: Magdeburg.
16. November: Reise von Magdeburg nach Lübeck.
1. Dezember: Hamburg.
19. Dezember: Rückkehr nach Wien.
1890 Wieder in Nußdorf.
8. Jänner: Erster Schrammel-Abend im Eldorado.
15. Mai bis 30. Oktober: Land- und Forstwirtschaftliche Ausstellung in der Rotunde.
Juni: Johann Schrammel erhält Singspielhallen-Konzession.
November: Letzte Rückkehr des Quartetts nach Nußdorf.
1891 Juni: Auf der Sängerwarte.
Oktober: Das „Picksüße" (Dänzer) wird durch die Gitarre (Ernst) ersetzt.
1892 21. April: Zum erstenmal Daroka anstelle von Strohmayer genannt.
7. Mai bis 9. Oktober: Musik- und Theaterausstellung.
12. Mai: Eröffnung des Regensburgerhofes; die Schrammeln spielen täglich bis 4 Uhr früh.
22. Juni: Fürst Bismarck bei den Schrammeln.
11. Oktober: Strohmayer verläßt das Quartett; an seine Stelle tritt Daroka.
1893 17. Juni: Tod Hanns Schrammels. Seine Stelle im Quartett nimmt Knoll ein.
1894 Jänner: Knoll scheidet aus; es spielt Daroka, der Bruder des Gitarristen.
März: Das moderne Volksquartett „D'Schrammeln" (Brüder Daroka, Ernst und Hitzer).
1895 24. November: Tod Josef Schrammels.

Literatur

Bergmayr, Ignaz Franz: Verfassung der kaiserl. königl. österreichischen Armee. Wien 1821
Blaukopf, Herta, und Blaukopf, Kurt: Die Wiener Philharmoniker. Wien–Hamburg 1986
Cloeter, Hermine: Geist und Geister aus dem alten Wien. Wien 1922
Dieman, Kurt: Schrammelmusik. Graz–Wien–Köln 1981
Die österreichisch-ungarische Monarchie in Wort und Bild. Bd. 1, Wien 1886
Eckardstein, Hermann Freiherr von: Lebenserinnerungen und politische Denkwürdigkeiten. Bd. I. Leipzig 1919
Einsle, A.: LXIX. Kunst-Auktion. Wien 1894
Festblatt der Cacao- und Chocoladen-Fabrik Hartwig und Vogel: Wiesberg, Sioly und Hans Schrammel. Wien o. Jz.
Franz-Ferron, Jaro: Neu-Wien. Korneuburg 1892
Frappart, Louis, und Gaul, Franz: Wiener Walzer. Wien o. Jz.
Fuchs-Schrammel, Betty: Leben und Wirken der Brüder Hanns und Josef Schrammel. Handschrift o. Jz.
Fugger, Nora: Im Glanz der Kaiserzeit. Zürich–Leipzig–Wien 1932
Gaheis, Franz von: Wanderungen und Spazierfahrten in die Gegend um Wien. 7. Bändchen, Wien 1804
Glasbrenner, Adolf: Bilder und Träume aus Wien. Hrsg. von Otto E. Groh, Wien–Berlin 1942. Die hundert kleinen Bücher. Bd. 21
Golling, Hans: Die Schrammeln und andere Wiener aus der guten, alten Zeit. Wien 1947
Graf, Max: Legende einer Musikstadt. Wien 1949
Gutmann, Albert, und Hermann, Albert Ritter von: Die musikalischen Aufführungen der internationalen Ausstellung für Musik und Theaterwesen in Wien. Wien 1892
Hamann, Brigitte: Rudolf – Kronprinz und Rebell. Wien–München 1978
Hanslick, Eduard: Aus meinem Leben. 2. Bd., Berlin 1894
Hauenstein, Hans: Chronik des Wienerliedes. Klosterneuburg–Wien 1976
Helm, Theodor: Fünfzig Jahre Wiener Musikleben 1866–1916. In: Der Merker, Jg. 6, Heft 11, Wien 1977

Henop-Hauswirt, C.: Zwanzig Jahre Lumpenball. Denkschrift und Rechenschaftsbericht zum 20. und letzten Lumpenball. Wien 1892

Hummelberger, Walter: Maria Caspar und Josef Bratfisch. In: Jahrbuch des Vereins für Geschichte der Stadt Wien, Band 19/20. Wien 1963/64

Illustrierter Führer durch die Allgemeine land- und forstwirtschaftliche Ausstellung. Wien 1890

Ketterl, Eugen: Der alte Kaiser. Wien 1980

Kielmansegg, Erich Graf: Kaiserhaus, Staatsmänner und Politiker. Wien 1966

Kinsky-Wilczek, Elisabeth: Hans Wilczek erzählt seinen Enkeln. Erinnerungen aus seinem Leben. Graz 1933

König, Johann: Rund um den Gallitzinberg. Wien 1924

Koller, Josef: Das Wiener Volkssängertum in alter und neuer Zeit. Wien 1931

Kritsch, Rudolf: Schematismus der Wiener Musikkapellen und Kunstkräfte. Wien 1886

Mailler, Hermann: Schrammel-Quartett. Wien 1945

Merkt, Eduard: Wiener Liederschatz. Wien 1908

Moißl, Rudolf Alexander: Die Schrammel-Dynastie. St. Pölten 1943

Pemmer, Hans: Alt-Wiener Gast- und Vergnügungsstätten. Wien 1956. Maschinschriftliches Manuskript

Pfarre Neulerchenfeld: 250 Jahre Pfarrkirche zu Neulerchenfeld. Wien 1981

Pick, Alfred: Ich von mir. Als Manuskript gedruckt. Reichenau 1915

Pötzl, Eduard: Die Leute von Wien. Universalbibliothek 2629/30. Leipzig 1889

Prawy, Marcel: Johann Strauß. Wien–München–Zürich 1975

Prochart, Ferdinand: Der Wiener Geigenbau im 19. und 20. Jahrhundert. In: Wiener Veröffentlichungen zur Musikwissenschaft, Bd. 16, Wien 1979

Püchel, Rudolf: Meine Jagderlebnisse mit Kronprinz Rudolf. Die Memoiren des Leibjägers von Kronprinz Rudolf. Hrsg. von Elisabeth Koller-Glück. St. Pölten 1978

Rainer, Ludwig: Illustrierter Führer durch die Internationale Ausstellung für Musik und Theaterwesen. Wien 1892

Raimund, Ferdinand: Die gefesselte Phantasie. Reclam. Stuttgart 1983

Sachs, Curt: Handbuch der Musikinstrumentenkunde. Wiesbaden 1979

Schließmann, Hans: Wiener Schattenbilder. Wien 1892

Schlögl, Friedrich: Allweil fidel. Ein Wiener Volksbild. In: Heimgarten, IV. Jg., Heft 8, Graz, Mai 1880

Schmidl, Adolf: Die Kaiserstadt und ihre nächste Umgebung. Wien 1843
Schnitzler, Arthur: Jugend in Wien. Wien–München–Zürich 1968
Schrammel, Hanns: Alte österreichische Volksmelodien. Wien 1888
Schrammel, Josef: Reiseerinnerungen. Manuskript (im Besitz seiner Enkelinnen Herta und Maria Fuchs)
Stephanie, Prinzessin von Belgien, Fürstin Lonyay: Ich sollte Kaiserin werden. Leipzig 1935
Sittard, Josef: Kritische Briefe über die Wiener internationale Musik- und Theaterausstellung 1892. Hamburg 1892
Spitzer, Daniel: Wiener Spaziergänge. 7. Bd. Wien 1894
Strasser, Otto: Und dafür wird man noch bezahlt. Wien–Berlin 1974
Strasser, Otto: Sechse is'. München 1984
Strauß, Eduard: Erinnerungen. Wien 1906
Tiroch, Josef: Die drei Schulmeister von Neulerchenfeld. Unveröffentlichtes Manuskript (freundlicherweise von der Pfarre Neulerchenfeld zur Verfügung gestellt)
Wiesberg, Wilhelm: Meine Vaterstadt in Lied und Wort. Wien 1885
Wildner, Karl: Zeiten und Menschen von Hernals. Wien 1958
Wilhelm, Sigmund: Wiener Wandelbilder. Wien–Leipzig 1912
Ziak, Karl: Von der Schmelz auf den Gallitzinberg. Wien–München 1975
Ziak, Karl: Des Heiligen Römischen Reiches größtes Wirtshaus. Wien–München 1979
Zuckerkandl, Bertha: Österreich intim. Erinnerungen 1892–1942. Frankfurt am Main–Berlin–Wien 1970

Archive und Institutionen

Archiv der Gesellschaft der Musikfreunde
Bezirksmuseum Hernals
Bezirksmuseum Ottakring
Haus-, Hof- und Staatsarchiv, Wien
Historisches Museum der Stadt Wien
Kriegsarchiv, Wien
Nö. Landesarchiv, Wien
Österreichische Nationalbibliothek, Musiksammlung
Pfarre Atzgersdorf
Pfarre Dornbach
Pfarre Neulerchenfeld
Wiener Stadt- und Landesarchiv
Wiener Stadt- und Landesbibliothek

Zeitungen und Zeitschriften

Bohemia
Dresdner Anzeiger
Fremdenblatt
Illustrirtes Wiener Extrablatt
Konstitutionelle Vorstadt-Zeitung (bis 18. August 1888)
Neues Wiener Tagblatt
Neuigkeits-Weltblatt
Österreichische Volkszeitung (ab 19. August 1888)
Pester Lloyd
Prager Tagblatt
Preßburger Zeitung
Westungarischer Grenzbote
Wiener Spezialitäten
Wiener Tagblatt

Personenregister

Die kursiven Seitenangaben beziehen sich auf die Bildlegenden.

Ableitinger, Tambour 67, 79, 101
Adelgunde, Herzogin von Modena 264
Adolfi, Sänger 309
Agendaux, Friedrich, genannt „Farbenmacher Fried'l" 199
Als, Julius von der 100, 131 f.
Altmann, Maler 301
Angerer, Musiker 83, 85, 102 f.
Anthony, Textautor 130, 133
Anton, Anton 256
Anzengruber, Ludwig 121
Anzinger, Toni (Tonerl) 90, 103
Appony, Graf 223
Arenberg, Fürst 171
Arenstein, Fürstin 174
Auersperg, Eduard Fürst 126
Auersperg, Engelbert Fürst 126
August von Coburg, Prinz 175, 178
Avanzo, Architekt 159

Babouk, Musiker 89
Bandmacher, Musikensemble 83, 274, 299, 305, 324
Barbarini, Maler 301
Barbi, Alice 269 f.
Barbieri, Kapellmeister 61
Barich, Sigmund 61, 283
Baron Jean (auch Schani) s. Tranquillini, Hans
Batthyány, Fürstin 194
Bayer, Josef 117, 261
Beck, Adolf 332
Beck, Carl 177
Beethoven, Ludwig van 241, 278, 296

Berghammer, Dr. 179
Bertl (auch Pertl), Georg 88, 100, 128, 199
Betzmeier, Johann, genannt „Heiligen Jean" 199
Biedermann, Julius 36, 246, 251 f., 262 f., 265, 289, 305, 316, 319 f.
Billinger, Musiker 72
Binder, Jakob 127 f.
Bismarck, Herbert Fürst 206, 264
Bismarck, Otto Fürst 206, 264 ff., 279 f.
Blasel, Karl 114
Blasser, Leopold 98
Böhm, Josef 143
Böhm, Leo 319
Bösendorfer, Ludwig 326
Bötel, Heinrich 116
Bourgoing, Baron 118
Brady, Friseur 113, 135, 162, 170, 172, 177, 179, 184, 196, 202, 205, 210, 212, 225, 228, 236, 239, 242
Brahms, Johannes 94, 269 f.
Brand, Anton 261
Brandes, Sänger 291, 307
Brandl, Johann 170
Brandmeier (auch Brandtmeier), Musiker 36, 177, 196, 247, 262, 305
Bratfisch, Josef 38, 85, 106, 108, 110 f., 113 ff., 124, 126, 135, 138, 160, 163, 176, *178* f., 184 ff., 194, 196, 221 f., 228 f., 242, 251, 253, 286 ff., 302, 310
Brem, F., Komponist 200

Bruckner, Anton 256, 282, 284
Bülow, Hans von 256
Busch, Sänger 324
Bußjäger, Verleger 299
Butschetty, Musikensemble 81, 150, 196, 220 f., 232, 250, 274, 288, 305, 324
Butschetty, Ferdinand 221, 252, 274, 285
Butschetty, Wilhelm 221, 252, 274, 285

Canon, Hans 113, 301
Caprivi, Georg Leo Graf 269
Carl Ludwig, Erzherzog 196
Carnot, französ. Präsident 218
Casparek, Musiker 72
Chlumecky, Johann Freiherr von 269
Chorherr, Kapellmeister 299
Chotek, Graf 212, 228
Christoph II. Matthäi, Propst von Klosterneuburg 15
Czeray, Maler 301

Dänzer, Elisabeth 100, 304 f., 324
Dänzer, Georg 67, 72 f., 79 ff., 83, 85 ff., 90, 94, *96,* 98 ff., *101, 104, 107,* 108 ff., 117, 124 ff., 134 ff., 150 ff., 159 ff., 169, 171 f., 174 ff., 184 ff., 200 ff., 247 ff., 252 f., 274, 284 ff., 288 ff., 304 ff., 309
Darnaut, Maler 301
Daroka, Bruder des Gitarristen Karl D. 201, 316, 319
Daroka, Karl (Gitarre) 201, 254, 285, 289, 303 f., 316, 319
Debiasy, Musiker 81, 100
Deckmayer, Musiker 80, 105
Deponti, Philipp 253, 308
Deutsch, Walter 270
Dieman, Kurt 82
Dietrich, Gebrüder, Quartett 171
Dietz, Musiker 89, 201, 224
Doczy, Hofrat 269

Doll, Franz 103, 136
Drahanek, Kapellmeister 192
Draschkowitz, F., auch Draschkovits, Musiker 73, 79, 101 f.
Draßl, Hotelier 133
Dreher, Anton 256, 260, 324
Drescher, Kapellmeister 299
Drexler, Carl 108
Dumba, Herr von 126

Eckardstein, Hermann Freiherr von 288
Ecker, Obmann 138
Eckhart, Franz 125
Edelmann, Franz 217 f.
Ederl, Sänger 309
Edi und Biedermann, Duettisten, s. Wehinger, Edi, bzw. Biedermann, Julius
Edler, Georg, genannt „Rindersbacher" 291, 304, 306
Eduard Albert, Prince of Wales 196
Egry, Paul 308
Eichele, Musiker 72 f., 79, 101 f.
Eichendorff, Joseph Freiherr von 205
Eicherle, Lina 70
Einsle, A., Auktionshaus 288, 302, 310
Eisenkolb, Musiker 102, 201, 224
Elisabeth, Kaiserin von Österreich 199
Ellminger, Maler 301
Ender, Thomas 301
Engel, A., Sänger 310, 320
Engerth, Generaldirektor 254
Ernst, Aloisia, s. Schrammel, Aloisia
Ernst, Anton 247, *253,* 254, 257, 262 ff., 284, 289, 303 f., 316, 319
Ernst, Peter 32
Ernst, Theresia, geb. Stifter 32
Ertl, Dominik 38

Esterházy, Ernst   174
Esterházy, Eugenie, Fürstin   122 f.
Esterházy, Fery   174
Esterházy, Graf   126
Eugenie, Kaiserin der Franzosen   167
Exner, Sänger   224, 237 ff., 245, 252 f., 305

Fahrbach, Philipp jun.   130, 257, 261, 299
Fahrbach, Philipp sen.   61, 192
Faldl (auch Valtl), Sänger   309
Fellner, Ferdinand   257
Felsental, Polizeirat   100
Fendi, Peter   301
Ferdinand I., Kaiser von Österreich   174, 310
Ferdinand von Bulgarien, Fürst   264
Fink, Ferdinand   121, 130
Fink, Volkskünstler   36
Fischer, Sänger   324
Fogatsch, Magdalena, s. Schrammel, Magdalena
Franz Ferdinand, Erzherzog-Thronfolger   175, 178, 185, 211, 264
Franz Joseph I., Kaiser von Österreich   28, 66, 95, 170, 186 f., 197, 213 f., 222, 238, 261 f., 329 f.
Frappart, Louis   117 f., 156
Friedrich, Erzherzog   174, 179
Friedrich Karl zu Hohenlohe-Oeringen, Prinz   203
Fritz, Johann   325
Fröhlich, Schwestern   254
Fuchs, Herta, Enkelin Josef Schrammels   189
Fuchs, Isidor   299
Fuchs, Maria, Enkelin Josef Schrammels   189
Fuchs, Wilhelm, s. Harner, Wilhelm
Fuchs-Schrammel, Betty   50, 53, 67, 78, 84, 189, 286, 292, 296, 300 f., 321 f., 324

Fugger, Nora   212, 235
Führer, Hansi   309
Fürstenberg, Erbprinzessin   203
Fürstenberg-Schönborn, Fürstin, Irene   235
Furtwängler, Wilhelm   143

Gaheis, Franz von   16 f.
Gatterburg, Graf   126
Gaul, Franz   117 f.
Gemperle und Kumpa, Musikensemble   102
Georg I., König von Griechenland   196, 329
Girardi, Alexander   88, 94, 112 f., 117, 127, 161, 170, 236
Glaser, Heinrich   159
Grädener, Hermann   255
Graf, Max   112 f., 269 f.
Greiner, Ferdinand   108, 222, 224
Grillparzer, Franz   254
Grimberger Carl, genannt „Handschuhmacher Carl"   199
Grimminger, Tenorist   21
Grohmann, Veranstalter   111
Grois, A., Textautor   290
Gruber, Franz   86, 100, 128, 199, 247 f.
Grün, Jakob M.   281, 283
Gründl, Franz   120 f.
Gründorf, Karl   193
Grünfeld, Alfred   269
Guldan (auch Goldan), Volkskünstler   36, 38, 136
Gurofsky, Volkssängergesellschaft   73
Guschelbauer, Edmund   38, 130, 156, 266, 324

Haberlandtner, Franz   124 f., 136
Haders, Heinrich   73 f., 324
Haders und Hauser, Volkssängergesellschaft   73 f.
Handl, Musiker   194 f.
Hanslick, Eduard   21, 147 f., 150, 241, 254, 258

Harner, Gebrüder 82, 125, 136, 162 ff., *165*
Harner, Wilhelm, recte Fuchs 164, 166 f.
Hauenstein, Hans 88
Hauser, Carl 73 f.
Hawkes & Son, Verlagshaus 157
Haydn, Joseph 52, 241, 278
„Heiligen Jean", s. Johann Betzmeier
Heißler, Carl 60
Helbling, Bürgermeister von Hernals 127
Hellmesberger, Georg 53, 60, 67
Hellmesberger, Joseph 60 f., 143
Helm, Theodor 256 f.
Helmer, Hermann 257
Hembsch, John 157
Henckel, Graf 265
Henning, Leopold 221
Herbeck, Johann Franz Ritter von 241
Herberger, Leopold 151, 201
Herberstein, Graf 174
Hirsch, Bernhard 291, 307
Hirschmann, Fiaker 113, 138, 162, 170, 172, 174, 177, 191, 195 f., 200 f., 299, 324
Hirschmann und Prinz, Duettisten 38
Hitzer, Musiker 319
Hoefnagel, Jakob 259, *261*
Höfinger, Dr., Arzt 251
Hofmann, Baron 118
Hohenlohe, Prinz 161
Hohenlohe, Fürst 194
Holzer, Fiaker 138
Horvath, Musiker 201, 224
Hoyos, Gräfin, verh. mit Herbert Fürst Bismarck 264
Hoyos, Josef Graf 185
Hübl, Musiker 163
Hudler, Franz 160
Hummelberger, Walter 289
Hummer, Reinhold 283
Hungerl, s. Mayerhofer, Carl
Hunyady, Karl Graf 174
Hunyady, Koloman Graf 174

Irrschik, Josepha, s. Schrammel, Josepha

Jagendorfer, Athlet 299
Jäger, Musiker 201
Jauner, Sänger 303, 316, 319
Josef II., röm.-dt. Kaiser 18, 77
Juch, Maler 127

Kaiser, Kapellmeister 276, 319
Kálnocky, Graf 126
Kaspar, Mizzi 181
Kaspareck, Musiker 37
Katzenberger und Frau, Musikensemble 81, 85, 247 f.
Kautsky, Johann *23*
Ketterl, Eugen 186 f.
Kielmansegg, Erich Graf 238, 333
Kiesel, Duettist 36, 90, 242
Kinsky, Eugen Graf 216 f., 223
Kinsky, Karl Graf 218
Kinsky, Rudolf Graf 113
Kittel, Musiker 105
Kleiber, Karl 114
Klein, Franz Xaver 301
Klein, Hugo 170
Klein, Prof. 100
Knaack, Wilhelm 21
Knoll, Musiker 201, 299, 303, 316
Köfler, Franziska, s. Strohmayer, Franziska
Kohlhofer, Rudolf 252 f., 286, 289, 299, 305, 324
Kolbenheyer und Jellinek, Klavierduo 233
Kolinsky, Familie 299
Koller, Musiker 309
Komzák, Karl 234
Kopetzky, Kapellmeister 257
Körber, Sänger 324
Kral, Gitarrist 88
Kraus, Loisl 82, 108, 324
Krauß, Franz Freiherr von 138
Kreipl, Ludwig 176, 217, 251
Krenn, Hanns 133
Kreutzer, Konradin 173 f., 310

Kriebaum, Franz 82, 178
Krischke und Mayer,
  Duettisten 82, 163
Kronawetter, Ferdinand 243
Kuhn, Leopold 193
Kupfer, Johann Michael *107,*
  108, 132 f., 233, 241
Kürty, Béla 291
Kutschke, Gast aus
  Berlin 115 f., 242

Lamezan-Salins, Eduard Graf 37
Lang, Kunstpfeifer 231, 237 ff.,
  245, 252, 262, 265, 289, 299,
  303, 316, 319 f., 324
Lange, Architekt 159
Lanner, Joseph 20, 142, 146,
  155 f., 178, 188, 198, 214, 241,
  261, 290
„Laut Jean", Fiaker 111, 124
Lebrecht, Barbara 331 f.
Lechner, Cafetier 319, 324
Lehner, Gilbert 299
Leidenfrost, Musiker 151
Leitgeb, F., Musiker 151
Lenau, Nikolaus 205
Lenz, Musiker 37
Lenz, Wendelin 103
Leopold von Bayern, Prinz 175,
  178
Leukauf, Richard 121
Libal, Humorist 310
Liechtenstein, Fürst Alfred 126
Liechtenstein, Fürst
  Alois 242 ff.
Liechtenstein, Fürst
  Heinrich 126
Lindau, Karl 130, 133
Lindau, Paul 201 ff., 206, 269,
  311
Link, Julie 231
Loos, Karl *245*
Lorens, Carl 36, 129, 135 ff.,
  305, 324
Louise von Coburg,
  Prinzessin 175, 185
Löwy, Imitator 166
Löwy, Impresario 210, 225, 227

Löwy, Julius 118, 213 f., 217 f.,
  247
Lucca, Pauline 94
Ludwig Viktor, Erzherzog 262,
  264
Luitpold von Bayern,
  Prinzregent 264

Maaß, Otto 299
Mailler, Hermann 61, 78
Makart, Hans 94
Mannhardt (auch Manhardt),
  Volkskünstler 36, 319
Mannsfeld, Antonie 125
Mannsfeld, Ferdinand 125
Mannstädt, Wilhelm 133
Margold, Salonkapelle 67, 73, 78
Maria Anna, Kaiserin von
  Österreich 174
Maria Theresia, Erzherzogin von
  Österreich, Königin von
  Ungarn und Böhmen 16
Marie Valerie, Erzherzogin 167
Marinoni, Jakob 16
Marmorek, Architekt 257, 260 f.
Martin, Moriz 85, 253
Mascagni, Pietro 256, 258
Masopust, Maler 319
„Maurer Michl", Fiaker 111, 124
Maximilian, Herzog in
  Bayern 199
Mayer, August 151
Mayer, Carl 150
Mayer, Johann, genannt
  „Zwickerl" 199
Mayer, Musiker 73
Mayerhofer, Carl, genannt
  „Hungerl" 36, 38, 108, 138
  162, 177, 184, 194, 222, 242,
  299
Mecklenburg-Schwerin,
  Großherzog von 206
Medem, Fürst 126
Meier und „Kopfabschneider",
  Volkskünstler 36
Melzer, Ernst 52, 67
Merkt, Eduard 82, 88, 299, 317,
  319, 324 f.

Merta, A., Sänger 25, 289, 299, 303, 316, 324
Messerschmidt, Musiker 80, 102, 305, 319
Mestrozi, Paul 27, 192
Metternich, Fürst 118
Metternich, Fürstin Pauline 168 f., 254, 270 f., 284, 295
Millöcker, Carl 261
Mirzl und Dreher, Volkssängergesellschaft 73 f.
Moißl, Rudolf Alexander 82, 189
Montag, Luise 38, 82
Morelli, Kapellmeister 192
Mozart, Wolfgang Amadeus 241, 254, 278, 296
Müller, Adolf sen. 121
Munci, L., musikal. Leiter 53
Mundy, Baron 113
Muth, Josef 125
Muth, Leopold 239

Napoleon III., Kaiser der Franzosen 167
Nechledil, Musiker 154 f.
Neriman Khan 196
Nestl, Volkssänger 38
Nestroy, Johann 21, 79
Nieser, Hugo 310
Neuwirth, Sänger 310

Oberhenk, Karl 200
Offenbach, Jacques 84
Offenheimer, Herr 72
Otto, Erzherzog 184 ff.

Pagac, Anna, geb. Schrammel, Tochter Kaspars 35, 39, 66
Pagac, Margaretha 39
Pahlen, Graf 299
Palffy, Bela Graf 174
Palffy, Hans Graf 174
Palffy, Stephan Graf 174
Palmetzhofer, Fiaker 170
Pasche, V., Kapellmeister 232
Paudler, Musiker 80, 102

Pausinger, Maler 184
Pemmer, Hans 168, 198
Pertl, C.W., Direktor 38
Perzi, Katharina, s. Schrammel, Katharina
Petrovits, Maler 301
Peyerl, Franz 52
Pfeiffer, Otto 24
Philipp von Coburg, Prinz 175, 178, 185, 264
Philipska, P., Wirt 165
Pick, Alfred 112, 168
Pick, Gustav 112, 168
Pilat, Paulus 189, *190*
Pinagl, Fiaker 111, 170
Piringer, Franz 239
Platt, Musiker 37
Posch, Ferdinand 118
Posselt, Ludowika 310
Postel, Baron 203
Potocki, Graf 175, 178 f., 217
Pötzl, Eduard 91 ff., 95, 98, 129, 167, 221, 236, 238, 266, 279 f., 283 f.
Prantz, Musiker 201, 224
Preindelsberger, Dr., Arzt 251
Preßler, Architekt 291
Prilisauer, Sänger 252 f., 289, 299, 303, 309, 316
Prinz, Jodler 103
Prix, Johann 254, 262
Prohaska, Barbara (Betty), s. Schrammel, Barbara (Betty)
Püchel, Rudolf 184, *185*

Raab, Musiker 80, 105
Radetzky von Radetz, Johann Joseph Wenzel Graf 20
Raimund, Ferdinand 19
Rokitansky, Karl Freiherr von 20
Rákóczi, Franz II. 16
Rapp, Musiker 252, 274, 285
Reinhold, Impresario 202 f.
Reisinger, Musiker 102, 196, 201, 247, 326
Resterer, Brüder 200
Reverelli, Gusti 291, 304, 306

Richter, Frau, Gattin von Hans R.   143
Richter, G. Damenkapelle   232
Richter, Hans   142 ff.
Riedl, Fiakerunternehmer   90
Riedl, Klaviermeister   74
Rindersbacher,   s. Edler, Georg
Rode, Gastwirt   291
Rohrer, Schorschl   113
Rokitansky, Karl Freiherr von   20
Rolleder, Carl   121, 219
Ronacher, Anton   84
Ronsburg, Dr.   112
Rosé, Arnold   281, 283
Rosenberg, Graf   184
Roth, Fr., Kapellmeister   61
Rothe, der, Musiker   135 f.
Rothschild, Baron Nathaniel   113, 159
Rouland, J. (auch Roland), Musiker   72 f. 79 f., 101 f.
Rubinstein, Anton   256
Rudolf, Kronprinz   122, 147, 174 f., 177 ff., *185,* 196 f., 213 f., 221, 225, 229, 231, 286 f.
Ruß, Heurigenbesitzer   72

Sali und Mali, Duettistinnen   194 f.
Sartory, Cafetier   324
Saurer, Jodlerin   103
Sauter, Ferdinand   19 f.
Schäfer, Kathi   74
Schatz, Prokurist   299
Schaumburg, Prinz   126
Schembera, Präsident der „Concordia"   127
Schiel (auch Schil), Sänger   196, 262, 305, 324
Schier, Benjamin   27
Schild, Martin   317
Schild, Theodor   157
Schiller, Friedrich   19
Schindler, J., Komponist   290
Schleiter, Musiker   201
Schließmann, Johann (Hans)   26, 147, *149,* 201, 233, 279 f., 283, 299, 311
Schlögl, Friedrich   20, 147, 163
Schmalhofer und Krenn, Musikensemble   86
Schmidl, Adolf   18
Schmidtgruber, einer der Gebr. Harner   163
Schmitter, Carl   126, 157, 201, 252, 262, 269, 286, 295, 305, 316, 324
Schmutzer, Johann   88 f., 91, 199
Schneider, Josef   200
Schnitzler, Arthur   133, 233
Schödl, Maler   301
Schöll, Franz   106, 222
Scholz, Wenzel   79
Schönborn, Fürst   126
Schönerer, Georg Ritter von   265
Schönhuber, Wastl   36, 38, 135, 164
Schönthan, Paul von   263
Schrammel, Aloisia, geb. Ernst, 2. Gattin von Kaspar   32, *33,* 35, 84, 151, 198
Schrammel, Anna,   s. Pagac, Anna
Schrammel, Anna, geb. Volkmer, Gattin von Konrad   39
Schrammel, Barbara, Schwester von Kaspar   30
Schrammel, Barbara (Betty), geb. Prohaska   73 f., *75,* 321
Schrammel, Betty,   s. Fuchs-Schrammel Betty
Schrammel, Hans, Sohn von Johann Schrammel   325
Schrammel, Johann, Vater von Kaspar   29
Schrammel, Johann (Hanns)   15, 24, 29 f., 32, 35 ff., 39, 50, *51,* 52 f., *54,* 60 f., *62,* 66 f., 70, 73, 78 ff., *96,* 98 ff., *99, 107,* 117 f., 120 ff., *123,* 150 ff., 157, 159 ff., 165, 169, 171 ff., 184 ff., 250 ff., 256 f., 261 ff., 270, 274, 276, 279, 284 ff., 292 ff., 300 ff., 310 f., 316 ff., 324
Schrammel, Josef, Bruder von Kaspar   30

Schrammel, Josef 15, 24, 29 f.,
32, 35 f., 39, 50, 52 f., 61, 67,
68, 70, *71,* 72 f., *75,* 77 ff., 90 ff.,
95, 98 ff., *99, 107,* 117 f., 121,
124 ff., 150 ff., 159 ff., 165,
169, 171 f., 174 ff., 184 ff., *190,*
200 ff., 250 ff., 257, 262 ff.,
270, 274, 284 ff., 292, 301,
303 f., 316 ff.
Schrammel, Josepha, geb.
Irrschik, 1. Gattin von
Kaspar 31
Schrammel, Kaspar 18, 29 ff., *33,*
34 ff., *38,* 39, 67, 70, 78 f., 123,
172, 299
Schrammel, Katharina, geb. Perzi,
Mutter von Kaspar 29
Schrammel, Konrad 18, 31 f.,
39, *40,* 46 ff., *49,* 49 f.
Schrammel, Lorenz, Bruder von
Kaspar 30
Schrammel, Magdalena, geb.
Fogatsch, 3. Gattin von
Kaspar 35, *38,* 39
Schrammel, Rosalia, geb.
Weichselberger 66, 202 f.,
205 f., 208, *209,* 210, 212 ff.,
224 ff., 292, 300 f., 303, 305,
317 f., 321, 324 f.
Schratt, Katharina 186 f.
Schrötter, Herr von 126
Schubert, Franz 78, 241
Schultheiß, Heinrich 288, 299,
324
Schulz, Johann 177
Schuster, Franz (auch
Schusterfranz), eigtl.
Reil 109, 135, 170 f., 177, 179,
225, 242, 251, 253, 299
Schuster, Julius 159, 161
Schütz, Balthasar 32, 70, *71,* 72,
151, 198 f., 239
Schütz, Katharina, geb.
Ernst 37, 70, *71,* 72, 151, 198
Schwarzinger, Fr., Wirt 246, 251
Schwarzmayer, Sänger 163, 166
Schwender, Karl d. Ä. 26, 88
Schweninger, Dr., Arzt 265

„Schwomma", s. Weidinger,
Josef
Seidl, Franz 24, 27, 85, 95, 108,
124, 127, 222, 225, 231, 234 f.,
252, 291, 304 ff., 308, 324
Seidl, Wenzel 38, 192
Seitz, Textdichter 114
Sioly, Johann 319 f.
Sittard, J., Journalist 255
Skoda, Joseph 20
Smetana, Friedrich 258
Söllner, Musiker 73
Solms, Prinz 126
Sommer, Musiker 309
Sonnenthal, Adolf von 266
Sperl, Josef 88, 199
Spitzer, Daniel 242
Sprowacker, L. 317
Steher, Musiker 247, 326
Steidler, Josef 36, 38, 196
Stelzmüller, Volksmusiker 100,
128
Stephanie, Kronprinzessin
122, 175, 178 ff.
Stern, Julius 236
Sternberg, Graf 126
Stieber, Sammler 133
Stifter, Adalbert 316
Stoppauer, Kapellmeister 275,
299
Strasser, Otto 143
Strauß Adele 146
Strauß, Eduard 20, 145 f., 192,
257, 261
Strauß, Johann (Sohn) 20, 80,
88, 94 f., *96,* 118, 145 f., 178,
210 f., 237, 241, 261, 279
Strauß, Johann (Vater) 20,
155 f., 158, 178, 198, 241, 261,
279
Strauß, Joseph 261
Strohmayer, Alois 78, 80, 88,
101 f., 120, 198
Strohmayer, Anton 36, 67, 73,
78 ff., *79,* 84 ff., 90 f., 94, *96,*
98, 100 ff., 105 f., *107,* 108 ff.,
117, 124 ff., 134 ff., 150 ff.,
159 ff., 165, 169, 171 f., 174 ff.,
184 ff., 200 ff., 250 ff., 257,

262 ff., 285 f., 289 ff., 304, 306, 308 ff.
Strohmayer, Franziska, geb. Köfler 78
Strohmayer, Wilhelm 196, 201, 291, 304, 309
Szápary, Graf 126
Széchény, Graf 126
Szeps, Moritz 271
Szögyény-Marich, Ladislaus Graf 184

Taaffe, Graf Eduard 170
Taschner, Sänger 319
Tauschek, Musiker 102, 150, 196, 201
Temple, H., Maler *51,* 316
Thomas, Direktor des Berliner Central-Theaters 204
Tilgner, Viktor 94
Tranquillini, Hans, genannt „Baron Jean" 36, 38, 90, 108, 113, 135 f., 138, 162, 170 f., 177, 187 ff., 191, 194, 196, 200, 202 f., 205, 207 f., 210, 212, 224, 230 ff., 291
Trauttmansdorff, Graf 126, 330
Treumann, Karl 21
Tschaikowski, Peter Hjitsch 256
Tschipani, Fiaker 111, 138
Turnofsky (auch Tournofsky), Josef 67, 79, 101 f., 120, 199
Twertik, J., Konzessionär 252
Twikel, Baron 126

Udel, Prof. 181, 184
Uhl, Volkssängergesellschaft 74
Unger, Joseph 254
Urlaub, Musiker 37

Varonne, Maler 301
Verdi, Giuseppe 116, 256
Vetsera, Baronesse Mary 221
Victoria, Königin von England 329
Vogl, A., Volkssängergesellschaft 73

Vogl, Luise 73
Vogt, Musiker 201
Volkmer, Anna, s. Schrammel, Anna

Wächter, Johann 290 f., 304
Wagner, Richard 21, 88, 148, 278
Walch, Kapellmeister 278
Wallner, Fiaker 287
Walter, Marie, genannt „Kiesel-Marie" 36, 90, 106, 125, 135, 242, 251, 291, 304, 306 f., 324
Weber und Maier, Volkssängergesellschaft 233
Wederlbua 136
Wegenstein, Drechsler 17
Wehinger, Edi 36, 103, 246, 251 f., 262 f., 265, 289, 305, 316, 319 f.
Weichselberger, Rosalia, Gattin Johann Schrammels, s. Schrammel, Rosalia
Weichselberger, Rosalia, Mutter Rosalia Schrammels 321
Weidinger, Josef, genannt „Schwomma" 88, 199
Weidinger, von, Schriftführer der Wiener Philharmoniker 145
Weigl, der „Höchste Heurige" 72, 95, 110, 117, 127 f., 191
Weinlechner, Prof., Arzt 251
Weißenberger, F., Wirt 159
Werdegg, Musiker 196, 201, 252
Wieninger, Louis 24, 108, 127, 252
Wiesberg, Wilhelm, eigtl. Bergamenter 38, 108, 138, 192, 240, 299 f., 319 f., 323
Wilczek, Hans Graf 112
Wilczek jun., Graf 126
Wildner, Karl 301
Wilheim, Sigmund 168
Wilhelm I., dt. Kaiser 182 f.
Wilhelm, Erzherzog 184, 196
Wimmer, Josef 18, 29, 114
Windischgrätz, Fürst Alfred 122, 126, 226, 228

Wingelmeyer, Albin 221
Winter, Sänger 309
Wokurka, Musiker 154 f.
Wolter, Charlotte 266
Wurmbrand, Graf 126, 184, 211
Wurmbrand-Stuppach,
 Gundacker Graf 184

Xandl, Sänger 103, 171 f., 174,
 177, 184, 191, 195 f., 200 f.,
 240, 245, 252, 262, 305

Yong, belgischer Gesandter 171

Zach, Carl 98, *99*, 189, 247, 262,
 311, 316, 325 ff.
Zach, Johanna 332
Zach, Thomas 327
Zahradnik, Suleiman
 115, 154 f.
Zangl, Wolfgang 36
Zasche, Theodor 94, 260
Ziehrer, Carl Michael 100, 130,
 175, 192, 200, 261, 306, 317
Zimmer, Karl 30
Zimmermann, Volkssängerin 73
Zimmermann, Robert 254

Bildnachweis

Archiv der Gesellschaft der Musikfreunde in Wien: Seiten 54, 55, 56, 57, 58, 59, 68, 69
Bildarchiv der österreichischen Nationalbibliothek: Seiten 23, 104, 107, 123, 165, 176
Hernalser Heimatmuseum: Seiten 71, 75 (2), 79
Historisches Museum der Stadt Wien: Seiten 33 (2), 51, 96, 97, 148, 209, 260, 312, 313, 314, 315
Kriegsarchiv Wien: Seiten 40, 41, 42, 43, 44, 45, 62, 63, 64, 65
Wiener Stadt- und Landesarchiv: Seite 245
Archiv der Autorin: Seiten 31, 38, 99, 190
Archiv Herta und Maria Fuchs: Seite 253
Archiv Christine Püchl-Pai: Seite 185
Aus: Hermann Mailler, Schrammel-Quartett: Seiten 49, 101
Aus: Hans Schließmann, Wiener Schattenbilder: Seiten 280, 281, 282, 283